教科書ガイド　数研出版版　高等学校 数学Ⅱ

本書は，数研出版が発行する教科書「高等学校数学Ⅱ［数Ⅱ/710］」に沿って編集された，教科書の**公式ガイドブック**です。教科書のすべての問題の解き方と答えに加え，例と例題の解説動画も付いていますので，教科書の内容がすべてわかります。また，巻末には，オリジナルの演習問題も掲載していますので，これらに取り組むことで，更に実力が高まります。

本書の特徴と構成要素

1　教科書の問題の解き方と答えがわかる。予習・復習にピッタリ！

2　オリジナル問題で演習もできる。定期試験対策もバッチリ！

3　例・例題の解説動画付き。教科書の理解はバンゼン！

まとめ	各項目の冒頭に，公式や解法の要領，注意事項をまとめてあります。
指針	問題の考え方，解法の手がかり，解答の進め方を説明しています。
解答	指針に基づいて，できるだけ詳しい解答を示しています。
別解	解答とは別の解き方がある場合は，必要に応じて示しています。
注意 など	問題の考え方，解法の手がかり，解答の進め方で，特に注意すべきことや参考事項などを，必要に応じて示しています。
演習編	巻末に，教科書の問題の類問を掲載しています。これらの問題に取り組むことで，教科書で学んだ内容がいっそう身につきます。また，章ごとにまとめの問題も取り上げていますので，定期試験対策などにご利用ください。
デジタルコンテンツ	2次元コードを利用して，教科書の例・例題の解説動画や，巻末の演習編の問題の詳しい解き方などを見ることができます。

目　次

第1章　式と証明

第1節　式と計算

❶　3次式の展開と因数分解　4
❷　二項定理　7
●研究　$(a+b+c)^n$ の展開式　12
❸　多項式の割り算　13
❹　分数式とその計算　15
❺　恒等式　18
●研究　代入による恒等式の係数決定　20
問題　21

第2節　等式・不等式の証明

❻　等式の証明　26
❼　不等式の証明　30
○コラム　不等式と式の値の最大・最小　35
問題　36
章末問題　40

第2章　複素数と方程式

第1節　複素数と2次方程式の解

❶　複素数とその計算　50
❷　2次方程式の解　55
❸　解と係数の関係　57
○コラム　2次方程式と2次関数のグラフ　65
問題　67

第2節　高次方程式

❹　剰余の定理と因数定理　71
●研究　組立除法　74
❺　高次方程式　75
●発展　3次方程式の解と係数の関係　78
問題　79
章末問題　83
○コラム　高次方程式の解の公式　89

第3章　図形と方程式

第1節　点と直線

❶　直線上の点　90
❷　平面上の点　92
❸　直線の方程式　97
❹　2直線の関係　99
●研究　2直線の交点を通る直線　103
問題　105

第2節　円

❺　円の方程式　110
❻　円と直線　113
❼　2つの円　118
●研究　2つの円の交点を通る図形　120
問題　121

第3節　軌跡と領域

❽　軌跡と方程式　127
❾　不等式の表す領域　130
●研究　放物線を境界線とする領域　137
問題　138
章末問題　142

第4章　三角関数

第1節　三角関数

❶　角の拡張　152
❷　三角関数　156
❸　三角関数のグラフ　161
❹　三角関数の性質　168
❺　三角関数の応用　169
問題　179

第2節　加法定理

❻　加法定理　186
●研究　加法定理と点の回転　190
❼　加法定理の応用　191
問題　198
章末問題　202
○コラム　身の回りに現れる正弦曲線　213

第5章　指数関数と対数関数

第1節　指数関数

❶　指数の拡張　214
❷　指数関数　218
問題　224

第2節　対数関数

❸　対数とその性質　228
❹　対数関数　233
❺　常用対数　239
問題　241
章末問題　245

第6章　微分法と積分法

第1節　微分係数と導関数

❶　微分係数　254
❷　導関数とその計算　257
❸　接線の方程式　261
問題　264

第2節　関数の値の変化

❹　関数の増減と極大・極小　268
❺　関数の増減・グラフの応用　274
問題　279

第3節　積分法

❻　不定積分　285
❼　定積分　288
❽　定積分と面積　294
●研究　曲線と接線で囲まれた部分の面積　300
●研究　放物線と x 軸で囲まれた部分の面積　301
問題　302
○コラム　グラフの対称性を利用した定積分　304
章末問題　305
総合問題　316

演習編　324

答と略解　361

〈デジタルコンテンツ〉
次のものを用意しております。

① 教科書「高等学校数学Ⅱ［数Ⅱ/710］」の例・例題の解説動画
② 演習編の詳解
③ 教科書「高等学校数学Ⅱ［数Ⅱ/710］」と青チャート，黄チャートの対応表

デジタルコンテンツ

第 1 章 | 式と証明

第 1 節　式と計算

1　3 次式の展開と因数分解

まとめ

1　**展開の公式**

1　$(a+b)^3=a^3+3a^2b+3ab^2+b^3$

$(a-b)^3=a^3-3a^2b+3ab^2-b^3$

2　$(a+b)(a^2-ab+b^2)=a^3+b^3$

$(a-b)(a^2+ab+b^2)=a^3-b^3$

2　**因数分解の公式**

展開の公式 **2** を逆に利用する因数分解は次のようになる。

$a^3+b^3=(a+b)(a^2-ab+b^2)$

$a^3-b^3=(a-b)(a^2+ab+b^2)$

A　3 次式の展開の公式

教 p.9

練習 1

次の式を展開せよ。

(1)　$(x+2)^3$　　(2)　$(x-1)^3$

(3)　$(3a+b)^3$　　(4)　$(x-2y)^3$

指針　**公式 1 による展開 (和の 3 乗・差の 3 乗)**　展開の公式 **1** を用いて, 式を展開・整理する。(3) は $3a$ を 1 つの文字とみなし, (4) は $2y$ を 1 つの文字とみなして公式にあてはめる。

解答　(1)　$(x+2)^3=x^3+3\cdot x^2\cdot 2+3\cdot x\cdot 2^2+2^3$

$=\boldsymbol{x^3+6x^2+12x+8}$　答

(2)　$(x-1)^3=x^3-3\cdot x^2\cdot 1+3\cdot x\cdot 1^2-1^3$

$=\boldsymbol{x^3-3x^2+3x-1}$　答

(3)　$(3a+b)^3=(3a)^3+3\cdot(3a)^2\cdot b+3\cdot 3a\cdot b^2+b^3$

$=\boldsymbol{27a^3+27a^2b+9ab^2+b^3}$　答

(4)　$(x-2y)^3=x^3-3\cdot x^2\cdot 2y+3\cdot x\cdot(2y)^2-(2y)^3$

$=\boldsymbol{x^3-6x^2y+12xy^2-8y^3}$　答

教 p.9

練習 2

$$(a+b)(a^2-ab+b^2)=a^3+b^3$$
$$(a-b)(a^2+ab+b^2)=a^3-b^3$$

上の公式が成り立つことを，左辺を展開して確かめよ。

指針 **公式の証明**　分配法則を利用して左辺を展開し，同類項をまとめる。

解答　$(a+b)(a^2-ab+b^2)$

$=a^3-a^2b+ab^2+a^2b-ab^2+b^3$

$=a^3+b^3$

よって　$(a+b)(a^2-ab+b^2)=a^3+b^3$　終

$(a-b)(a^2+ab+b^2)$

$=a^3+a^2b+ab^2-a^2b-ab^2-b^3$

$=a^3-b^3$

よって　$(a-b)(a^2+ab+b^2)=a^3-b^3$　終

教 p.9

練習 3

次の式を展開せよ。

(1)　$(x+2)(x^2-2x+4)$　　(2)　$(x-3)(x^2+3x+9)$

(3)　$(x+3y)(x^2-3xy+9y^2)$　　(4)　$(2x-a)(4x^2+2ax+a^2)$

指針 **公式 2 による展開（3 乗の和・3 乗の差になる）**　展開の公式 **2** を用いて，式を展開・整理する。(3) は $3y$ を 1 つの文字とみなし，(4) は $2x$ を 1 つの文字とみなす。

解答 (1)　$(x+2)(x^2-2x+4)=(x+2)(x^2-x\cdot 2+2^2)$

$=x^3+2^3$

$=\boldsymbol{x^3+8}$　答

(2)　$(x-3)(x^2+3x+9)=(x-3)(x^2+x\cdot 3+3^2)$

$=x^3-3^3$

$=\boldsymbol{x^3-27}$　答

(3)　$(x+3y)(x^2-3xy+9y^2)=(x+3y)\{x^2-x\cdot 3y+(3y)^2\}$

$=x^3+(3y)^3$

$=\boldsymbol{x^3+27y^3}$　答

(4)　$(2x-a)(4x^2+2ax+a^2)=(2x-a)\{(2x)^2+2x\cdot a+a^2\}$

$=(2x)^3-a^3$

$=\boldsymbol{8x^3-a^3}$　答

B 3次式の因数分解

教 p.10

練習 4

次の式を因数分解せよ。

(1) x^3-1　　(2) x^3+27a^3

(3) x^3-64　　(4) $125x^3-y^3$

指針 **因数分解の公式**　次の公式にあてはめる。

$$a^3+b^3=(a+b)(a^2-ab+b^2)$$
$$a^3-b^3=(a-b)(a^2+ab+b^2)$$

(2) では，$27a^3=(3a)^3$ とみる。(4) では，$125x^3=(5x)^3$ とみる。

解答 (1) $x^3-1=x^3-1^3=(x-1)(x^2+x\cdot1+1^2)$

$=\boldsymbol{(x-1)(x^2+x+1)}$ 答

(2) $x^3+27a^3=x^3+(3a)^3=(x+3a)\{x^2-x\cdot3a+(3a)^2\}$

$=\boldsymbol{(x+3a)(x^2-3ax+9a^2)}$ 答

(3) $x^3-64=x^3-4^3=(x-4)(x^2+x\cdot4+4^2)$

$=\boldsymbol{(x-4)(x^2+4x+16)}$ 答

(4) $125x^3-y^3=(5x)^3-y^3=(5x-y)\{(5x)^2+5x\cdot y+y^2\}$

$=\boldsymbol{(5x-y)(25x^2+5xy+y^2)}$ 答

教 p.10

練習 5

次の式を因数分解せよ。

(1) x^6-1　　(2) a^6-64b^6

指針 **因数分解の公式の利用**　$A^6-B^6=(A^3)^2-(B^3)^2$ と考えて，2乗の差の因数分解の公式や3乗の和や差の因数分解の公式を利用する。因数分解は，途中で止めないで，因数分解できるところまですること。

解答 (1) $x^6-1=(x^3)^2-1^2=(x^3+1)(x^3-1)$

$=(x+1)(x^2-x\cdot1+1^2)(x-1)(x^2+x\cdot1+1^2)$

$=\boldsymbol{(x+1)(x-1)(x^2-x+1)(x^2+x+1)}$ 答

(2) $a^6-64b^6=(a^3)^2-(8b^3)^2=(a^3+8b^3)(a^3-8b^3)$

$=(a+2b)\{a^2-a\cdot2b+(2b)^2\}(a-2b)\{a^2+a\cdot2b+(2b)^2\}$

$=\boldsymbol{(a+2b)(a-2b)(a^2-2ab+4b^2)(a^2+2ab+4b^2)}$ 答

別解 (1) $x^6-1=(x^2)^3-1^3=(x^2-1)(x^4+x^2+1)$

$=(x^2-1)\{(x^4+2x^2+1)-x^2\}$

$=(x^2-1)\{(x^2+1)^2-x^2\}$

$=(x+1)(x-1)(x^2+1+x)(x^2+1-x)$

$=\boldsymbol{(x+1)(x-1)(x^2+x+1)(x^2-x+1)}$ 答

(2) $a^6-64b^6=(a^2)^3-(4b^2)^3=(a^2-4b^2)(a^4+4a^2b^2+16b^4)$

$=(a^2-4b^2)\{(a^4+8a^2b^2+16b^4)-4a^2b^2\}$

$=(a^2-4b^2)\{(a^2+4b^2)^2-(2ab)^2\}$
$=(a+2b)(a-2b)(a^2+4b^2+2ab)(a^2+4b^2-2ab)$
$=\boldsymbol{(a+2b)(a-2b)(a^2-2ab+4b^2)(a^2+2ab+4b^2)}$ 答

深める 教 p.10

教科書の例題1を $x^6-y^6=(x^2)^3-(y^2)^3$ と考えて因数分解してみよう。

指針 **因数分解の公式の利用**　教科書 p.10 の例題1では，$x^6-y^6=(x^3)^2-(y^3)^2$ と考え，まず，2乗の差の因数分解の公式を用いているが，ここでは，まず，3乗の差の因数分解の公式を用いて因数分解を進める。

解答 $x^6-y^6=(x^2)^3-(y^2)^3=(x^2-y^2)\{(x^2)^2+x^2y^2+(y^2)^2\}$
$=(x^2-y^2)(x^4+x^2y^2+y^4)$
$=(x^2-y^2)\{(x^4+2x^2y^2+y^4)-x^2y^2\}$
$=(x^2-y^2)\{(x^2+y^2)^2-(xy)^2\}$
$=(x+y)(x-y)(x^2+y^2+xy)(x^2+y^2-xy)$
$=\boldsymbol{(x+y)(x-y)(x^2+xy+y^2)(x^2-xy+y^2)}$ 答

2 二項定理

まとめ

1　$(a+b)^n$ の展開式

たとえば，$(a+b)^4$ の展開式は，

$(a+b)^4=(a+b)^3(a+b)$

として，右の計算より

$(a+b)^4=a^4+4a^3b+6a^2b^2+4ab^3+b^4$

この計算で，各項の係数だけを取り出してみると，右のようになる。

$$\begin{array}{rrrrr} a^3 & +3a^2b & +3ab^2 & +b^3 & \\ \times)\ a & +b & & & \\ \hline a^4 & +3a^3b & +3a^2b^2 & +ab^3 & \\ & a^3b & +3a^2b^2 & +3ab^3 & +b^4 \\ \hline a^4 & +4a^3b & +6a^2b^2 & +4ab^3 & +b^4 \end{array}$$

$$\begin{array}{rrrrr} 1 & 3 & 3 & 1 & \\ \times)\ 1 & 1 & & & \\ \hline 1 & 3 & 3 & 1 & \\ & 1 & 3 & 3 & 1 \\ \hline 1 & 4 & 6 & 4 & 1 \end{array}$$

2　パスカルの三角形

$(a+b)^n$ の展開式の各項の係数を，$n=1, 2, 3, 4, 5$ の場合について順に並べると，右の図のようになる。

この三角形状の数の配列を **パスカルの三角形** という。

$(a+b)^1$	1　1
$(a+b)^2$	1　2　1
$(a+b)^3$	1　3　3　1
$(a+b)^4$	1　4　6　4　1
$(a+b)^5$	1　5　10　10　5　1

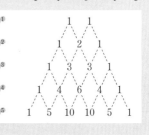

3 パスカルの三角形の性質

　1 数の配列は左右対称で，各行の両端の数は1である。

　2 2行目以降の両端以外の数は，左上と右上の数の和に等しい。

4 二項定理

$$(a+b)^n = {}_nC_0a^n + {}_nC_1a^{n-1}b + {}_nC_2a^{n-2}b^2 + \cdots\cdots$$
$$+ {}_nC_ra^{n-r}b^r + \cdots\cdots + {}_nC_{n-1}ab^{n-1} + {}_nC_nb^n$$

二項定理における ${}_nC_ra^{n-r}b^r$ を，$(a+b)^n$ の展開式の **一般項** といい，係数 ${}_nC_r$ を **二項係数** という。

5 パスカルの三角形と二項定理

パスカルの三角形は，$(a+b)^n$ の展開式の二項係数 ${}_nC_r$ を取り出して順に並べたものである。

6 二項係数に関する等式

二項定理の等式 $(a+b)^n = {}_nC_0a^n + {}_nC_1a^{n-1}b + \cdots\cdots + {}_nC_nb^n$ において，$a=1$, $b=x$ とすると

$$(1+x)^n = {}_nC_0 + {}_nC_1x + {}_nC_2x^2 + \cdots\cdots + {}_nC_nx^n \qquad ①$$

等式 ① で，$x=1$ とすると　　$2^n = {}_nC_0 + {}_nC_1 + {}_nC_2 + \cdots\cdots + {}_nC_n$

A パスカルの三角形

練習 6　　　　　　　　　　　　　　　　　　　　　　　　　教 p.11

次の□に入る各数を，係数だけを取り出す計算によって求めよ。

$$(a+b)^5 = a^5 + \square a^4b + \square a^3b^2 + \square a^2b^3 + \square ab^4 + b^5$$

指針 **$(a+b)^5$ の展開式の係数**　$(a+b)^5 = (a+b)^4(a+b)$ として，*p.*7 のまとめの $(a+b)^4$ の展開式を使い，下の解答の右側のように，係数だけで計算する。

解答 $(a+b)^4$ の展開式の項の係数は，左の項から順に

　　1, 4, 6, 4, 1

よって，右のような係数だけを取り出す計算から，
□に入る数は次のようになる。

$$(a+b)^5$$
$$= (a+b)^4(a+b)$$
$$= a^5 + \boxed{5}a^4b + \boxed{10}a^3b^2 + \boxed{10}a^2b^3 + \boxed{5}ab^4 + b^5 \quad \text{答}$$

```
      1  4  6  4  1
   ×)1  1
   ─────────────────
      1  4  6  4  1
         1  4  6  4  1
   ─────────────────
      1  5 10 10  5  1
```

練習 7　　　　　　　　　　　　　　　　　　　　　　　　　教 p.11

パスカルの三角形の性質を用いて，$(a+b)^6$ の展開式の各項の係数の配列を求めよ。

指針 **パスカルの三角形の性質**　前問の練習6の $(a+b)^5$ の展開式の係数を利用し，次の性質を用いて計算する。

1 数の配列は左右対称で，各行の両端の数は1である。

2 2行目以降の両端以外の数は，左上と右上の数の和に等しい。

解答 $(a+b)^5$ の展開式の項の係数は，左から順に，

1，5，10，10，5，1

であるから，右の計算により

1　6　15　20　15　6　1 答

$(a+b)^5$　1　5　10　10　5　1

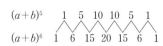

$(a+b)^6$　1　6　15　20　15　6　1

B 二項定理

練習 8 教 p.13

次の式の展開式を，二項定理を使って求めよ。

(1) $(x+1)^4$　　(2) $(x-2)^6$

指針 **二項定理による展開**　二項定理は

$$(a+b)^n={}_n\mathrm{C}_0a^n+{}_n\mathrm{C}_1a^{n-1}b+{}_n\mathrm{C}_2a^{n-2}b^2+\cdots\cdots+{}_n\mathrm{C}_nb^n$$

(1) 二項定理において，$a=x$，$b=1$，$n=4$ とする。

(2) 二項定理において，$a=x$，$b=-2$，$n=6$ とする。

${}_n\mathrm{C}_r$ の計算では ${}_n\mathrm{C}_0={}_n\mathrm{C}_n=1$，${}_n\mathrm{C}_r={}_n\mathrm{C}_{n-r}$ であることに注意する。

解答 (1) $(x+1)^4={}_4\mathrm{C}_0x^4+{}_4\mathrm{C}_1x^3\cdot1+{}_4\mathrm{C}_2x^2\cdot1^2+{}_4\mathrm{C}_3x\cdot1^3+{}_4\mathrm{C}_41^4$

$=1\cdot x^4+4\cdot x^3\cdot1+6\cdot x^2\cdot1+4\cdot x\cdot1+1\cdot1$

$=\boldsymbol{x^4+4x^3+6x^2+4x+1}$ 答

(2) $(x-2)^6={}_6\mathrm{C}_0x^6+{}_6\mathrm{C}_1x^5(-2)+{}_6\mathrm{C}_2x^4(-2)^2+{}_6\mathrm{C}_3x^3(-2)^3$

$+{}_6\mathrm{C}_4x^2(-2)^4+{}_6\mathrm{C}_5x(-2)^5+{}_6\mathrm{C}_6(-2)^6$

$=1\cdot x^6+6\cdot x^5\cdot(-2)+15\cdot x^4\cdot4+20\cdot x^3\cdot(-8)$

$+15\cdot x^2\cdot16+6\cdot x\cdot(-32)+1\cdot64$

$=\boldsymbol{x^6-12x^5+60x^4-160x^3+240x^2-192x+64}$ 答

練習 9 教 p.13

次の式の展開式において，[　]内に指定された項の係数を求めよ。

(1) $(2x+3)^4$　$[x^3]$　　(2) $(x-2y)^5$　$[x^2y^3]$

指針 **展開式の項の係数**　$(a+b)^n$ の展開式における一般項は ${}_n\mathrm{C}_ra^{n-r}b^r$ である。

[　]内の項の指数に着目して，まず r の値を求める。

解答 (1) $(2x+3)^4$ の展開式の一般項は

${}_4\mathrm{C}_r(2x)^{4-r}3^r={}_4\mathrm{C}_r2^{4-r}3^rx^{4-r}$

$4-r=3$ とすると　$r=1$

よって，求める係数は　${}_4\mathrm{C}_1\times2^3\times3^1=\boldsymbol{96}$ 答

(2) $(x-2y)^5$ の展開式の一般項は

${}_5\mathrm{C}_rx^{5-r}(-2y)^r={}_5\mathrm{C}_r(-2)^rx^{5-r}y^r$

$r=3$ のとき，求める係数は

$${}_5C_3\times(-2)^3=-80$$ 答

教 p.13

深める

次のパスカルの三角形の性質 **1**，**2** を，二項係数 ${}_nC_r$ を用いて表してみよう。

1　数の配列は左右対称で，各行の両端の数は 1 である。

2　2 行目以降の両端以外の数は，左上と右上の数の和に等しい。

指針　**パスカルの三角形の性質を式に表す**

右のような図で考えるとよい。

1　たとえば，${}_4C_1={}_4C_3(=4)$ より，${}_4C_1={}_4C_{4-1}$ である。

2　たとえば，${}_3C_1+{}_3C_2={}_4C_2$ より，${}_{4-1}C_{2-1}+{}_{4-1}C_2={}_4C_2$ である。

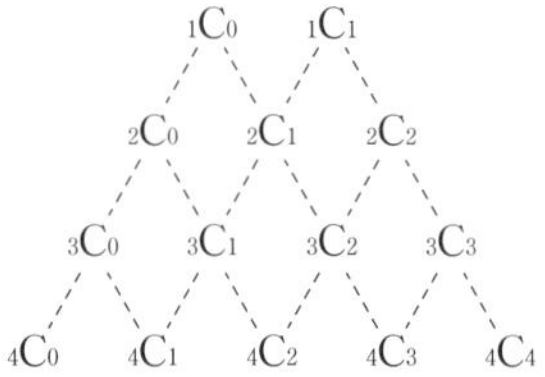

解答　(例)　**1**　2 以上の整数 n に対し　${}_nC_r={}_nC_{n-r}$
$(r=1,\ 2,\ \cdots\cdots,\ n-1)$
自然数 n に対し　${}_nC_0={}_nC_n=1$　終

2　2 以上の整数 n に対し　${}_nC_r={}_{n-1}C_{r-1}+{}_{n-1}C_r$
$(r=1,\ 2,\ \cdots\cdots,\ n-1)$　終

注意　**1** は，「自然数 n に対し　${}_nC_r={}_nC_{n-r}$ $(r=0,\ 1,\ \cdots\cdots,\ n)$」のようにまとめて表現することもできる。

参考　これらの性質は，組合せの数 ${}_nC_r$ の性質でもあるから，組合せの数を求める問題でも利用できる。

C 二項定理の応用

教 p.14

練習 10

等式 ① を用いて，等式 ② を導け。

$$(1+x)^n={}_nC_0+{}_nC_1x+{}_nC_2x^2+\cdots\cdots+{}_nC_nx^n \quad ①$$

$${}_nC_0-{}_nC_1+{}_nC_2-\cdots\cdots+(-1)^n{}_nC_n=0 \quad ②$$

指針　**二項定理に関する等式**　まず ① の左辺と右辺を入れかえて，② の各辺の項を比較する。${}_nC_n$ を含む項に着目すると，$x=-1$ とすればよいことがわかる。

解答　等式 ① より　${}_nC_0+{}_nC_1x+{}_nC_2x^2+\cdots\cdots+{}_nC_nx^n=(1+x)^n$

この等式に $x=-1$ を代入すると

$${}_nC_0+{}_nC_1(-1)+{}_nC_2(-1)^2+\cdots\cdots+{}_nC_n(-1)^n=(1-1)^n$$

よって　${}_nC_0-{}_nC_1+{}_nC_2-\cdots\cdots+(-1)^n{}_nC_n=0$　終

教 p.14

練習 11

$(a+b+c)^6$ の展開式における次の項の係数を求めよ。

(1) a^3bc^2　　(2) $a^2b^2c^2$　　(3) a^2b^4

指針 **二項定理と $(a+b+c)^n$ の展開**　$(a+b+c)^n$ の展開式における $a^pb^qc^r$ の項の係数を求めるには

① $(a+b+c)^n=\{(a+b)+c\}^n$ とみて，まず c^r を含む項を考えると

$${}_n\mathrm{C}_r(a+b)^{n-r}c^r$$

② 次に，$(a+b)^{n-r}$ の展開式における a^pb^q の項を調べる。

解答 (1) $(a+b+c)^6=\{(a+b)+c\}^6$ の展開式において，c^2 を含む項は

$${}_6\mathrm{C}_2(a+b)^4c^2$$

$(a+b)^4$ の展開式において，a^3b の項は　${}_4\mathrm{C}_1a^3b$

よって，求める係数は

$${}_6\mathrm{C}_2\times{}_4\mathrm{C}_1=\frac{6!}{2!4!}\times\frac{4!}{3!}=\frac{6\times5}{2}\times4=\mathbf{60}$$ 答

(2) c^2 を含む項は，(1) から　${}_6\mathrm{C}_2(a+b)^4c^2$

$(a+b)^4$ の展開式において，a^2b^2 の項は　${}_4\mathrm{C}_2a^2b^2$

よって，求める係数は

$${}_6\mathrm{C}_2\times{}_4\mathrm{C}_2=\frac{6\times5}{2}\times\frac{4!}{2!2!}=15\times\frac{4\times3}{2}=\mathbf{90}$$ 答

(3) $(a+b+c)^6=\{(a+b)+c\}^6$ の展開式において，$c^0=1$ を含む項は

$${}_6\mathrm{C}_0(a+b)^6$$

$(a+b)^6$ の展開式において，a^2b^4 の項は　${}_6\mathrm{C}_4a^2b^4$

よって，求める係数は

$${}_6\mathrm{C}_0\times{}_6\mathrm{C}_4=\frac{6!}{4!2!}=\frac{6\times5}{2}=\mathbf{15}$$ 答

教 p.14

深める

$2^n={}_n\mathrm{C}_0+{}_n\mathrm{C}_1+{}_n\mathrm{C}_2+\cdots\cdots+{}_n\mathrm{C}_n$ の等式から，教科書 11 ページのパスカルの三角形において，どのようなことがいえるか説明してみよう。

解答 (例)　n 行目にある数の総和は 2^n となる。 終

研究 $(a+b+c)^n$ の展開式

まとめ

$(a+b+c)^n$ の展開式

$(a+b+c)^n$ の展開式における $a^p b^q c^r$ の項の係数は

$$\frac{n!}{p!q!r!} \quad ただし \quad p+q+r=n$$

教 p.15

練習 1 $(a+b+c)^{10}$ の展開式における $a^5b^2c^3$ の項の係数を求めよ。

指針 **$(a+b+c)^n$ の展開式の項の係数** $\frac{n!}{p!q!r!}$ に $n=10$, $p=5$, $q=2$, $r=3$ を代入する。

解答 $\frac{10!}{5!2!3!}=2520$ 答

教 p.15

深める $(a+b+c)^n$ の展開式は，n 個の $(a+b+c)$ のそれぞれから，a, b, c のいずれかを取って掛け合わせた積の和になる。このことを利用して，$(a+b+c)^n$ の展開式における $a^pb^qc^r$ の項の係数が $\frac{n!}{p!q!r!}$ と表されることを確かめよう。

指針 **$(a+b+c)^n$ の展開式の項の係数** $(a+b+c)^n$ の展開式において，$a^pb^qc^r$ の項は，n 個の $(a+b+c)$ から a を取る p 個，b を取る q 個，c を取る r 個を選ぶことによりできる。

n 個の $(a+b+c)$ から p 個を選ぶ選び方の数は ${}_n\mathrm{C}_p$，このおのおのに対し，残りの $(n-p)$ 個の $(a+b+c)$ から q 個を選ぶ選び方の数は ${}_{n-p}\mathrm{C}_q$ だけある。

このとき，残りは，$n-p-q=r$（個）であるから，c の指数は自動的に r となる。したがって，$a^pb^qc^r$ の項の総数，すなわち $a^pb^qc^r$ の係数は ${}_n\mathrm{C}_p\times{}_{n-p}\mathrm{C}_q$ で求まる。

解答 $(a+b+c)^n$ の展開式における $a^pb^qc^r$ の項の係数は，n 個の $(a+b+c)$ から，a を取る p 個を選び，さらに残りの $(n-p)$ 個の $(a+b+c)$ から，b を取る q 個を選ぶ組合せの総数に等しい。

よって，$n-p-q=r$ に注意すれば

$${}_n\mathrm{C}_p\times{}_{n-p}\mathrm{C}_q=\frac{n!}{p!(n-p)!}\times\frac{(n-p)!}{q!(n-p-q)!}=\frac{n!}{p!q!r!}$$ 終

3 多項式の割り算

まとめ

多項式の割り算

A, B が同じ1つの文字についての多項式で，B は 0 でないとする。このとき，A を B で割った商と余りを求めるとは，次の等式を満たす多項式 Q, R を求めることである。

$$A=BQ+R$$

ただし，R は 0 か，B より次数の低い多項式

A, B に対して，Q, R は1通りに定まり，Q を **商**，R を **余り** という。

とくに，$R=0$ すなわち $A=BQ$ のとき，A は B で **割り切れる** という。

注意 単項式は項が1つの多項式と考える。多項式のことを整式ともいう。

A 多項式の割り算

教 p.17

練習 12

次の多項式 A, B について，A を B で割った商と余りを求めよ。

(1) $A=x^3-4x^2-5$, $B=x-3$

(2) $A=2x^3+5x^2-2x+4$, $B=x^2-x+2$

(3) $A=x^3-7x+6$, $B=x^2-3+2x$

指針 **多項式の割り算** 多項式 A を多項式 B で割るとき，次のことに注意する。

1 A, B を降べきの順に整理してから，割り算を行う。

2 余りが 0 になるか，余りの次数が割る式 B の次数より低くなるまで計算を続ける。

3 多項式 A に，ある次数の項がないときには，その項の場所を空けて計算するとよい。

解答 (1)

$$\begin{array}{r|l}
 & x^2-x\quad-3 \\ \hline
x-3 & x^3-4x^2\qquad-5 \\
 & x^3-3x^2 \\ \hline
 & -x^2 \\
 & -x^2+3x \\ \hline
 & -3x-5 \\
 & -3x+9 \\ \hline
 & -14
\end{array}$$

←割られる式に1次の項がないため，その場所を空けておく。

答 商 x^2-x-3，余り -14

(2)

$$\begin{array}{r|l}
 & 2x\ +7 \\ \hline
x^2-x+2 & 2x^3+5x^2-2x+4 \\
 & 2x^3-2x^2+4x \\ \hline
 & 7x^2-6x+4 \\
 & 7x^2-7x+14 \\ \hline
 & x-10
\end{array}$$

答 商 $2x+7$，余り $x-10$

(3)

$$
\begin{array}{r}
x \;\; -2 \\
x^2+2x-3 \,\overline{)\, x^3 \qquad\quad -7x+6}\\
\underline{x^3+2x^2-3x }\\
-2x^2-4x+6\\
\underline{-2x^2-4x+6}\\
0
\end{array}
$$

←割る式を降べきの順に整理する。
割られる式に 2 次の項がないため，
その場所を空けておく。

答　商　$x-2$，余り　0

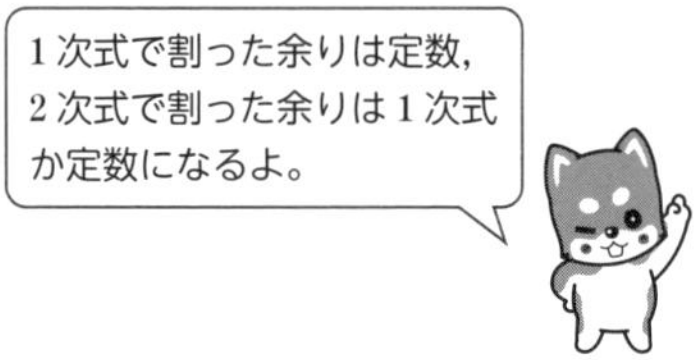

1 次式で割った余りは定数，
2 次式で割った余りは 1 次式
か定数になるよ。

練習 13　教 p.18

多項式 x^3+4x^2+4x-2 を多項式 B で割ると，商が $x+3$，余りが $2x+1$ であるという。B を求めよ。

指針　**等式 $A=BQ+R$ の利用**　$A=BQ+R$ にそれぞれの多項式を代入して整理する。

解答　この割り算について，次の等式が成り立つ。

$$x^3+4x^2+4x-2=B\times(x+3)+2x+1$$

←$A=x^3+4x^2+4x-2$
$Q=x+3$，$R=2x+1$

整理すると

$$x^3+4x^2+2x-3=B\times(x+3)$$

よって，x^3+4x^2+2x-3 は $x+3$ で割り切れて，
その商が B である。
右の計算により　$\boldsymbol{B=x^2+x-1}$　答

$$
\begin{array}{r}
x^2+x \;\; -1 \\
x+3 \,\overline{)\, x^3+4x^2+2x-3}\\
\underline{x^3+3x^2 }\\
x^2+2x \\
\underline{x^2+3x }\\
-x-3\\
\underline{-x-3}\\
0
\end{array}
$$

練習 14　教 p.18

$A=6x^2-11ax-10a^2$，$B=3x+2a$ を，x についての多項式とみて，A を B で割った商と余りを求めよ。

指針　**2 種類の文字を含む多項式の割り算**　x についての多項式とみて割り算を行う。a は数と同じように扱う。

解答

$$
\begin{array}{r}
2x \;\; -5a \\
3x+2a \,\overline{)\, 6x^2-11ax-10a^2}\\
\underline{6x^2+\;\;4ax }\\
-15ax-10a^2\\
\underline{-15ax-10a^2}\\
0
\end{array}
$$

←x についての多項式とみて，
a は数と同じように扱う。

答　商　$\boldsymbol{2x-5a}$，余り　**0**

4 分数式とその計算

まとめ

1 分数式

2つの多項式 A, B によって $\dfrac{A}{B}$ の形に表され，B に文字を含む式を，**分数式** という。分数式 $\dfrac{A}{B}$ において，B をその **分母**，A をその **分子** という。

注意 与えられた分数式の分母は0でないとする。

2 分数式の約分

分数式では，その分母と分子に0でない同じ多項式を掛けても，分母と分子をその共通因数で割っても，もとの式と等しい。

$$\frac{A}{B}=\frac{AC}{BC}\quad (ただし\ C\neq 0),\qquad \frac{AD}{BD}=\frac{A}{B}$$

分数式の分母と分子をその共通因数で割ることを **約分** するという。それ以上約分できない分数式を **既約分数式** という。

3 分数式の四則計算

① 乗法・除法 $\dfrac{A}{B}\times\dfrac{C}{D}=\dfrac{AC}{BD}$, $\dfrac{A}{B}\div\dfrac{C}{D}=\dfrac{A}{B}\times\dfrac{D}{C}=\dfrac{AD}{BC}$

② 加法・減法 $\dfrac{A}{C}+\dfrac{B}{C}=\dfrac{A+B}{C}$, $\dfrac{A}{C}-\dfrac{B}{C}=\dfrac{A-B}{C}$

③ 2つ以上の分数式の分母を同じ多項式にすることを **通分** するという。分母が異なる分数式の加減は，数の場合と同様に通分して計算する。

注意 分数式の計算結果は既約分数式か多項式の形にしておく。

A 分数式の約分

教 p.19

練習 15

次の式を約分して，既約分数式で表せ。

(1) $\dfrac{15ab^4}{6a^3b^2}$　(2) $\dfrac{x^2-9}{x^2+7x+12}$　(3) $\dfrac{x^2-2x-3}{2x^2-7x+3}$

指針 **分数式の約分** 分数式の分母と分子をその共通因数で割る。

(2), (3) まず，分母と分子をそれぞれ因数分解する。

解答 (1) $\dfrac{15ab^4}{6a^3b^2}=\dfrac{5b^2\cdot 3ab^2}{2a^2\cdot 3ab^2}=\boldsymbol{\dfrac{5b^2}{2a^2}}$ 答

(2) $\dfrac{x^2-9}{x^2+7x+12}=\dfrac{(x+3)(x-3)}{(x+3)(x+4)}=\boldsymbol{\dfrac{x-3}{x+4}}$ 答

(3) $\dfrac{x^2-2x-3}{2x^2-7x+3}=\dfrac{(x+1)(x-3)}{(x-3)(2x-1)}=\boldsymbol{\dfrac{x+1}{2x-1}}$ 答

B 分数式の四則計算

練習 16 教 p.20

次の式を計算せよ。

(1) $\dfrac{2x}{2x+1}\times\dfrac{2x^2-3x-2}{x-2}$　　(2) $\dfrac{x-2}{x^2+3x}\div\dfrac{x^2-2x}{x^2-9}$

指針 **分数式の乗法・除法**　まず，分母や分子で因数分解できるものがあれば，因数分解しておく。

(2) 割る分数式の逆数を掛ける。

解答 (1) $\dfrac{2x}{2x+1}\times\dfrac{2x^2-3x-2}{x-2}=\dfrac{2x\times(x-2)(2x+1)}{(2x+1)\times(x-2)}=\boldsymbol{2x}$ 答

(2) $\dfrac{x-2}{x^2+3x}\div\dfrac{x^2-2x}{x^2-9}=\dfrac{x-2}{x(x+3)}\times\dfrac{(x+3)(x-3)}{x(x-2)}$

$=\dfrac{(x-2)(x+3)(x-3)}{x^2(x+3)(x-2)}=\boldsymbol{\dfrac{x-3}{x^2}}$ 答

練習 17 教 p.20

次の式を計算せよ。

(1) $\dfrac{2x}{x+3}+\dfrac{x+9}{x+3}$　　(2) $\dfrac{3x+1}{2x-1}-\dfrac{2x-3}{2x-1}$

(3) $\dfrac{2x^2}{x-1}-\dfrac{x+1}{x-1}$

指針 **分母が同じ分数式の加法・減法**　分数の場合と同じように計算し，結果はそれ以上約分できない形にしておく。

(2), (3) の減法では，引く方の分子をかっこ書きにして符号のミスを防ぐ。

解答 (1) $\dfrac{2x}{x+3}+\dfrac{x+9}{x+3}=\dfrac{2x+(x+9)}{x+3}=\dfrac{3x+9}{x+3}$

$=\dfrac{3(x+3)}{x+3}=\boldsymbol{3}$ 答

(2) $\dfrac{3x+1}{2x-1}-\dfrac{2x-3}{2x-1}=\dfrac{3x+1-(2x-3)}{2x-1}$

$=\boldsymbol{\dfrac{x+4}{2x-1}}$ 答

(3) $\dfrac{2x^2}{x-1}-\dfrac{x+1}{x-1}=\dfrac{2x^2-(x+1)}{x-1}=\dfrac{2x^2-x-1}{x-1}$

$=\dfrac{(x-1)(2x+1)}{x-1}=\boldsymbol{2x+1}$ 答

練習18 教 p.21

次の式を計算せよ。

(1) $\dfrac{2}{x+1}+\dfrac{3}{x-2}$　　(2) $\dfrac{x}{x-1}-\dfrac{1}{x^2-x}$

(3) $\dfrac{x}{x+1}+\dfrac{3x-1}{x^2-2x-3}$　　(4) $\dfrac{3x+5}{x^2-1}-\dfrac{1}{x^2+x}$

指針 **分母が異なる分数式の加法・減法**　通分してから計算する。

(2) $x^2-x=x(x-1)$ から，2 つの分数の分母は $x(x-1)$ にそろえる。

(4) 分母がそれぞれ $x^2-1=(x+1)(x-1)$，$x^2+x=x(x+1)$ と因数分解できるから，2 つの分数の分母は $x(x+1)(x-1)$ にそろえる。

解答 (1) $\dfrac{2}{x+1}+\dfrac{3}{x-2}=\dfrac{2(x-2)}{(x+1)(x-2)}+\dfrac{3(x+1)}{(x+1)(x-2)}$

$=\dfrac{2(x-2)+3(x+1)}{(x+1)(x-2)}=\boldsymbol{\dfrac{5x-1}{(x+1)(x-2)}}$ 答

(2) $\dfrac{x}{x-1}-\dfrac{1}{x^2-x}=\dfrac{x}{x-1}-\dfrac{1}{x(x-1)}=\dfrac{x^2}{x(x-1)}-\dfrac{1}{x(x-1)}$

$=\dfrac{x^2-1}{x(x-1)}=\dfrac{(x+1)(x-1)}{x(x-1)}=\boldsymbol{\dfrac{x+1}{x}}$ 答

(3) $\dfrac{x}{x+1}+\dfrac{3x-1}{x^2-2x-3}=\dfrac{x}{x+1}+\dfrac{3x-1}{(x+1)(x-3)}$

$=\dfrac{x(x-3)}{(x+1)(x-3)}+\dfrac{3x-1}{(x+1)(x-3)}=\dfrac{(x^2-3x)+(3x-1)}{(x+1)(x-3)}$

$=\dfrac{x^2-1}{(x+1)(x-3)}=\dfrac{(x+1)(x-1)}{(x+1)(x-3)}=\boldsymbol{\dfrac{x-1}{x-3}}$ 答

(4) $\dfrac{3x+5}{x^2-1}-\dfrac{1}{x^2+x}=\dfrac{3x+5}{(x+1)(x-1)}-\dfrac{1}{x(x+1)}$

$=\dfrac{3x^2+5x}{x(x+1)(x-1)}-\dfrac{x-1}{x(x+1)(x-1)}=\dfrac{(3x^2+5x)-(x-1)}{x(x+1)(x-1)}$

$=\dfrac{3x^2+4x+1}{x(x+1)(x-1)}=\dfrac{(x+1)(3x+1)}{x(x+1)(x-1)}=\boldsymbol{\dfrac{3x+1}{x(x-1)}}$ 答

練習19 教 p.21

$A=1+\dfrac{1}{x}$，$B=x-\dfrac{1}{x}$ のとき，$\dfrac{A}{B}$ を簡単にせよ。

指針 **分母や分子に分数式を含む式**　A，B をそれぞれ 1 つの分数式にして $\dfrac{A}{B}=A\div B=A\times\dfrac{1}{B}$ として，分数式の乗法の計算とする。

解答 $\dfrac{A}{B}=A\div B=\left(1+\dfrac{1}{x}\right)\div\left(x-\dfrac{1}{x}\right)=\dfrac{x+1}{x}\div\dfrac{x^2-1}{x}$

$$=\frac{x+1}{x}\times\frac{x}{x^2-1}=\frac{x+1}{x}\times\frac{x}{(x+1)(x-1)}$$

$$=\frac{\mathbf{1}}{\boldsymbol{x-1}}$$ 答

別解 $\dfrac{A}{B}$ の分母と分子に x を掛ける。

$$\frac{A}{B}=\frac{1+\frac{1}{x}}{x-\frac{1}{x}}=\frac{\left(1+\frac{1}{x}\right)\times x}{\left(x-\frac{1}{x}\right)\times x}$$

$$=\frac{x+1}{x^2-1}=\frac{x+1}{(x+1)(x-1)}=\frac{\mathbf{1}}{\boldsymbol{x-1}}$$ 答

分母や分子にも分数式を含む分数式を，繁分数式というよ。

5 恒等式

まとめ

1 恒等式

文字を含む等式において，含まれている文字にどのような値を代入しても，両辺の値が存在する限り等式が常に成り立つとき，その等式をそれらの文字についての **恒等式** という。

2 恒等式の性質

恒等式の両辺が x についての多項式のとき，各辺で同類項を整理すると，次のことが成り立つ。

両辺の同じ次数の項の係数は，それぞれ等しい。

たとえば，a，b，c，a'，b'，c' を定数とするとき，次のことが成り立つ。

1 $ax^2+bx+c=a'x^2+b'x+c'$ が x についての恒等式である

$$\iff a=a',\ b=b',\ c=c'$$

2 $ax^2+bx+c=0$ が x についての恒等式である

$$\iff a=b=c=0$$

A 恒等式

練習 20 教 p.22

次の等式のうち，x についての恒等式はどれか。

(1) $(x+1)(x-1)=x^2-1$　　(2) $x(x-1)+x=2x$

(3) $\dfrac{1}{x}+\dfrac{1}{x+1}=\dfrac{2}{2x+1}$　　(4) $\dfrac{1}{x}-\dfrac{1}{x+2}=\dfrac{2}{x(x+2)}$

指針 **恒等式**　式変形によって導かれる等式は，恒等式である。それぞれの等式の左辺を変形して調べる。

解答 (1)　左辺を展開すると右辺になるから，恒等式である。

(2)　左辺$=x^2-x+x=x^2$

右辺と同じ式にならないから，恒等式ではない。

(3)　左辺$=\dfrac{x+1}{x(x+1)}+\dfrac{x}{x(x+1)}=\dfrac{2x+1}{x(x+1)}$

右辺と同じ式にならないから，恒等式ではない。

(4)　左辺$=\dfrac{x+2}{x(x+2)}-\dfrac{x}{x(x+2)}=\dfrac{2}{x(x+2)}$

右辺と同じ式となるから，恒等式である。

以上から，恒等式であるのは　(1)，(4)　答

注意 (2)から導かれる等式 $x^2=2x$ は，$x=0$ または $x=2$ を代入したときに限り成り立つ方程式である。(3)も，分母をはらって整理すると方程式 $2x^2+2x+1=0$ であるが，実数の解はもたない(第2章以降で学習)。

なお，恒等式でないことを示すには，次のような方法もある。(2)の場合は

(2)　$x=1$ とすると　左辺$=1$，右辺$=2$

この等式は成り立たないから，恒等式ではない。

B 恒等式の性質

教 p.23

練習 21

等式 $2x^2-7x+8=(x-3)(ax+b)+c$ が x についての恒等式となるように，定数 a，b，c の値を定めよ。

指針 **恒等式の性質**　まず，右辺を x について降べきの順に整理する。恒等式であるとき，両辺の同じ次数の項の係数は，それぞれ等しい。

解答 等式の右辺を x について整理すると

$$2x^2-7x+8=ax^2+(-3a+b)x+(-3b+c)$$

両辺の同じ次数の項の係数を比較して

$$2=a \quad \cdots\cdots ①,\quad -7=-3a+b \quad \cdots\cdots ②,\quad 8=-3b+c \quad \cdots\cdots ③$$

① を ② に代入すると　$-7=-6+b$　　よって　$b=-1$

これを ③ に代入すると　$8=3+c$　　よって　$c=5$

したがって　$\boldsymbol{a=2,\ b=-1,\ c=5}$　答

教 p.24

練習 22

等式 $\dfrac{1}{x(x+1)}=\dfrac{a}{x}+\dfrac{b}{x+1}$ が x についての恒等式となるように，定数 a，b の値を定めよ。

指針　**分数式の恒等式**　分数式の恒等式では，分母をはらって得られる等式もまた恒等式である。このことを利用する。

解答　与えられた等式が x についての恒等式ならば，等式の両辺に $x(x+1)$ を掛けて得られる等式

$$1=a(x+1)+bx$$

も x についての恒等式である。

右辺を x について整理すると

$$1=(a+b)x+a$$

← 左辺 $=0\cdot x+1$

両辺の同じ次数の項の係数を比較して

$$0=a+b,\quad 1=a$$

これを解いて　　$\boldsymbol{a=1,\ b=-1}$　答

研究　代入による恒等式の係数決定

まとめ

1　係数比較法

教科書 $p.23$ のように，両辺の同じ次数の項の係数を比較して，恒等式の係数を定める方法を係数比較法という。

2　数値代入法

x についての恒等式では，両辺の値が存在する限り，x にどのような値を代入してもその等式は成り立つ。このことを用いて，恒等式の係数を定める方法を数値代入法という。

練習 1　教 p.24

等式 $x+2=ax(x-1)+b(x-1)(x-2)+c(x-2)x$ が x についての恒等式となるように，定数 a，b，c の値を定めよ。

指針　**数値代入法**　等式の両辺に，たとえば $x=0$，$x=1$，$x=2$ をそれぞれ代入すると，a，b，c の1次方程式ができ，それを解くと a，b，c の値が求められる。この値は必要条件であり，十分条件でもあることの確認が必要。

解答　等式の両辺の x に 0，1，2 をそれぞれ代入すると

$$2=2b,\quad 3=-c,\quad 4=2a$$

これを解くと　　$a=2,\ b=1,\ c=-3$　　← 必要条件

逆に，これらの値を右辺に代入し整理すると左辺と一致し，与えられた等式は x についての恒等式である。　　← 十分条件でもあることの確認

よって　　$\boldsymbol{a=2,\ b=1,\ c=-3}$　答

第1章 第1節　問題

教 p.25

1 次の式を展開せよ。

(1) $(2x \quad 3y)^3$　　(2) $(a+b)^2(a^2-ab+b^2)^2$

指針 **3 次式の展開**

(1) 展開の公式 **1** $(a-b)^3=a^3-3a^2b+3ab^2-b^3$ を利用する。
$2x$ をまとめて a，$3y$ をまとめて b とみる。

(2) $(a+b)^2(a^2-ab+b^2)^2=\{(a+b)(a^2-ab+b^2)\}^2$ としたうえで，
展開の公式 **2** $(a+b)(a^2-ab+b^2)=a^3+b^3$ を利用する。

解答 (1) $(2x-3y)^3=(2x)^3-3\cdot(2x)^2\cdot 3y+3\cdot 2x\cdot(3y)^2-(3y)^3$

$=\boldsymbol{8x^3-36x^2y+54xy^2-27y^3}$ 答

(2) $(a+b)^2(a^2-ab+b^2)^2=\{(a+b)(a^2-ab+b^2)\}^2$

$=(a^3+b^3)^2=(a^3)^2+2a^3\cdot b^3+(b^3)^2$

$=\boldsymbol{a^6+2a^3b^3+b^6}$ 答

教 p.25

2 次の式を因数分解せよ。

(1) $8a^3+b^3$　　(2) $(x+y)^3-1$　　(3) a^6-7a^3-8

指針 **3 次式の因数分解**　因数分解の公式
$a^3+b^3=(a+b)(a^2-ab+b^2)$，$a^3-b^3=(a-b)(a^2+ab+b^2)$ を利用する。
(1) は $8a^3=(2a)^3$ から $2a$ を，(2) は $x+y$ を，それぞれ 1 つの文字と考える。
(3) はまず，a^3 についての 2 次式とみて因数分解する。

解答 (1) $8a^3+b^3=(2a)^3+b^3=(2a+b)\{(2a)^2-2a\cdot b+b^2\}$

$=\boldsymbol{(2a+b)(4a^2-2ab+b^2)}$ 答

(2) $(x+y)^3-1=(x+y)^3-1^3$

$=\{(x+y)-1\}\{(x+y)^2+(x+y)\cdot 1+1^2\}$

$=\boldsymbol{(x+y-1)(x^2+2xy+y^2+x+y+1)}$ 答

(3) $a^6-7a^3-8=(a^3)^2-7a^3-8=(a^3+1)(a^3-8)$

$=(a+1)(a^2-a+1)(a-2)(a^2+2a+4)$

$=\boldsymbol{(a+1)(a-2)(a^2-a+1)(a^2+2a+4)}$ 答

教 p.25

3 次の式の展開式において，[　] 内に指定された項の係数を求めよ。

(1) $(3x^2+2)^6$　$[x^2]$　　(2) $(x-2y+3z)^5$　$[xy^2z^2]$

指針 **展開式の項の係数**

(1) $(a+b)^n$ の展開式の一般項は ${}_n\mathrm{C}_r a^{n-r}b^r$ である。これに $n=6$, $a=3x^2$, $b=2$ をあてはめて計算し，x の指数が 2 になることから r の値を求める。

(2) $\{(a+b)+c\}^n$ として二項定理を 2 回使う。

解答 (1) $(3x^2+2)^6$ の展開式の一般項は

$${}_6\mathrm{C}_r(3x^2)^{6-r}\cdot 2^r={}_6\mathrm{C}_r 3^{6-r}\cdot 2^r\cdot x^{2(6-r)}$$

$2(6-r)=2$ とすると　$r=5$

よって，求める係数は　${}_6\mathrm{C}_5\times 3\times 2^5=6\times 3\times 32=\mathbf{576}$ 答

(2) $(x-2y+3z)^5$ の展開式において，z^2 を含む項は

$${}_5\mathrm{C}_2(x-2y)^3(3z)^2$$

$(x-2y)^3$ の展開式において，xy^2 の項は　${}_3\mathrm{C}_2 x\cdot(-2y)^2$

よって，求める係数は

$${}_5\mathrm{C}_2\times{}_3\mathrm{C}_2\times 3^2\times(-2)^2=10\times 3\times 9\times 4=\mathbf{1080}$$ 答

別解 (2) $(a+b+c)^n$ の展開式における $a^pb^qc^r$（ただし $p+q+r=n$）の係数は

$\dfrac{n!}{p!q!r!}$ であるから，$(x-2y+3z)^5$ の xy^2z^2 の項の係数は

$$\frac{5!}{1!2!2!}\cdot(-2)^2\cdot 3^2=\frac{5\cdot4\cdot3\cdot2\cdot1}{2\cdot1\times2\cdot1}\times 4\times 9=\mathbf{1080}$$ 答

教 p.25

4 次の条件を満たす多項式 A, B を求めよ。

(1) A を $x+2$ で割ると，商が x^2-x-3，余りが 5

(2) $2x^3+5x^2-6x+3$ を B で割ると，商が $2x-1$，余りが $x+1$

指針 **多項式の割り算**　割り算に関する等式 $A=BQ+R$ にあてはめ，式を変形して A, B を求める。(2) では最後に割り算をすることに注意。

解答 (1) この割り算について，次の等式が成り立つ。

$$A=(x+2)(x^2-x-3)+5$$

整理すると

$$A=(x^3+x^2-5x-6)+5$$
$$=\boldsymbol{x^3+x^2-5x-1}$$ 答

```
        x +2
   ×) x²- x -3
   ------------
     x³+2x²
       - x²-2x
           -3x-6
   ------------
     x³+ x²-5x-6
```

(2) この割り算について，次の等式が成り立つ。

$$2x^3+5x^2-6x+3=B\times(2x-1)+x+1$$

整理すると

$$2x^3+5x^2-7x+2=B\times(2x-1)$$

よって，$2x^3+5x^2-7x+2$ は $2x-1$ で割り切れて，その商が B である。

右の計算により　$B=\boldsymbol{x^2+3x-2}$ 答

```
          x²+3x-2
  2x-1)2x³+5x²-7x+2
       2x³- x²
       ------------
            6x²-7x
            6x²-3x
            -------
               -4x+2
               -4x+2
               -----
                   0
```

教 p.25

5　次の式を計算せよ。

$$\frac{1}{x(x+1)}+\frac{1}{(x+1)(x+2)}+\frac{1}{(x+2)(x+3)}$$

指針　**分数式の加法**　分母が異なるから通分を考える。3 つの分数式を同時に通分してもよいが，計算が大変になる。まず，最初の 2 つの分数式を通分して和を求め，3 番目の分数式との和を計算する。

解答
$$\frac{1}{x(x+1)}+\frac{1}{(x+1)(x+2)}=\frac{x+2}{x(x+1)(x+2)}+\frac{x}{x(x+1)(x+2)}$$
$$=\frac{2x+2}{x(x+1)(x+2)}=\frac{2(x+1)}{x(x+1)(x+2)}=\frac{2}{x(x+2)}$$

よって

$$\frac{1}{x(x+1)}+\frac{1}{(x+1)(x+2)}+\frac{1}{(x+2)(x+3)}$$
$$=\frac{2}{x(x+2)}+\frac{1}{(x+2)(x+3)}=\frac{2(x+3)}{x(x+2)(x+3)}+\frac{x}{x(x+2)(x+3)}$$
$$=\frac{3x+6}{x(x+2)(x+3)}=\frac{3(x+2)}{x(x+2)(x+3)}=\boldsymbol{\frac{3}{x(x+3)}}$$ 答

別解　式の特徴に着目し，次のようにして計算してもよい。

$$\frac{1}{x(x+1)}=\frac{1}{x}-\frac{1}{x+1}$$
$$\frac{1}{(x+1)(x+2)}=\frac{1}{x+1}-\frac{1}{x+2}$$
$$\frac{1}{(x+2)(x+3)}=\frac{1}{x+2}-\frac{1}{x+3}$$

よって

$$\frac{1}{x(x+1)}+\frac{1}{(x+1)(x+2)}+\frac{1}{(x+2)(x+3)}$$
$$=\left(\frac{1}{x}-\frac{1}{x+1}\right)+\left(\frac{1}{x+1}-\frac{1}{x+2}\right)+\left(\frac{1}{x+2}-\frac{1}{x+3}\right)$$
$$=\frac{1}{x}-\frac{1}{x+3}=\frac{x+3}{x(x+3)}-\frac{x}{x(x+3)}=\boldsymbol{\frac{3}{x(x+3)}}$$ 答

教 p.25

6　$A=x^2-\dfrac{1}{x}$，$B=x+1+\dfrac{1}{x}$ のとき，$\dfrac{A}{B}$ を簡単にせよ。

指針　**分母や分子に分数式を含む式**　A，B をそれぞれ 1 つの分数式にして，$\dfrac{A}{B}=A\div B=A\times\dfrac{1}{B}$ として，分数式の乗法の計算とする。

または，$\dfrac{A}{B}=\dfrac{AC}{BC}$ を利用して，$\dfrac{A}{B}$ の分母と分子に同じ式を掛けて式を簡単にしてもよい。

解答 $\dfrac{A}{B}=\dfrac{x^2-\dfrac{1}{x}}{x+1+\dfrac{1}{x}}=\left(x^2-\dfrac{1}{x}\right)\div\left(x+1+\dfrac{1}{x}\right)=\dfrac{x^3-1}{x}\div\dfrac{x(x+1)+1}{x}$

$=\dfrac{(x-1)(x^2+x+1)}{x}\div\dfrac{x^2+x+1}{x}$

$=\dfrac{(x-1)(x^2+x+1)}{x}\times\dfrac{x}{x^2+x+1}=\boldsymbol{x-1}$ 答

別解 $\dfrac{A}{B}$ の分母と分子に x を掛ける。

$\dfrac{A}{B}=\dfrac{x^2-\dfrac{1}{x}}{x+1+\dfrac{1}{x}}=\dfrac{\left(x^2-\dfrac{1}{x}\right)\times x}{\left(x+1+\dfrac{1}{x}\right)\times x}=\dfrac{x^3-1}{x^2+x+1}$

$=\dfrac{(x-1)(x^2+x+1)}{x^2+x+1}=\boldsymbol{x-1}$ 答

教 p.25

7 次の等式が x についての恒等式となるように，定数 a, b, c, d の値を定めよ。

(1) $(x+1)a+(2x-1)b+2x+5=0$

(2) $x^3=ax(x-1)(x-2)+bx(x-1)+cx+d$

指針 **恒等式** 恒等式の係数を決定するには，両辺の同じ次数の項の係数を比較する係数比較法と，両辺の文字に適当な値を代入して係数を定める数値代入法がある。ここでは係数比較法で解く。数値代入法は求めた値は必要条件でしかないから，十分条件でもある (恒等式になる) ことの確認を忘れないように注意する。

解答 (1) 等式の左辺を x について整理すると

$(a+2b+2)x+(a-b+5)=0$

この等式が x についての恒等式であるから

$a+2b+2=0$ …… ①

$a-b+5=0$ …… ②

①−② から　$3b-3=0$　よって　$b=1$

② に代入すると　$a-1+5=0$　よって　$a=-4$

したがって　$\boldsymbol{a=-4,\ b=1}$ 答

(2) 等式の右辺を x について整理すると

$x^3=ax^3+(-3a+b)x^2+(2a-b+c)x+d$

両辺の同じ次数の項の係数を比較して

$1=a$ …… ①

$0=-3a+b$ …… ②

$0=2a-b+c$ …… ③

$0=d$ …… ④

① から $a=1$, ④ から $d=0$

② に ① を代入すると　$0=-3+b$　よって　$b=3$ …… ⑤

③ に ① と ⑤ を代入すると　$0=2-3+c$　よって　$c=1$

したがって　$\boldsymbol{a=1,\ b=3,\ c=1,\ d=0}$ 答

別解 (2) 等式の両辺の x に 0, 1, 2, 3 をそれぞれ代入すると

$d=0$ …… ①

$1=c+d$ …… ②

$8=2b+2c+d$ …… ③

$27=6a+6b+3c+d$ …… ④

② に ① を代入すると　$1=c+0$　よって　$c=1$ …… ⑤

③ に ① と ⑤ を代入すると　$8=2b+2$　よって　$b=3$ …… ⑥

④ に ⑥ と ⑤ と ① を代入すると　$27=6a+18+3$　よって　$a=1$

すなわち　$a=1,\ b=3,\ c=1,\ d=0$　←必要条件

逆に，これらの値を右辺に代入し整理すると左辺と一致し，与えられた等式は x についての恒等式である。　←十分条件でもあることの確認

したがって　$\boldsymbol{a=1,\ b=3,\ c=1,\ d=0}$ 答

教 p.25

8 x についての多項式 $6x^4+x^3-ax^2+2x+1$ を $2x^2+x+1$ で割ると，商が bx^2-x-3 で，余りが $cx+d$ となるように，定数 a, b, c, d の値を定めよ。

指針 **恒等式の利用**　多項式 A を多項式 B で割ると商が Q, 余りが R であるとき，$A=BQ+R$ が成り立つ。この式にあてはめて，x についての恒等式とみて，両辺の同じ次数の項の係数を比較する。

解答 $6x^4+x^3-ax^2+2x+1$ を $2x^2+x+1$ で割ると，商が bx^2-x-3 で，余りが $cx+d$ であるとき，次の等式が成り立つ。

$$6x^4+x^3-ax^2+2x+1=(2x^2+x+1)(bx^2-x-3)+cx+d$$

等式の右辺を x について整理すると

$$6x^4+x^3-ax^2+2x+1=2bx^4+(b-2)x^3+(b-7)x^2+(c-4)x+(d-3)$$

両辺の同じ次数の項の係数を比較して

$6=2b$, $1=b-2$, $-a=b-7$, $2=c-4$, $1=d-3$

これを解いて　$\boldsymbol{a=4,\ b=3,\ c=6,\ d=4}$ 答

第2節　等式・不等式の証明

6 等式の証明

まとめ

1　$A=B$ の証明

恒等式 $A=B$ を証明するには，たとえば次のような方法がある。

1　A か B の一方を変形して，他方を導く。

2　A と B の両方を変形して，同じ式を導く。

3　$A-B$ を変形して，0 になることを示す。　　←$A-B=0$ を示す。

2　条件つきの等式の証明

ある条件のもとで成り立つ等式を証明するには，その条件をもとにして，1つの文字を他の文字におき換えて，文字の数を減らして証明することがある。

3　比の値と比例式

比 $a:b$ について，$\dfrac{a}{b}$ を **比の値** という。また，比 $a:b$ と $c:d$ が等しいことを表す式 $a:b=c:d$ を **比例式** という。比が等しいとき，比の値も等しく，$a:b=c:d$ は $\dfrac{a}{b}=\dfrac{c}{d}$ とも表される。

A 恒等式の証明

教 p.27

練習 23

次の等式を証明せよ。

(1)　$a^3-b^3=(a-b)^3+3ab(a-b)$

(2)　$a^2+ab+b^2=\left(a+\dfrac{b}{2}\right)^2+\dfrac{3}{4}b^2$

(3)　$(1+x)^3=1+x+x(1+x)+x(1+x)^2$

指針　**恒等式の証明**　恒等式 $A=B$ の証明は，複雑な方の辺の式を変形して簡単な方の辺の式へと導くのが一般的である（方法 **1**）。

どちらともいえない場合は，方法 **2** または方法 **3** を用いる。

(1)，(2) は方法 **1**，(3) は方法 **2** を使うのがよい。

1つの証明方法にこだわらずにいろいろ試してみよう。

解答　(1)　右辺 $=(a^3-3a^2b+3ab^2-b^3)+3a^2b-3ab^2$

$=a^3-b^3$

よって　$a^3-b^3=(a-b)^3+3ab(a-b)$　終

(2)　右辺 $=\left(a^2+ab+\dfrac{b^2}{4}\right)+\dfrac{3}{4}b^2$

$=a^2+ab+b^2$

よって　$a^2+ab+b^2=\left(a+\frac{b}{2}\right)^2+\frac{3}{4}b^2$　終

(3)　左辺$=1+3x+3x^2+x^3$　←$(a+b)^3=a^3+3a^2b+3ab^2+b^3$

右辺$=1+x+x+x^2+x(1+2x+x^2)$

$=1+2x+x^2+x+2x^2+x^3=1+3x+3x^2+x^3$

よって　$(1+x)^3=1+x+x(1+x)+x(1+x)^2$　終

別解 (3)　右辺$=(1+x)+x(1+x)+x(1+x)^2$

$=(1+x)\{1+x+x(1+x)\}$　←因数分解

$=(1+x)(1+2x+x^2)$

$=(1+x)(1+x)^2=(1+x)^3$

よって　$(1+x)^3=1+x+x(1+x)+x(1+x)^2$　終

B 条件つきの等式の証明

練習 24　教 p.27

$a+b+c=0$ のとき，次の等式を証明せよ。

$$a^2+ca=b^2+bc$$

指針　**条件つきの等式の証明**　まず両辺の差をとる。次に，$a+b+c=0$ より，$c=-(a+b)$ であるから，c に $-(a+b)$ を代入して，0 となることを示す。

解答　$a+b+c=0$ より，$c=-(a+b)$ であるから

$a^2+ca-(b^2+bc)$

$=a^2-(a+b)a-\{b^2-b(a+b)\}$　←c を $-(a+b)$ におき換える

$=a^2-(a^2+ab)-b^2+(ab+b^2)$

$=0$

よって　$a^2+ca=b^2+bc$　終

別解　$a+c=-b$，$b+c=-a$ であるから

左辺$=a^2+ca=a(a+c)=-ab$

右辺$=b^2+bc=b(b+c)=-ab$

よって　$a^2+ca=b^2+bc$　終

練習 25　教 p.27

$a+b+c=0$ のとき，次の等式を証明せよ。

$$ab(a+b)+bc(b+c)+ca(c+a)+3abc=0$$

指針　**条件つきの等式の証明**　$a+b+c=0$ より，$c=-(a+b)$ であるから，c を $-(a+b)$ におき換える。

解答　$a+b+c-0$ より，$c=-(a+b)$ であるから

$ab(a+b)+bc(b+c)+ca(c+a)+3abc$

$=ab(a+b)-b(a+b)\{b-(a+b)\}-(a+b)a\{-(a+b)+a\}-3ab(a+b)$

$=ab(a+b)+ab(a+b)+ab(a+b)-3ab(a+b)$

$=0$

よって　$ab(a+b)+bc(b+c)+ca(c+a)+3abc=0$ 終

別解 $a+b=-c$, $b+c=-a$, $c+a=-b$ であるから

$ab(a+b)+bc(b+c)+ca(c+a)+3abc$

$=-abc-abc-abc+3abc$

$=0$

よって　$ab(a+b)+bc(b+c)+ca(c+a)+3abc=0$ 終

C 条件が比例式の等式の証明

教 p.28

練習 26

$\dfrac{a}{b}=\dfrac{c}{d}$ のとき，次の等式を証明せよ。

(1) $\dfrac{a+c}{b+d}=\dfrac{2a-3c}{2b-3d}$　　(2) $\dfrac{a^2+c^2}{b^2+d^2}=\dfrac{a^2}{b^2}$

指針 **条件が比例式の等式の証明**　$\dfrac{a}{b}=\dfrac{c}{d}=k$ とおくと，$\dfrac{a}{b}=k$, $\dfrac{c}{d}=k$ より，

$a=bk$, $c=dk$ である。

これらを等式の各辺に代入してみる。

解答 $\dfrac{a}{b}=\dfrac{c}{d}=k$ とおくと　$a=bk$, $c=dk$

(1)

$$\frac{a+c}{b+d}=\frac{bk+dk}{b+d}=\frac{k(b+d)}{b+d}=k$$

$$\frac{2a-3c}{2b-3d}=\frac{2bk-3dk}{2b-3d}=\frac{k(2b-3d)}{2b-3d}=k$$

よって　$\dfrac{a+c}{b+d}=\dfrac{2a-3c}{2b-3d}$ 終

(2)

$$\frac{a^2+c^2}{b^2+d^2}=\frac{b^2k^2+d^2k^2}{b^2+d^2}=\frac{k^2(b^2+d^2)}{b^2+d^2}=k^2$$

$$\frac{a^2}{b^2}=\frac{b^2k^2}{b^2}=k^2$$

よって　$\dfrac{a^2+c^2}{b^2+d^2}=\dfrac{a^2}{b^2}$ 終

教 p.28

深める

教科書の応用例題 3 を，教科書の例題 8 のように，条件式を用いて文字を減らす方法で証明してみよう。

指針 **条件つき等式の証明** 「$=k$」とおくのではなく，条件式をもとに，1 つの文字を消去する方針によって証明する。たとえば，$a=\frac{bc}{d}$ として，a を消去する場合は次のようになる。

解答 $\frac{a}{b}=\frac{c}{d}$ より，$a=\frac{bc}{d}$ であるから

$$\frac{a+c}{b+d}=\frac{\frac{bc}{d}+c}{b+d}=\frac{bc+cd}{d(b+d)}$$

$$=\frac{c(b+d)}{d(b+d)}=\frac{c}{d}$$

$$\frac{a-c}{b-d}=\frac{\frac{bc}{d}-c}{b-d}=\frac{bc-cd}{d(b-d)}$$

$$=\frac{c(b-d)}{d(b-d)}=\frac{c}{d}$$

よって $\frac{a+c}{b+d}=\frac{a-c}{b-d}$ 終

7 不等式の証明

まとめ

1　実数の大小関係の基本性質

1　$a>b,\ b>c \implies a>c$

2　$a>b \implies a+c>b+c,\ a-c>b-c$

3　$a>b,\ c>0 \implies ac>bc,\ \dfrac{a}{c}>\dfrac{b}{c}$

4　$a>b,\ c<0 \implies ac<bc,\ \dfrac{a}{c}<\dfrac{b}{c}$

2　2数の大小関係と差

5　$\boldsymbol{a>b \iff a-b>0}$

6　$\boldsymbol{a<b \iff a-b<0}$

注意　不等式では，とくに断らない限り，文字は実数を表すものとする。2つの実数 a，b については，$a>b$，$a=b$，$a<b$ のうち，どれか1つの関係だけが成り立つ。

3　2数がともに正，ともに負のときの性質

$a>0,\ b>0 \implies a+b>0$　　$a>0,\ b>0 \implies ab>0$

$a<0,\ b<0 \implies a+b<0$　　$a<0,\ b<0 \implies ab>0$

4　実数の平方の性質

1　実数 a について　　$\boldsymbol{a^2 \geqq 0}$

等号が成り立つのは，$a=0$ のときである。

2　実数 a，b について　　$\boldsymbol{a^2+b^2 \geqq 0}$

等号が成り立つのは，$a=b=0$ のときである。

5　平方の大小関係

$a>0$，$b>0$ のとき

$$\boldsymbol{a^2>b^2 \iff a>b}$$

$$\boldsymbol{a^2 \geqq b^2 \iff a \geqq b}$$

注意　上のことは，$a \geqq 0$，$b \geqq 0$ のときにも成り立つ。

6　絶対値の性質

実数 a の絶対値 $|a|$ は，その定義より，次のようになる。

$a \geqq 0$ のとき　$|a|=a$

$a<0$ のとき　$|a|=-a$

また，実数の絶対値について，次のことが成り立つ。

$$\boldsymbol{|a| \geqq 0,\quad |a| \geqq a,\quad |a| \geqq -a}$$

$$\boldsymbol{|a|^2=a^2,\quad |ab|=|a||b|}$$

7 相加平均と相乗平均の大小関係

2つの実数 a, b について, $\frac{a+b}{2}$ を a と b の **相加平均** といい, $a>0$, $b>0$ のとき, $\sqrt{ab}$ を a と b の **相乗平均** という。
相加平均と相乗平均の間には, 次の関係が成り立つ。

$a>0$, $b>0$ のとき $\boldsymbol{\frac{a+b}{2} \geqq \sqrt{ab}}$ ←$a+b \geqq 2\sqrt{ab}$ の形で使うことも多い。

等号が成り立つのは, $a=b$ のときである。

注意 このことは, $a \geqq 0$, $b \geqq 0$ のときにも成り立つ。

A 実数の大小関係

練習 27 教 p.30

$x>y$ のとき, 次の不等式を証明せよ。

$$3x-4y>x-2y$$

指針 **不等式の証明** たとえば, 不等式 $A>B$ を証明するには, $A-B>0$ であることを示してもよい。

$x>y \iff x-y>0$

$3x-4y>x-2y \iff (3x-4y)-(x-2y)>0$

であるから

$x-y>0$ のとき $(3x-4y)-(x-2y)>0$

を示せばよい。

解答 $(3x-4y)-(x-2y)=2x-2y=2(x-y)$

$x>y$ より, $x-y>0$ であるから $2(x-y)>0$

よって $(3x-4y)-(x-2y)>0$

したがって $3x-4y>x-2y$ 終

練習 28 教 p.30

$x>2$, $y>3$ のとき, 次の不等式を証明せよ。

$$xy+6>3x+2y$$

指針 **不等式の証明**

$x>2,\ y>3 \iff x-2>0,\ y-3>0$

$xy+6>3x+2y \iff (xy+6)-(3x+2y)>0$

であるから, 練習 27 と同様に

$x-2>0$, $y-3>0$ のとき $(xy+6)-(3x+2y)>0$

を示せばよい。

$(xy+6)-(3x+2y)$ を x について整理して因数分解する。

解答　$(xy+6)-(3x+2y)=xy-3x-2y+6$

$=(y-3)x-2(y-3)$　　←x について整理すると，共通因数 $y-3$ がみつかる。

$=(x-2)(y-3)$

$x>2$，$y>3$ より，$x-2>0$，$y-3>0$ であるから

$(x-2)(y-3)>0$　　←$a>0$，$b>0 \Longrightarrow ab>0$

よって　$(xy+6)-(3x+2y)>0$

したがって　$xy+6>3x+2y$　終

B 実数の平方

教 p.31

練習 29

次の不等式を証明せよ。また，等号が成り立つときを調べよ。

(1)　$x^2+9y^2 \geqq 6xy$　　(2)　$(a+b)^2 \geqq 4ab$

(3)　$2x^2+9y^2 \geqq 6xy$　　(4)　$a^2-ab+b^2 \geqq 0$

指針　**実数の平方と不等式の証明**　(1)〜(3) は，左辺－右辺$\geqq 0$ を示す。

(1)，(2) は A^2 の形を導く。(3)，(4) は A^2+B^2 の形を導く。

$A^2+B^2 \geqq 0$ であり，等号が成り立つのは，$A=B=0$ のときである。

解答 (1)　$(x^2+9y^2)-6xy=x^2-6xy+9y^2=(x-3y)^2 \geqq 0$

よって　$x^2+9y^2 \geqq 6xy$

等号が成り立つのは，$x-3y=0$，すなわち $x=3y$ のときである。　終

(2)　$(a+b)^2-4ab=(a^2+2ab+b^2)-4ab=a^2-2ab+b^2$

$=(a-b)^2 \geqq 0$

よって　$(a+b)^2 \geqq 4ab$

等号が成り立つのは，$a-b=0$，すなわち $a=b$ のときである。　終

(3)　$2x^2+9y^2-6xy=x^2+(x^2-6xy+9y^2)$

$=x^2+(x-3y)^2 \geqq 0$　　←$x^2 \geqq 0$，$(x-3y)^2 \geqq 0$

よって　$2x^2+9y^2 \geqq 6xy$

等号が成り立つのは，$x=0$ かつ $x-3y=0$，すなわち

$x=y=0$ のときである。　終

(4)　$a^2-ab+b^2=a^2-ab+\frac{1}{4}b^2+\frac{3}{4}b^2$

$=\left(a-\frac{1}{2}b\right)^2+\frac{3}{4}b^2 \geqq 0$　　←$\left(a-\frac{1}{2}b\right)^2 \geqq 0$，$\frac{3}{4}b^2 \geqq 0$

よって　$a^2-ab+b^2 \geqq 0$

等号が成り立つのは，$a-\frac{1}{2}b=0$ かつ $b=0$，

すなわち $a=b=0$ のときである。　終

(3)，(4) の等号成立は，
$A^2+B^2=0 \Longleftrightarrow A=0$，
$B=0$ から考えるよ。

C 平方の大小関係

教 p.32

練習 30

$x>0$ のとき，次の不等式を証明せよ。

$$1+x>\sqrt{1+2x}$$

指針 **平方の大小関係と不等式の証明**　根号は平方するとはずすことができる。
$(1+x)^2>(\sqrt{1+2x})^2$ を示し，次のことを用いる。

$a>0$，$b>0$ のとき　$a^2>b^2 \iff a>b$

解答 両辺の平方の差を考えると

$$(1+x)^2-(\sqrt{1+2x})^2=(1+2x+x^2)-(1+2x)$$
$$=x^2>0$$

← $x>0$

よって　$(1+x)^2>(\sqrt{1+2x})^2$

$1+x>0$，$\sqrt{1+2x}>0$ であるから

$$1+x>\sqrt{1+2x}$$ 終

← $a>0$，$b>0$ のとき $a^2>b^2 \iff a>b$

D 絶対値を含む不等式の証明

教 p.33

練習 31

次の不等式を証明せよ。また，等号が成り立つときを調べよ。

$$|a|+|b|\geqq|a-b|$$

指針 **絶対値を含む不等式の証明**　不等式の両辺について，$|a|+|b|\geqq0$，$|a-b|\geqq0$ であるから，次のことを用いる。

$A\geqq0$，$B\geqq0$ のとき　$A^2\geqq B^2 \iff A\geqq B$

解答 両辺の平方の差を考えると

$$(|a|+|b|)^2-|a-b|^2$$
$$=|a|^2+2|a||b|+|b|^2-(a-b)^2$$
$$=a^2+2|ab|+b^2-(a^2-2ab+b^2)$$
$$=2(|ab|+ab)\geqq0$$

← $|a-b|^2=(a-b)^2$，$|a|^2=a^2$，$|b|^2=b^2$，$|a||b|=|ab|$

← $|ab|\geqq-ab$

よって　$(|a|+|b|)^2\geqq|a-b|^2$

$|a|+|b|\geqq0$，$|a-b|\geqq0$ であるから

$$|a|+|b|\geqq|a-b|$$

等号が成り立つのは　$|ab|=-ab$

すなわち $ab\leqq0$ のときである。 終

← $|A|=-A$ のとき $A\leqq0$

E 相加平均と相乗平均

教 p.35

練習 32

$a>0$, $b>0$ のとき，次の不等式を証明せよ。また，等号が成り立つときを調べよ。

(1) $a+\dfrac{4}{a}\geqq 4$　　(2) $\dfrac{a}{b}+\dfrac{b}{a}\geqq 2$

指針 **相加平均・相乗平均と不等式の証明**　相加平均と相乗平均の大小関係を，$a+b\geqq 2\sqrt{ab}$ の形で使う。

解答 (1) $a>0$, $\dfrac{4}{a}>0$ であるから，相加平均と相乗平均の大小関係により

$$a+\frac{4}{a}\geqq 2\sqrt{a\cdot\frac{4}{a}}=2\sqrt{4}=4$$

よって　$a+\dfrac{4}{a}\geqq 4$

等号が成り立つのは，$a>0$ かつ $a=\dfrac{4}{a}$，すなわち $a=2$ のときである。 終

(2) $\dfrac{a}{b}>0$, $\dfrac{b}{a}>0$ であるから，相加平均と相乗平均の大小関係により

$$\frac{a}{b}+\frac{b}{a}\geqq 2\sqrt{\frac{a}{b}\cdot\frac{b}{a}}=2$$

よって　$\dfrac{a}{b}+\dfrac{b}{a}\geqq 2$

等号が成り立つのは，$a>0$, $b>0$ かつ $\dfrac{a}{b}=\dfrac{b}{a}$，すなわち $a=b$ のときである。 終

補足 **等号が成り立つ条件の求め方**

(1) $a+\dfrac{4}{a}\geqq 4$ で等号が成り立つとき　　$a+\dfrac{4}{a}=4$

このとき，$\dfrac{4}{a}=a$ であるから　　$a+a=4$

よって　　$a=2$ $\left(\dfrac{4}{a}=2=a\right.$ となり，適する$\left.\right)$

(2) $\dfrac{a}{b}+\dfrac{b}{a}\geqq 2$ で等号が成り立つとき　　$\dfrac{a}{b}+\dfrac{b}{a}=2$

このとき，$\dfrac{b}{a}=\dfrac{a}{b}$ であるから　　$\dfrac{a}{b}+\dfrac{a}{b}=2$

よって　　$\dfrac{a}{b}=1$　すなわち　　$a=b$ $\left(\dfrac{b}{a}=1=\dfrac{a}{b}\right.$ となり，適する$\left.\right)$

コラム 不等式と式の値の最大・最小

練習 教 p.35

教科書 35 ページの下線部 ① を求めてみよう。また，下線部 ② について，その理由を考え，$x+\dfrac{1}{x}\geqq 2$ のような式の値の最大値や最小値を表す不等式との違いを説明してみよう。

指針 **式の値の最大・最小**　前半（下線部①）では，$x<0$ のとき，$-x>0$ であるから，教科書 $p.34$ の例題 12 の結果が利用できることに着目する。後半（下線部②）では，$x+\dfrac{1}{x}\geqq 2$ では，左辺と右辺の値が等しくなる場合があるのに対し，$x^2+1\geqq 0$ では，そのような場合がないことに着目する。

解答 下線部 ① について

$x<0$ のとき，$-x>0$ であるから，例題 12 において，a を $-x$ におき換えると　$-x+\dfrac{1}{-x}\geqq 2$　すなわち　$x+\dfrac{1}{x}\leqq -2$　……（＊）が成り立つ。

（＊）の等号が成り立つのは，$x<0$ かつ $-x=\dfrac{1}{-x}$，すなわち，$x<0$ かつ $x^2=1$ より，$x=-1$ のときである。

よって，$x<0$ のとき，$x+\dfrac{1}{x}$ は $\boldsymbol{x=-1}$ **で最大値** $\boldsymbol{-2}$ をとる。　答

下線部 ② について（例）

不等式 $x+\dfrac{1}{x}\geqq 2$ においては，$x+\dfrac{1}{x}=2$ を満たす実数 x $(x=1)$ が存在するから，$x+\dfrac{1}{x}$ の最小値は 2 であるが，不等式 $x^2+1\geqq 0$ においては，$x^2+1=0$ を満たす実数 x が存在しないから，x^2+1 の最小値は 0 ではない。　終

第1章 第2節　問題

教 p.36

9　次の等式を証明せよ。

(1)　$x^2+\frac{1}{x^2}=\left(x+\frac{1}{x}\right)^2-2$　　(2)　$x^3+\frac{1}{x^3}=\left(x+\frac{1}{x}\right)^3-3\left(x+\frac{1}{x}\right)$

指針　**恒等式の証明**　(1), (2) とも，右辺を変形して左辺を導くとよい。

解答　(1)　右辺$=\left(x+\frac{1}{x}\right)^2-2=x^2+2\cdot x\cdot\frac{1}{x}+\left(\frac{1}{x}\right)^2-2$

$=x^2+2+\frac{1}{x^2}-2=x^2+\frac{1}{x^2}=$左辺

よって　$x^2+\frac{1}{x^2}=\left(x+\frac{1}{x}\right)^2-2$　終

(2)　右辺$=\left(x+\frac{1}{x}\right)^3-3\left(x+\frac{1}{x}\right)$

$=x^3+3x^2\cdot\frac{1}{x}+3x\left(\frac{1}{x}\right)^2+\left(\frac{1}{x}\right)^3-3\left(x+\frac{1}{x}\right)$

$=x^3+3x+\frac{3}{x}+\frac{1}{x^3}-3x-\frac{3}{x}=x^3+\frac{1}{x^3}=$左辺

よって　$x^3+\frac{1}{x^3}=\left(x+\frac{1}{x}\right)^3-3\left(x+\frac{1}{x}\right)$　終

教 p.36

10 $a+b+c=0$ のとき，次の等式を証明せよ。

$$a^2+b^2+c^2+2(ab+bc+ca)=0$$

指針　**条件つきの等式の証明**　$a+b+c=0$ より，$c=-(a+b)$ を左辺に代入する。

解答　$a+b+c=0$ より，$c=-(a+b)$ であるから

左辺$=a^2+b^2+\{-(a+b)\}^2+2ab-2b(a+b)-2(a+b)a$

$=a^2+b^2+(a^2+2ab+b^2)+2ab-2ab-2b^2-2a^2-2ab$

$=0=$右辺

よって　$a^2+b^2+c^2+2(ab+bc+ca)=0$　終

別解　左辺$=a^2+2(b+c)a+(b+c)^2=\{a+(b+c)\}^2=0=$右辺　終

教 p.36

11 $\frac{a}{b}=\frac{c}{d}$ のとき，次の等式を証明せよ。

$$\frac{ma+nc}{mb+nd}=\frac{a}{b}$$

教科書 p.36

指針 **条件が比例式の等式の証明** $\dfrac{a}{b}=\dfrac{c}{d}=k$ とおくと　$a=bk,\ c=dk$

これより，左辺と右辺についてそれぞれ a を bk に，c を dk におき換えて，左辺と右辺が同じ式になることを示す。

解答 $\dfrac{a}{b}=\dfrac{c}{d}=k$ とおくと　$a=bk,\ c=dk$

よって　$\dfrac{ma+nc}{mb+nd}=\dfrac{m\cdot bk+n\cdot dk}{mb+nd}=\dfrac{(mb+nd)k}{mb+nd}=k$

$\dfrac{a}{b}=\dfrac{bk}{b}=k$

したがって　$\dfrac{ma+nc}{mb+nd}=\dfrac{a}{b}$　終

教 p.36

12 $a<b,\ x<y$ のとき，$ax+by$ と $bx+ay$ の大小を，不等号を用いて表せ。

指針 **実数の大小関係** $(ax+by)-(bx+ay)$ の符号を調べる。次のことを使う。

$P-Q>0 \iff P>Q$　　$P-Q<0 \iff P<Q$

解答 $(ax+by)-(bx+ay)=ax+by-bx-ay$

$=a(x-y)-b(x-y)$

$=(a-b)(x-y)$　←因数分解

$a<b,\ x<y$ のとき　$a-b<0,\ x-y<0$

よって　$(a-b)(x-y)>0$　←$(-)\times(-)=(+)$

すなわち　$(ax+by)-(bx+ay)>0$

したがって　$\boldsymbol{ax+by>bx+ay}$　答

教 p.36

13 $a>0,\ b>0$ のとき，次の不等式を証明せよ。

$$\sqrt{2(a+b)}\geqq\sqrt{a}+\sqrt{b}$$

指針 **平方の大小関係** $A>0,\ B>0$ のとき，次の関係が利用できる。

$A^2>B^2 \iff A>B$

解答 両辺の平方の差を考えると

$\{\sqrt{2(a+b)}\}^2-(\sqrt{a}+\sqrt{b})^2=2(a+b)-(a+2\sqrt{ab}+b)$

$=a-2\sqrt{ab}+b$

$=(\sqrt{a}-\sqrt{b})^2\geqq0$

よって　$\{\sqrt{2(a+b)}\}^2\geqq(\sqrt{a}+\sqrt{b})^2$

$\sqrt{2(a+b)}>0,\ \sqrt{a}+\sqrt{b}>0$ であるから

$\sqrt{2(a+b)}\geqq\sqrt{a}+\sqrt{b}$　終

注意 等号が成り立つのは $a>0,\ b>0$ かつ $\sqrt{a}-\sqrt{b}=0$，すなわち $a=b$ のときである。

教 p.36

14 $a>0$，$b>0$ のとき，次の不等式を証明せよ。

$$(a+b)\left(\frac{1}{a}+\frac{1}{b}\right)\geqq 4$$

指針 **相加平均・相乗平均と不等式の証明** 左辺を展開し，分数式の部分について相加平均と相乗平均の大小関係を用いる。

解答 左辺を展開すると

$$(a+b)\left(\frac{1}{a}+\frac{1}{b}\right)=a\cdot\frac{1}{a}+a\cdot\frac{1}{b}+b\cdot\frac{1}{a}+b\cdot\frac{1}{b}=\frac{a}{b}+\frac{b}{a}+2$$

$a>0$，$b>0$ のとき，$\frac{a}{b}>0$，$\frac{b}{a}>0$ であるから，相加平均と相乗平均の大小関係により $\frac{a}{b}+\frac{b}{a}\geqq 2\sqrt{\frac{a}{b}\cdot\frac{b}{a}}=2$

よって $(a+b)\left(\frac{1}{a}+\frac{1}{b}\right)=\frac{a}{b}+\frac{b}{a}+2\geqq 2+2=4$ 終

注意 等号が成り立つのは，$\frac{a}{b}+\frac{b}{a}=2$，$\frac{a}{b}=\frac{b}{a}$ から $\frac{a}{b}=\frac{b}{a}=1$ のとき，すなわち $a=b$ のときである。

教 p.36

15 次のようなゲームを行う。

1 から 7 までの数字の書かれた 7 枚のカードがある。このカードを 2 つの組に分けて，それぞれの組の和の積をこのゲームの得点とする。たとえば，1，2，3，4 と 5，6，7 の 2 つの組に分けた場合，得点は $(1+2+3+4)(5+6+7)=10\cdot 18=180$ で 180 点となる。

このゲームの得点の最大値を求めよ。また，得点が最大となるような組の分け方を 1 つ示せ。

指針 **相加平均・相乗平均と最大値** 2 つの組に分けたときのそれぞれの組の和を m，n とする。$m>0$，$n>0$ であることから，相加平均と相乗平均の大小関係の利用を考える。

解答 2 つの組に分けたときのそれぞれの組の和を m，n とすると，ゲームの得点は mn 点である。

このとき，$m>0$，$n>0$ であるから，相加平均と相乗平均の大小関係により

$$\frac{m+n}{2}\geqq\sqrt{mn}$$

両辺はともに正であるから，両辺を 2 乗すると

$$\left(\frac{m+n}{2}\right)^2\geqq(\sqrt{mn})^2 \quad \text{すなわち} \quad mn\leqq\left(\frac{m+n}{2}\right)^2 \quad \cdots\cdots ①$$

$m+n$ は1から7までの和であるから　$m+n=28$

したがって，① から　$mn \leqq 14^2=196$

① の等号が成り立つのは $m=n$ のときであるから

$m=n=14$

したがって，2つの組の和がともに14となるように分けたときに得点は最大となり，その値は196点である。

2つの組の和がともに14となる分け方は，たとえば，(1, 2, 5, 6) と (3, 4, 7) がある。

よって，**最大値196点，**

得点が最大となるような組の分け方の1つは

(1, 2, 5, 6) と (3, 4, 7)　答

補足　他に (1, 2, 4, 7) と (3, 5, 6)，(1, 3, 4, 6) と (2, 5, 7)，(1, 6, 7) と (2, 3, 4, 5) のように分けることもできる。

参考　次のように，2次関数を利用する別解も考えられる。

別解　1から7までの和は28であるから，それぞれの組の和は x，$28-x$ とおけて，$x \geqq 1$ かつ $28-x \geqq 1$ より，$1 \leqq x \leqq 27$　…… ② である。

このとき，得点は

$x(28-x)=-x^2+28x=-(x-14)^2+196$ (点)

② から，$x=14$ のとき，すなわち，2つの組の和がともに14のときに得点は最大となり，最大値が196点となることがわかる。

(以降は，解答と同様に，2つの組の和がともに14となるような分け方を提示すればよい。)

第1章　章末問題A

教 p.37

1. $x=\dfrac{1}{\sqrt{5}+2}$ のとき，次の式の値を求めよ。

(1) $x+\dfrac{1}{x}$　　(2) $x^2+\dfrac{1}{x^2}$　　(3) $x^3+\dfrac{1}{x^3}$

指針 **式の値** (2), (3) では，(1) の結果を用いて，次の ①，② の等式を利用して計算する。

(2) $(a+b)^2=a^2+2ab+b^2$ から

$$a^2+b^2=(a+b)^2-2ab \quad \cdots\cdots ①$$

(3) $(a+b)^3=a^3+3a^2b+3ab^2+b^3$ から

$$a^3+b^3=(a+b)^3-3ab(a+b) \quad \cdots\cdots ②$$

解答 (1) $x+\dfrac{1}{x}=\dfrac{1}{\sqrt{5}+2}+(\sqrt{5}+2)$

$$=\frac{\sqrt{5}-2}{(\sqrt{5}+2)(\sqrt{5}-2)}+(\sqrt{5}+2)$$

$$=(\sqrt{5}-2)+(\sqrt{5}+2)=\mathbf{2\sqrt{5}}$$ 答

(2) $x^2+\dfrac{1}{x^2}=x^2+\left(\dfrac{1}{x}\right)^2=\left(x+\dfrac{1}{x}\right)^2-2x\cdot\dfrac{1}{x}$

$$=(2\sqrt{5})^2-2=20-2=\mathbf{18}$$ 答

(3) $x^3+\dfrac{1}{x^3}=x^3+\left(\dfrac{1}{x}\right)^3=\left(x+\dfrac{1}{x}\right)^3-3x\cdot\dfrac{1}{x}\left(x+\dfrac{1}{x}\right)$

$$=(2\sqrt{5})^3-3\cdot2\sqrt{5}$$

$$=40\sqrt{5}-6\sqrt{5}=\mathbf{34\sqrt{5}}$$ 答

別解 (3) 因数分解の公式 $a^3+b^3=(a+b)(a^2-ab+b^2)$ と (2) の結果を利用して，次のように解くこともできる。

$$x^3+\frac{1}{x^3}=\left(x+\frac{1}{x}\right)\left\{x^2-x\cdot\frac{1}{x}+\left(\frac{1}{x}\right)^2\right\}=\left(x+\frac{1}{x}\right)\left(x^2+\frac{1}{x^2}-1\right)$$

$$=2\sqrt{5}(18-1)=\mathbf{34\sqrt{5}}$$ 答

教 p.37

2. 次の多項式 A, B について，A を B で割った商と余りを求めよ。

(1) $A=x^4-1$, $B=x-1$

(2) $A=4x^3+7x^2-9x+3$, $B=2x^2+4x-3$

指針 **多項式の割り算**

(1) A には1次～3次の項がない。割られる式に, ある次数の項がない場合は, その場所を空けておくと計算しやすい。

解答 (1)

$$
\begin{array}{r}
x^3+x^2+x+1 \\
x-1\overline{)\,x^4\qquad\qquad\qquad -1} \\
\underline{x^4-x^3\qquad\qquad\qquad} \\
x^3\qquad\qquad\quad \\
\underline{x^3-x^2\qquad\qquad} \\
x^2\qquad\quad \\
\underline{x^2-x\qquad} \\
x-1 \\
\underline{x-1} \\
0
\end{array}
$$

答 商 x^3+x^2+x+1，余り 0

(2)

$$
\begin{array}{r}
2x-\frac{1}{2} \\
2x^2+4x-3\overline{)\,4x^3+7x^2-9x+3} \\
\underline{4x^3+8x^2-6x\qquad} \\
-x^2-3x+3 \\
\underline{-x^2-2x+\frac{3}{2}} \\
-x+\frac{3}{2}
\end{array}
$$

答 商 $2x-\dfrac{1}{2}$，余り $-x+\dfrac{3}{2}$

教 p.37

3. 次の式を計算せよ。

(1) $\dfrac{x^2+3x}{x^2-2x+1}\times\dfrac{x-1}{x+3}$ (2) $\dfrac{a^2+4a+4}{a^2-4a}\div\dfrac{a^2+2a}{a-4}$

(3) $\dfrac{1}{x^2-x}-\dfrac{2}{x^2-1}$ (4) $\dfrac{x-y}{xy}+\dfrac{y-z}{yz}+\dfrac{z-x}{zx}$

指針 **分数式の四則計算** 分数式の計算では，まず分母や分子を因数分解する。加法・減法では，通分してから計算する。

計算結果は，それ以上約分できない既約分数式か多項式の形にしておく。

解答 (1) $\dfrac{x^2+3x}{x^2-2x+1}\times\dfrac{x-1}{x+3}=\dfrac{x(x+3)\times(x-1)}{(x-1)^2(x+3)}=\boldsymbol{\dfrac{x}{x-1}}$ 答

(2) $\dfrac{a^2+4a+4}{a^2-4a}\div\dfrac{a^2+2a}{a-4}=\dfrac{(a+2)^2}{a(a-4)}\times\dfrac{a-4}{a(a+2)}$

$=\dfrac{(a+2)^2(a-4)}{a^2(a-4)(a+2)}=\boldsymbol{\dfrac{a+2}{a^2}}$ 答

(3) $\dfrac{1}{x^2-x}-\dfrac{2}{x^2-1}=\dfrac{1}{x(x-1)}-\dfrac{2}{(x+1)(x-1)}$

$=\dfrac{x+1}{x(x+1)(x-1)}-\dfrac{2x}{x(x+1)(x-1)}=\dfrac{(x+1)-2x}{x(x+1)(x-1)}$

$=\dfrac{1-x}{x(x+1)(x-1)}=\dfrac{-(x-1)}{x(x+1)(x-1)}=\boldsymbol{-\dfrac{1}{x(x+1)}}$ 答

(4) $\dfrac{x-y}{xy}+\dfrac{y-z}{yz}+\dfrac{z-x}{zx}=\dfrac{(x-y)z}{xyz}+\dfrac{(y-z)x}{xyz}+\dfrac{(z-x)y}{xyz}$

$$=\frac{(x-y)z+(y-z)x+(z-x)y}{xyz}=\frac{xz-yz+yx-zx+zy-xy}{xyz}$$

$=0$ 答

教 p.37

4. 次の等式が x についての恒等式となるように，定数 a，b，c の値を定めよ。

(1) $x^3=(x-1)^3+a(x-1)^2+b(x-1)+c$

(2) $\dfrac{3}{x^3+1}=\dfrac{a}{x+1}+\dfrac{bx+c}{x^2-x+1}$

指針 **恒等式の性質** 恒等式においては，次のことが成り立つ。

両辺の同じ次数の項の係数は，それぞれ等しい。

(2) $x^3+1=(x+1)(x^2-x+1)$ であることに着目し，分母をはらう。**分数式の恒等式は，分母をはらった等式もまた恒等式である。**

解答 (1) 等式の右辺を計算すると

$$x^3=x^3-3x^2+3x-1+ax^2-2ax+a+bx-b+c$$

整理すると $(a-3)x^2+(-2a+b+3)x+(a-b+c-1)=0$

この等式も x についての恒等式であるから，どの係数も 0 に等しく

$a-3=0$，$-2a+b+3=0$，$a-b+c-1=0$

これを解いて $\boldsymbol{a=3}$，$\boldsymbol{b=3}$，$\boldsymbol{c=1}$ 答

(2) 等式の両辺に $(x+1)(x^2-x+1)$ $(=x^3+1)$ を掛けると

$$3=a(x^2-x+1)+(bx+c)(x+1)$$

右辺を計算して $3=ax^2-ax+a+bx^2+bx+cx+c$

整理すると $3=(a+b)x^2+(-a+b+c)x+(a+c)$

両辺の同じ次数の項の係数が等しいから

$0=a+b$，$0=-a+b+c$，$3=a+c$

これを解いて $\boldsymbol{a=1}$，$\boldsymbol{b=-1}$，$\boldsymbol{c=2}$ 答

別解 (1) 等式の両辺の x に 0，1，2 をそれぞれ代入すると

$0=-1+a-b+c$，$1=c$，$8=1+a+b+c$

これを解いて $a=3$，$b=3$，$c=1$

逆に，$a=3$，$b=3$，$c=1$ のとき，与えられた等式は確かに恒等式となる。

したがって $\boldsymbol{a=3}$，$\boldsymbol{b=3}$，$\boldsymbol{c=1}$ 答

教 p.37

5. 次の不等式を証明せよ。

(1) $|a|-|b|\leqq|a-b|$　　(2) $|a|-|b|\leqq|a+b|$

指針 **絶対値を含む不等式の証明** 次の 2 つの場合に分けて考える。

[1] $|a|-|b|\geqq 0$　　[2] $|a|-|b|<0$

教科書 $p.37$

[1] の場合は，両辺の平方の差を考える。また，[2] の場合は，
左辺<0，右辺$\geqq 0$ となる。

解答 (1) [1] $|a|-|b|\geqq 0$ のとき

両辺の平方の差を考えると，$|ab|\geqq ab$ から

$$\begin{aligned}|a-b|^2-(|a|-|b|)^2&=(a-b)^2-(|a|^2-2|a||b|+|b|^2)\\&=(a^2-2ab+b^2)-(a^2-2|ab|+b^2)\\&=2(|ab|-ab)\geqq 0\end{aligned}$$

よって $|a-b|^2\geqq(|a|-|b|)^2$

$|a|-|b|\geqq 0$，$|a-b|\geqq 0$ であるから

$$|a|-|b|\leqq|a-b|$$

[2] $|a|-|b|<0$ のとき，$|a-b|\geqq 0$ であるから

$$|a|-|b|<|a-b|$$

[1]，[2] から $|a|-|b|\leqq|a-b|$ 終

注意 等号が成り立つのは，$|a|-|b|\geqq 0$ かつ $|ab|=ab$，すなわち $|a|\geqq|b|$ かつ $ab\geqq 0$ のときである。

(2) [1] $|a|-|b|\geqq 0$ のとき

両辺の平方の差を考えると

$$\begin{aligned}|a+b|^2-(|a|-|b|)^2&=(a+b)^2-(|a|^2-2|a||b|+|b|^2)\\&=(a^2+2ab+b^2)-(a^2-2|ab|+b^2)\\&=2(|ab|+ab)\geqq 0\end{aligned}$$

よって $|a+b|^2\geqq(|a|-|b|)^2$

$|a+b|\geqq 0$，$|a|-|b|\geqq 0$ であるから

$$|a|-|b|\leqq|a+b|$$

[2] $|a|-|b|<0$ のとき，$|a+b|\geqq 0$ であるから

$$|a|-|b|<|a+b|$$

[1]，[2] から $|a|-|b|\leqq|a+b|$ 終

注意 等号が成り立つのは，$|a|-|b|\geqq 0$ かつ $|ab|=-ab$，すなわち $|a|\geqq|b|$ かつ $ab\leqq 0$ のときである。

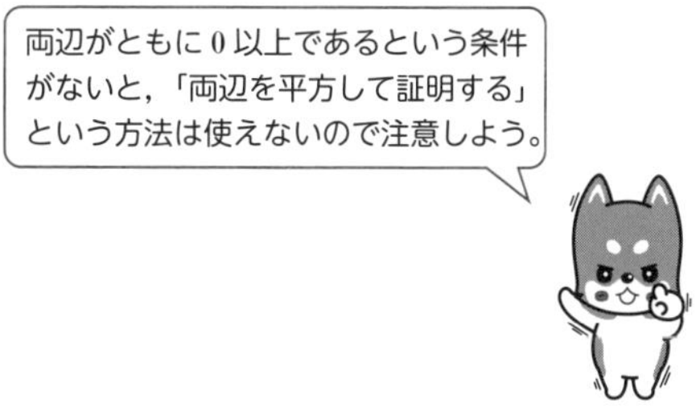

両辺がともに 0 以上であるという条件がないと，「両辺を平方して証明する」という方法は使えないので注意しよう。

教 p.37

6．次の等式，不等式を証明せよ。

(1) $(a-b)^2+(b-c)^2+(c-a)^2=2(a^2+b^2+c^2-ab-bc-ca)$

(2) $a^2+b^2+c^2\geqq ab+bc+ca$

指針 **等式・不等式の証明**

(1) 左辺を変形して，右辺を導く。

(2) 左辺－右辺≧0 を証明する。このとき，(1)の結果を利用する。

解答 (1) 左辺$=a^2-2ab+b^2+b^2-2bc+c^2+c^2-2ca+a^2$

$=2(a^2+b^2+c^2-ab-bc-ca)$

よって

$(a-b)^2+(b-c)^2+(c-a)^2=2(a^2+b^2+c^2-ab-bc-ca)$ 終

(2) (1)より

$$\frac{1}{2}\{(a-b)^2+(b-c)^2+(c-a)^2\}=a^2+b^2+c^2-ab-bc-ca$$

であるから

$$a^2+b^2+c^2-(ab+bc+ca)=a^2+b^2+c^2-ab-bc-ca$$

$$=\frac{1}{2}\{(a-b)^2+(b-c)^2+(c-a)^2\}\geqq 0$$

よって　$a^2+b^2+c^2\geqq ab+bc+ca$ 終

注意 (2) 等号が成り立つのは，$a-b=0$，$b-c=0$，$c-a=0$

すなわち $a=b=c$ のときである。

教 p.37

7．$a>0$，$b>0$ のとき，次の不等式を証明せよ。

(1) $ab+\dfrac{16}{ab}\geqq 8$　　(2) $\left(a+\dfrac{1}{b}\right)\left(b+\dfrac{4}{a}\right)\geqq 9$

指針 **相加平均・相乗平均と不等式の証明**　相加平均と相乗平均の大小関係

$\dfrac{a+b}{2}\geqq\sqrt{ab}$ $(a>0,\ b>0)$ を，$a+b\geqq 2\sqrt{ab}$ の形で利用する。

(2) まず，左辺を展開し，文字の項についてこの関係を用いる。

解答 (1) $ab>0$，$\dfrac{16}{ab}>0$ であるから，相加平均と相乗平均の大小関係により

$$ab+\frac{16}{ab}\geqq 2\sqrt{ab\cdot\frac{16}{ab}}=2\sqrt{16}=2\cdot 4=8$$

よって　$ab+\dfrac{16}{ab}\geqq 8$ 終

(2) 左辺を展開すると

$$\left(a+\frac{1}{b}\right)\left(b+\frac{4}{a}\right)=ab+a\cdot\frac{4}{a}+\frac{1}{b}\cdot b+\frac{1}{b}\cdot\frac{4}{a}$$

$$=ab+\frac{4}{ab}+5$$

$ab>0$, $\frac{4}{ab}>0$ であるから，相加平均と相乗平均の大小関係により

$$ab+\frac{4}{ab}\geqq 2\sqrt{ab\cdot\frac{4}{ab}}=2\sqrt{4}=2\cdot 2=4$$

よって $\left(a+\frac{1}{b}\right)\left(b+\frac{4}{a}\right)=ab+\frac{4}{ab}+5\geqq 4+5=9$ 終

補足 等号が成り立つのは次のときになる。

(1) $ab+\frac{16}{ab}=8$, $ab=\frac{16}{ab}$ から $ab=\frac{16}{ab}=\frac{8}{2}$，すなわち，$ab=4$ のとき。

(2) $ab+\frac{4}{ab}=4$, $ab=\frac{4}{ab}$ から $ab=\frac{4}{ab}=\frac{4}{2}$，すなわち，$ab=2$ のとき。

第1章　章末問題B

教 p.38

8. 次の問いに答えよ。

(1) $8x^3-12x^2y+6xy^2-y^3$ を因数分解せよ。

(2) $x^3+y^3=(x+y)^3-3xy(x+y)$ であることを用いて，$x^3+y^3+z^3-3xyz$ を因数分解せよ。

指針　**3次式の因数分解**

(1) 与式を $(8x^3-y^3)-12x^2y+6xy^2$ のように式変形して，まず，〰〰の部分と……の部分でそれぞれ因数分解をする。

(2) $x^3+y^3=(x+y)^3-3xy(x+y)$ から $x^3+y^3+z^3-3xyz$ は $(x+y+z)$ でくくれる。

解答 (1) $8x^3-12x^2y+6xy^2-y^3$

$=(8x^3-y^3)-12x^2y+6xy^2$

$=(2x-y)(4x^2+2xy+y^2)-6xy(2x-y)$

$=(2x-y)(4x^2+2xy+y^2-6xy)$

$=(2x-y)(4x^2-4xy+y^2)=\boldsymbol{(2x-y)^3}$　答

(2) $x^3+y^3=(x+y)^3-3xy(x+y)$ であるから

$x^3+y^3+z^3-3xyz$

$=(x+y)^3-3xy(x+y)+z^3-3xyz$

$=(x+y)^3+z^3-3xy(x+y)-3xyz$

$=\{(x+y)+z\}\{(x+y)^2-(x+y)z+z^2\}-3xy(x+y+z)$

$=(x+y+z)\{(x+y)^2-(x+y)z+z^2-3xy\}$

$=(x+y+z)(x^2+2xy+y^2-xz-yz+z^2-3xy)$

$=\boldsymbol{(x+y+z)(x^2+y^2+z^2-xy-yz-zx)}$　答

参考 (1)の式は，展開の公式 $(a-b)^3=a^3-3a^2b+3ab^2-b^3$ の右辺の式において，$a\to 2x$，$b\to y$ とおき換えたものになっている。これに気付けば，次のように計算できる。

別解 (1) $8x^3-12x^2y+6xy^2-y^3$

$=(2x)^3-3(2x)^2y+3(2x)y^2-y^3$

$=\boldsymbol{(2x-y)^3}$　答

教 p.38

9. 次の式を計算せよ。

$$\frac{1}{1-x}+\frac{1}{1+x}+\frac{2}{1+x^2}$$

指針 **分数式の加法**　3 つの分数式の分母に共通因数がないから，それらの積を分母として通分する。まず，最初の 2 つの分数式の通分から始める。

解答 $\frac{1}{1-x}+\frac{1}{1+x}+\frac{2}{1+x^2}=\frac{1+x}{(1-x)(1+x)}+\frac{1-x}{(1-x)(1+x)}+\frac{2}{1+x^2}$

$=\frac{(1+x)+(1-x)}{(1-x)(1+x)}+\frac{2}{1+x^2}=\frac{2}{1-x^2}+\frac{2}{1+x^2}$

$=\frac{2(1+x^2)}{(1-x^2)(1+x^2)}+\frac{2(1-x^2)}{(1-x^2)(1+x^2)}=\frac{2(1+x^2)+2(1-x^2)}{(1-x^2)(1+x^2)}$

$=\boldsymbol{\frac{4}{1-x^4}}$　答

教 p.38

10. x についての多項式 ax^3+bx^2+2x+1 を x^2+x-2 で割ると，余りが $2x+5$ となるように，定数 a，b の値を定めよ。また，そのときの商を求めよ。

指針 **等式 $A=BQ+R$ の利用，恒等式の性質**　割る式は 2 次式であるから，商は 1 次式となる。これを $cx+d$ とおく。それぞれの多項式を $A=BQ+R$ に代入して得られる等式を恒等式とみて，両辺の係数を比べて a，b，c，d の値を求める。

解答 商を $cx+d$ とおくと

$$ax^3+bx^2+2x+1=(x^2+x-2)(cx+d)+2x+5$$

右辺を計算して，x について整理すると

$$ax^3+bx^2+2x+1=cx^3+(c+d)x^2+(-2c+d+2)x-2d+5$$

この等式は x についての恒等式であるから，両辺の同じ次数の項の係数は等しく

$$a=c,\quad b=c+d,\quad 2=-2c+d+2,\quad 1=-2d+5$$

これを解いて　$a=1$，$b=3$，$c=1$，$d=2$

よって　　　**$a=1$，$b=3$，商　$x+2$**　答

教 p.38

11. 等式 $(k+2)x+(k+1)y-3k-4=0$ が，k のどのような値に対しても成り立つように，x，y の値を定めよ。

指針 **恒等式の性質**　「k のどのような値に対しても成り立つ」から，k についての恒等式と考える。まず，左辺を k について整理する。

$ak+b=0$ が k についての恒等式である　$\Longleftrightarrow$　$a=b=0$

解答 等式の左辺を k について整理すると

$(x+y-3)k+(2x+y-4)=0$

この等式は k についての恒等式であるから，係数はすべて 0 で

$x+y-3=0,\quad 2x+y-4=0$

これを解いて　$\boldsymbol{x=1,\ y=2}$　答

教 p.38

12. $x=\dfrac{y}{2}=\dfrac{z}{3}$，$x+y+z=24$ のとき，x，y，z の値を求めよ。

指針 **比例式と等式を同時に満たす文字の値**　比例式を $=k$ とおき，まず k の値を求める。

解答 $x=\dfrac{y}{2}=\dfrac{z}{3}=k$ とおくと　$x=k,\ y=2k,\ z=3k$

これらを $x+y+z=24$ に代入すると

$k+2k+3k=24\qquad 6k=24\qquad k=4$

よって　$x=4,\ y=2\times4=8,\ z=3\times4=12$　答　$\boldsymbol{x=4,\ y=8,\ z=12}$

教 p.38

13. 二項定理を用いて，次のことを証明せよ。

$x>0$ のとき　$(1+x)^n>1+nx$　　ただし，n は 2 以上の自然数

指針 **二項定理の応用**　二項定理により

$$(1+x)^n={}_n\mathrm{C}_0+{}_n\mathrm{C}_1x+{}_n\mathrm{C}_2x^2+\cdots\cdots+{}_n\mathrm{C}_nx^n$$

が成り立つ。この等式を利用して，不等式を証明する。

解答 二項定理により

$$\begin{aligned}(1+x)^n&={}_n\mathrm{C}_0+{}_n\mathrm{C}_1x+{}_n\mathrm{C}_2x^2+\cdots\cdots+{}_n\mathrm{C}_nx^n\\&=1+nx+({}_n\mathrm{C}_2x^2+\cdots\cdots+{}_n\mathrm{C}_nx^n)\end{aligned}$$

よって　$(1+x)^n-(1+nx)={}_n\mathrm{C}_2x^2+\cdots\cdots+{}_n\mathrm{C}_nx^n$

${}_n\mathrm{C}_r>0$，$x>0$ より，${}_n\mathrm{C}_2x^2+\cdots\cdots+{}_n\mathrm{C}_nx^n>0$ であるから

$(1+x)^n-(1+nx)>0$　すなわち　$(1+x)^n>1+nx$　終

教 p.38

14. $a>b>0$，$a+b=1$ のとき，次の数を大きい順に並べよ。

$$\frac{1}{2},\quad 2ab,\quad a^2+b^2$$

指針 **実数の大小関係**　まず，2 つの条件 $a>b>0$，$a+b=1$ を満たす数 a，b を代入して，大小の見当をつける。たとえば，$a=\frac{2}{3}$，$b=\frac{1}{3}$ とすると

$$2ab=2\cdot\frac{2}{3}\cdot\frac{1}{3}=\frac{4}{9}<\frac{1}{2},\quad a^2+b^2=\left(\frac{2}{3}\right)^2+\left(\frac{1}{3}\right)^2=\frac{5}{9}>\frac{1}{2}$$

となるから，$a^2+b^2>\frac{1}{2}>2ab$ であると考えられる。これを証明する。

$a+b=1$ を用いて b を消去し，実数の平方の性質を用いる。

解答 $a+b=1$ であるから　$b=1-a$

$a>b>0$ から　$a>1-a>0$

これを解くと　$\frac{1}{2}<a<1$　　←$a>1-a$ より $a>\frac{1}{2}$，$1-a>0$ より $a<1$

このとき　$a^2+b^2-\frac{1}{2}=a^2+(1-a)^2-\frac{1}{2}=2a^2-2a+\frac{1}{2}$

$$=2\left(a^2-a+\frac{1}{4}\right)=2\left(a-\frac{1}{2}\right)^2>0$$

$$\frac{1}{2}-2ab=\frac{1}{2}-2a(1-a)=2a^2-2a+\frac{1}{2}$$

$$=2\left(a^2-a+\frac{1}{4}\right)=2\left(a-\frac{1}{2}\right)^2>0$$

よって　$a^2+b^2>\frac{1}{2}$，$\frac{1}{2}>2ab$

したがって，大きい順に並べると　$\boldsymbol{a^2+b^2}$，$\boldsymbol{\frac{1}{2}}$，$\boldsymbol{2ab}$　答

別解 $a>b$ から，$a^2 \neq b^2$ である。このとき，相加平均と相乗平均の大小関係により

$$a^2+b^2>2\sqrt{a^2b^2}$$

←$a^2 \neq b^2$ から，等号は成立しない。

すなわち　$a^2+b^2>2ab$　…… ①

ここで，$a+b=1$ から　$a^2+b^2=(a+b)^2-2ab=1-2ab$　…… ②

であるから，① より　$1-2ab>2ab$　$ab<\frac{1}{4}$

よって，$2ab<\frac{1}{2}$　…… ③ であり，このとき，$-2ab>-\frac{1}{2}$ であるから，

② より　$a^2+b^2>1-\frac{1}{2}=\frac{1}{2}$　…… ④

③，④ から，大きい順に並べると　$\boldsymbol{a^2+b^2}$，$\boldsymbol{\frac{1}{2}}$，$\boldsymbol{2ab}$　答

第2章 | 複素数と方程式

第1節 複素数と2次方程式の解

1 複素数とその計算

まとめ

1 虚数単位 i

2乗すると -1 になる新しい数を1つ考え，これを文字 i で表す。
すなわち，$i^2=-1$ とする。この i を **虚数単位** という。

2 複素数

虚数単位 i と2つの実数 a，b を用いて $a+bi$ の形に表される数を考える。
この数を **複素数** という。複素数 $a+bi$ で，a を **実部**，b を **虚部** という。

3 虚数・純虚数 複素数 $a+bi$ について，
$b=0$ のときの複素数 $a+0i$ は実数 a を表すものとする。
$b\neq 0$ のときの複素数 $a+bi$ を **虚数** といい，とくに，$a=0$ であるときの虚数 $0+bi$ は bi と表し，これを **純虚数** という。

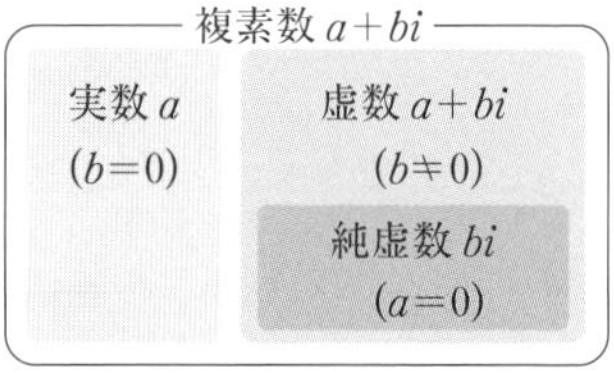

4 複素数の相等

2つの複素数が **等しい** のは，実部，虚部が，それぞれ一致する場合とする。
すなわち，次のように定める。

$$a+bi=c+di \iff a=c \text{ かつ } b=d$$

$$\text{とくに } a+bi=0 \iff a=0 \text{ かつ } b=0$$

注意 複素数 $a+bi$，$c+di$ などでは，文字 a，b，c，d は実数とする。

5 共役(きょうやく)な複素数

2つの複素数 $a+bi$，$a-bi$ を，互いに **共役な複素数** という。実数 a と共役な複素数は，a 自身である。

6 複素数の四則計算

加法 $(a+bi)+(c+di)=(a+c)+(b+d)i$

減法 $(a+bi)-(c+di)=(a-c)+(b-d)i$

乗法 $(a+bi)(c+di)=(ac-bd)+(ad+bc)i$

除法 $\dfrac{a+bi}{c+di}=\dfrac{(a+bi)(c-di)}{(c+di)(c-di)}=\dfrac{ac+bd}{c^2+d^2}+\dfrac{bc-ad}{c^2+d^2}i$

7　複素数の性質

1　2つの複素数の和，差，積，商は常に複素数である。

2　実数の場合と同様に，複素数 α，β に対しても次が成り立つ。

$$\alpha\beta=0 \Longrightarrow \alpha=0 \text{ または } \beta=0$$

なお，虚数については，大小関係や正，負は考えない。

8　$\sqrt{-a}$ の定義

$a>0$ のときの記号 $\sqrt{-a}$ の意味を次のように定める。

$a>0$ のとき　$\boldsymbol{\sqrt{-a}=\sqrt{a}\,i}$　とくに　$\boldsymbol{\sqrt{-1}=i}$

9　負の数の平方根

$a>0$ のとき，$-a$ の平方根は　$\pm\sqrt{-a}$　すなわち　$\pm\boldsymbol{\sqrt{a}\,i}$

A 複素数

練習 1　教 p.41

次の複素数の実部と虚部をいえ。

(1)　$-3+5i$　(2)　$\dfrac{-1-\sqrt{3}\,i}{2}$　(3)　1　(4)　$-i$

指針　**複素数の実部，虚部**　複素数 $a+bi$ では，実部は a，虚部は b である。(2)は，まず，$a+bi$ の形にする。

(3)　$1=1+0i$　(4)　$-i=0+(-1)i$ と考える。

解答　(1)　**実部は -3，虚部は 5**　答

(2)　$\dfrac{-1-\sqrt{3}\,i}{2}=-\dfrac{1}{2}+\left(-\dfrac{\sqrt{3}}{2}\right)i$

実部は $-\dfrac{1}{2}$，虚部は $-\dfrac{\sqrt{3}}{2}$　答

(3)　$1=1+0i$　**実部は 1，虚部は 0**　答

(4)　$-i=0+(-1)i$　**実部は 0，虚部は -1**　答

練習 2　教 p.41

次の等式を満たす実数 x，y の値を求めよ。

(1)　$(x-2y)+(x+3)i=2-i$　(2)　$(2x+y)+(x-y+3)i=0$

指針　**複素数の相等**　a，b，c，d が実数のとき

$$a+bi=c+di \iff a=c \text{ かつ } b=d$$

とくに　$a+bi=0 \iff a=0 \text{ かつ } b=0$

解答　(1)　x，y が実数であるから，$x-2y$，$x+3$ は実数である。

よって　$x-2y=2$，$x+3=-1$

これを解いて　$\boldsymbol{x=-4,\ y=-3}$　答

(2) x, y が実数であるから，$2x+y$, $x-y+3$ は実数である。

よって　$2x+y=0$, $x-y+3=0$

これを解いて　$\boldsymbol{x=-1}$, $\boldsymbol{y=2}$ 答

B 複素数の計算

教 p.42

練習 3

次の式を計算せよ。

(1) $(2+3i)+(4+i)$　　(2) $(-1+2i)+(3-4i)$

(3) $(6+4i)-(3+2i)$　　(4) $(2-3i)-(4-2i)$

指針　**複素数の加法・減法**　虚数単位の i を文字と考え，同類項をまとめる要領で計算する。

解答 (1) $(2+3i)+(4+i)=(2+4)+(3+1)i$

$=\boldsymbol{6+4i}$ 答

(2) $(-1+2i)+(3-4i)=(-1+3)+(2-4)i$

$=\boldsymbol{2-2i}$ 答

(3) $(6+4i)-(3+2i)=(6-3)+(4-2)i$

$=\boldsymbol{3+2i}$ 答

(4) $(2-3i)-(4-2i)=(2-4)+(-3+2)i$

$=\boldsymbol{-2-i}$ 答

教 p.42

練習 4

次の式を計算せよ。

(1) $(1+2i)(4+3i)$　　(2) $(2-i)(3+4i)$

(3) $(2+3i)^2$　　(4) $(3+4i)(3-4i)$

指針　**複素数の乗法**　文字 i の式と考えて展開する。

ただし，i^2 が出てくればそれを -1 におき換えて整理する。

解答 (1) $(1+2i)(4+3i)=4+3i+8i+6i^2=\{4+6(-1)\}+(3+8)i$

$=\boldsymbol{-2+11i}$ 答

(2) $(2-i)(3+4i)=6+8i-3i-4i^2=\{6-4(-1)\}+(8-3)i$

$=\boldsymbol{10+5i}$ 答

(3) $(2+3i)^2=2^2+2\cdot 2\cdot 3i+(3i)^2=4+12i+9i^2$

$=\{4+9(-1)\}+12i=\boldsymbol{-5+12i}$ 答

(4) $(3+4i)(3-4i)=3^2-(4i)^2=9-16i^2$

$=9-16(-1)=\boldsymbol{25}$ 答

教 p.42

練習 5

次の複素数と共役な複素数をいえ。

(1) $2+3i$　　(2) $1-i$　　(3) $\sqrt{3}\,i$

(4) $\dfrac{-1+\sqrt{3}\,i}{2}$　　(5) -4

指針 **共役な複素数**　2つの複素数 $a+bi$, $a-bi$ は互いに共役な複素数である。すなわち，実部はそのままにして，虚部の符号を変えることにより，もとの複素数と共役な複素数をつくることができる。
また，実数 a と共役な複素数は a 自身である。

解答 (1) $\boldsymbol{2-3i}$ 答

(2) $\boldsymbol{1+i}$ 答

(3) $\boldsymbol{-\sqrt{3}\,i}$ 答

(4) $\dfrac{-1+\sqrt{3}\,i}{2}=-\dfrac{1}{2}+\dfrac{\sqrt{3}}{2}i$ であるから，共役な複素数は

$-\dfrac{1}{2}-\dfrac{\sqrt{3}}{2}i$　　よって　$\boldsymbol{\dfrac{-1-\sqrt{3}\,i}{2}}$ 答

(5) $\boldsymbol{-4}$ 答

教 p.43

練習 6

次の式を計算せよ。

(1) $\dfrac{1+2i}{2+3i}$　　(2) $\dfrac{1-i}{1+i}$　　(3) $\dfrac{5i}{2-i}$

指針 **複素数の除法**　分母と共役な複素数を分母と分子に掛けて，分母を実数にしてから計算する。

解答 (1) $\dfrac{1+2i}{2+3i}=\dfrac{(1+2i)(2-3i)}{(2+3i)(2-3i)}=\dfrac{2-3i+4i-6i^2}{2^2-(3i)^2}$

$=\dfrac{2-6(-1)+(-3+4)i}{4-9i^2}=\dfrac{8+i}{4-9(-1)}$

$=\dfrac{8+i}{13}=\boldsymbol{\dfrac{8}{13}+\dfrac{1}{13}i}$ 答

(2) $\dfrac{1-i}{1+i}=\dfrac{(1-i)^2}{(1+i)(1-i)}=\dfrac{1^2-2i+i^2}{1^2-i^2}=\dfrac{1-2i-1}{1-(-1)}$

$=\dfrac{-2i}{2}=\boldsymbol{-i}$ 答

(3) $\dfrac{5i}{2-i}=\dfrac{5i(2+i)}{(2-i)(2+i)}=\dfrac{10i+5i^2}{2^2-i^2}$

$=\dfrac{10i+5(-1)}{4-(-1)}=\dfrac{-5+10i}{5}$

$=\boldsymbol{-1+2i}$ 答

分母を実数にする方法は分母の有理化と似ているね。

C 負の数の平方根

練習 7 教 p.44

次の数を i を用いて表せ。

(1) $\sqrt{-5}$　(2) $\sqrt{-9}$　(3) -18 の平方根

指針 **負の数の平方根**　$a>0$ のとき，$\sqrt{-a}=\sqrt{a}\,i$ であることを用いる。

(3) -18 の平方根は 2 つあり，$\pm\sqrt{-18}$($\sqrt{-18}$ と $-\sqrt{-18}$) である。

解答 (1) $\sqrt{-5}=\boldsymbol{\sqrt{5}\,i}$ 答

(2) $\sqrt{-9}=\sqrt{9}\,i=\boldsymbol{3i}$ 答

(3) -18 の平方根は

$$\pm\sqrt{-18}=\pm\sqrt{18}\,i=\boldsymbol{\pm 3\sqrt{2}\,i}$$ 答

練習 8 教 p.44

次の式を計算せよ。

(1) $\sqrt{-2}\sqrt{-6}$　(2) $\dfrac{\sqrt{-3}}{\sqrt{-4}}$　(3) $\dfrac{\sqrt{-8}}{\sqrt{2}}$　(4) $\dfrac{\sqrt{45}}{\sqrt{-5}}$

指針 **負の数の平方根の計算**　負の数の平方根を含む計算を行うときは，まず次の変形を行う。

$a>0$ のとき　$\sqrt{-a}=\sqrt{a}\,i$　とくに　$\sqrt{-1}=i$

解答 (1) $\sqrt{-2}\sqrt{-6}=\sqrt{2}\,i\times\sqrt{6}\,i=\sqrt{2}\sqrt{6}\,i^2$

$=\sqrt{12}(-1)=\boldsymbol{-2\sqrt{3}}$ 答

(2) $\dfrac{\sqrt{-3}}{\sqrt{-4}}=\dfrac{\sqrt{3}\,i}{\sqrt{4}\,i}=\boldsymbol{\dfrac{\sqrt{3}}{2}}$ 答

(3) $\dfrac{\sqrt{-8}}{\sqrt{2}}=\dfrac{\sqrt{8}\,i}{\sqrt{2}}=\dfrac{2\sqrt{2}\,i}{\sqrt{2}}=\boldsymbol{2i}$ 答

(4) $\dfrac{\sqrt{45}}{\sqrt{-5}}=\dfrac{3\sqrt{5}}{\sqrt{5}\,i}=\dfrac{3}{i}=\dfrac{3i}{i^2}=\boldsymbol{-3i}$ 答

補足 (1), (4)より，$\sqrt{-2}\sqrt{-6}=-2\sqrt{3}$，$\dfrac{\sqrt{45}}{\sqrt{-5}}=-3i$ であるが，

$\sqrt{(-2)(-6)}=\sqrt{12}=2\sqrt{3}$，$\sqrt{\dfrac{45}{-5}}=\sqrt{-9}=3i$ であるから，

$\sqrt{-2}\sqrt{-6}\neq\sqrt{(-2)(-6)}$，$\dfrac{\sqrt{45}}{\sqrt{-5}}\neq\sqrt{\dfrac{45}{-5}}$

である。一般には，次のようになる。

$a<0$，$b<0$ のとき　$\sqrt{a}\sqrt{b}\neq\sqrt{ab}$

$a>0$，$b<0$ のとき　$\dfrac{\sqrt{a}}{\sqrt{b}}\neq\sqrt{\dfrac{a}{b}}$

2 2次方程式の解

まとめ

1　2次方程式 $x^2=k$ の解

k が実数のとき，複素数の範囲では，2次方程式 $x^2=k$ は k の符号に関係なく常に解をもち，その解は　$x=\pm\sqrt{k}$

2　2次方程式の解

実数係数の2次方程式 $ax^2+bx+c=0$ は，解を複素数の範囲で考えると，b^2-4ac の符号に関係なく常に解をもつ。

3　2次方程式の解の公式

2次方程式 $ax^2+bx+c=0$　の解は　$\boldsymbol{x=\dfrac{-b\pm\sqrt{b^2-4ac}}{2a}}$

2次方程式 $ax^2+2b'x+c=0$ の解は　$\boldsymbol{x=\dfrac{-b'\pm\sqrt{b'^2-ac}}{a}}$

4　実数解と虚数解

方程式の解のうち，実数であるものを **実数解**，虚数であるものを **虚数解** という。複素数の範囲で，2次方程式 $ax^2+bx+c=0$ は常に解をもち，その解の種類は $\boldsymbol{b^2-4ac}$ すなわち **判別式** の符号によって判別できる。

5　2次方程式の解の種類の判別

2次方程式 $ax^2+bx+c=0$ の判別式を $D=b^2-4ac$ とすると

$D>0 \iff$ **異なる2つの実数解をもつ**

$D=0 \iff$ **重解をもつ**

$D<0 \iff$ **異なる2つの虚数解をもつ**

注意　重解は実数解であるから，次のことが成り立つ。

$D\geqq0 \iff$ **2次方程式が実数解をもつ**

2次方程式 $ax^2+2b'x+c=0$ では，$D=4b'^2-4ac=4(b'^2-ac)$ であるから，D の代わりに $\dfrac{D}{4}=b'^2-ac$ を用いてもよい。

A 2次方程式の解

教 p.45

練習 9

次の2次方程式を解け。

(1)　$x^2=-1$　　　(2)　$x^2=-8$

指針　**2次方程式 $x^2=k$ の解**　複素数の範囲では k の符号に関係なく常に解をもち，その解は $x=\pm\sqrt{k}$ である。

解答　(1)　$\boldsymbol{x}=\pm\sqrt{-1}=\boldsymbol{\pm i}$　答

(2)　$\boldsymbol{x}=\pm\sqrt{-8}=\pm\sqrt{8}\,i=\boldsymbol{\pm2\sqrt{2}\,i}$　答

教 p.45

練習 10 次の 2 次方程式を解け。

(1) $x^2+3x+4=0$　(2) $3x^2-4x+2=0$

(3) $x^2+\sqrt{2}x+1=0$　(4) $x^2-2\sqrt{3}x+4=0$

指針 **2 次方程式の解の公式**

$ax^2+bx+c=0$ の解は　$x=\dfrac{-b\pm\sqrt{b^2-4ac}}{2a}$ …… ①

$ax^2+2b'x+c=0$ の解は　$x=\dfrac{-b'\pm\sqrt{b'^2-ac}}{a}$ …… ②

(2), (4) では，② を利用するとよい。

解答 (1) $\boldsymbol{x}=\dfrac{-3\pm\sqrt{3^2-4\cdot1\cdot4}}{2\cdot1}=\dfrac{-3\pm\sqrt{-7}}{2}$

$=\dfrac{\boldsymbol{-3\pm\sqrt{7}i}}{\boldsymbol{2}}$ 答

(2) $\boldsymbol{x}=\dfrac{-(-2)\pm\sqrt{(-2)^2-3\cdot2}}{3}=\dfrac{2\pm\sqrt{-2}}{3}=\dfrac{\boldsymbol{2\pm\sqrt{2}i}}{\boldsymbol{3}}$ 答

(3) $\boldsymbol{x}=\dfrac{-\sqrt{2}\pm\sqrt{(\sqrt{2})^2-4\cdot1\cdot1}}{2\cdot1}=\dfrac{-\sqrt{2}\pm\sqrt{-2}}{2}$

$=\dfrac{\boldsymbol{-\sqrt{2}\pm\sqrt{2}i}}{\boldsymbol{2}}$ 答

(4) $\boldsymbol{x}=\dfrac{-(-\sqrt{3})\pm\sqrt{(-\sqrt{3})^2-1\cdot4}}{1}=\sqrt{3}\pm\sqrt{-1}=\boldsymbol{\sqrt{3}\pm i}$ 答

参考 (2) や (4) を解く際に，① を使うのと ② を使うのとでは，計算のスピードが違ってくるから，② を使うことに慣れておこう。

B 2 次方程式の解の種類の判別

教 p.47

練習 11 次の 2 次方程式の解の種類を判別せよ。

(1) $x^2+5x+5=0$　(2) $x^2-2\sqrt{3}x+2=0$

(3) $-4x^2+x-1=0$　(4) $3x^2-4\sqrt{6}x+8=0$

指針 **解の種類の判別**　2 次方程式 $ax^2+bx+c=0$ の判別式を $D=b^2-4ac$ とすると

$D>0 \iff$ 異なる 2 つの実数解をもつ

$D=0 \iff$ 重解をもつ

$D<0 \iff$ 異なる 2 つの虚数解をもつ

なお，(2), (4) は $ax^2+2b'x+c=0$ の形であるから，$\dfrac{D}{4}=b'^2-ac$ の符号を調べるとよい。

解答　2次方程式の判別式を D とする。

(1)　$D=5^2-4\cdot1\cdot5=5>0$

よって，この2次方程式は **異なる2つの実数解** をもつ。　答

(2)　$\frac{D}{4}=(-\sqrt{3})^2-1\cdot2=1>0$

よって，この2次方程式は **異なる2つの実数解** をもつ。　答

(3)　$D=1^2-4(-4)(-1)=-15<0$

よって，この2次方程式は **異なる2つの虚数解** をもつ。　答

(4)　$\frac{D}{4}=(-2\sqrt{6})^2-3\cdot8=24-24=0$

よって，この2次方程式は **重解** をもつ。　答

教 p.47

練習 12　m は定数とする。次の2次方程式の解の種類を判別せよ。

$$x^2+(m+1)x+1=0$$

指針　**解の種類の判別**　$D>0$，$D=0$，$D<0$ となる m の値または範囲をそれぞれ求め，場合分けをして示す。

解答　この2次方程式の判別式を D とすると

$$D=(m+1)^2-4\cdot1\cdot1=m^2+2m-3=(m+3)(m-1)$$

よって，2次方程式の解は次のようになる。

$D>0$　すなわち

$m<-3$，$1<m$ のとき　異なる2つの実数解

$D=0$　すなわち

$m=-3$，1のとき　重解

$D<0$　すなわち

$-3<m<1$ のとき　異なる2つの虚数解　答

3　解と係数の関係

まとめ

1　解と係数の関係

2次方程式の2つの解の和と積は，方程式の係数を用いて表すことができる。これを，2次方程式の **解と係数の関係** という。

2次方程式 $ax^2+bx+c=0$ の2つの解を α，β とすると

$$\alpha+\beta=-\frac{b}{a},\quad \alpha\beta=\frac{c}{a}$$

2　2次式の因数分解

2次方程式 $ax^2+bx+c=0$ の2つの解を α, β とすると

$$ax^2+bx+c=a(x-\alpha)(x-\beta)$$

係数が実数である2次式は，複素数の範囲で常に1次式の積に因数分解できる。

3　2数 α, β を解とする2次方程式

2数 α, β を解とする2次方程式の1つは

$$x^2-(\alpha+\beta)x+\alpha\beta=0$$

←和が p，積が q である2数 α, β は　$x^2-px+q=0$ の解であるといえる。

4　2次方程式の実数解の符号

2次方程式 $ax^2+bx+c=0$ の2つの解 α, β と判別式 D について，次のことが成り立つ。

α, β は異なる2つの正の解 $\iff$ $D>0$ で，$\alpha+\beta>0$ かつ $\alpha\beta>0$

α, β は異なる2つの負の解 $\iff$ $D>0$ で，$\alpha+\beta<0$ かつ $\alpha\beta>0$

α, β は符号の異なる解 $\iff$ $\alpha\beta<0$

補足　解と係数の関係により，$\alpha\beta=\dfrac{c}{a}$ であるから，$\alpha\beta<0$ ならば $ac<0$ である。

よって，$\alpha\beta<0$ のとき $D=b^2-4ac>0$ は成り立っている。

A 解と係数の関係

教 p.48

練習 13　次の2次方程式について，2つの解の和と積を求めよ。

(1)　$x^2+4x+2=0$　　(2)　$3x^2-6x-4=0$

指針　**解と係数の関係**　2次方程式 $ax^2+bx+c=0$ の2つの解を α, β とすると解の和，積はそれぞれ次のようになる。

$$\alpha+\beta=-\frac{b}{a},\ \alpha\beta=\frac{c}{a}$$

解答　2次方程式の2つの解を α, β とする。

(1)　$a=1$, $b=4$, $c=2$ であるから

$$\alpha+\beta=-\frac{b}{a}=-\frac{4}{1}=-4,\ \alpha\beta=\frac{c}{a}=\frac{2}{1}=2$$

答　**和 -4，積 2**

(2)　$a=3$, $b=-6$, $c=-4$ であるから

$$\alpha+\beta=-\frac{b}{a}=-\frac{-6}{3}=2,\ \alpha\beta=\frac{c}{a}=\frac{-4}{3}=-\frac{4}{3}$$

答　**和 2，積 $-\dfrac{4}{3}$**

とくに，解の和の符号を間違えないように注意しよう。

教 p.49

練習 14

2 次方程式 $x^2+3x-1=0$ の 2 つの解を α，β とするとき，次の式の値を求めよ。

(1) $\alpha^2+\beta^2$　　(2) $\alpha^3+\beta^3$　　(3) $(\alpha-\beta)^2$

指針 **解と係数の関係・式の値**

(1) $(\alpha+\beta)^2=\alpha^2+2\alpha\beta+\beta^2$ から，$\alpha^2+\beta^2=(\alpha+\beta)^2-2\alpha\beta$ であることを利用する。

(2) $(\alpha+\beta)^3=\alpha^3+3\alpha^2\beta+3\alpha\beta^2+\beta^3$ から，$\alpha^3+\beta^3=(\alpha+\beta)^3-3\alpha\beta(\alpha+\beta)$ であることを利用する。

(3) $(\alpha-\beta)^2=\alpha^2+\beta^2-2\alpha\beta$ と (1) の結果を利用する。

解答 解と係数の関係から

$$\alpha+\beta=-\frac{3}{1}=-3,\quad \alpha\beta=\frac{-1}{1}=-1$$

(1) $\alpha^2+\beta^2=(\alpha+\beta)^2-2\alpha\beta$

$=(-3)^2-2(-1)=\mathbf{11}$ 答

(2) $\alpha^3+\beta^3=(\alpha+\beta)^3-3\alpha\beta(\alpha+\beta)$

$=(-3)^3-3(-1)(-3)=\mathbf{-36}$ 答

(3) $(\alpha-\beta)^2=\alpha^2+\beta^2-2\alpha\beta$

$=11-2(-1)=\mathbf{13}$ 答　　←(1) の結果を利用

別解 (2) $\alpha^3+\beta^3=(\alpha+\beta)(\alpha^2-\alpha\beta+\beta^2)$

$=(-3)\{11-(-1)\}=\mathbf{-36}$ 答　　←(1) の結果を利用

(3) $(\alpha-\beta)^2=(\alpha+\beta)^2-4\alpha\beta$

$=(-3)^2-4(-1)=\mathbf{13}$ 答

教 p.49

練習 15

2 次方程式 $x^2+5x+m=0$ の 2 つの解が次の条件を満たすとき，定数 m の値と 2 つの解を，それぞれ求めよ。

(1) 1 つの解が他の解の 4 倍である。

(2) 2 つの解の差が 1 である。

指針 **解の係数の関係・解の条件**　(1) では 2 つの解を α，4α，(2) では 2 つの解を α，$\alpha+1$ とおき，解と係数の関係を使って，α，m についての連立方程式を作る。

解答 (1) 2 つの解は，α，4α と表すことができる。

解と係数の関係から

$$\alpha+4\alpha=-\frac{5}{1}=-5,\quad \alpha\cdot 4\alpha=\frac{m}{1}=m$$

すなわち　$5\alpha=-5$，　$4\alpha^2=m$

よって，1つの解 α は　$\alpha=-1$

このとき　$m=4\alpha^2=4(-1)^2=4$

また，他の解 4α は　$4\alpha=4(-1)=-4$

答　**$m=4$，2つの解は -1，-4**

(2)　2つの解は，α，$\alpha+1$ と表すことができる。

解と係数の関係から

$$\alpha+(\alpha+1)=-5,\quad \alpha(\alpha+1)=m$$

すなわち　$2\alpha+1=-5$，　$\alpha(\alpha+1)=m$

よって，1つの解 α は　$\alpha=-3$

このとき　$m=\alpha(\alpha+1)=-3(-3+1)=6$

また，他の解 $\alpha+1$ は　$\alpha+1=-3+1=-2$

答　**$m=6$，2つの解は -3，-2**

補足 (2)　2つの解を，α，$\alpha-1$ と表して求めてもよい。

深める　教 p.49

教科書の例題4において，$(\alpha-\beta)^2$ の値を求めることにより，$\alpha-\beta$ の値を求めてみよう。
また，このとき $\alpha-\beta$ の値が1つに定まらない理由を考えてみよう。

指針　**解と係数の関係・式の値**　まず，$(\alpha-\beta)^2$ の値を

$$(\alpha-\beta)^2=\alpha^2-2\alpha\beta+\beta^2=(\alpha^2+2\alpha\beta+\beta^2)-4\alpha\beta$$
$$=(\alpha+\beta)^2-4\alpha\beta$$

を使って求め，その平方根として $\alpha-\beta$ の値を求める。次に，方程式を実際に解き，どちらを α，β に設定するかによって値が異なることを示す。

解答　**$\alpha-\beta$ の値**

解と係数の関係から　$\alpha+\beta=4$，$\alpha\beta=5$

よって　$(\alpha-\beta)^2=\alpha^2-2\alpha\beta+\beta^2$
$=(\alpha+\beta)^2-4\alpha\beta$
$=4^2-4\cdot5=-4$

したがって　$\alpha-\beta=\pm 2i$　答

$\alpha-\beta$ の値が1つに定まらない理由

(例)　2次方程式 $x^2-4x+5=0$ を解くと

$$x=2\pm i$$

ここで

$\alpha=2+i$，$\beta=2-i$ のとき　$\alpha-\beta=2i$

$\alpha=2-i$，$\beta=2+i$ のとき　$\alpha-\beta=-2i$

のようにどちらを α，どちらを β とするかにより値が異なるから，$\alpha-\beta$ の値は1つに定まらない。　終

B 2次式の因数分解

練習 16 教 p.50

次の2次式を，複素数の範囲で因数分解せよ。

(1) x^2-3x-2　　(2) $2x^2-2x-3$　　(3) x^2+4x+6

指針 **2次式の因数分解**　2次式 ax^2+bx+c を因数分解するには，方程式 $ax^2+bx+c=0$ の解 α，β を求めて，$ax^2+bx+c=a(x-\alpha)(x-\beta)$ とすればよい。(2) では x^2 の係数 $a=2$ を忘れないようにする。

解答 (1)　2次方程式 $x^2-3x-2=0$ の解は

$$x=\frac{-(-3)\pm\sqrt{(-3)^2-4\cdot1\cdot(-2)}}{2\cdot1}=\frac{3\pm\sqrt{17}}{2}$$

よって　$x^2-3x-2=\boldsymbol{\left(x-\frac{3+\sqrt{17}}{2}\right)\left(x-\frac{3-\sqrt{17}}{2}\right)}$　答

(2)　2次方程式 $2x^2-2x-3=0$ の解は

$$x=\frac{-(-1)\pm\sqrt{(-1)^2-2(-3)}}{2}=\frac{1\pm\sqrt{7}}{2}$$

よって　$2x^2-2x-3=\boldsymbol{2\left(x-\frac{1+\sqrt{7}}{2}\right)\left(x-\frac{1-\sqrt{7}}{2}\right)}$　答

(3)　2次方程式 $x^2+4x+6=0$ の解は

$$x=\frac{-2\pm\sqrt{2^2-1\cdot6}}{1}=-2\pm\sqrt{-2}=-2\pm\sqrt{2}\,i$$

よって　$x^2+4x+6=\{x-(-2+\sqrt{2}\,i)\}\{x-(-2-\sqrt{2}\,i)\}$

$=\boldsymbol{(x+2-\sqrt{2}\,i)(x+2+\sqrt{2}\,i)}$　答

C 2次方程式の決定

練習 17 教 p.51

次の2数を解とする2次方程式を1つ作れ。

(1) 2，-1　　(2) $2+\sqrt{3}$，$2-\sqrt{3}$　　(3) $1+2i$，$1-2i$

指針 **2次方程式の決定**　2数 α，β を解とする2次方程式の1つは，$x^2-(\alpha+\beta)x+\alpha\beta=0$ である。つまり，x^2-(解の和)$x+$(解の積)$=0$ となる。

解答 (1)　解の和は　$2+(-1)=1$

解の積は　$2(-1)=-2$

よって，この2数を解とする2次方程式の1つは

$\boldsymbol{x^2-x-2=0}$　答

(2)　解の和は　$(2+\sqrt{3})+(2-\sqrt{3})=4$

解の積は　$(2+\sqrt{3})(2-\sqrt{3})=2^2-(\sqrt{3})^2=1$

よって，この2数を解とする2次方程式の1つは

$\boldsymbol{x^2-4x+1=0}$　答

(3) 解の和は　$(1+2i)+(1-2i)=2$

解の積は　$(1+2i)(1-2i)=1^2-4i^2$

$=1-4(-1)=5$

よって，この 2 数を解とする 2 次方程式の 1 つは

$\boldsymbol{x^2-2x+5=0}$　答

注意　たとえば，(1) を例にとると，「1 つ作れ」という設問であるから，(1) の答えである「$x^2-x-2=0$」の両辺を何倍かした $2x^2-2x-4=0$，$\frac{1}{2}x^2-\frac{1}{2}x-1=0$，……などを答えても間違いではない。しかし，本問のような問題では，方程式の係数を，最大公約数が 1 である整数の組にしておくのが普通である。

練習 18　教 p.51

和と積が次のようになる 2 数を求めよ。

(1) 和が -2，積が 6　　(2) 和と積がともに 3

指針　**和が p，積が q となる 2 数**　和が p，積が q である 2 数は，2 次方程式 $x^2-px+q=0$ の解である。

解答 (1) 求める 2 数は，次の 2 次方程式の解である。

$x^2-(-2)x+6=0$　すなわち　$x^2+2x+6=0$

これを解いて

$$x=\frac{-1\pm\sqrt{1^2-1\cdot6}}{1}=-1\pm\sqrt{5}\,i$$

よって，求める 2 数は　$\boldsymbol{-1+\sqrt{5}\,i,\ -1-\sqrt{5}\,i}$　答

(2) 求める 2 数は，次の 2 次方程式の解である。

$x^2-3x+3=0$

これを解いて

$$x=\frac{-(-3)\pm\sqrt{(-3)^2-4\cdot1\cdot3}}{2\cdot1}=\frac{3\pm\sqrt{3}\,i}{2}$$

よって，求める 2 数は　$\boldsymbol{\frac{3+\sqrt{3}\,i}{2},\ \frac{3-\sqrt{3}\,i}{2}}$　答

練習 19　教 p.52

2 次方程式 $x^2-3x-1=0$ の 2 つの解を α，β とするとき，次の 2 数を解とする 2 次方程式を 1 つ作れ。

(1) $1-\alpha$，$1-\beta$　　(2) α^2，β^2

指針　**2 次方程式の解と方程式の決定**　次の手順で解けばよい。

① 解と係数の関係から，$\alpha+\beta$，$\alpha\beta$ の値をそれぞれ求める。

② 和と積が α，β の式で表されるから，① を利用して，それらの和と積をそれぞれ求め，2 次方程式 $x^2-(和)x+(積)=0$ を作る。

解答　解と係数の関係から　　$\alpha+\beta=3,\ \alpha\beta=-1$　…… ①

(1)　①より　　$(1-\alpha)+(1-\beta)=2-(\alpha+\beta)=2-3=-1$

$(1-\alpha)(1-\beta)=\alpha\beta-(\alpha+\beta)+1=-1-3+1=-3$

よって，$1-\alpha$，$1-\beta$ を解とする 2 次方程式の 1 つは

$x^2-(-1)x+(-3)=0$　すなわち　$\boldsymbol{x^2+x-3=0}$　答

(2)　①より　　$\alpha^2+\beta^2=(\alpha+\beta)^2-2\alpha\beta=3^2-2\cdot(-1)=11$

$\alpha^2\beta^2=(\alpha\beta)^2=(-1)^2=1$

よって，α^2，β^2 を解とする 2 次方程式の 1 つは

$\boldsymbol{x^2-11x+1=0}$　答

D 2 次方程式の実数解の符号

教 p.53

練習 20

2 次方程式 $x^2+2(m-3)x+4m=0$ が，次のような解をもつとき，定数 m の値の範囲を求めよ。

(1)　異なる 2 つの正の解

(2)　異なる 2 つの負の解

(3)　正の解と負の解

指針　**2 次方程式の実数解の符号**　2 次方程式の判別式を D，解を α，β として，方程式がそれぞれ (1)〜(3) のような解をもつときの条件を D，α，β で表すと

(1)　異なる 2 つの正の解　$\iff$　$D>0,\ \alpha+\beta>0,\ \alpha\beta>0$

(2)　異なる 2 つの負の解　$\iff$　$D>0,\ \alpha+\beta<0,\ \alpha\beta>0$

(3)　正の解と負の解　$\iff$　$\alpha\beta<0$

解と係数の関係を使って，(1)〜(3) の場合について，条件を m についての不等式で表し，それらをともに満たす m の値の範囲を求める。

解答　この 2 次方程式の 2 つの解を α，β とし，判別式を D とする。

ここで　　$\dfrac{D}{4}=(m-3)^2-1\cdot4m=m^2-10m+9$

$=(m-1)(m-9)$

また，解と係数の関係により

$\alpha+\beta=-2(m-3),\ \alpha\beta=4m$

(1)　方程式が条件を満たすのは，次の ①，② が成り立つときである。

$D>0$　…… ①

$\alpha+\beta>0$　かつ　$\alpha\beta>0$　…… ②

①から　　$(m-1)(m-9)>0$

よって　　$m<1,\ 9<m$　…… ③

②から　　$-2(m-3)>0$　かつ　$4m>0$

よって　$m<3$ …… ④

$m>0$ …… ⑤

③，④，⑤ の共通範囲を求めて

$0<m<1$ 答

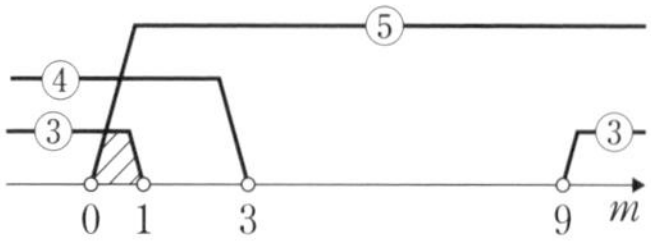

(2) 方程式が条件を満たすのは，次の ①，② が成り立つときである。

$D>0$ …… ①

$\alpha+\beta<0$ かつ $\alpha\beta>0$ …… ②

① から　$(m-1)(m-9)>0$

よって　$m<1,\ 9<m$ …… ③

② から　$-2(m-3)<0$ かつ $4m>0$

よって　$m>3$ …… ④

$m>0$ …… ⑤

③，④，⑤ の共通範囲を求めて

$m>9$ 答

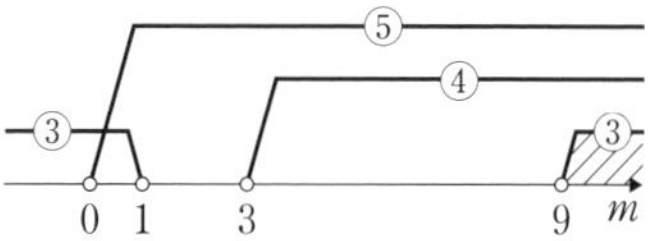

(3) 方程式が条件を満たすのは，$\alpha\beta<0$ のときである。

よって　$4m<0$

したがって　**$m<0$** 答

深める　教 p.53

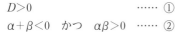

教科書の応用問題 2 において，条件 $D>0$ がないと「2 次方程式が異なる 2 つの正の解をもつ」という条件を満たさないことを，例をあげて示してみよう。

指針　**2 次方程式の実数解の符号**　応用例題 2 において，
$D>0 \Longleftrightarrow m<-3,\ 2<m$ である。したがって，$m>0$ かつ $m<6$ かつ $-3\leqq m\leqq 2$ を満たすいずれかの値に対し，方程式 $x^2-2mx-m+6=0$ が条件を満たさないことを示せばよい。

解答　(例)　$D>0$ でないとき，すなわち，$D\leqq 0$ のとき，$-3\leqq m\leqq 2$ である。
そこで，$m>0$ かつ $m<6$ かつ $-3\leqq m\leqq 2$ を満たす値として，たとえば，$m=1$ とする。
このとき，与えられた 2 次方程式は $x^2-2x+5=0$ となり，その解は $x=1\pm 2i$ で，実数解でないから，「正の解をもつ」という条件を満たさない。

注意　$-3<m<2$ のときは，$D<0$ であり，解は虚数となるから，そもそも解の符号は考えられない。また，$m=-3,\ 2$ のときは実数解をもつが，その解は重解であり，「異なる 2 つの解をもつ」という条件を満たさない。

コラム 2次方程式と2次関数のグラフ

教 p.54

確認

問題　2次関数 $y=x^2-2mx-m+6$ のグラフと x 軸の正の部分が，異なる2点で交わるとき，定数 m の値の範囲を求めよ。
上の問題のグラフと x 軸の正の部分が異なる2点で交わることと，教科書の応用例題2の2次方程式が異なる2つの正の解をもつことは，同じことであることを確認しよう。

指針　**2次方程式と2次関数のグラフ**　グラフと x 軸の共有点の x 座標は方程式の実数解であることを述べればよい。

解答　2次関数 $y=x^2-2mx-m+6$ のグラフと x 軸の共有点の x 座標は，方程式 $x^2-2mx-m+6=0$ の実数解である。
よって，この問題のグラフと x 軸の正の部分が異なる2点で交わることと，応用例題2の2次方程式が異なる2つの正の解をもつことは同じことである。

終

教 p.54

発見

2次方程式 $x^2-2mx-m+6=0$ の2つの解を α，β とすると，2次関数 $y=x^2-2mx-m+6$ は $y=(x-\alpha)(x-\beta)$ と表されます。ここで，$y=(x-\alpha)(x-\beta)$ のグラフと x 軸の正の部分が，異なる2点で交わるとして，[1]，[2]，[3] が成り立つための条件を考えよう。このとき，どのようなことがいえるだろうか。

指針　**2次方程式と2次関数のグラフ**　2次関数 $y=x^2-2mx-m+6$ のグラフと x 軸の正の部分が異なる2点で交わるのは，次の [1]，[2]，[3] が同時に成り立つときである。

[1]　グラフと x 軸が異なる2点で交わる。
[2]　グラフの軸が y 軸の右側にある。
[3]　グラフと y 軸の交点の y 座標が正である。

また，2次方程式 $x^2-2mx-m+6=0$ の解を α，β，判別式を D とすると，この方程式が異なる2つの正の解をもつのは，次の①，②，③が同時に成り立つときである。

①　$D>0$　　②　$\alpha+\beta>0$　　③　$\alpha\beta>0$

前問での考察から，[1]，[2]，[3] と①，②，③が同じであることを示すのが目標になる。

2章 複素数と方程式

解答 (例)　$x^2-2mx-m+6=0$　…… Ⓐ とする。

また，Ⓐ の 2 つの解を α，β とすると，$y=x^2-2mx-m+6$　…… Ⓑ は $y=(x-\alpha)(x-\beta)$ と表され，$y=x^2-(\alpha+\beta)x+\alpha\beta$　…… Ⓒ となる。

2 次関数 Ⓒ のグラフと x 軸の正の部分が異なる 2 点で交わるとき，[1]，[2]，[3] が同時に成り立つ。

[1]　$(x-\alpha)(x-\beta)=0$　すなわち，Ⓐ が異なる 2 つの実数解をもつ条件であるから，$D>0$ である。

[2]　Ⓒより，軸の方程式は $x=\dfrac{\alpha+\beta}{2}$ であるから

$$\frac{\alpha+\beta}{2}>0 \quad すなわち \quad \alpha+\beta>0$$

[3]　Ⓒより，y 軸との交点の y 座標は $\alpha\beta$ であるから　$\alpha\beta>0$

以上により，2 次関数 Ⓑ のグラフと x 軸の正の部分が異なる 2 点で交わるための条件 [1]，[2]，[3] と，2 次方程式 Ⓐ が異なる 2 つの正の解をもつための条件 ①，②，③ は同じであることがわかる。　終

まとめ　教 p.54

教科書の練習 20 を 2 次関数のグラフを利用して解いてみよう。

指針　**2 次方程式と 2 次関数のグラフ**　2 次方程式の解の条件を，2 次関数のグラフと x 軸との共有点の条件におき換えて考える。実質的に，数学 I での学習の復習問題である。判別式 D の値，軸の位置，y 軸との交点の y 座標に着目して考える。

解答　2 次方程式 $x^2+2(m-3)x+4m=0$ の判別式を D とすると

$$\frac{D}{4}=(m-3)^2-1\cdot 4m=m^2-10m+9=(m-1)(m-9)$$

ここで，2 次関数 $y=x^2+2(m-3)x+4m$　…… ① のグラフを考えると，① は下に凸の放物線で，軸は直線 $x=-(m-3)$，y 軸との交点の y 座標は $4m$ である。

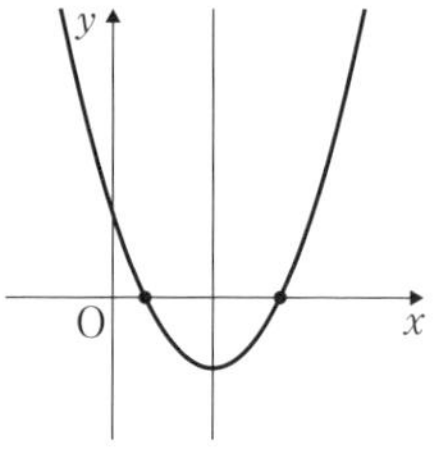

(1)　条件は，① が x 軸の正の部分と異なる 2 点で交わることと同じである。

$D>0$ から　$m<1$，$9<m$　…… ②

軸が y 軸の右側にあるから

$-(m-3)>0$ より　$m<3$　…… ③

y 軸との交点の y 座標が正であるから

$4m>0$ より　$m>0$　…… ④

②，③，④ の共通範囲を求めて　$\boldsymbol{0<m<1}$　答

(2)　条件は，① が x 軸の負の部分と異なる 2 点で交わることと同じである。

$D>0$ より　$m<1$，$9<m$　…… ⑤

軸が y 軸の左側にあるから，

$-(m-3)<0$ より　$m>3$　…… ⑥

y 軸との交点の y 座標が正であるから，

$4m>0$ より　$m>0$　…… ⑦

⑤，⑥，⑦ の共通範囲を求めて　$\boldsymbol{m>9}$　答

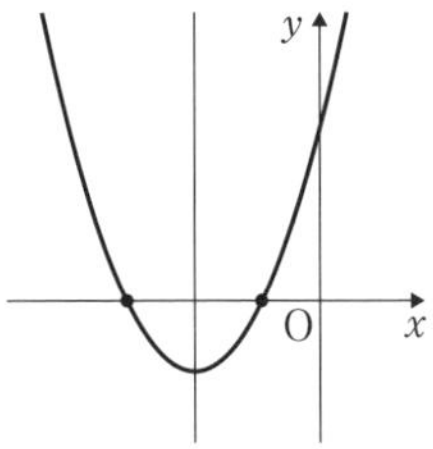

(3)　条件は，① が x 軸の正の部分，負の部分それぞれと交わることと同じである。

y 軸との交点の y 座標が負であればよいから，

$4m<0$ より　$\boldsymbol{m<0}$　答

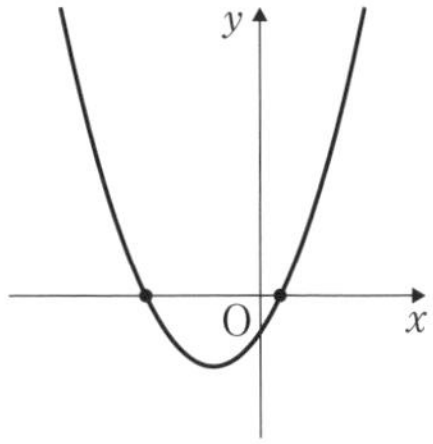

第2章 第1節　問　題

教 p.55

1　次の等式を満たす実数 x，y の値を求めよ。

(1)　$(x-3y)+(2x+y)i=1-12i$

(2)　$(5+i)(x+yi)=13+13i$

指針　**複素数の相等**「$a+bi=c+di \iff a=c$ かつ $b=d$」の関係を用いて，x，y についての連立方程式を作る。

解答　(1)　$x-3y$，$2x+y$ はそれぞれ実数であるから

$x-3y=1$　…… ①　　$2x+y=-12$　…… ②

①，② を連立方程式として解くと　$\boldsymbol{x=-5,\ y=-2}$　答

(2)　左辺 $=(5+i)(x+yi)=5x+(x+5y)i+yi^2$

$=(5x-y)+(x+5y)i$

よって，$(5x-y)+(x+5y)i=13+13i$ のとき，

$5x-y$，$x+5y$ はそれぞれ実数であるから

$5x-y=13$　…… ①　　$x+5y=13$　…… ②

①，② を連立方程式として解くと　$\boldsymbol{x=3,\ y=2}$　答

教 p.55

2　次の式を計算せよ。

(1)　$\left(\dfrac{-1+\sqrt{3}\,i}{2}\right)^2$　　(2)　$i+\dfrac{1}{i}$　　(3)　$i+i^2+i^3+i^4$

教科書 $p.55$

指針　複素数の計算

(1)　展開して，i^2 は -1 でおき換える。

(2)　分数は分母を実数にする。分母，分子に i を掛ける。

(3)　$i^3=i^2i=-i$，$i^4=(i^2)^2=(-1)^2=1$

解答　(1)　$\left(\frac{-1+\sqrt{3}i}{2}\right)^2=\frac{(-1+\sqrt{3}i)^2}{2^2}=\frac{1-2\sqrt{3}i+3i^2}{4}$

$=\frac{1-2\sqrt{3}i+3(-1)}{4}=\frac{-2-2\sqrt{3}i}{4}=\boldsymbol{\frac{-1-\sqrt{3}i}{2}}$　答

(2)　$i+\frac{1}{i}=i+\frac{i}{i^2}=i+\frac{i}{-1}=i-i=\boldsymbol{0}$　答

(3)　$i+i^2+i^3+i^4=i+i^2+i^2i+(i^2)^2$

$=i-1+(-1)i+(-1)^2=\boldsymbol{0}$　答

教 p.55

3　次の2次方程式を解け。

(1)　$2x^2-\sqrt{5}x+1=0$　　(2)　$2(x+1)^2-4(x+1)+3=0$

指針　2次方程式の解の公式

(1)　解の公式にあてはめる。$\sqrt{}$ の中が負の数になるときは，i を使って表す。

(2)　$x+1=X$ とおき，まず X の値を求めてもよいが，左辺を整理すると1次の項が消えて解きやすくなる。

解答　(1)　$\boldsymbol{x}=\frac{-(-\sqrt{5})\pm\sqrt{(-\sqrt{5})^2-4\cdot2\cdot1}}{2\cdot2}$

$=\frac{\sqrt{5}\pm\sqrt{-3}}{4}=\boldsymbol{\frac{\sqrt{5}\pm\sqrt{3}i}{4}}$　答

(2)　左辺のかっこをはずすと　$2x^2+4x+2-4x-4+3=0$

整理して　$2x^2+1=0$　すなわち　$x^2=-\frac{1}{2}$

よって　$\boldsymbol{x}=\pm\sqrt{-\frac{1}{2}}=\pm\sqrt{\frac{1}{2}}i=\boldsymbol{\pm\frac{\sqrt{2}}{2}i}$　答

別解　(2)　$x+1=X$ とおくと　$2X^2-4X+3=0$

ゆえに　$X=\frac{-(-2)\pm\sqrt{(-2)^2-2\cdot3}}{2}=\frac{2\pm\sqrt{-2}}{2}=1\pm\frac{\sqrt{2}}{2}i$

よって　$x+1=1\pm\frac{\sqrt{2}}{2}i$

したがって　$\boldsymbol{x}=\boldsymbol{\pm\frac{\sqrt{2}}{2}i}$　答

教 p.55

4　2 次方程式 $2x^2+4x+3=0$ の 2 つの解を α，β とするとき，次の式の値を求めよ。

(1)　$\alpha^2+\beta^2$　　(2)　$\alpha^2\beta+\alpha\beta^2$　　(3)　$\dfrac{\beta}{\alpha}+\dfrac{\alpha}{\beta}$

指針　**解と係数の関係**　(1)～(3) の各式は，$\alpha+\beta$，$\alpha\beta$ を使った式で表される。解と係数の関係から $\alpha+\beta$，$\alpha\beta$ の値を求め，代入する。

解答　解と係数の関係から　$\alpha+\beta=-\dfrac{4}{2}=-2$，$\alpha\beta=\dfrac{3}{2}$

(1)　$\alpha^2+\beta^2=(\alpha+\beta)^2-2\alpha\beta$

$=(-2)^2-2\cdot\dfrac{3}{2}=\mathbf{1}$　答

(2)　$\alpha^2\beta+\alpha\beta^2=\alpha\beta(\alpha+\beta)$

$=\dfrac{3}{2}(-2)=\mathbf{-3}$　答

(3)　(1) から　$\dfrac{\beta}{\alpha}+\dfrac{\alpha}{\beta}=\dfrac{\beta^2}{\alpha\beta}+\dfrac{\alpha^2}{\alpha\beta}=\dfrac{\alpha^2+\beta^2}{\alpha\beta}$

$=1\div\dfrac{3}{2}=\mathbf{\dfrac{2}{3}}$　答

教 p.55

5　2 次方程式 $x^2-7x-1=0$ の 2 つの解を α，β とするとき，次の 2 数を解とする 2 次方程式を 1 つ作れ。

(1)　$\alpha-2$，$\beta-2$　　(2)　$\dfrac{2}{\alpha}$，$\dfrac{2}{\beta}$　　(3)　$\alpha+\beta$，$\alpha\beta$

指針　**2 次方程式の解と方程式の作成**　次の手順で作ればよい。

①　解と係数の関係より，$\alpha+\beta$，$\alpha\beta$ の値を求める。

②　2 数の和と積をそれぞれ α，β の式で表し，① を利用して，それらの和と積の値を計算し，2 次方程式 $x^2-(2\text{ 数の和})x+(2\text{ 数の積})=0$ を作る。

解答　α，β は 2 次方程式 $x^2-7x-1=0$ の解であるから，解と係数の関係により

$\alpha+\beta=7$，$\alpha\beta=-1$　…… ①

(1)　① から　$(\alpha-2)+(\beta-2)=(\alpha+\beta)-4$

$=7-4=3$

$(\alpha-2)(\beta-2)=\alpha\beta-2(\alpha+\beta)+4$

$=-1-2\cdot7+4=-11$

よって　$\boldsymbol{x^2-3x-11=0}$　答

(2) ①より $\dfrac{2}{\alpha}+\dfrac{2}{\beta}=\dfrac{2\beta}{\alpha\beta}+\dfrac{2\alpha}{\alpha\beta}=\dfrac{2(\alpha+\beta)}{\alpha\beta}$

$=\dfrac{2\cdot 7}{-1}=-14$

$\dfrac{2}{\alpha}\cdot\dfrac{2}{\beta}=\dfrac{4}{\alpha\beta}=\dfrac{4}{-1}=-4$

よって　$x^2-(-14)x-4=0$　すなわち　$\boldsymbol{x^2+14x-4=0}$ 答

(3) ①より $(\alpha+\beta)+\alpha\beta=7-1=6$

$(\alpha+\beta)\alpha\beta=7(-1)=-7$

よって　$\boldsymbol{x^2-6x-7=0}$ 答

教 p.55

6　次の ①～④ の等式が成り立つかどうか答えよ。また，成り立たないものは，右辺を直して正しい等式にせよ。

① $\sqrt{-3}\sqrt{-5}=\sqrt{15}$　② $\sqrt{2}\sqrt{-7}=\sqrt{-14}$

③ $\dfrac{\sqrt{-2}}{\sqrt{5}}=\sqrt{\dfrac{-2}{5}}$　④ $\dfrac{1}{\sqrt{-3}}=\sqrt{-\dfrac{1}{3}}$

指針 **負の数の平方根の計算**　$a>0$，$b>0$ でないとき，$\sqrt{a}\sqrt{b}=\sqrt{ab}$ や $\dfrac{\sqrt{a}}{\sqrt{b}}=\sqrt{\dfrac{a}{b}}$ は成り立つとは限らないから，たとえば，$\sqrt{-3}\sqrt{-5}=\sqrt{(-3)(-5)}$ のように計算してはいけない。負の数の平方根の計算をするときは，まず最初に，$\sqrt{-a}=\sqrt{a}\,i$ $(a>0)$ の計算を行う。

解答 ① **成り立たない。**

$\sqrt{-3}\sqrt{-5}=\sqrt{3}\,i\sqrt{5}\,i=-\sqrt{15}$ 終

② **成り立つ。** 答

③ **成り立つ。** 答

④ **成り立たない。**

$\dfrac{1}{\sqrt{-3}}=\dfrac{1}{\sqrt{3}\,i}=-\dfrac{1}{\sqrt{3}}i=-\sqrt{\dfrac{1}{3}}\,i=-\dfrac{\sqrt{-1}}{\sqrt{3}}=-\sqrt{-\dfrac{1}{3}}$ 終

補足 ② $\sqrt{2}\sqrt{-7}=\sqrt{2}\sqrt{7}\,i=\sqrt{14}\,i$，$\sqrt{-14}=\sqrt{14}\,i$ から，成り立つ。

③ $\dfrac{\sqrt{-2}}{\sqrt{5}}=\dfrac{\sqrt{2}\,i}{\sqrt{5}}=\sqrt{\dfrac{2}{5}}\,i$，$\sqrt{\dfrac{-2}{5}}=\sqrt{-\dfrac{2}{5}}=\sqrt{\dfrac{2}{5}}\,i$ から，成り立つ。

第2節　高次方程式

4　剰余の定理と因数定理

まとめ

1　剰余(じょうよ)の定理

多項式 $P(x)$ を1次式 $x-k$ で割った余りは，$P(k)$ に等しい。

解説　$P(x)$ を $x-k$ で割った商が $Q(x)$，余りが R であることは

$$P(x)=(x-k)Q(x)+R$$　←R は定数である。

と表され，両辺の x に k を代入すると，$P(k)=R$ が得られる。

2　因数定理

多項式 $P(x)$ が1次式 $x-k$ を因数にもつ　$\Longleftrightarrow$　$P(k)=0$

解説　剰余の定理により

$P(x)$ が1次式 $x-k$ で割り切れる　$\Longleftrightarrow$　$P(k)=0$

よって，$P(k)=0$ のとき　$P(x)=(x-k)Q(x)$　←余り0

すなわち，$P(x)$ は $x-k$ を因数にもつ。

A 剰余の定理

教 p.56

練習 21　$P(x)=x^3+x^2-3x-2$ を次の1次式で割った余りを求めよ。

(1)　$x-1$　　(2)　$x+1$　　(3)　$x+2$

指針　**1次式で割った余り**　1次式で割った余りを求めるとき，実際に割り算をするより剰余の定理を用いる方が簡単に求められる。

(1)　$P(x)$ を $x-k$ で割った余りは $P(k)$ に等しいから，$x-1$ で割った余りは，$P(1)$ すなわち $P(x)$ の x に1を代入して計算した値である。代入する x の値は，(割る1次式)$=0$ の解と考えるとよい。

(2)　$P(-1)$　(3)　$P(-2)$　をそれぞれ計算する。

解答　(1)　$P(1)=1^3+1^2-3\cdot1-2=\mathbf{-3}$　答

(2)　$P(-1)=(-1)^3+(-1)^2-3(-1)-2=\mathbf{1}$　答

(3)　$P(-2)=(-2)^3+(-2)^2-3(-2)-2=\mathbf{0}$　答

教 p.56

練習 22　次のことを示せ。

多項式 $P(x)$ を1次式 $ax+b$ で割った余りは，$P\left(-\dfrac{b}{a}\right)$ に等しい。

指針　**1次式で割った余り**　$P(x)=(ax+b)Q(x)+R$ とおき，$ax+b=0$ の解 $x=-\dfrac{b}{a}$ を代入する。

解答　$P(x)$ を x の1次式 $ax+b$ で割った商を $Q(x)$，余りを R とすると，次の等式が成り立つ。

$$P(x)=(ax+b)Q(x)+R$$

この両辺の x に $-\dfrac{b}{a}$ を代入すると

$$P\left(-\frac{b}{a}\right)=\left\{a\left(-\frac{b}{a}\right)+b\right\}Q\left(-\frac{b}{a}\right)+R$$
$$=0\cdot Q\left(-\frac{b}{a}\right)+R=R$$

よって，多項式 $P(x)$ を1次式 $ax+b$ で割った余りは，$P\left(-\dfrac{b}{a}\right)$ に等しい。終

教 p.57

練習 23　多項式 $P(x)=2x^3+5ax^2+ax+1$ を $x+1$ で割った余りが -5 であるとき，定数 a の値を求めよ。

指針　**剰余の定理の利用**　$P(x)$ を $x+1$ で割った余りは $P(-1)$ に等しい。よって，$P(-1)=-5$ を解き，a の値を求める。

解答　剰余の定理により $P(-1)=-5$ であるから

$$2(-1)^3+5a(-1)^2+a(-1)+1=-5$$

整理すると　$4a=-4$

よって　$\boldsymbol{a=-1}$　答

教 p.57

練習 24　多項式 $P(x)$ を $x-3$ で割った余りが1，$x+1$ で割った余りが5である。$P(x)$ を $(x-3)(x+1)$ で割った余りを求めよ。

指針　**2次式で割った余り**　$P(x)$ を2次式 $(x-3)(x+1)$ で割った商を $Q(x)$ とすると，余りは1次式か定数であるから

$$P(x)=(x-3)(x+1)Q(x)+ax+b \quad \cdots\cdots \text{①}$$

また，$P(x)$ を $x-3$，$x+1$ で割った余りはそれぞれ $P(3)$，$P(-1)$ に等しいから，$P(3)=1$，$P(-1)=5$ が成り立つ。したがって，① に $x=3$，$x=-1$ を代入すれば，a，b についての連立方程式ができる。

解答　$P(x)$ を2次式 $(x-3)(x+1)$ で割った余りを $ax+b$ とおいて，商を $Q(x)$ とすると，次の等式が成り立つ。

$$P(x)=(x-3)(x+1)Q(x)+ax+b \qquad \leftarrow A=BQ+R$$

この等式より　$P(3)=3a+b$，$P(-1)=-a+b$

また，$x-3$ で割った余りが 1 であるから　$P(3)=1$

　　$x+1$ で割った余りが 5 であるから　$P(-1)=5$

よって　　$3a+b=1$,　$-a+b=5$

これを解くと　$a=-1$，$b=4$

したがって，求める余りは　$-\boldsymbol{x}+\mathbf{4}$　答

割られる式が具体的な
式でなくても，余りが
求められるんだね。

B 因数定理

練習 25　教 p.58

次の 1 次式のうち，多項式 x^3+2x^2-5x-6 の因数であるものはどれか。

① $x-1$　② $x+1$　③ $x-2$　④ $x+2$

指針　**因数定理**　$P(x)=x^3+2x^2-5x-6$ とおくと

　整数 $P(x)$ が 1 次式 $x-k$ を因数にもつ $\iff$ $P(k)=0$

①〜④ のうち，$P(k)=0$ となるものを選ぶ。

解答　$P(x)=x^3+2x^2-5x-6$ とおく。

① $P(1)=1^3+2\cdot1^2-5\cdot1-6=-8$

② $P(-1)=(-1)^3+2(-1)^2-5(-1)-6=0$

③ $P(2)=2^3+2\cdot2^2-5\cdot2-6=0$

④ $P(-2)=(-2)^3+2(-2)^2-5(-2)-6=4$

よって，$P(x)$ の因数であるものは　②，③　答

練習 26　教 p.58

次の式を因数分解せよ。

(1) x^3-3x^2-6x+8　(2) x^3-5x^2+3x+9

(3) $2x^3+3x^2-11x-6$

指針　**3 次式の因数分解**　まず 3 次式 $P(x)$ に対し，$P(k)=0$ となる k の値をみつける。$P(x)$ の定数項の正・負の約数の中から探すとよい。

次に，$P(x)$ を $x-k$ で割り，商 $Q(x)$(2 次式) を求め，$P(x)=(x-k)Q(x)$ とする。

$Q(x)$ が因数分解できる場合はさらに因数分解しておく。

解答　(1) $P(x)=x^3-3x^2-6x+8$ とすると

$P(1)=1^3-3\cdot1^2-6\cdot1+8$

$=0$

よって，$P(x)$ は $x-1$ を因数にもつ。

右の割り算から

$$x^3-3x^2-6x+8=(x-1)(x^2-2x-8)$$

さらに因数分解して

$$x^3-3x^2-6x+8=\boldsymbol{(x-1)(x+2)(x-4)}\quad\text{答}$$

$$\begin{array}{r}x^2-2x\ -8\\ x-1\overline{)x^3-3x^2-6x+8}\\ \underline{x^3-\ x^2}\\ -2x^2-6x\\ \underline{-2x^2+2x}\\ -8x+8\\ \underline{-8x+8}\\ 0\end{array}$$

(2) $P(x)=x^3-5x^2+3x+9$ とすると

$$\begin{aligned}P(-1)&=(-1)^3-5\cdot(-1)^2+3\cdot(-1)+9\\ &=0\end{aligned}$$

よって，$P(x)$ は $x+1$ を因数にもつ。

右の割り算から

$$x^3-5x^2+3x+9=(x+1)(x^2-6x+9)$$

さらに因数分解して

$$x^3-5x^2+3x+9=\boldsymbol{(x+1)(x-3)^2}\quad\text{答}$$

$$\begin{array}{r}x^2-6x\ +9\\ x+1\overline{)x^3-5x^2+3x+9}\\ \underline{x^3+\ x^2}\\ -6x^2+3x\\ \underline{-6x^2-6x}\\ 9x+9\\ \underline{9x+9}\\ 0\end{array}$$

(3) $P(x)=2x^3+3x^2-11x-6$ とすると

$$\begin{aligned}P(2)&=2\cdot2^3+3\cdot2^2-11\cdot2-6\\ &=0\end{aligned}$$

よって，$P(x)$ は $x-2$ を因数にもつ。

右の割り算から

$$2x^3+3x^2-11x-6=(x-2)(2x^2+7x+3)$$

さらに因数分解して

$$2x^3+3x^2-11x-6=\boldsymbol{(x-2)(x+3)(2x+1)}\quad\text{答}$$

$$\begin{array}{r}2x^2+7x\ +3\\ x-2\overline{)2x^3+3x^2-11x-6}\\ \underline{2x^3-4x^2}\\ 7x^2-11x\\ \underline{7x^2-14x}\\ 3x-6\\ \underline{3x-6}\\ 0\end{array}$$

研究 組立除法

まとめ

1 組立除法

たとえば，3 次式 ax^3+bx^2+cx+d を 1 次式 $x-k$ で割った商を lx^2+mx+n とし，余りを R とする。

この商の係数 l, m, n と余り R は，次のような方法でも求められる。この方法を **組立除法** という。

$$\begin{array}{ccccc}a & b & c & d & \underline{|\,k}\\ & \times k\searrow lk & \times k\searrow mk & \times k\searrow nk & \\ \hline l & m & n & \boxed{R} & \end{array}$$

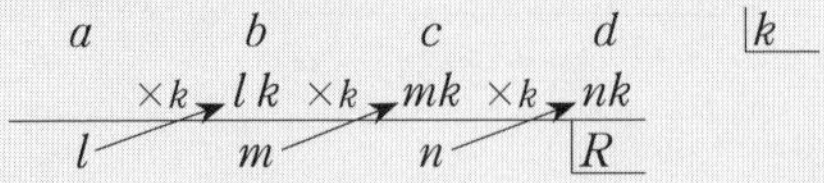

$$l=a,\quad m=b+lk,\quad n=c+mk,\quad R=d+nk$$

教 p.59

練習 1 x^3-4x^2+3 を $x-1$ で割った商と余りを求めよ。

指針 **組立除法** 割られる式 x^3-4x^2+3 は x の項がないから，その項の係数を 0 として，x^3-4x^2+0x+3 と考える。

解答 組立除法により

商 x^2-3x-3 余り 0 (答)

1	−4	0	3	1
	1	−3	−3	
1	−3	−3	0	

5 高次方程式

まとめ

1 高次方程式

x の多項式 $P(x)$ が n 次式のとき，方程式 $P(x)=0$ を x の **n 次方程式**という。また，3 次以上の方程式を **高次方程式** という。

2 3 乗根

3 乗すると a になる数を a の **3 乗根** という。すなわち，$x^3=a$ となる x が a の 3 乗根である。

3 1 の 3 乗根 ω

1 の 3 乗根のうち虚数であるものの 1 つを ω（オメガ）とすると，1 の 3 乗根は，1，ω，ω^2 と表される。また，$\omega^2+\omega+1=0$ が成り立つ。

4 2 重解，3 重解

たとえば，方程式 $(x-1)^2(x+2)=0$ の解 $x=1$ を，この方程式の **2 重解** という。また，方程式 $(x-1)^3(x+2)=0$ の解 $x=1$ を，この方程式の **3 重解** という。

A 高次方程式の解き方(1)

練習 27 教 p.60

次の 3 次方程式を解け。

(1) $x^3-8=0$ (2) $x^3+1=0$

指針 **因数分解を利用する解き方** 次の因数分解の公式を利用する。

$$a^3+b^3=(a+b)(a^2-ab+b^2),\quad a^3-b^3=(a-b)(a^2+ab+b^2)$$

解答 (1) 左辺を因数分解すると $(x-2)(x^2+2x+4)=0$

よって $x-2=0$ または $x^2+2x+4=0$

したがって $x=2,\ -1\pm\sqrt{3}i$ (答)

(2) 左辺を因数分解すると $(x+1)(x^2-x+1)=0$

よって $x+1=0$ または $x^2-x+1=0$

したがって $x=-1,\ \dfrac{1\pm\sqrt{3}i}{2}$ (答)

深める　教 p.60

$(\omega^2)^3$ の値を求めてみよう。

指針　**1の3乗根ω**　1の3乗根のうち虚数であるものの1つをωとすると，ω^2 もまた1の3乗根であることを利用する。

解答　ω^2 は1の3乗根であるから　$(\omega^2)^3=\mathbf{1}$　答

別解　$\omega^3=1$ であるから　$(\omega^2)^3=(\omega^3)^2=1^2=\mathbf{1}$　答

練習 28　教 p.61

次の4次方程式を解け。

(1)　$x^4+x^2-20=0$　　(2)　$x^4-1=0$

指針　**因数分解を利用する解き方**　$x^2=A$ と考え，2次式の因数分解と同じ要領で左辺を因数分解する。

解答　(1)　左辺を因数分解すると

$$(x^2-4)(x^2+5)=0$$

ゆえに　$x^2-4=0$　または　$x^2+5=0$

よって　$x^2=4$　または　$x^2=-5$

したがって　$\boldsymbol{x=\pm 2,\ \pm\sqrt{5}i}$　答

← $(x^2)^2+x^2-20=0$
$x^2=A$ とおくと
$A^2+A-20=0$
$(A-4)(A+5)=0$

(2)　左辺を因数分解すると

$$(x+1)(x-1)(x^2+1)=0$$

よって　$x+1=0$　または　$x-1=0$

または　$x^2+1=0$

したがって　$\boldsymbol{x=\pm 1,\ \pm i}$　答

← $(x^2)^2-1=0$
$(x^2-1)(x^2+1)=0$

← $x^2=-1$
$x=\pm\sqrt{-1}=\pm i$

B 高次方程式の解き方(2)

練習 29　教 p.61

次の3次方程式を解け。

(1)　$x^3+4x^2+x-6=0$　　(2)　$x^3+4x^2+5x+2=0$

(3)　$x^3-3x^2+2=0$　　(4)　$2x^3-3x^2-4=0$

指針　**因数定理を用いる解き方**　因数定理を用いて左辺を因数分解する。

多項式 $P(x)$ が1次式 $x-k$ を因数にもつ　$\Longleftrightarrow$　$P(k)=0$

$P(k)=0$ となる k は，$P(x)$ の定数項の正・負の約数の中から探すとよい。

なお，$P(x)$ を $x-k$ で割り算する場合，ここでは $p.74$ で示した組立除法を使うことにする。

解答 (1) $P(x)=x^3+4x^2+x-6$ とすると

$P(1)=1^3+4\cdot1^2+1-6=0$

よって，$P(x)$ は $x-1$ を因数にもち

$$P(x)=(x-1)(x^2+5x+6)$$
$$=(x-1)(x+2)(x+3)$$

$P(x)=0$ から　$\boldsymbol{x=-3,\ -2,\ 1}$　答

1	4	1	−6	1
	1	5	6	
1	5	6	0	

(2) $P(x)=x^3+4x^2+5x+2$ とすると

$P(-1)=(-1)^3+4(-1)^2+5(-1)+2=0$

よって，$P(x)$ は $x+1$ を因数にもち

$$P(x)=(x+1)(x^2+3x+2)$$
$$=(x+1)^2(x+2)$$

$P(x)=0$ から　$\boldsymbol{x=-2,\ -1}$　答

1	4	5	2	−1
	−1	−3	−2	
1	3	2	0	

(3) $P(x)=x^3-3x^2+2$ とすると

$P(1)=1^3-3\cdot1^2+2=0$

よって，$P(x)$ は $x-1$ を因数にもち

$$P(x)=(x-1)(x^2-2x-2)$$

$P(x)=0$ から

$x-1=0$　または　$x^2-2x-2=0$

したがって　$\boldsymbol{x=1,\ 1\pm\sqrt{3}}$　答

1	−3	0	2	1
	1	−2	−2	
1	−2	−2	0	

(4) $P(x)=2x^3-3x^2-4$ とすると

$P(2)=2\cdot2^3-3\cdot2^2-4=0$

よって，$P(x)$ は $x-2$ を因数にもち

$$P(x)=(x-2)(2x^2+x+2)$$

$P(x)=0$ から

$x-2=0$　または　$2x^2+x+2=0$

したがって　$\boldsymbol{x=2,\ \dfrac{-1\pm\sqrt{15}\,i}{4}}$　答

2	−3	0	−4	2
	4	2	4	
2	1	2	0	

練習 30 教 p.62

a，b は実数とする。3次方程式 $x^3+x^2+ax+b=0$ が $1+i$ を解にもつとき，定数 a，b の値を求めよ。また，他の解を求めよ。

指針 **高次方程式と虚数解**

方程式 $P(x)=0$ が α を解にもつ　$\Longleftrightarrow$　$P(\alpha)=0$

すなわち　$1+i$ がこの方程式の解であるから，x に $1+i$ を代入すると等式が成り立つ。その左辺を i について整理し，次のことを使う。

a，b が実数のとき　$a+bi=0$　$\Longleftrightarrow$　$a=0$ かつ $b=0$

解答 $1+i$ がこの方程式の解であるから

$$(1+i)^3+(1+i)^2+a(1+i)+b=0$$

よって　$2i-2+2i+a+ai+b=0$　　← $(1+i)^2=2i$, $(1+i)^3=2i-2$

整理して　$(a+b-2)+(a+4)i=0$

a, b は実数であるから，$a+b-2$, $a+4$ は実数である。

よって　$a+b-2=0$, $a+4=0$

これを解くと　$a=-4$, $b=6$

このとき，方程式は　$x^3+x^2-4x+6=0$

$P(x)=x^3+x^2-4x+6$ とすると

$$P(-3)=(-3)^3+(-3)^2-4(-3)+6=0$$

1	1	-4	6	$\lfloor -3$
	-3	6	-6	
1	-2	2	0	

よって，$P(x)$ は $x+3$ を因数にもち

$$P(x)=(x+3)(x^2-2x+2)$$

$P(x)=0$ から　$x=-3$, $1\pm i$

答 $\boldsymbol{a=-4}$, $\boldsymbol{b=6}$, **他の解は** $\boldsymbol{-3}$, $\boldsymbol{1-i}$

参考 本問において，$1+i$ が解であるとき，共役な複素数 $1-i$ も解になっている。一般に，実数係数の n 次方程式の解の 1 つが虚数 $a+bi$ のとき，共役な複素数 $a-bi$ も解であることが知られている。

このことを利用した次のような別解も考えられる。

別解 係数が実数の方程式の解の 1 つが $1+i$ のとき，それと共役な複素数 $1-i$ も解である。

$1\pm i$ を解にもつ 2 次方程式の 1 つは $x^2-2x+2=0$ であるから，x^3+x^2+ax+b は，x^2-2x+2 で割り切れる。

割り算を実行すると

商は　$x+3$

余りは　$(a+4)x+b-6$

$$\begin{array}{r} x+3 \\ x^2-2x+2\,\overline{)\,x^3+x^2+ax+b} \\ x^3-2x^2+2x \\ \hline 3x^2+(a-2)x+b \\ 3x^2-6x+6 \\ \hline (a+4)x+b-6 \end{array}$$

このとき，余りは 0 であるから

$$a+4=0,\ b-6=0$$

よって　$\boldsymbol{a=-4}$, $\boldsymbol{b=6}$ 答

このとき，**他の解は** $\boldsymbol{1-i}$ **と**，$x+3=0$ から $\boldsymbol{-3}$ 答

発展 3 次方程式の解と係数の関係

まとめ

3 次方程式の解と係数の関係

3 次方程式 $ax^3+bx^2+cx+d=0$ の 3 つの解を α, β, γ とすると

$$\boldsymbol{\alpha+\beta+\gamma=-\frac{b}{a},\quad \alpha\beta+\beta\gamma+\gamma\alpha=\frac{c}{a},\quad \alpha\beta\gamma=-\frac{d}{a}}$$

教 p.63

練習 1

3 次方程式 $x^3-3x^2+x+2=0$ の 3 つの解を α, β, γ とするとき，次の式の値を求めよ。

(1) $\alpha^2+\beta^2+\gamma^2$　　(2) $(\alpha+1)(\beta+1)(\gamma+1)$

指針　**3 次方程式の解と係数の関係**　$p.78$ のまとめの公式から

$$\alpha+\beta+\gamma=-\frac{-3}{1},\quad \alpha\beta+\beta\gamma+\gamma\alpha=\frac{1}{1},\quad \alpha\beta\gamma=-\frac{2}{1}$$

解答　解と係数の関係から

$$\alpha+\beta+\gamma=3,\quad \alpha\beta+\beta\gamma+\gamma\alpha=1,\quad \alpha\beta\gamma=-2$$

(1) $\alpha^2+\beta^2+\gamma^2=(\alpha+\beta+\gamma)^2-2(\alpha\beta+\beta\gamma+\gamma\alpha)$

$=3^2-2\cdot1=\mathbf{7}$ 答

(2) $(\alpha+1)(\beta+1)(\gamma+1)=\alpha\beta\gamma+(\alpha\beta+\beta\gamma+\gamma\alpha)+(\alpha+\beta+\gamma)+1$

$=-2+1+3+1=\mathbf{3}$ 答

第 2 章 第 2 節　問　題

教 p.64

7　$P(x)=3x^3+x^2+x+1$ を $3x+1$ で割った余りを求めよ。

指針　**1 次式で割った余り**　多項式 $P(x)$ を 1 次式 $ax+b$ で割った余りは，$P\left(-\frac{b}{a}\right)$ である。

解答　$P(x)=3x^3+x^2+x+1$ を $3x+1$ で割った余りは $P\left(-\frac{1}{3}\right)$ であるから

$$P\left(-\frac{1}{3}\right)=3\left(-\frac{1}{3}\right)^3+\left(-\frac{1}{3}\right)^2+\left(-\frac{1}{3}\right)+1=-\frac{1}{9}+\frac{1}{9}-\frac{1}{3}+1=\mathbf{\frac{2}{3}}$$ 答

教 p.64

8　$P(x)=x^3+ax+b$ を $(x+1)(x-3)$ で割った余りが $3x-2$ であるとき，次の問いに答えよ。

(1) $P(-1)$, $P(3)$ を a, b で表せ。

(2) 定数 a, b の値を求めよ。

指針　**2 次式で割った余り**

(1) $P(x)=x^3+ax+b$ に $x=-1$, 3 を代入する。

(2) $P(x)$ を $(x+1)(x-3)$ で割った商を $Q(x)$ とすると

$P(x)=(x+1)(x-3)Q(x)+3x-2$ が成り立つ。これの両辺に $x=-1$, 3 を代入して，(1) の結果を用いる。

解答 (1) $P(x)=x^3+ax+b$ であるから

$P(-1)=(-1)^3+a(-1)+b,\quad P(3)=3^3+a\cdot3+b$

すなわち $\boldsymbol{P(-1)=-a+b-1,\quad P(3)=3a+b+27}$ 答

(2) $P(x)$ を $(x+1)(x-3)$ で割った余りが $3x-2$ であるから，商を $Q(x)$ とすると $P(x)=(x+1)(x-3)Q(x)+3x-2$

ゆえに $P(-1)=3\cdot(-1)-2=-5,\quad P(3)=3\cdot3-2=7$

よって，(1) の結果から

$-a+b-1=-5,\quad 3a+b+27=7$

すなわち $-a+b=-4,\quad 3a+b=-20$

これを解くと $\boldsymbol{a=-4,\ b=-8}$ 答

教 p.64

9 1の3乗根のうち，虚数であるものの1つを ω とするとき，$\omega^4+\omega^2+1$ の値を求めよ。

指針 **1の3乗根 ω** 1の3乗根のうち，虚数であるものの1つを ω とすると，次が成り立つ。

$\omega^3=1$ …… ①　　$\omega^2+\omega+1=0$ …… ②

解答 $\omega^3=1$，$\omega^2+\omega+1=0$ であるから

$\omega^4+\omega^2+1=\omega^3\cdot\omega+\omega^2+1=1\cdot\omega+\omega^2+1=\omega^2+\omega+1=\boldsymbol{0}$ 答

補足 ① が成り立つことは，ω が1の3乗根であることから明らかである。
また，① より，$\omega^3-1=0$，$(\omega-1)(\omega^2+\omega+1)=0$ であり，
$\omega\neq1$ であるから，$\omega^2+\omega+1=0$，つまり，② が成り立つ。

教 p.64

10 次の方程式を解け。

(1) $x^4+2x^2-24=0$　　(2) $2x^3+7x^2+2x-3=0$

(3) $x^4-x^3-2x^2+x+1=0$

指針 **高次方程式の解き方** (2)，(3) は因数定理を利用する。

解答 (1) 左辺を因数分解すると $(x^2-4)(x^2+6)=0$

よって $x^2-4=0$ または $x^2+6=0$

したがって $\boldsymbol{x=\pm2,\ \pm\sqrt{6}\,i}$ 答

(2) $P(x)=2x^3+7x^2+2x-3$ とすると

$P(-1)=2\cdot(-1)^3+7\cdot(-1)^2+2\cdot(-1)-3=0$

2	7	2	−3	−1
	−2	−5	3	
2	5	−3	0	

よって，$P(x)$ は $x+1$ を因数にもち

$P(x)=(x+1)(2x^2+5x-3)$

$=(x+1)(x+3)(2x-1)$

$P(x)=0$ から　　$\boldsymbol{x=-3,\ -1,\ \frac{1}{2}}$ 答

(3)　$P(x)=x^4-x^3-2x^2+x+1$ とすると

$P(1)=1^4-1^3-2\cdot1^2+1+1=0$

ゆえに，$P(x)$ は $x-1$ を因数にもち

$P(x)=(x-1)(x^3-2x-1)$

さらに，$Q(x)=x^3-2x-1$ とすると

$Q(-1)=(-1)^3-2\cdot(-1)-1=0$

から　$Q(x)=(x+1)(x^2-x-1)$

よって　$P(x)=(x-1)(x+1)(x^2-x-1)$

したがって，$P(x)=0$ から

$\boldsymbol{x=\pm1,\ \frac{1\pm\sqrt{5}}{2}}$ 答

1	−1	−2	1	1	1
	1	0	−2	−1	
1	0	−2	−1	0	

1	0	−2	−1	−1
	−1	1	1	
1	−1	−1	0	

教 p.64

11　3次方程式 $x^3-2x^2+ax+b=0$ が1と -1 を解にもつとき，次の問いに答えよ。

(1)　定数 a，b の値を求めよ。　　(2)　他の解を求めよ。

指針　**高次方程式と解**　$P(x)=x^3-2x^2+ax+b$ とする。

(1)　方程式 $P(x)=0$ が α を解にもつ　$\Longleftrightarrow$　$P(\alpha)=0$

このことを使うと，$P(1)=0$，$P(-1)=0$ であるから，a と b についての連立方程式が得られる。

(2)　因数定理　$P(x)$ が1次式 $x-k$ を因数にもつ　$\Longleftrightarrow$　$P(k)=0$

このことを使うと，$P(1)=0$，$P(-1)=0$ から，$P(x)$ は $(x-1)(x+1)$ を因数にもつ。方程式の左辺を因数分解するのに利用できる。

解答　(1)　1と -1 がこの方程式の解であるから

$1^3-2\cdot1^2+a\cdot1+b=0$

$(-1)^3-2(-1)^2+a(-1)+b=0$

すなわち　$a+b=1$，　$-a+b=3$

これを解くと　$\boldsymbol{a=-1,\ b=2}$ 答

(2)　(1)から，方程式は

$x^3-2x^2-x+2=0$

左辺を因数分解すると

$(x-1)(x+1)(x-2)=0$

よって　$x=\pm1,\ 2$

したがって，他の解は　**2** 答

$$
\begin{array}{r|l}
 & x\ -2 \\
x^2-1 & x^3-2x^2-x+2 \\
 & x^3\qquad\ \ -x \\ \hline
 & \quad -2x^2\qquad +2 \\
 & \quad -2x^2\qquad +2 \\ \hline
 & \qquad\qquad\quad 0
\end{array}
$$

教 p.64

12 ある立方体から，底面の縦を 1 cm，横を 2 cm それぞれ延ばし，高さを 1 cm 縮めた直方体を作ったら，体積が $\frac{3}{2}$ 倍になった。もとの立方体の1辺の長さを求めよ。

指針 **高次方程式の応用問題**　もとの立方体の1辺を $x$cm とし，直方体の辺の長さを x の式で表して方程式を作る。このとき，「高さを 1 cm 縮めた」ことから，もとの立方体の1辺は 1 cm より長いことに注意する。

解答 もとの立方体の1辺の長さを $x$cm とすると，直方体の辺の長さは

縦 $(x+1)$cm，横 $(x+2)$cm，高さ $(x-1)$cm

である。ただし，$x>1$ である。

問題の条件から　$(x+1)(x+2)(x-1)=\frac{3}{2}x^3$

展開して整理すると　$x^3-4x^2+2x+4=0$

左辺を因数分解すると　$(x-2)(x^2-2x-2)=0$

よって　$x=2,\ 1\pm\sqrt{3}$

$x>1$ であるから　$x=2,\ 1+\sqrt{3}$

したがって，立方体の1辺の長さは

2 cm　または　$(1+\sqrt{3})$ cm　答

第2章　章末問題A

教 p.65

1. 次の式を計算せよ。

(1) $(1+\sqrt{-2})(3-\sqrt{-8})$　(2) $(1-i)^3$　(3) $\dfrac{1}{1+i}+\dfrac{1}{1-2i}$

指針 **複素数の計算** (1) は，まず負の数の平方根を i を使って表してから計算を始める。(2) では，$(a-b)^3=a^3-3a^2b+3ab^2-b^3$ を利用する。(3) では，それぞれの分数の分母，分子に，分母と共役な複素数を掛けて，分母を実数にする。

解答 (1)

$$(1+\sqrt{-2})(3-\sqrt{-8})=(1+\sqrt{2}\,i)(3-2\sqrt{2}\,i)$$
$$=3+\sqrt{2}\,i-4i^2$$
$$=3+\sqrt{2}\,i-4(-1)=\mathbf{7+\sqrt{2}\,i}$$ 答

← $\sqrt{-8}=\sqrt{8}\,i=2\sqrt{2}\,i$

(2)

$$(1-i)^3=1^3-3\cdot1^2\cdot i+3\cdot1\cdot i^2-i^3$$
$$=1-3i+3(-1)-(-1)i=\mathbf{-2-2i}$$ 答

← $i^3=i^2\cdot i$

(3)

$$\frac{1}{1+i}+\frac{1}{1-2i}=\frac{1-i}{(1+i)(1-i)}+\frac{1+2i}{(1-2i)(1+2i)}$$
$$=\frac{1-i}{2}+\frac{1+2i}{5}$$
$$=\frac{5(1-i)}{10}+\frac{2(1+2i)}{10}=\mathbf{\frac{7}{10}-\frac{1}{10}i}$$ 答

教 p.65

2. 次の方程式を解け。

(1) $8x^3-1=0$　(2) $2x^4+x^2-6=0$

(3) $x(x+1)(x+2)=2\cdot3\cdot4$　(4) $(x^2-x)^2-8(x^2-x)+12=0$

指針 **高次方程式の解き方** (1), (2), (4) は，それぞれ左辺を因数分解する。(1) は公式が利用できる。(2) は $x^2=X$ とみて考える。(4) は $x^2-x=X$ とおく。
(3) は，両辺の形から $x=2$ が1つの解であることがわかる。これは，方程式を整理した後，左辺に因数定理を使うときのヒントとなる。

解答 (1) 左辺を因数分解すると

$$(2x-1)(4x^2+2x+1)=0$$

← $a^3-b^3=(a-b)(a^2+ab+b^2)$

よって　$2x-1=0$　または　$4x^2+2x+1=0$

したがって　$\mathbf{x=\frac{1}{2},\ \frac{-1\pm\sqrt{3}\,i}{4}}$ 答

(2) 左辺を因数分解すると

$$(2x^2-3)(x^2+2)=0$$

よって　$2x^2-3=0$　または　$x^2+2=0$

← 2 ╳ −3 ⟶ −3
1　 2 ⟶ 4
2　−6　　1

したがって　$\boldsymbol{x=\pm\frac{\sqrt{6}}{2},\ \pm\sqrt{2}\,i}$　答

(3)　整理して　$x^3+3x^2+2x-24=0$

1	3	2	−24	2
	2	10	24	
1	5	12	0	

$P(x)=x^3+3x^2+2x-24$ とすると

$$P(2)=2^3+3\cdot2^2+2\cdot2-24=0$$

よって，$P(x)$ は $x-2$ を因数にもち

$$P(x)=(x-2)(x^2+5x+12)$$

$P(x)=0$ から　$x-2=0$　または　$x^2+5x+12=0$

したがって　$\boldsymbol{x=2,\ \frac{-5\pm\sqrt{23}\,i}{2}}$　答

(4)　$x^2-x=X$ とおくと，方程式は　$X^2-8X+12=0$

左辺を因数分解すると　$(X-2)(X-6)=0$

よって　$(x^2-x-2)(x^2-x-6)=0$

さらに因数分解して　$(x+1)(x-2)(x+2)(x-3)=0$

したがって　$\boldsymbol{x=-2,\ -1,\ 2,\ 3}$　答

式の形をよく観察して，
どんな方法が最適かを
考えよう。

教 p.65

3.　a，b は実数とする。3 次方程式 $x^3+ax^2+bx+5=0$ が $2+i$ を解にもつとき，定数 a，b の値を求めよ。また，他の解を求めよ。

指針　**高次方程式と虚数解**　次の 2 つのことを使う。

方程式 $P(x)=0$ が α を解にもつ　$\Longleftrightarrow$　$P(\alpha)=0$

a，b が実数のとき　$a+bi=0$　$\Longleftrightarrow$　$a=0$ かつ $b=0$

解答　$2+i$ が解であるから

$$(2+i)^3+a(2+i)^2+b(2+i)+5=0$$

整理して　$(3a+2b+7)+(4a+b+11)i=0$

a，b は実数であるから，$3a+2b+7$，$4a+b+11$ は実数である。

よって　$3a+2b+7=0$，$4a+b+11=0$

これを解くと　$\boldsymbol{a=-3,\ b=1}$　答

よって，3 次方程式は　$x^3-3x^2+x+5=0$

左辺を因数分解すると　$(x+1)(x^2-4x+5)=0$

これを解くと　$x=-1,\ 2\pm i$

したがって，他の解は　$\boldsymbol{-1,\ 2-i}$　答

教科書 $p.65$

別解　実数係数の方程式であるから，$2+i$ を解にもてば $2-i$ も解にもつ。

$2+i$，$2-i$ を解とする 2 次方程式の 1 つは $x^2-4x+5=0$ であるから，

x^3+ax^2+bx+5 は x^2-4x+5 で割り切れる。

割り算を実行すると，商は　$x+(a+4)$

余りは　$(4a+b+11)x-5a-15$

$$
\begin{array}{r|l}
 & x \quad +(a+4) \\
\hline
x^2-4x+5 & x^3 \ +ax^2 \qquad\quad +bx+5 \\
 & x^3 \ -4x^2 \qquad\quad +5x \\
\cline{2-2}
 & (a+4)x^2 \ +(b-5)x+5 \\
 & (a+4)x^2-4(a+4)x+5(a+4) \\
\cline{2-2}
 & \qquad (4a+b+11)x-5a-15
\end{array}
$$

余りは 0 であるから，$4a+b+11=0$，

$-5a-15=0$ より

$\boldsymbol{a=-3}$，$\boldsymbol{b=1}$　答

このとき，$x=2\pm i$ 以外の解は　$x+(a+4)=0$

すなわち，$x+1=0$ の解で　$x=-1$

したがって，他の解は　$\boldsymbol{-1}$，$\boldsymbol{2-i}$　答

第2章　章末問題B

教 p.65

4. 2乗して $5+12i$ となる複素数 z は2つある。このような z を求めよ。

指針 **複素数の相等，高次方程式**　$(a+bi)^2=5+12i$ を満たす実数 a，b を求める。この等式の左辺を整理し，両辺の実部，虚部がそれぞれ一致することから，a，b についての連立方程式を作る。

解答 $z=a+bi$ (a，b は実数) とおく。
$z^2=5+12i$ であるから　　$(a+bi)^2=5+12i$
左辺を整理すると　　$(a^2-b^2)+2abi=5+12i$
a^2-b^2，ab は実数であるから
　　$a^2-b^2=5$ …… ①，　$2ab=12$　すなわち　$ab=6$ …… ②
② から　$b=\dfrac{6}{a}$ $(a\neq 0)$　　これを ① に代入して　$a^2-\dfrac{36}{a^2}=5$
両辺に a^2 を掛けて整理すると　　$a^4-5a^2-36=0$
$(a^2+4)(a^2-9)=0$ から　　$(a^2+4)(a+3)(a-3)=0$
a は実数であるから　$a=-3$，3
$a=-3$ のとき，② から　$b=-2$
$a=3$　のとき，② から　$b=2$
したがって　$\boldsymbol{z=3+2i,\ -3-2i}$　答

教 p.65

5. 2次方程式 $x^2+ax+b=0$ の2つの解から，それぞれ1を引いた数を解にもつ2次方程式が $x^2+bx+a=0$ であるという。定数 a，b の値を求めよ。

指針 **2次方程式の解と方程式の決定**　$x^2+ax+b=0$ の解を α，β とおけば，$x^2+bx+a=0$ の解は $\alpha-1$，$\beta-1$ と表される。解と係数の関係を用いて，それぞれの方程式において，$\alpha+\beta$，$\alpha\beta$ と a，b との関係式を求め，$\alpha+\beta$，$\alpha\beta$ を消去して a，b についての連立方程式を導く。

解答 $x^2+ax+b=0$ の2つの解を α，β とすると
　　$\alpha+\beta=-a$ …… ①　　$\alpha\beta=b$ …… ②
また，$x^2+bx+a=0$ の2つの解は $\alpha-1$，$\beta-1$ と表せるから，
$(\alpha-1)+(\beta-1)=-b$ より　　$(\alpha+\beta)-2=-b$ …… ③
$(\alpha-1)(\beta-1)=a$ から　　$\alpha\beta-(\alpha+\beta)+1=a$ …… ④
③ に ①，④ に ①，② をそれぞれ代入して整理すると
　　$a-b=-2$，$b+1=0$
これを解いて　　$\boldsymbol{a=-3,\ b=-1}$　答

教 p.65

6. 2 次方程式 $x^2-2(m-1)x+m+5=0$ が異なる 2 つの解をもち，その解がともに 1 より大きいとき，定数 m の値の範囲を求めよ。

指針 **2 次方程式の解の存在範囲**　2 次方程式 $x^2-2(m-1)x+m+5=0$ の異なる 2 つの解を α，β とすると，

2 つの解 α，β がともに 1 より大きい $\iff$ $\alpha-1>0$ かつ $\beta-1>0$

$\iff$ α，β が実数で，$(\alpha-1)+(\beta-1)>0$ かつ $(\alpha-1)(\beta-1)>0$ …… (＊)

である。解と係数の関係を利用して，(＊) を満たす m の値の範囲を求める。

解答 この 2 次方程式の 2 つの解を α，β とし，判別式を D とする。

この 2 次方程式が，異なる 2 つの解をもち，その解がともに 1 より大きいのは，次が成り立つときである。

$D>0$ で，$(\alpha-1)+(\beta-1)>0$　かつ　$(\alpha-1)(\beta-1)>0$

ここで　$\dfrac{D}{4}=\{-(m-1)\}^2-1\cdot(m+5)=m^2-3m-4=(m+1)(m-4)$

$D>0$ から　$(m+1)(m-4)>0$

よって　$m<-1$，$4<m$ …… ①

また，解と係数の関係により　$\alpha+\beta=2(m-1)$，$\alpha\beta=m+5$

$(\alpha-1)+(\beta-1)>0$ から　$(\alpha+\beta)-2>0$

よって　$2(m-1)-2>0$

これを解くと　$m>2$ …… ②

$(\alpha-1)(\beta-1)>0$ から

$\alpha\beta-(\alpha+\beta)+1>0$

よって　$m+5-2(m-1)+1>0$

これを解くと　$m<8$ …… ③

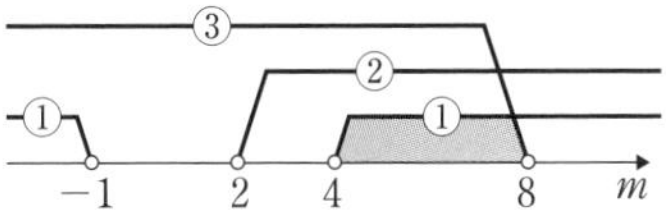

①，②，③ の共通範囲を求めて　**$4<m<8$**　答

教 p.65

7. $x=-1+\sqrt{2}\,i$ のとき，次の問いに答えよ。

(1) $x^2+2x+3=0$ であることを示せ。

(2) (1) の結果を用いて，x^3+6x^2+8x+7 の値を求めよ。

指針 **式の値**　(2)　x^3+6x^2+8x+7 を x^2+2x+3 で割った商を $Q(x)$，余りを $R(x)$ とすると　$x^3+6x^2+8x+7=(x^2+2x+3)Q(x)+R(x)$

(1) より，$x=-1+\sqrt{2}\,i$ のとき，$x^2+2x+3=0$ であるから，求める値は，$R(x)$ に $x=-1+\sqrt{2}\,i$ を代入した値になる。

解答 (1)　$x=-1+\sqrt{2}\,i$ から　$x+1=\sqrt{2}\,i$

両辺を 2 乗すると　$(x+1)^2=-2$

よって　$x^2+2x+3=0$　終

(2)　x^3+6x^2+8x+7 を x^2+2x+3 で割ると，
商 $x+4$，余り $-3x-5$ であるから

$$\begin{array}{r} x+4 \\ x^2+2x+3 \overline{) x^3+6x^2+8x+\ 7} \\ x^3+2x^2+3x \\ \hline 4x^2+5x+\ 7 \\ 4x^2+8x+12 \\ \hline -3x-\ 5 \end{array}$$

x^3+6x^2+8x+7
$=(x^2+2x+3)(x+4)-3x-5$

(1)より，$x=-1+\sqrt{2}i$ のとき，
$x^2+2x+3=0$ であるから，$x=-1+\sqrt{2}i$ のときの x^3+6x^2+8x+7 の値は
$-3\cdot(-1+\sqrt{2}i)-5=\boldsymbol{-2-3\sqrt{2}i}$　答

補足　(1)では，x^2+2x+3 に $x=-1+\sqrt{2}i$ を代入して計算し，0 になることを示してもよい。

教 p.65

8. a，b は実数の定数とする。3 次方程式 $x^3+(a-1)x^2+(1-a)x+b=0$ の実数解が $x=1$ だけであるとき，a の値の範囲と b の値を求めよ。

指針　**高次方程式と解**　$x=1$ を代入すると，a が消え，b の値を求めることができる。これをもとにして，方程式の左辺を $(x-1)(\quad)$ の形に因数分解する。
実数解が $x=1$ だけであるのは，$x=1$ が 3 重解の場合と，1 以外の解が虚数解となる場合の 2 通りあることに注意する。

解答　$x=1$ がこの方程式の解であるから
$1^3+(a-1)\cdot1^2+(1-a)\cdot1+b=0$
整理して　$1+b=0$　　よって　$\boldsymbol{b=-1}$　答
このとき，方程式は　$x^3+(a-1)x^2+(1-a)x-1=0$
左辺は $x-1$ を因数にもつから，因数分解すると
$(x-1)(x^2+ax+1)=0$　…… ①
$x^2+ax+1=0$　…… ② とすると，方程式 ① の実数解が $x=1$ だけであるとき，次の [1]，[2] の場合が考えられる。
[1]　2 次方程式 ② が重解 $x=1$ をもつ。
$x=1$ は ② の解であるから　$1^2+a\cdot1+1=0$
よって　$a=-2$　…… ③
このとき，② は $x^2-2x+1=0$ となり，確かに重解 $x=1$ をもつ。
[2]　2 次方程式 ② が実数解をもたない。
② の判別式を D とすると　$D=a^2-4\cdot1\cdot1=(a+2)(a-2)$
実数解をもたないのは $D<0$ のときであるから
$(a+2)(a-2)<0$　　よって　$-2<a<2$　…… ④
したがって，③，④ から　$\boldsymbol{-2\leqq a<2}$　答

コラム 高次方程式の解の公式

教 p.66

練習 5次以上の方程式にも解の公式が存在するか調べてみよう。

解答 答 5次以上の方程式には，その係数に +，−，×，÷と累乗根を有限回施して得られるような解の公式は存在しない。

参考 5次以上の一般的な方程式の代数的解法が存在しないことは，ガロア(フランス，1811〜1832)，アーベル(ノルウェー，1802〜1829)らによって証明された。

教科書 p.68

第3章 図形と方程式

第1節 点と直線

1 直線上の点

まとめ

1 座標

数直線上で，点 P に実数 a が対応しているとき，a を点 P の座標といい，座標が a である点 P を $\mathrm{P}(a)$ で表す。

2 2 点間の距離

数直線上の原点 O と点 $\mathrm{P}(a)$ の距離を，a の絶対値といい，$|a|$ で表す。すなわち，2 点 O，P 間の距離 OP は　　$\mathbf{OP}=|\boldsymbol{a}|$

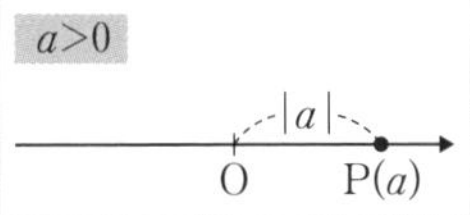

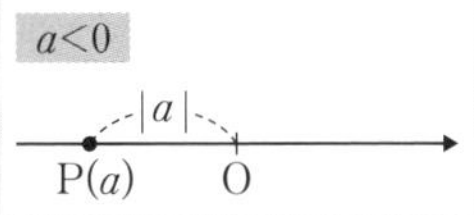

補足　$a\geqq0$ のとき $|a|=a$，$a<0$ のとき $|a|=-a$ である。

数直線上の 2 点 $\mathrm{A}(a)$，$\mathrm{B}(b)$ 間の距離 AB は　　$\mathrm{AB}=|b-a|$

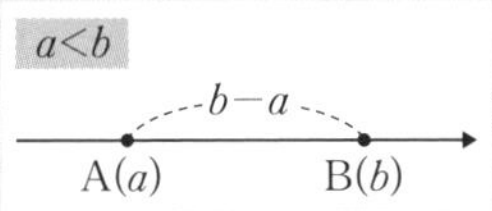

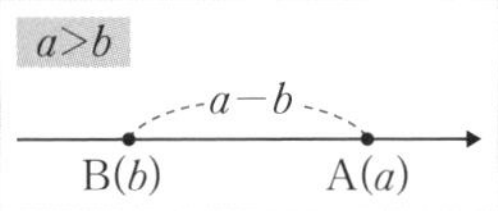

3 内分と外分

m，n は正の数とする。

線分 AB 上の点 P が $\mathrm{AP}:\mathrm{PB}=m:n$ を満たすとき，点 P は線分 AB を $m:n$ に **内分する** という。

また，線分 AB の延長上の点 Q が

$\mathrm{AQ}:\mathrm{QB}=m:n\quad(m\neq n)$

を満たすとき，点 Q は線分 AB を $m:n$ に **外分する** という。

点 P を線分 AB の **内分点**，点 Q を線分 AB の **外分点** という。

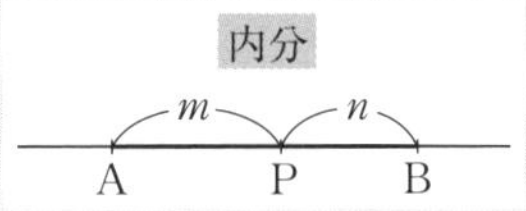

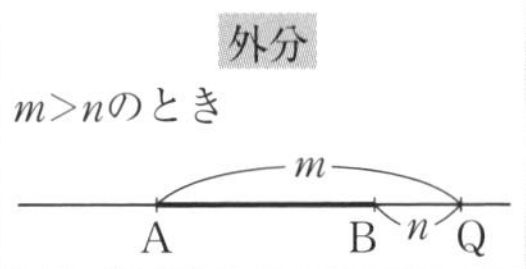

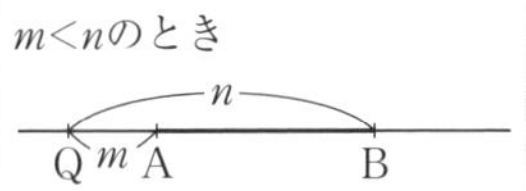

4 線分の内分点・外分点

数直線上の 2 点 A(a), B(b) を結ぶ線分 AB を, $m:n$ に内分する点を P, $m:n$ に外分する点を Q とする。

内分点 P の座標は $\dfrac{na+mb}{m+n}$, 外分点 Q の座標は $\dfrac{-na+mb}{m-n}$

とくに, 線分 AB の中点の座標は $\dfrac{a+b}{2}$

補足 内分点の座標で n を $-n$ におき換えたものが, 外分点の座標である。

A 数直線上の 2 点間の距離

教 p.68

練習 1 次の 2 点間の距離を求めよ。

(1)　A(-1), B(6)　　　(2)　A(4), B(2)　　　(3)　O(0), A(-3)

指針 **数直線上の 2 点間の距離**　2 点の座標の差の絶対値を求める。

解答 (1)　AB＝$|6-(-1)|=|7|=$**7**　答

(2)　AB＝$|2-4|=|-2|=$**2**　答

(3)　OA＝$|-3|=$**3**　答

B 線分の内分点・外分点

教 p.69

練習 2 数直線上の 3 点 A(1), B(7), C(3) について, 次の□に適する数または用語を入れよ。

(1)　点 C は線分 AB を □：□ に □ する。

(2)　点 B は線分 AC を □：□ に □ する。

(3)　点 A は線分 CB を □：□ に □ する。

指針 **内分と外分**　点が線分上にあれば「内分」, 線分の延長上にあれば「外分」である。数直線をかくとよい。

比は, 点と線分の両端の点との距離から求める。

解答 (1)　AC＝$|3-1|=2$,　　CB＝$|7-3|=4$

　　　よって　　AC：CB＝2：4＝1：2

　　　点 C は線分 AB を **1：2** に **内分** する。　答

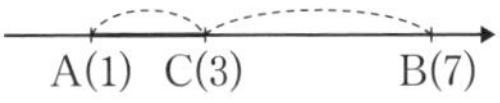

(2)　AB＝$|7-1|=6$,　　BC＝$|3-7|=4$

　　　よって　　AB：BC＝6：4＝3：2

　　　点 B は線分 AC を **3：2** に **外分** する。　答

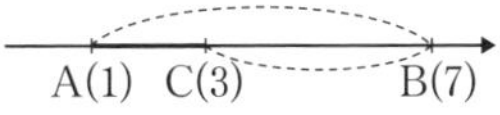

(3)　AB＝$|7-1|=6$,　　CA＝$|1-3|=2$

　　　よって　　CA：AB＝2：6＝1：3

　　　点 A は線分 CB を **1：3** に **外分** する。　答

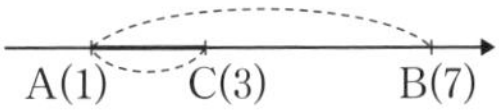

教 p.70

練習 3

2 点 A(4), B(8) を結ぶ線分 AB について, 次の点の座標を求めよ。

(1) 3：2 に内分する点 C　　(2) 3：1 に外分する点 D

(3) 2：3 に外分する点 E　　(4) 中点 M

指針 **線分の内分点・外分点**　2 点 $A(a)$, $B(b)$ を結ぶ線分 AB を, $m:n$ に内分する点を P, 外分する点を Q とするとき,

内分点 P の座標は $\dfrac{na+mb}{m+n}$, 外分点 Q の座標は $\dfrac{-na+mb}{m-n}$

線分 AB の中点の座標は $\dfrac{a+b}{2}$

解答 (1) $\dfrac{2\times4+3\times8}{3+2}=\dfrac{32}{5}$ から　$\mathbf{C\left(\dfrac{32}{5}\right)}$ 答

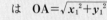

(2) $\dfrac{-1\times4+3\times8}{3-1}=\dfrac{20}{2}=10$ から　**D(10)** 答

(3) $\dfrac{-3\times4+2\times8}{2-3}=\dfrac{4}{-1}=-4$ から　**E(−4)** 答

(4) $\dfrac{4+8}{2}=6$ から　**M(6)** 答

2 平面上の点

まとめ

1　2 点間の距離

2 点 $A(x_1,\ y_1)$, $B(x_2,\ y_2)$ 間の距離 AB は

$$\mathbf{AB=\sqrt{(x_2-x_1)^2+(y_2-y_1)^2}}$$

とくに, 原点 O と点 $A(x_1,\ y_1)$ の距離 OA は　$\mathbf{OA=\sqrt{x_1^2+y_1^2}}$

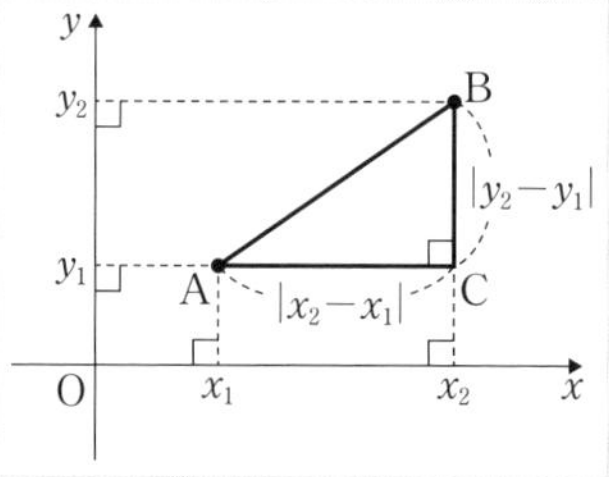

2　内分点・外分点の座標

2 点 $A(x_1,\ y_1)$, $B(x_2,\ y_2)$ を結ぶ線分 AB を, $m:n$ に内分する点を P, $m:n$ に外分する点を Q とする。

内分点 P の座標は $\left(\dfrac{nx_1+mx_2}{m+n},\ \dfrac{ny_1+my_2}{m+n}\right)$

外分点 Q の座標は $\left(\dfrac{-nx_1+mx_2}{m-n},\ \dfrac{-ny_1+my_2}{m-n}\right)$

とくに, 線分 AB の中点の座標は $\left(\dfrac{x_1+x_2}{2},\ \dfrac{y_1+y_2}{2}\right)$

3　三角形の重心

三角形の頂点とそれに向かい合う辺の中点とを結ぶ線分を，三角形の **中線** という。三角形の 3 本の中線は 1 点で交わり，その点は各中線を 2：1 に内分する。三角形の 3 本の中線が交わる点を，三角形の **重心** という。

4　三角形の重心の座標

3 点 $A(x_1,\ y_1)$，$B(x_2,\ y_2)$，$C(x_3,\ y_3)$ を頂点とする△ABC の重心の座標は

$$\left(\frac{x_1+x_2+x_3}{3},\ \frac{y_1+y_2+y_3}{3}\right)$$

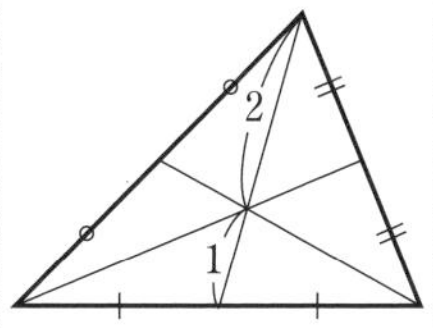

A 座標平面上の 2 点間の距離

教 p.71

練習 4

次の 2 点間の距離を求めよ。

(1)　A(1，2)，B(4，6)　　(2)　A(−3，1)，B(2，−4)

(3)　A(5，−2)，B(3，−2)　　(4)　原点 O，A(2，−3)

指針　**2 点間の距離**　2 点 $A(x_1,\ y_1)$，$B(x_2,\ y_2)$ 間の距離 AB は

$$AB=\sqrt{(x_2-x_1)^2+(y_2-y_1)^2}$$

とくに，原点 O と $A(x_1,\ y_1)$ の距離 OA は　$OA=\sqrt{x_1{}^2+y_1{}^2}$

解答　(1)　$AB=\sqrt{(4-1)^2+(6-2)^2}=\sqrt{3^2+4^2}=\sqrt{25}=\mathbf{5}$　答

(2)　$AB=\sqrt{\{2-(-3)\}^2+(-4-1)^2}=\sqrt{5^2+5^2}=\sqrt{5^2\times2}=\mathbf{5\sqrt{2}}$　答

(3)　$AB=\sqrt{(3-5)^2+\{-2-(-2)\}^2}=\sqrt{4}=\mathbf{2}$　答

(4)　$OA=\sqrt{2^2+(-3)^2}=\sqrt{4+9}=\mathbf{\sqrt{13}}$　答

別解　(3)　y 座標が等しいから，AB∥x 軸であり　$AB=|3-5|=\mathbf{2}$　答

教 p.72

練習 5

点 P は y 軸上にあり，2 点 A(−4，2)，B(1，−1) から等距離にある。P の座標を求めよ。

指針　**等距離にある点**　点 P は y 軸上にあるから，$P(0,\ y)$ とおき，AP=BP となることから，y についての方程式を作る。

解答　点 P の座標を $(0,\ y)$ とする。

AP=BP　　すなわち　　$AP^2=BP^2$ より

$$\{0-(-4)\}^2+(y-2)^2=(0-1)^2+\{y-(-1)\}^2$$

式を整理すると

$$16+(y^2-4y+4)=1+(y^2+2y+1)$$

$$-6y=-18$$

これを解くと　　$y=3$

よって，点 P の座標は　　**(0，3)**　答

教 p.72

練習 6

$\triangle$ABC において，辺 BC を 1：2 に内分する点を D とするとき，等式 $2AB^2+AC^2=3(AD^2+2BD^2)$ が成り立つ。このことを証明せよ。

指針 **座標を利用した証明** BD：DC＝1：2 であることから，点 D を原点，B$(-c,\ 0)$，C$(2c,\ 0)$ とすると，計算しやすくなる。

解答 直線 BC を x 軸に，点 D を原点 O にとると，3 頂点は

A$(a,\ b)$，B$(-c,\ 0)$，C$(2c,\ 0)$

と表すことができる。

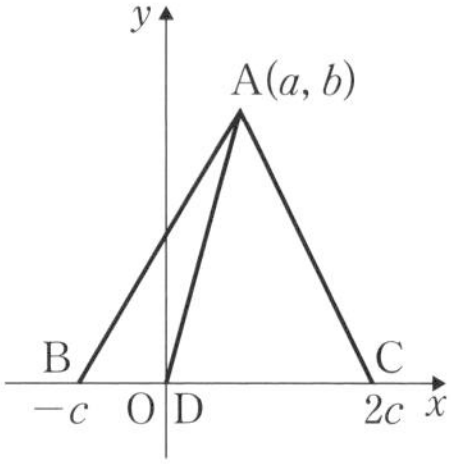

このとき $AB^2=(-c-a)^2+(-b)^2$

$=a^2+b^2+c^2+2ca$

$AC^2=(2c-a)^2+(-b)^2$

$=a^2+b^2+4c^2-4ca$

よって $2AB^2+AC^2=3(a^2+b^2+2c^2)$

また $AD^2+2BD^2=(a^2+b^2)+2c^2=a^2+b^2+2c^2$

したがって $2AB^2+AC^2=3(AD^2+2BD^2)$ 終

教 p.72

深める

教科書の応用例題 1 の証明において，B，C の座標はそのままで A$(0,\ b)$ とするとさらに計算がしやすくなるが，このようにおくのは不適切である。この理由を説明してみよう。

指針 **座標を利用した証明** A$(0,\ b)$，B$(-c,\ 0)$，C$(c,\ 0)$ のとき，AB＝AC であり，$\triangle$ABC は二等辺三角形となる。これが何を意味するのかを考える。

解答 (例) A$(0,\ b)$，B$(-c,\ 0)$，C$(c,\ 0)$ とすると，AB＝AC となる。

したがって，この設定のもとで証明をしても，$\triangle$ABC が AB＝AC の二等辺三角形であるという制約のもとでの証明であり，一般の三角形について証明したことにはならない。

したがって，このようにおくのは不適切である。 終

参考 応用例題 1 の等式 $AB^2+AC^2=2(AM^2+BM^2)$ を中線定理，またはパップスの定理という。

B 内分点・外分点の座標

教 p.74

練習 7

2 点 A(−3, 2), B(4, 5) を結ぶ線分 AB について，次の点の座標を求めよ。

(1) 2：1 に内分する点 C　　(2) 2：1 に外分する点 D

(3) 2：3 に外分する点 E　　(4) 中点 M

指針 **内分点・外分点の座標**　2 点 $A(x_1,\ y_1)$, $B(x_2,\ y_2)$ を結ぶ線分 AB を，$m：n$ に内分する点を P，外分する点を Q とするとき，

内分点 P の座標は　$\left(\dfrac{nx_1+mx_2}{m+n},\ \dfrac{ny_1+my_2}{m+n}\right)$

外分点 Q の座標は　$\left(\dfrac{-nx_1+mx_2}{m-n},\ \dfrac{-ny_1+my_2}{m-n}\right)$

線分 AB の中点の座標は　$\left(\dfrac{x_1+x_2}{2},\ \dfrac{y_1+y_2}{2}\right)$

解答 (1) $\left(\dfrac{1\times(-3)+2\times4}{2+1},\ \dfrac{1\times2+2\times5}{2+1}\right)$

から　$\mathbf{C}\left(\dfrac{5}{3},\ 4\right)$ 答

(2) $\left(\dfrac{-1\times(-3)+2\times4}{2-1},\ \dfrac{-1\times2+2\times5}{2-1}\right)$

から　**D(11, 8)** 答

(3) $\left(\dfrac{-3\times(-3)+2\times4}{2-3},\ \dfrac{-3\times2+2\times5}{2-3}\right)$

から　**E(−17, −4)** 答

(4) $\left(\dfrac{-3+4}{2},\ \dfrac{2+5}{2}\right)$ から　$\mathbf{M}\left(\dfrac{1}{2},\ \dfrac{7}{2}\right)$ 答

教 p.74

練習 8

点 A(−3, 2) に関して，点 P(0, −4) と対称な点 Q の座標を求めよ。

指針 **点に関して対称な点**　$Q(x,\ y)$ とし，A が線分 PQ の中点であることから方程式を作り，x, y の値を求める。

解答 点 Q の座標を $(x,\ y)$ とすると，線分 PQ の中点が点 A であるから

$$\frac{0+x}{2}=-3,\quad \frac{-4+y}{2}=2$$

これを解くと　$x=-6$, $y=8$

よって，点 Q の座標は　(−6, 8) 答

3章 図形と方程式

教 p.75

練習 9

教科書の例題 3 の△ABC において，辺 AB の中点を N，線分 CN を 2：1 に内分する点を G′ とする。G′ の座標を求めよ。

指針 **三角形と内分点の座標**　中点の座標の公式，内分点の座標の公式にあてはめて，線分 AB の中点 N の座標，線分 CN を 2：1 に内分する点の座標を順に求める。

解答 辺 AB の中点 N の座標は

$$\left(\frac{x_1+x_2}{2},\ \frac{y_1+y_2}{2}\right)$$

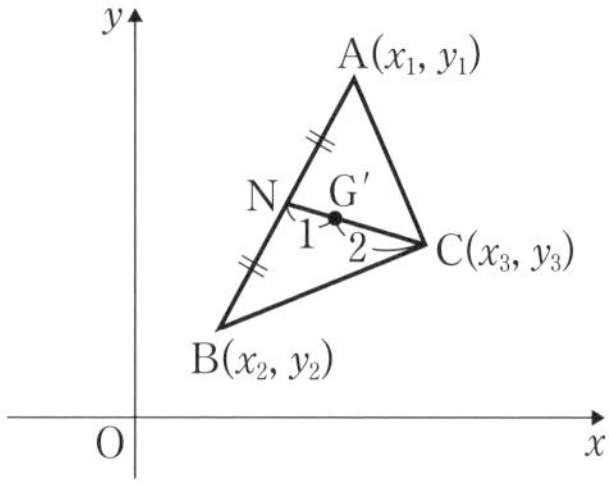

よって，線分 CN を 2：1 に内分する点 G′ の座標は

$$\left(\frac{1\times x_3+2\times\frac{x_1+x_2}{2}}{2+1},\ \frac{1\times y_3+2\times\frac{y_1+y_2}{2}}{2+1}\right)$$

すなわち　$\left(\boldsymbol{\frac{x_1+x_2+x_3}{3}},\ \boldsymbol{\frac{y_1+y_2+y_3}{3}}\right)$ 答

注意 求めた座標は，例題 3 の結果と同じになっている。

教 p.75

練習 10

次の 3 点 A，B，C を頂点とする△ABC の重心の座標を求めよ。

(1)　A(1，1)，B(5，2)，C(3，4)

(2)　A(−2，4)，B(0，−3)，C(2，1)

指針 **三角形の重心**　3 点 $A(x_1,\ y_1)$，$B(x_2,\ y_2)$，$C(x_3,\ y_3)$ を頂点とする△ABC の重心の座標は

$$\left(\frac{x_1+x_2+x_3}{3},\ \frac{y_1+y_2+y_3}{3}\right)$$

解答 (1)　$\left(\frac{1+5+3}{3},\ \frac{1+2+4}{3}\right)$ から　$\left(\boldsymbol{3},\ \boldsymbol{\frac{7}{3}}\right)$ 答

←x 座標，y 座標それぞれの「平均」

(2)　$\left(\frac{-2+0+2}{3},\ \frac{4+(-3)+1}{3}\right)$ から　$\left(\boldsymbol{0},\ \boldsymbol{\frac{2}{3}}\right)$ 答

3 直線の方程式

まとめ

1　1次方程式の表す図形

x, y の1次方程式 $ax+by+c=0$ の表す図形は直線である。逆に，座標平面上のすべての直線は x, y の1次方程式 $ax+by+c=0$ で表される。ただし，a, b, c は定数で，$a \fallingdotseq 0$ または $b \fallingdotseq 0$ である。

2　直線の方程式(1)

点 $(x_1,\ y_1)$ を通り，傾きが m の直線の方程式は

$$\boldsymbol{y-y_1=m(x-x_1)}$$

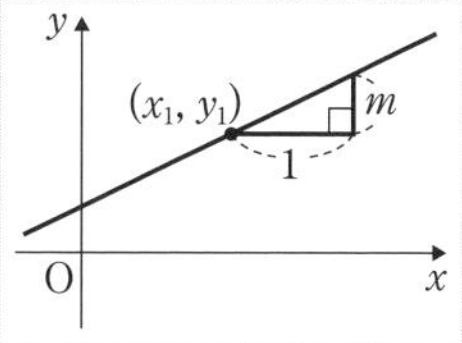

3　直線の方程式(2)

異なる2点 $(x_1,\ y_1)$, $(x_2,\ y_2)$ を通る直線の方程式は

$x_1 \fallingdotseq x_2$ のとき　$\boldsymbol{y-y_1=\dfrac{y_2-y_1}{x_2-x_1}(x-x_1)}$

$x_1=x_2$ のとき　$\boldsymbol{x=x_1}$

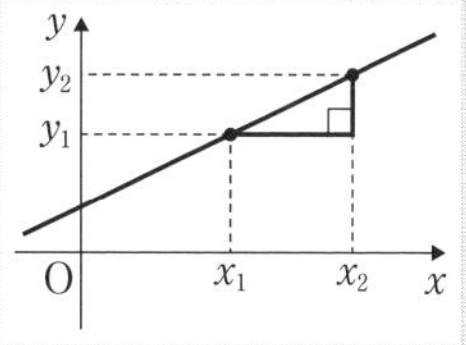

4　x 切片，y 切片

直線が x 軸，y 軸とそれぞれ点 $(a,\ 0)$, $(0,\ b)$ で交わるとき，a をこの直線の **x 切片**，b をこの直線の **y 切片** という。

A　x, y の1次方程式の表す図形

練習 11　教 p.76

次の方程式の表す直線を座標平面上にかけ。

(1)　$3x-y+1=0$　　(2)　$y+1=0$　　(3)　$x-2=0$

指針　**1次方程式の表す図形**　$ax+by+c=0$ の表す図形は直線である。

(1)　$a \fallingdotseq 0$, $b \fallingdotseq 0$ の場合で，y について解き，傾きと切片を求める。

(2)　$a=0$, $b \fallingdotseq 0$ の場合で，y 軸に垂直な直線である。

(3)　$a \fallingdotseq 0$, $b=0$ の場合で，x 軸に垂直な直線である。

解答 (1) この方程式を変形すると

$y=3x+1$

よって，この方程式の表す図形は，傾きが 3，切片が 1 の直線である。

(2) $y=-1$ であるから，この方程式の表す図形は，点 $(0,\ -1)$ を通り y 軸に垂直な直線である。

(3) $x=2$ であるから，この方程式の表す図形は，点 $(2,\ 0)$ を通り x 軸に垂直な直線である。

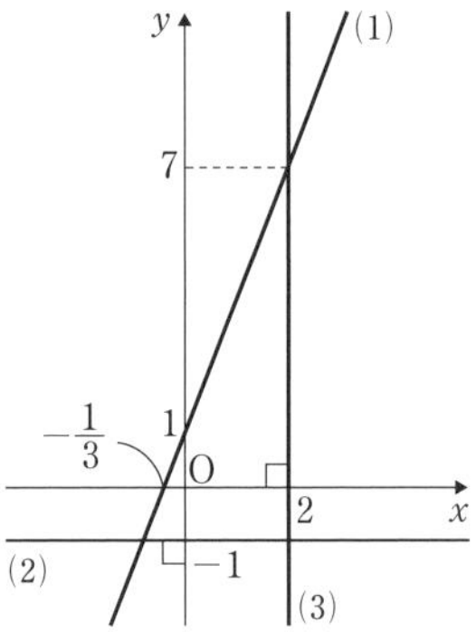

B 直線の方程式のいろいろな形

教 p.77

練習 12

次のような直線の方程式を求めよ。

(1) 点 $(2,\ -4)$ を通り，傾きが 3 の直線

(2) 点 $(-3,\ 1)$ を通り，傾きが -2 の直線

指針 **1 点と傾きが与えられた直線の方程式** 点 $(x_1,\ y_1)$ を通り，傾きが m の直線の方程式は $y-y_1=m(x-x_1)$

解答 (1) $y-(-4)=3(x-2)$

←$y-y$ 座標 $=m(x-x$ 座標$)$

すなわち $\boldsymbol{y=3x-10}$ 答

(2) $y-1=-2\{x-(-3)\}$

すなわち $\boldsymbol{y=-2x-5}$ 答

教 p.78

練習 13

次の 2 点を通る直線の方程式を求めよ。

(1) $(3,\ 2)$，$(5,\ 6)$ (2) $(-1,\ 4)$，$(2,\ -2)$

(3) $(2,\ -1)$，$(1,\ -1)$ (4) $(3,\ -1)$，$(3,\ 4)$

指針 **2 点が与えられた直線の方程式** 異なる 2 点 $(x_1,\ y_1)$，$(x_2,\ y_2)$ を通る直線の方程式は

$x_1 \neq x_2$ のとき $y-y_1=\dfrac{y_2-y_1}{x_2-x_1}(x-x_1)$

$x_1=x_2$ のとき $x=x_1$

(4) は $x_1=x_2$ の場合である。

解答 (1) $y-2=\dfrac{6-2}{5-3}(x-3)$

←$y-\text{②}=\dfrac{6-\text{②}}{5-\boxed{3}}(x-\boxed{3})$

すなわち $\boldsymbol{y=2x-4}$ 答

(2) $y-4=\dfrac{-2-4}{2-(-1)}\{x-(-1)\}$

すなわち　$\boldsymbol{y=-2x+2}$　答

(3)　$y-(-1)=\dfrac{-1-(-1)}{1-2}(x-2)$

すなわち　$\boldsymbol{y=-1}$　答

(4)　2 つの点の x 座標は等しく 3 であるから　←$x_1=x_2$ のとき $x=x_1\ (=x_2)$

$\boldsymbol{x=3}$　答

注意 (3) のように，$y_1=y_2$ のとき，異なる 2 点 $(x_1,\ y_1)$，$(x_2,\ y_2)$ を通る直線の方程式は $y=y_1$ となる。

練習 14　教 p.78

$a\fallingdotseq 0$，$b\fallingdotseq 0$ とする。x 切片が a，y 切片が b である直線の方程式は，$\dfrac{x}{a}+\dfrac{y}{b}=1$ で表されることを示せ。

指針 **x 切片，y 切片が与えられた直線の方程式**　x 切片が a，y 切片が b であるから，この直線は 2 点 $(a,\ 0)$，$(0,\ b)$ を通る。公式を使う。

解答 2 点 $(a,\ 0)$，$(0,\ b)$ を通る直線であるから

$$y-0=\frac{b-0}{0-a}(x-a)$$

すなわち　$y=-\dfrac{b}{a}x+b$　よって　$\dfrac{bx}{a}+y=b$

両辺を b で割ると　$\dfrac{x}{a}+\dfrac{y}{b}=1$　終

4　2 直線の関係

まとめ

1　2 直線の平行・垂直

2 直線 $y=m_1x+n_1$，$y=m_2x+n_2$ について

2 直線が平行　$\Longleftrightarrow$　$\boldsymbol{m_1=m_2}$　←傾きが等しい

2 直線が垂直　$\Longleftrightarrow$　$\boldsymbol{m_1m_2=-1}$　←傾きの積が -1

注意 $m_1=m_2$ かつ $n_1=n_2$ のとき，2 直線は一致するが，この場合も 2 直線は平行であると考えることにする。

2　直線に関して対称な点

2 点 A，B が直線 ℓ に関して対称であるのは，次の [1]，[2] が成り立つときである。

[1]　直線 AB は ℓ に垂直である。

[2]　線分 AB の中点は ℓ 上にある。

（直線 ℓ は線分 AB の垂直二等分線である。）

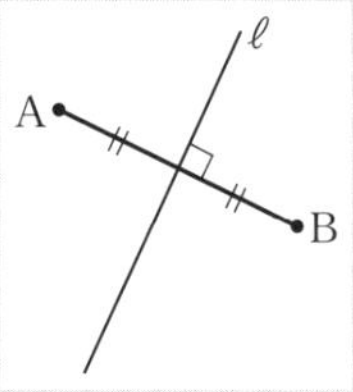

3　点と直線の距離

原点 O と直線 $ax+by+c=0$ の距離 d は

$$d=\frac{|c|}{\sqrt{a^2+b^2}}$$

点 $(x_1,\ y_1)$ と直線 $ax+by+c=0$ の距離 d は

$$d=\frac{|ax_1+by_1+c|}{\sqrt{a^2+b^2}}$$

A 2直線の平行・垂直

教 p.79

練習 15

次の直線のうち，直線 $y=-2x$ と平行であるものはどれか。

①　$y=2x-3$　　②　$y=-2x+4$　　③　$2x+y+5=0$

指針　**2 直線の平行**　2 直線の傾きが等しいとき，その 2 直線は平行である。直線 ①〜③ の中から，傾きが -2 であるものを選ぶ。

解答　直線 ① の傾きは　　2

直線 ② の傾きは　　-2

$y=-2x-5$ から，直線 ③ の傾きは　　-2

よって，直線 $y=-2x$ と平行であるものは　　②，③　答

教 p.80

練習 16

次の 2 直線は，それぞれ平行，垂直のいずれであるか。

(1)　$y=4x+1,\ y=4x-3$　　(2)　$y=3x-1,\ x+3y+2=0$

(3)　$2x+3y=3,\ 4x+6y=5$　　(4)　$3x+4y=2,\ 4x-3y=1$

指針　**2 直線の平行，垂直**　2 直線 $y=m_1x+n_1,\ y=m_2x+n_2$ について

2 直線が平行 $\iff$ $m_1=m_2$，2 直線が垂直 $\iff$ $m_1m_2=-1$

$ax+by=c$ のような形になっているものは，$y=mx+n$ の形に変形して傾きを求める。

解答　(1)　直線 $y=4x+1$ の傾きは 4，　直線 $y=4x-3$ の傾きは 4

傾きが等しいから，2 直線は **平行** である。　答

(2)　直線 $y=3x-1$ の傾きを m_1 とすると　　$m_1=3$

直線 $x+3y+2=0$ の傾きを m_2 とすると

$y=-\frac{1}{3}x-\frac{2}{3}$ から　　$m_2=-\frac{1}{3}$　　←y について解く。

$m_1m_2=3\cdot\left(-\frac{1}{3}\right)=-1$ であるから，2 直線は **垂直** である。　答

(3)　直線 $2x+3y=3$ の傾きを m_1 とすると

$y=-\frac{2}{3}x+1$ から　　$m_1=-\frac{2}{3}$

直線 $4x+6y=5$ の傾きを m_2 とすると

$y=-\frac{2}{3}x+\frac{5}{6}$ から　　$m_2=-\frac{2}{3}$

$m_1=m_2$ であるから，2 直線は **平行** である。 答

(4) 直線 $3x+4y=2$ の傾きを m_1 とすると

$y=-\frac{3}{4}x+\frac{1}{2}$ から　　$m_1=-\frac{3}{4}$

直線 $4x-3y=1$ の傾きを m_2 とすると

$y=\frac{4}{3}x-\frac{1}{3}$ から　　$m_2=\frac{4}{3}$

$m_1m_2=\left(-\frac{3}{4}\right)\cdot\frac{4}{3}=-1$ であるから，2 直線は **垂直** である。 答

教 p.80

練習 17 点 A(3, −1) を通り，直線 $3x+2y+1=0$ に垂直な直線，平行な直線の方程式をそれぞれ求めよ。

指針 **平行な直線，垂直な直線**　求める直線を $y-(-1)=m(x-3)$ とおく。直線 $3x+2y+1=0$ の傾きを求め，垂直 (傾きの積が −1)，平行 (傾きが等しい) という条件から，それぞれの場合の m の値を求める。一般に，求める直線の方程式は出題の直線の式の形にあわせる。よって，ここでは $ax+by+c=0$ の形で答える。

解答　$3x+2y+1=0$ …… ①

直線 ① の傾きは　$-\frac{3}{2}$

点 A を通り，直線 ① に垂直な直線 ② の傾きを m とすると

$-\frac{3}{2}m=-1$ から　　$m=\frac{2}{3}$　　← $m_1m_2=-1$

直線 ② の方程式は　$y-(-1)=\frac{2}{3}(x-3)$

よって　$2(x-3)-3(y+1)=0$　すなわち　$2x-3y-9=0$

次に，点 A を通り，直線 ① に平行な直線の方程式は

$$y-(-1)=-\frac{3}{2}(x-3)$$

よって　$3(x-3)+2(y+1)=0$　すなわち　$3x+2y-7=0$

答　**垂直な直線　$2x-3y-9=0$，平行な直線　$3x+2y-7=0$**

参考 一般に，点 $(x_1,\ y_1)$ を通り，直線 $ax+by+c=0$ に平行な直線，垂直な直線は，それぞれ次の方程式で表される。

平行　$a(x-x_1)+b(y-y_1)=0$　　垂直　$b(x-x_1)-a(y-y_1)=0$

B 直線に関して対称な点

教 p.81

練習 18

直線 $2x-y+2=0$ を ℓ とする。直線 ℓ に関して点 A(2, 1) と対称な点 B の座標を求めよ。

指針 **直線に関して対称な点**　2 点 A, B が ℓ に関して対称であるのは，次の [1], [2] が成り立つときである。

[1]　直線 AB は ℓ に垂直である　　(傾きの積が -1)

[2]　線分 AB の中点は ℓ 上にある　(中点の座標は ℓ の式を満たす)

点 B の座標を $(p,\ q)$ として，上の [1], [2] が成り立つように p, q についての方程式を作る。

解答 点 B の座標を $(p,\ q)$ とする。

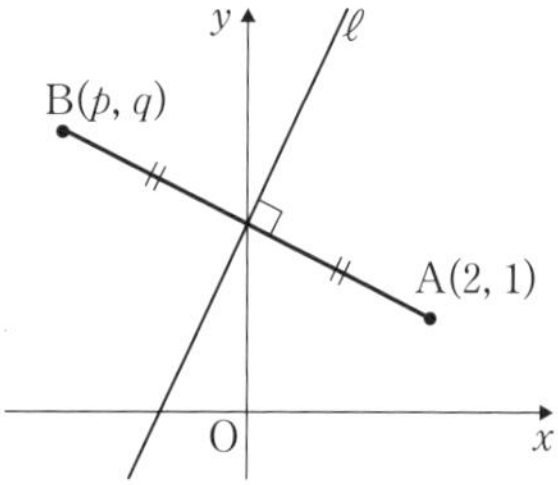

[1]　直線 ℓ の傾きは 2，直線 AB の傾きは $\dfrac{q-1}{p-2}$ である。

AB⊥ℓ であるから

$$2\cdot\frac{q-1}{p-2}=-1$$

すなわち　　$p+2q-4=0$　…… ①

[2]　線分 AB の中点 $\left(\dfrac{2+p}{2},\ \dfrac{1+q}{2}\right)$ が直線 ℓ 上にあるから

$$2\cdot\frac{2+p}{2}-\frac{1+q}{2}+2=0$$　すなわち　　$2p-q+7=0$　…… ②

①, ② を解くと　　$p=-2,\ q=3$

よって，点 B の座標は　　$(-2,\ 3)$　答

C 点と直線の距離

教 p.82

練習 19

原点と次の直線の距離を求めよ。

(1)　$2x-y+5=0$　　　(2)　$2x+3y-4=0$

指針 **原点と直線の距離**　原点 O と直線 $ax+by+c=0$ の距離 d は

$$d=\frac{|c|}{\sqrt{a^2+b^2}}$$

解答 (1)　$d=\dfrac{|5|}{\sqrt{2^2+(-1)^2}}=\dfrac{5}{\sqrt{5}}=\sqrt{5}$　答　　←$a=2,\ b=-1,\ c=5$

(2)　$d=\dfrac{|-4|}{\sqrt{2^2+3^2}}=\dfrac{4}{\sqrt{13}}=\dfrac{4\sqrt{13}}{13}$　答　　←$a=2,\ b=3,\ c=-4$

教 p.83

練習 20

次の点と直線の距離を求めよ。

(1) 点 $(1,\ 2)$，直線 $3x-4y-1=0$

(2) 点 $(2,\ -3)$，直線 $2x+y-3=0$

(3) 点 $(-1,\ 5)$，直線 $y=3x-2$

指針 **点と直線の距離**　点 $(x_1,\ y_1)$ と直線 $ax+by+c=0$ の距離 d は

$$d=\frac{|ax_1+by_1+c|}{\sqrt{a^2+b^2}}$$

(3) 直線の方程式を $ax+by+c=0$ の形に変形する。

解答 (1) $d=\dfrac{|3\cdot 1-4\cdot 2-1|}{\sqrt{3^2+(-4)^2}}=\dfrac{|-6|}{\sqrt{25}}=\boldsymbol{\dfrac{6}{5}}$ 答

(2) $d=\dfrac{|2\cdot 2+(-3)-3|}{\sqrt{2^2+1^2}}=\dfrac{|-2|}{\sqrt{5}}=\dfrac{2}{\sqrt{5}}=\boldsymbol{\dfrac{2\sqrt{5}}{5}}$ 答

(3) $y=3x-2$ から　$3x-y-2=0$

よって　$d=\dfrac{|3\cdot(-1)-5-2|}{\sqrt{3^2+(-1)^2}}=\dfrac{|-10|}{\sqrt{10}}=\dfrac{10}{\sqrt{10}}=\boldsymbol{\sqrt{10}}$ 答

研究 2直線の交点を通る直線

まとめ

2直線の交点を通る直線

2直線 $ax+by+c=0$ …… Ⓐ，$a'x+b'y+c'=0$ …… Ⓑ の交点を通る直線の方程式は，k を定数として，次のように表される。

$$k(ax+by+c)+(a'x+b'y+c')=0 \quad \cdots\cdots \text{Ⓒ}$$

ただし，Ⓒは直線Ⓐは表さない。

教 p.84

練習 1

2直線 $2x-y+1=0$，$x+y-4=0$ の交点と，点 $(-2,\ 1)$ を通る直線の方程式を求めよ。

指針 **2直線の交点を通る直線**　直線 $k(2x-y+1)+(x+y-4)=0$ が点 $(-2,\ 1)$ を通ると考えて，$x=-2$，$y=1$ を代入して，k の値を決定する。

解答 k を定数として

$$k(2x-y+1)+(x+y-4)=0 \quad \cdots\cdots \text{①}$$

とすると，① は2直線の交点を通る直線を表す。

直線 ① が点 $(-2,\ 1)$ を通るから，① に $x=-2$，$y=1$ を代入して

$$-4k-5=0 \qquad よって \qquad k=-\frac{5}{4}$$

これを ① に代入して整理すると

$\boldsymbol{2x-3y+7=0}$ 答

深める　教 p.84

l を定数とする。$(x+2y-4)+l(x-y-1)=0$ …… ④ とするとき，教科書 84 ページの ③ が表すことのできる図形と ④ が表すことのできる図形は同じだろうか。

指針　**2 直線の交点を通る直線**　教科書 p.84 で述べられているように，$k(x+2y-4)+(x-y-1)=0$ …… ③ は，直線 $x+2y-4=0$，すなわち，左辺が $x+2y-4$ となる場合を表すことができない。このことに着目する。

解答　(例)　③，④ はともに 2 直線 $x+2y-4=0$ …… ①，$x-y-1=0$ …… ② の交点を通る直線を表すが，③ は直線 ① を表さず，④ は直線 ② を表さない。

よって，③ が表すことのできる図形と ④ が表すことのできる図形は同じではない。 終

参考　③ が直線 ① を表さないことは次のように説明できる。

③ より，$(k+1)x+(2k-1)y-4k-1=0$ であるから，③ が ① を表すには，$(k+1):(2k-1)=1:2$ となることが必要であるが，このとき $2k-1=2(k+1)$，すなわち，$2k-1=2k+2$ となり，これを満たす実数 k は存在しない。

よって，③ は ① を表すことはできない。

第3章 第1節　問題

教 p.85

1　原点Oと点A(6, 2), B(2, 4)の3点を頂点とする△OABは，直角二等辺三角形であることを示せ。

指針　**三角形の形状**　まず，2点間の距離の公式を使って3辺の長さを調べ，さらに三平方の定理の逆を用いる。

解答　各辺の長さの平方は

$OA^2=6^2+2^2=40$

$OB^2=2^2+4^2=20$

$AB^2=(2-6)^2+(4-2)^2=4^2+2^2=20$

よって　$OB=AB=\sqrt{20}=2\sqrt{5}$

また，$OA^2=OB^2+AB^2$ であるから，

三平方の定理の逆により

$\angle ABO=90°$

よって，△OABはOAを斜辺とする直角二等辺三角形である。 終

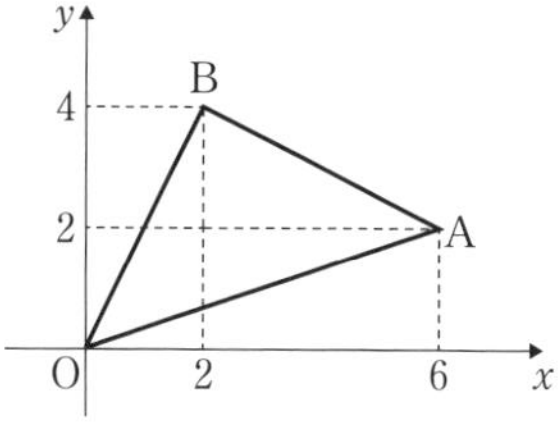

教 p.85

2　4点A(1, 1), B(4, 3), C(2, 6), Dを頂点とする平行四辺形ABCDについて，次の点の座標を求めよ。

(1)　対角線ACの中点M　　(2)　頂点D

指針　**中点の座標の応用**　平行四辺形の対角線はそれぞれの中点で交わる。すなわち，対角線AC，BDの中点の座標は一致する。

解答　(1)　線分ACの中点Mの座標は

$\left(\frac{1+2}{2},\ \frac{1+6}{2}\right)$　すなわち　$\left(\frac{3}{2},\ \frac{7}{2}\right)$ 答

(2)　平行四辺形の対角線はそれぞれの中点で交わる。

点Dの座標を$(x,\ y)$とすると，線分BDの中点の座標は　$\left(\frac{4+x}{2},\ \frac{3+y}{2}\right)$

これが中点Mの座標と一致するから，(1)より

$$\frac{4+x}{2}=\frac{3}{2},\quad \frac{3+y}{2}=\frac{7}{2}$$

これを解いて　$x=-1,\ y=4$

よって，Dの座標は　$(-1,\ 4)$ 答

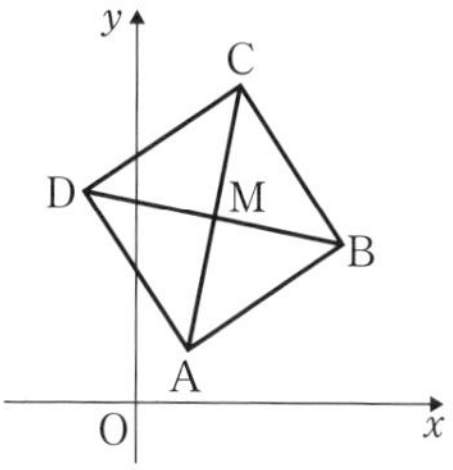

教 p.85

3 3点 A(1, 5), B(6, −3), C(x, y) を頂点とする△ABC の重心の座標が (1, 3) であるとき，x, y の値を求めよ。

指針 **三角形の重心** 3点 A(x_1, y_1), B(x_2, y_2), C(x_3, y_3) を頂点とする△ABC の重心の座標は

$$\left(\frac{x_1+x_2+x_3}{3},\ \frac{y_1+y_2+y_3}{3}\right)$$

解答 3点 A(1, 5), B(6, −3), C(x, y) を頂点とする△ABC の重心の座標は

$$\left(\frac{1+6+x}{3},\ \frac{5-3+y}{3}\right)$$

これが点 (1, 3) と一致するとき

$$\frac{1+6+x}{3}=1,\ \frac{5-3+y}{3}=3$$

よって　$\boldsymbol{x=-4,\ y=7}$ 答

教 p.85

4 2点 A(4, 0), B(0, 2) を通る直線の方程式を求めよ。

指針 **2点を通る直線の方程式** $x_1 \neq x_2$ のとき，2点 (x_1, y_1), (x_2, y_2) を通る直線の方程式は　$y-y_1=\dfrac{y_2-y_1}{x_2-x_1}(x-x_1)$

解答 2点 A(4, 0), B(0, 2) を通る直線の方程式は

$$y-0=\frac{2-0}{0-4}(x-4)$$

すなわち　$y=-\dfrac{1}{2}(x-4)$

両辺に2を掛けて整理すると

$$\boldsymbol{x+2y-4=0}$$ 答

参考 x 切片が a, y 切片が b ($a \neq 0$, $b \neq 0$) である直線の方程式は

$\dfrac{x}{a}+\dfrac{y}{b}=1$ であることを利用すると，次のようになる。

別解 求める直線の x 切片は4, y 切片は2であるから

$$\frac{x}{4}+\frac{y}{2}=1 \qquad \text{すなわち} \qquad \boldsymbol{x+2y-4=0}$$ 答

教 p.85

5　2 直線 $3x-4y+5=0$，$2x+y-4=0$ の交点を通り，次の条件を満たす直線の方程式を，それぞれ求めよ。

(1)　直線 $2x+3y=0$ に平行　　　(2)　直線 $2x+3y=0$ に垂直

指針　**平行な直線，垂直な直線**　点 $(x_1,\ y_1)$ を通り，傾き m の直線は $y-y_1=m(x-x_1)$ であることを用いる。まず，2 直線の交点の座標を求める。次に，傾き m を，(1) では，「平行 $\Longleftrightarrow$ 傾きが等しい」，(2) では，「垂直 $\Longleftrightarrow$ 傾きの積が -1」の関係を用いてそれぞれ求める。

解答　$3x-4y+5=0$　…… ①

$2x+y-4=0$　…… ②

①，② を連立方程式として解くと　$x=1,\ y=2$

よって，2 直線 ①，② の交点の座標は　$(1,\ 2)$

この交点を通り傾き m の直線は　$y-2=m(x-1)$　…… ③

また，直線 $2x+3y=0$ …… ④ の傾きは $-\dfrac{2}{3}$

(1)　④ と平行な直線の傾きは $-\dfrac{2}{3}$ であるから，③ で $m=-\dfrac{2}{3}$ として

$y-2=-\dfrac{2}{3}(x-1)$　すなわち　$\mathbf{2x+3y-8=0}$　答

(2)　④ と垂直な直線の傾きを m とすれば $-\dfrac{2}{3}m=-1$ から　$m=\dfrac{3}{2}$

よって，③ から

$y-2=\dfrac{3}{2}(x-1)$　すなわち　$\mathbf{3x-2y+1=0}$　答

教 p.85

6　2 直線 $ax+by+c=0$，$a'x+b'y+c'=0$ について，次のことを証明せよ。ただし，$b\neq0$，$b'\neq0$ とする。

2 直線が平行 $\Longleftrightarrow$ $ab'-ba'=0$

2 直線が垂直 $\Longleftrightarrow$ $aa'+bb'=0$

指針　**2 直線の平行条件・垂直条件**

2 直線が平行 $\Longleftrightarrow$ 傾きが等しい
2 直線が垂直 $\Longleftrightarrow$ 傾きの積が -1
の関係を利用する。

解答　$b\neq0$，$b'\neq0$ であるから，2 直線 $ax+by+c=0$，$a'x+b'y+c'=0$ の傾きは，それぞれ　$-\dfrac{a}{b}$，$-\dfrac{a'}{b'}$

よって　2 直線が平行 $\Longleftrightarrow$ $-\dfrac{a}{b}=-\dfrac{a'}{b'}$

すなわち　2直線が平行　$\Longleftrightarrow$　$ab'-ba'=0$

また　　　2直線が垂直　$\Longleftrightarrow$　$-\dfrac{a}{b}\cdot\left(-\dfrac{a'}{b'}\right)=-1$

すなわち　2直線が垂直　$\Longleftrightarrow$　$aa'+bb'=0$　終

注意 2直線 $ax+by+c=0$, $a'x+b'y+c'=0$ が一致する場合, $ab'-ba'=0$ が成り立つ。すなわち, 上記の平行条件には, 2直線が一致する場合も含まれる。

教 p.85

7 2点 A$(a,\ b)$, B$(b,\ a)$ は, 直線 $y=x$ に関して対称であることを示せ。ただし, $a \neq b$ とする。

指針 **直線に関して対称な点**　2点 A, B が直線 ℓ に関して対称であることを示すためには, 次の [1], [2] を示せばよい。

[1]　直線 AB は ℓ に垂直である。

[2]　線分 AB の中点は ℓ 上にある。

解答 直線 $y=x$ を ℓ とする。

[1]　$a \neq b$ であるから, 直線 AB の傾きは

$$\frac{a-b}{b-a}=\frac{-(b-a)}{b-a}=-1$$

また, 直線 ℓ の傾きは　1

よって, 直線 AB と ℓ の傾きの積は $(-1)\cdot 1=-1$ であるから, 直線 AB は ℓ に垂直である。

[2]　線分 AB の中点の座標は　$\left(\dfrac{a+b}{2},\ \dfrac{b+a}{2}\right)$　すなわち, $\left(\dfrac{a+b}{2},\ \dfrac{a+b}{2}\right)$ であり, x 座標と y 座標が等しいから, 直線 $y=x$, すなわち, ℓ 上の点である。

したがって, [1], [2] から, 2点 A, B は直線 $y=x$ に関して対称である。　終

教 p.85

8　次の問いに答えよ。

(1)　2 点 A(4, −2), B(−2, 6) を通る直線 ℓ の方程式を求めよ。

(2)　原点 O と直線 ℓ の距離を求めよ。

(3)　△OAB の面積を求めよ。

指針　直線と図形の面積

(1)　2 点 $(x_1,\ y_1)$, $(x_2,\ y_2)$ $(x_1 \neq x_2)$ を通る直線の方程式は

$$y-y_1=\frac{y_2-y_1}{x_2-x_1}(x-x_1)$$

(2)　原点 O と直線 $ax+by+c=0$ の距離 d は　　$d=\dfrac{|c|}{\sqrt{a^2+b^2}}$

(3)　AB を底辺とみると　　$\triangle\mathrm{OAB}=\dfrac{1}{2}\mathrm{AB}\cdot d$

解答　(1)　2 点 A(4, −2), B(−2, 6) を通る直線 ℓ の方程式は

$$y-(-2)=\frac{6-(-2)}{-2-4}(x-4)$$

整理して　　$\boldsymbol{4x+3y-10=0}$　答

(2)　原点 O と直線 $4x+3y-10=0$ の距離 d は

$$d=\frac{|-10|}{\sqrt{4^2+3^2}}=\frac{10}{5}=\mathbf{2}$$　答

(3)　線分 AB の長さは

$$\mathrm{AB}=\sqrt{(-2-4)^2+\{6-(-2)\}^2}=\sqrt{100}=10$$

△OAB の底辺を線分 AB とすると，高さは d であるから

$$\triangle\mathrm{OAB}=\frac{1}{2}\mathrm{AB}\cdot d=\frac{1}{2}\cdot 10\cdot 2=\mathbf{10}$$　答

第2節 円

5 円の方程式

まとめ

1 円の方程式

① 点C$(a,\ b)$ を中心とする半径 r の円の方程式は

$$(x-a)^2+(y-b)^2=r^2$$

② 原点を中心とする半径 r の円の方程式は

$$x^2+y^2=r^2$$

③ 円の方程式は，l，m，n を定数として

$$x^2+y^2+lx+my+n=0$$

の形にも表される。

←x，y の2次方程式で，x^2 と y^2 の係数が等しく，xy の項がない。

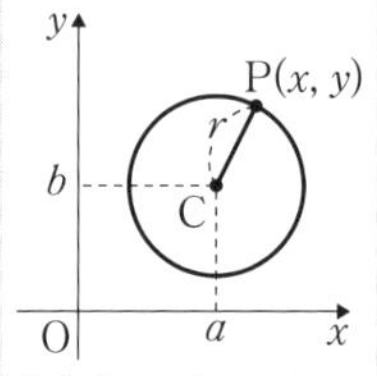

2 外接円

△ABC の3つの頂点を通る円を△ABC の **外接円** といい，外接円の中心を△ABC の **外心** という。

A 円の方程式

教 p.86

練習 21

次のような円の方程式を求めよ。

(1) 中心が原点，半径が2　　(2) 中心が点 $(2,\ 3)$，半径が4

(3) 中心が点 $(-2,\ 1)$，半径が $\sqrt{10}$

指針 **円の方程式**　原点を中心とする半径 r の円の方程式は $x^2+y^2=r^2$，点 $(a,\ b)$ を中心とする半径 r の円の方程式は $(x-a)^2+(y-b)^2=r^2$

解答 (1)　$x^2+y^2=2^2$

すなわち　$\boldsymbol{x^2+y^2=4}$ 答

(2)　$(x-2)^2+(y-3)^2=4^2$

すなわち　$\boldsymbol{(x-2)^2+(y-3)^2=16}$ 答

(3)　$\{x-(-2)\}^2+(y-1)^2=(\sqrt{10})^2$

すなわち　$\boldsymbol{(x+2)^2+(y-1)^2=10}$ 答

教 p.86

練習 22

円 $(x-3)^2+(y+2)^2=8$ の中心の座標と半径を求めよ。

指針 **円の中心と半径**　方程式 $(x-a)^2+(y-b)^2=r^2$ は中心が $(a,\ b)$，半径が r の円を表す。与えられた方程式を上の形に変形して調べる。

解答 $(x-3)^2+(y+2)^2=8$ より　$(x-3)^2+\{y-(-2)\}^2=(2\sqrt{2})^2$

よって，中心の座標は　$(3,\ -2)$，半径は　$2\sqrt{2}$　答

教 p.87

練習 23

2点 $\mathrm{A}(-3,\ 2)$，$\mathrm{B}(1,\ 6)$ を直径の両端とする円について，中心Cの座標と半径 r を求めよ。また，その方程式を求めよ。

指針 **2点を直径の両端とする円の方程式**　円の中心Cの座標 $(a,\ b)$ と半径 r を求めて，$(x-a)^2+(y-b)^2=r^2$ に代入する。中心Cは線分ABの中点であり，半径 r は線分CAの長さである。

解答 Cは線分ABの中点で，その座標は　$\left(\dfrac{-3+1}{2},\ \dfrac{2+6}{2}\right)$

すなわち　$(-1,\ 4)$　答

また　$r=\mathrm{CA}=\sqrt{\{-3-(-1)\}^2+(2-4)^2}$

$=2\sqrt{2}$　答

この円の方程式は

$$\{x-(-1)\}^2+(y-4)^2=(2\sqrt{2})^2$$

すなわち　$(x+1)^2+(y-4)^2=8$　答

B　$x^2+y^2+lx+my+n=0$ の表す図形

教 p.87

練習 24

次の方程式はどのような図形を表すか。

(1)　$x^2+y^2+4x-2y-4=0$　　(2)　$x^2+y^2+6x+8y+9=0$

指針 **$x^2+y^2+lx+my+n=0$ の表す図形**　与えられた方程式を，$(x-a)^2+(y-b)^2=r^2$ の形に変形して，中心の座標と半径を求める。

解答 (1)　方程式を変形すると　$(x^2+4x)+(y^2-2y)=4$

すなわち　$(x+2)^2-2^2+(y-1)^2-1^2=4$

よって　$(x+2)^2+(y-1)^2=3^2$

これは，**点 $(-2,\ 1)$ を中心とする半径3の円** を表す。　答

(2)　方程式を変形すると　$(x^2+6x)+(y^2+8y)=-9$

すなわち　$(x+3)^2-3^2+(y+4)^2-4^2=-9$

よって　$(x+3)^2+(y+4)^2=4^2$

これは，**点 $(-3,\ -4)$ を中心とする半径4の円** を表す。　答

注意 方程式 $x^2+y^2+lx+my+n=0$　……①が，常に円を表すとは限らない。

①を変形すると　$\left(x+\dfrac{l}{2}\right)^2+\left(y+\dfrac{m}{2}\right)^2=\dfrac{l^2+m^2-4n}{4}$

$l^2+m^2-4n>0$ のとき，①は円を表し，半径は　$\dfrac{\sqrt{l^2+m^2-4n}}{2}$

$l^2+m^2-4n=0$ のとき，① は1つの点 $\left(-\dfrac{l}{2},\ -\dfrac{m}{2}\right)$ を表す。

$l^2+m^2-4n<0$ のとき，① が表す図形はない。

C 3点を通る円の方程式

教 p.88

練習 25

次の3点A，B，Cを通る円の方程式を求めよ。

(1) A(1, 1)，B(2, 1)，C(−1, 0)

(2) A(1, 3)，B(5, −5)，C(4, 2)

指針 **3点を通る円の方程式** 円の方程式を $x^2+y^2+lx+my+n=0$ とし，3点の座標を代入して，l，m，n についての連立方程式を作り，l，m，n の値を求める。

解答 (1) 求める円の方程式を $x^2+y^2+lx+my+n=0$ とする。

点Aを通るから　$1^2+1^2+l+m+n=0$

点Bを通るから　$2^2+1^2+2l+m+n=0$

点Cを通るから　$(-1)^2+(-1)l+n=0$

整理すると　$l+m+n+2=0$ …… ①

$2l+m+n+5=0$ …… ②

$-l+n+1=0$ …… ③

②−① から　$l+3=0$　よって　$l=-3$

③ に代入すると　$-(-3)+n+1=0$　よって　$n=-4$

① に代入すると　$-3+m-4+2=0$　よって　$m=5$

したがって，求める円の方程式は　$\boldsymbol{x^2+y^2-3x+5y-4=0}$ 答

(2) 求める円の方程式を $x^2+y^2+lx+my+n=0$ とする。

点Aを通るから　$1^2+3^2+l+3m+n=0$

点Bを通るから　$5^2+(-5)^2+5l+(-5)m+n=0$

点Cを通るから　$4^2+2^2+4l+2m+n=0$

整理すると　$l+3m+n+10=0$ …… ①

$5l-5m+n+50=0$ …… ②

$4l+2m+n+20=0$ …… ③

②−① から　$4l-8m+40=0$

すなわち　$l-2m+10=0$ …… ④

③−① から　$3l-m+10=0$ …… ⑤

④−⑤×2 から　$-5l-10=0$　よって　$l=-2$

このとき，④ から　$-2-2m+10=0$　$m=4$

さらに，① から　$-2+3\cdot4+n+10=0$　$n=-20$

したがって，求める円の方程式は　$\boldsymbol{x^2+y^2-2x+4y-20=0}$ 答

注意 (1), (2) で求めた方程式は，△ABC の外接円の方程式である。たとえば，(1) で，求めた円の方程式を変形すると $\left(x-\frac{3}{2}\right)^2+\left(y+\frac{5}{2}\right)^2=\left(\frac{5\sqrt{2}}{2}\right)^2$ であるから，△ABC の外心の座標が $\left(\frac{3}{2},\ -\frac{5}{2}\right)$ であることがわかる。

6 円と直線

まとめ

1 円と直線の共有点の座標

円と直線の共有点の座標は，それらの方程式を連立させた連立方程式を解くことによって，求めることができる。

2 円と直線の位置関係（判別式の値による分類）

円の方程式と直線の方程式から y を消去して得られる x の 2 次方程式を $ax^2+bx+c=0$ とする。この 2 次方程式の判別式を D とすると，円と直線の位置関係は，次のようになる。

$D=b^2-4ac$	$D>0$	$D=0$	$D<0$
$ax^2+bx+c=0$ の実数解	異なる 2 つの実数解	重解（ただ 1 つ）	実数解をもたない
円と直線の位置関係	異なる 2 点で交わる 	接する 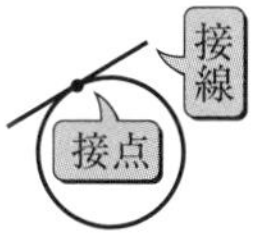	共有点をもたない 
共有点の個数	2 個	1 個	0 個

3 円と直線の位置関係（中心との距離による分類）

点 C を中心とする半径 r の円と直線 ℓ の位置関係は，円の中心 C と直線 ℓ の距離を d とするとき，次のようになる。

d と r の大小	$d<r$	$d=r$	$d>r$
円と直線の位置関係	異なる 2 点で交わる 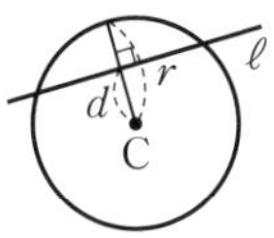	接する 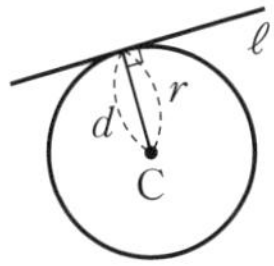	共有点をもたない 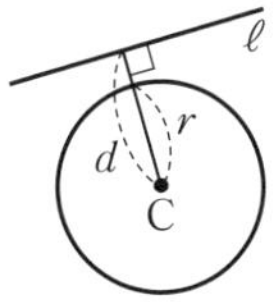

4　円上の点における接線の方程式

円 $x^2+y^2=r^2$ 上の点 $\mathrm{P}(x_1,\ y_1)$ における接線の方程式は

$$\boldsymbol{x_1x+y_1y=r^2}$$

A 円と直線の位置関係

教 p.89

練習 26

次の円と直線の共有点の座標を求めよ。

(1)　$x^2+y^2=25$，$y=x+1$　　　(2)　$x^2+y^2=8$，$x+y=4$

指針　**円と直線の共有点の座標**　2 直線の共有点の座標と同様に，円の方程式と直線の方程式を連立させた連立方程式を解く。

解答 (1)　$\begin{cases} x^2+y^2=25 & \cdots\cdots ① \\ y=x+1 & \cdots\cdots ② \end{cases}$

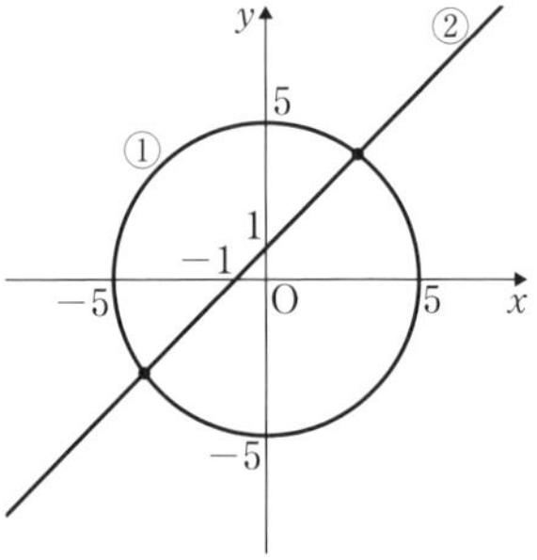

② を ① に代入して

$x^2+(x+1)^2=25$

整理すると　　$x^2+x-12=0$

これを解くと　　$x=-4,\ 3$

② に代入して

$x=-4$ のとき　　$y=-3$

$x=3$　のとき　　$y=4$

よって，共有点の座標は

$(-4,\ -3)$，$(3,\ 4)$　答

(2)　$\begin{cases} x^2+y^2=8 & \cdots\cdots ① \\ x+y=4 & \cdots\cdots ② \end{cases}$

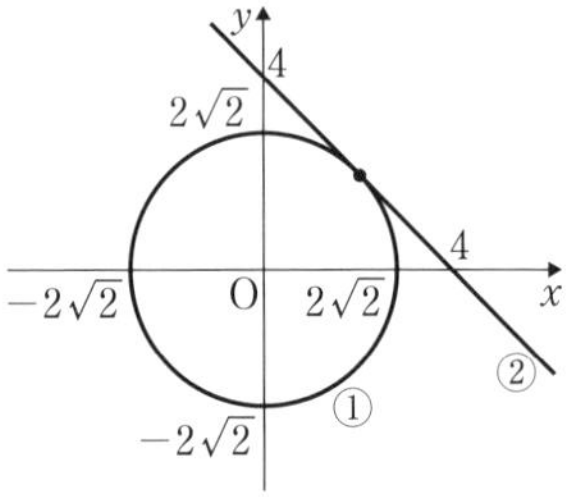

②から　　$y=4-x$　$\cdots\cdots$ ③

③ を ① に代入して

$x^2+(4-x)^2=8$

整理すると　　$x^2-4x+4=0$

これを解くと　　$x=2$

③ に代入して　　$y=2$

よって，共有点の座標は　　$(2,\ 2)$　答

教 p.90

練習 27

円 $x^2+y^2=5$ と直線 $y=2x+m$ について，次の問いに答えよ。

(1) 円と直線が共有点をもつとき，定数 m の値の範囲を求めよ。

(2) 円と直線が接するとき，定数 m の値と接点の座標を求めよ。

指針 **円と直線の位置関係**　円の方程式と直線の方程式から y を消去した x についての 2 次方程式の判別式を D とする。

(1) 共有点をもつ $\longrightarrow$ 共有点は 2 個または 1 個 $\Longleftrightarrow$ $D \geqq 0$

(2) 接する $\longrightarrow$ 共有点は 1 個 $\Longleftrightarrow$ $D=0$

解答 $x^2+y^2=5$ と $y=2x+m$ から y を消去すると

$$x^2+(2x+m)^2=5$$

整理すると　$5x^2+4mx+(m^2-5)=0$　…… ①

判別式を D とすると　$\dfrac{D}{4}=(2m)^2-5(m^2-5)=-(m^2-25)$

(1) この円と直線が共有点をもつのは，$D \geqq 0$ のときである。

よって，$m^2-25 \leqq 0$ から　$\boldsymbol{-5 \leqq m \leqq 5}$ 答

(2) この円と直線が接するのは，$D=0$ のときである。

よって，$m^2-25=0$ から

$$m=\pm 5$$

また，方程式 ① が重解をもつとき，その重解は

$$x=-\frac{4m}{2\cdot 5}=-\frac{2}{5}m$$

これを $y=2x+m$ に代入すると

$$y=2\left(-\frac{2}{5}m\right)+m=\frac{1}{5}m$$

であるから，接点の座標は，$\left(-\dfrac{2}{5}m,\ \dfrac{1}{5}m\right)$ と表される。

よって　**$m=5$ のとき　$(-2,\ 1)$，$m=-5$ のとき　$(2,\ -1)$** 答

注意 (2) では，2 次方程式 $ax^2+bx+c=0$ が重解をもつとき，その重解は $x=\dfrac{-b\pm\sqrt{0}}{2a}$ より，$x=-\dfrac{b}{2a}$ となることを用いている。

教 p.91

練習 28

半径 r の円 $x^2+y^2=r^2$ と直線 $x+2y-5=0$ が接するとき，r の値を求めよ。

指針 **円と直線が接する条件**　円と直線は $d=r$ のときに接する。すなわち，円の中心 (本問では原点) と直線の距離が，円の半径と等しければよい。次の点と直線の距離の公式を用いる。

原点と直線 $ax+by+c=0$ の距離 d は　　$d=\dfrac{|c|}{\sqrt{a^2+b^2}}$

解答　円の中心は原点であり，原点と直線 $x+2y-5=0$ の距離 d は

$$d=\frac{|-5|}{\sqrt{1^2+2^2}}=\frac{5}{\sqrt{5}}=\sqrt{5}$$

円と直線が接するのは $r=d$ のときである。

よって　　$\boldsymbol{r=\sqrt{5}}$　答

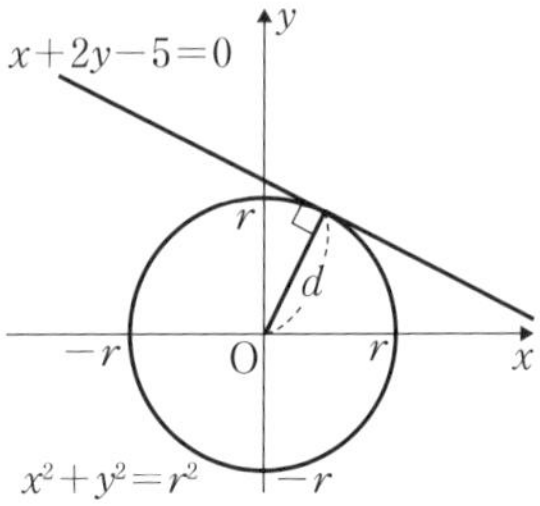

教 p.91

深める　教科書の例題 8 の r の値を，教科書の例題 7 のように判別式を利用して求めてみよう。また，接点の座標も求めてみよう。

指針　**円と直線の位置関係**　2 つの方程式から y を消去した 2 次方程式の判別式を D として，練習 27 (2) と同様の手順で考えればよい。ただし，$r>0$ であることに注意する。

解答　(前半)　$x^2+y^2=r^2$ と $y=-3x+10$ から y を消去して整理すると

$$10x^2-60x+(100-r^2)=0 \quad \cdots\cdots ①$$

この 2 次方程式の判別式を D とすると

$$\frac{D}{4}=(-30)^2-10\cdot(100-r^2)$$

$$=10r^2-100$$

円と直線が接するのは，$D=0$ のときである。

よって，$r>0$ で $10r^2-100=0$ から　　$\boldsymbol{r=\sqrt{10}}$　答

(後半)　① に $r=\sqrt{10}$ を代入して整理すると

$$x^2-6x+9=0$$

これを解くと　$x=3$

$x=3$ を $y=-3x+10$ に代入して　$y=1$

よって，接点の座標は　　(3，1)　答

B 円の接線の方程式

練習 29 教 p.93

次の円上の点Pにおける接線の方程式を求めよ。

(1) $x^2+y^2=10$, P(3, 1)

(2) $x^2+y^2=13$, P(2, −3)

(3) $x^2+y^2=16$, P(4, 0)

(4) $x^2+y^2=5$, P(0, $-\sqrt{5}$)

指針 **円上の点における接線の方程式**　次の公式を用いる。

円 $x^2+y^2=r^2$ 上の点 $P(x_1,\ y_1)$ における接線の方程式は　$x_1x+y_1y=r^2$

解答 (1) $3x+1\cdot y=10$　すなわち　$\boldsymbol{3x+y=10}$ 答

(2) $2x+(-3)y=13$　すなわち　$\boldsymbol{2x-3y=13}$ 答

(3) $4x+0\cdot y=16$　すなわち　$\boldsymbol{x=4}$ 答

(4) $0\cdot x+(-\sqrt{5})y=5$　すなわち　$\boldsymbol{y=-\sqrt{5}}$ 答

練習 30 教 p.93

点A(2, 1) から円 $x^2+y^2=1$ に引いた接線の方程式と接点の座標を求めよ。

指針 **円外の点から引いた円の接線**　円 $x^2+y^2=1$ 上の点 $(x_1,\ y_1)$ における接線 $x_1x+y_1y=1$ が点A(2, 1) を通るように，x_1, y_1 の値を定める。

円外の1点を通る円の接線は2本あることに注意する。

解答 接点を $P(x_1,\ y_1)$ とすると，Pは円上にあるから

$x_1^2+y_1^2=1$ …… ①

また，Pにおける円の接線の方程式は

$x_1x+y_1y=1$ …… ②

で，この直線が点A(2, 1) を通るから

$2x_1+y_1=1$ …… ③

①, ③ から y_1 を消去すると

$x_1^2+(1-2x_1)^2=1$

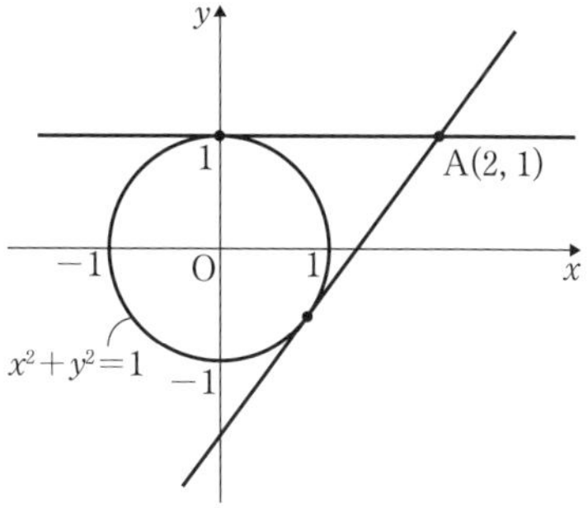

整理して　$5x_1^2-4x_1=0$　これを解くと　$x_1=0,\ \dfrac{4}{5}$

③ に代入して　$x_1=0$ のとき $y_1=1$,　$x_1=\dfrac{4}{5}$ のとき $y_1=-\dfrac{3}{5}$

よって，接線の方程式 ② と接点Pの座標は，次のようになる。

$0\cdot x+1\cdot y=1$ から　接線 $\boldsymbol{y=1}$,　接点 **(0, 1)**

$\dfrac{4}{5}x-\dfrac{3}{5}y=1$ から　接線 $\boldsymbol{4x-3y=5}$, 接点 $\boldsymbol{\left(\dfrac{4}{5},\ -\dfrac{3}{5}\right)}$ 答

7 2つの円

まとめ

1 2つの円の位置関係

半径がそれぞれ r, r' である2つの円の中心C, C′間の距離を d とする。このとき，$r>r'$ とすると，2つの円の位置関係は次のようになる。

[1] 互いに外部にある

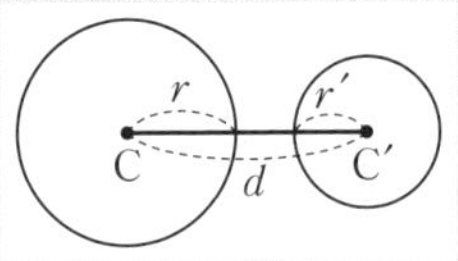

$d>r+r'$

[2] 外接する
(1点を共有する)

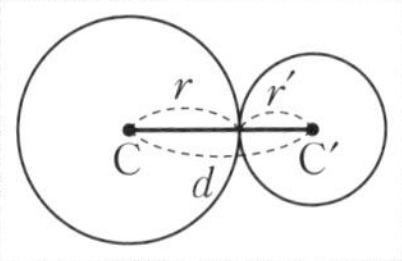

$d=r+r'$

[3] 2点で交わる

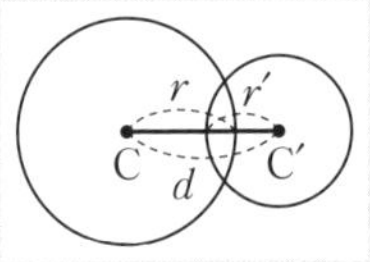

$r-r'<d<r+r'$

[4] 内接する
(1点を共有する)

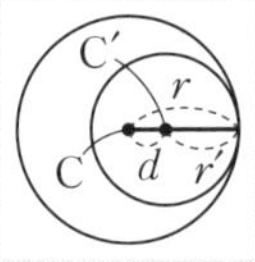

$d=r-r'$

[5] 一方が他方の
内部にある

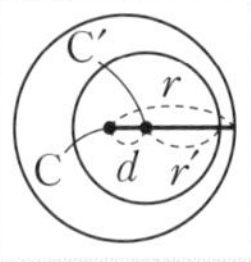

$d<r-r'$

[2]，[4] のように2つの円がただ1つの共有点をもつとき，2つの円は **接する** といい，この共有点を **接点** という。[2] のように接する場合，2つの円は **外接する** という。[4] のように接する場合，2つの円は **内接する** という。

注意 $r=r'$ の場合も，[1]〜[3] の位置関係と関係式は成り立つ。

2 2つの円の共有点の座標

2つの円が共有点をもつとき，その共有点の座標は，2つの円の方程式を連立させた連立方程式を解くことにより，求めることができる。

A 2つの円の位置関係

教 p.95

練習 31

円 $x^2+y^2=4$ と次の円について，その位置関係を調べよ。

(1) $(x+3)^2+(y-4)^2=9$　　(2) $(x-3)^2+(y-3)^2=8$

指針 **2つの円の位置関係**　上のまとめの [1]〜[5] をもとに考える。2つの円の中心間の距離 d を求め，$r+r'$ (半径の和) や $r-r'$ (半径の差) の値との大小を比較する。

解答 円 $x^2+y^2=4$ …… ① は中心が原点，半径が 2 の円である。

(1) $(x+3)^2+(y-4)^2=9$ …… ② とおく。

円 ② は中心が点 $(-3,\ 4)$，半径が 3 の円である。

また，2 つの円 ①，② の中心間の距離を d とすると

$$d=\sqrt{(-3)^2+4^2}$$
$$=\sqrt{25}$$
$$=5$$

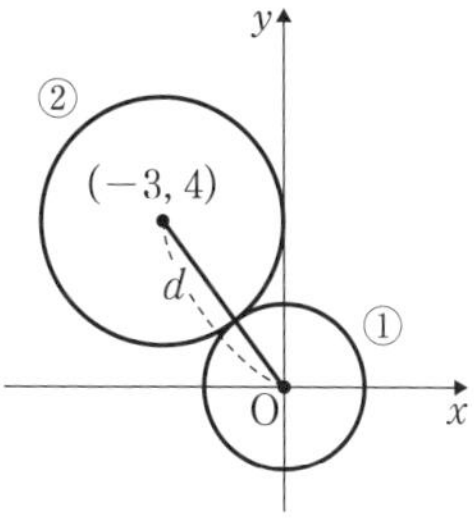

$d=$半径の和$=5$ であるから，2 つの円 ①，② は **外接する**。 答

(2) $(x-3)^2+(y-3)^2=8$ …… ③ とおく。

円 ③ は中心が点 $(3,\ 3)$，半径が $2\sqrt{2}$ の円である。

また，2 つの円 ①，③ の中心間の距離を d とすると

$$d=\sqrt{3^2+3^2}$$
$$=\sqrt{18}$$
$$=3\sqrt{2}$$

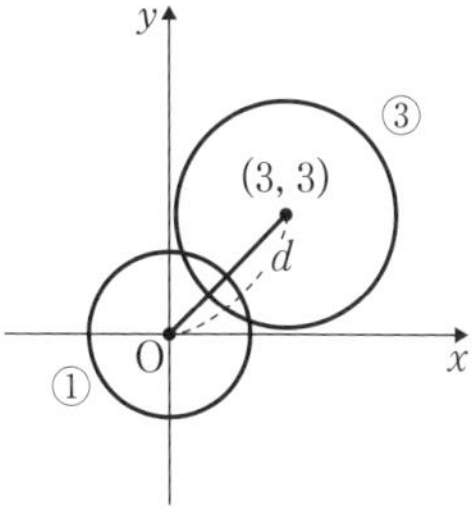

ここで，半径の差$=2\sqrt{2}-2$，半径の和$=2\sqrt{2}+2$ であり

$$2\sqrt{2}-2<3\sqrt{2}<2\sqrt{2}+2$$

半径の差$<d<$半径の和 であるから，2 つの円 ①，③ は **2 点で交わる**。 答

補足 $2\sqrt{2}-2<3\sqrt{2}$ は明らかである。また，$\sqrt{2}<2$ の両辺に $2\sqrt{2}$ を足すと，$3\sqrt{2}<2\sqrt{2}+2$ になる。よって，$2\sqrt{2}-2<3\sqrt{2}<2\sqrt{2}+2$ である。

練習 32 教 p.95

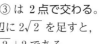

中心が点 $(-3,\ 4)$ である円 C と，円 $x^2+y^2=1$ が内接するとき，円 C の方程式を求めよ。

指針 **2 つの円の位置関係と方程式** 2 つの円の半径を r，r' $(r>r')$，中心間の距離を d とするとき，小さい方の円が大きい方の円に内接するのは，$d=r-r'$ のときである。

解答 円 $x^2+y^2=1$ は中心が原点，半径が 1 の円である。

よって，2 つの円の中心間の距離 d は　　$d=\sqrt{(-3)^2+4^2}=5$

円 $x^2+y^2=1$ が円 C に内接するとき，円 C の半径を r とすると

$$5=r-1$$

よって　　$r=5+1=6$

したがって，求める円 C の方程式は　　$\boldsymbol{(x+3)^2+(y-4)^2=36}$ 答

3章 図形と方程式

B 2つの円の共有点の座標

教 p.96

練習 33 次の2つの円の共有点の座標を求めよ。

$$x^2+y^2=10,\quad x^2+y^2-2x-y-5=0$$

指針 **2つの円の共有点の座標** 2つの円の方程式を連立させて，連立2元2次方程式を次のように解けばよい。解は2組ある。

[1] 2つの円の方程式の辺々を引くと，x，y の1次方程式が得られる。

[2] その1次方程式を x または y について解き，円の方程式のどちらかに代入して y か x を消去すると，2次方程式が得られる。

[3] [2]の2次方程式を解くと，解は異なる2つの実数解となる。それぞれの解を[1]の1次方程式に代入して，もう一方の文字の値を求める。

解答
$$\begin{cases} x^2+y^2=10 & \cdots\cdots ① \\ x^2+y^2-2x-y-5=0 & \cdots\cdots ② \end{cases}$$

①−② から　$2x+y+5=10$

すなわち　$y=-2x+5$ ……③

③ を ① に代入すると

$$x^2+(-2x+5)^2=10$$

整理すると　$x^2-4x+3=0$

これを解くと $(x-1)(x-3)=0$ から　$x=1,\ 3$

③ に代入して

$x=1$ のとき $y=3$，$x=3$ のとき $y=-1$

よって，共有点の座標は　$(1,\ 3)$，$(3,\ -1)$ 答

補足 ③ の方程式は，2つの円の共有点を通る直線を表す。

研究 2つの円の交点を通る図形

まとめ

2つの円の交点を通る図形

2つの円 $x^2+y^2+lx+my+n=0$ ……Ⓐ

$x^2+y^2+l'x+m'y+n'=0$ ……Ⓑ の交点を A，B とするとき，k を定数として，方程式 $k(x^2+y^2+lx+my+n)+(x^2+y^2+l'x+m'y+n')=0$ ……Ⓒ を考えると，この方程式が表す図形は2点 A，B を通り，$k\neq-1$ のときは円，$k=-1$ のときは直線となる。

注意 Ⓒ は円 Ⓐ を表すことはできない。

教 p.97

練習 1　2 つの円 $x^2+y^2-4=0$，$x^2+y^2-4x+2y-6=0$ の 2 つの交点と点 $(1,\ 2)$ を通る円の方程式を求めよ。

指針　**2 つの円の交点を通る図形**　求める円の方程式を

$$k(x^2+y^2-4)+(x^2+y^2-4x+2y-6)=0$$

とおき，$x=1$，$y=2$ を代入して，k の値を求める。

解答　k を定数として

$$k(x^2+y^2-4)+(x^2+y^2-4x+2y-6)=0 \quad \cdots\cdots \text{①}$$

とすると，① は 2 つの円の交点を通る図形を表す。

① の表す図形が点 $(1,\ 2)$ を通るから，① に $x=1$，$y=2$ を代入すると

$$k(1^2+2^2-4)+(1^2+2^2-4\cdot1+2\cdot2-6)=0$$

よって　　$k=1$

① に代入して整理すると

$$\boldsymbol{x^2+y^2-2x+y-5=0}$$ 答

第 3 章 第 2 節　問　題

教 p.98

9　円 $x^2+y^2+x-3y=0$ について，次の問いに答えよ。

(1)　この円の中心の座標と半径を求めよ。

(2)　この円と中心が同じで点 $(2,\ 1)$ を通る円の方程式を求めよ。

指針　**円の方程式**

(1)　与えられた式を $(x-a)^2+(y-b)^2=r^2$ の形に変形する。

(2)　(1) で求めた中心を $(a,\ b)$ として

$$(x-a)^2+(y-b)^2=r^2$$

とおき，$x=2$，$y=1$ を代入して，r^2 の値を求める。

解答　(1)　方程式を変形すると

$$\left(x^2+x+\frac{1}{4}\right)-\frac{1}{4}+\left(y^2-3y+\frac{9}{4}\right)-\frac{9}{4}=0$$

すなわち　$$\left(x+\frac{1}{2}\right)^2+\left(y-\frac{3}{2}\right)^2=\left(\frac{\sqrt{10}}{2}\right)^2$$

よって，この円の　**中心の座標は** $\boldsymbol{\left(-\frac{1}{2},\ \frac{3}{2}\right)}$，**半径は** $\boldsymbol{\frac{\sqrt{10}}{2}}$ 答

(2)　求める円の中心は点 $\left(-\frac{1}{2},\ \frac{3}{2}\right)$ であり，半径を r とすると，方程式は

$$\left(x+\frac{1}{2}\right)^2+\left(y-\frac{3}{2}\right)^2=r^2$$

とおける。

これが点 (2, 1) を通るから

$$\left(2+\frac{1}{2}\right)^2+\left(1-\frac{3}{2}\right)^2=r^2$$

よって　$r^2=\frac{13}{2}$

したがって，求める円の方程式は

$$\left(\boldsymbol{x}+\frac{1}{2}\right)^2+\left(\boldsymbol{y}-\frac{3}{2}\right)^2=\frac{13}{2}$$ 答

教 p.98

10　3点 A(−2, 1)，B(1, 4)，C(0, 5) を頂点とする△ABC の外接円の半径と，外心の座標を求めよ。

指針　**外接円の半径・外心**　△ABC の 3 つの頂点を通る円を△ABC の外接円といい，その円の中心を△ABC の外心という。

外接円の方程式を $x^2+y^2+lx+my+n=0$ とおき，l，m，n についての連立方程式を解いて l，m，n の値を求めた後，$(x-a)^2+(y-b)^2=r^2$ の形に変形し，半径と，中心 (外心) の座標を求める。

解答　外接円の方程式を $x^2+y^2+lx+my+n=0$ とする。

点 A，B，C を通るから

$(-2)^2+1^2+(-2)l+m+n=0$

$1^2+4^2+l+4m+n=0$

$5^2+5m+n=0$

整理すると

$-2l+m+n+5=0$ …… ①

$l+4m+n+17=0$ …… ②

$5m+n+25=0$ …… ③

①+②×2 から　$9m+3n+39=0$

すなわち　$3m+n+13=0$ …… ④

③−④ から　$2m+12=0$　よって　$m=-6$

④ に代入して　$-18+n+13=0$　よって　$n=5$

② から　$l+4\cdot(-6)+5+17=0$　よって　$l=2$

ゆえに，外接円の方程式は

$$x^2+y^2+2x-6y+5=0$$

すなわち　$(x+1)^2+(y-3)^2=5$

したがって，**外接円の半径は $\sqrt{5}$，外心の座標は $(-1, 3)$**　答

教 p.98

11 直線 $y=x-2$ が円 $x^2+y^2=10$ によって切り取られてできる線分の長さを求めよ。

指針 **円と直線（弦）** 直線と円の 2 つの共有点の座標を求めて，2 点間の距離を計算する。

解答 直線と円の交点の座標は，次の連立方程式の実数解である。

$$\begin{cases} y=x-2 & \cdots\cdots ① \\ x^2+y^2=10 & \cdots\cdots ② \end{cases}$$

① を ② に代入して整理すると　$x^2-2x-3=0$

これを解いて　$x=-1,\ 3$

① から　$x=-1$ のとき $y=-3$

$x=3$ のとき $y=1$

よって，直線 ① と円 ② の交点の座標は　$(-1,\ -3),\ (3,\ 1)$

したがって，求める線分の長さは

$$\sqrt{\{3-(-1)\}^2+\{1-(-3)\}^2}=\sqrt{32}=\boldsymbol{4\sqrt{2}}$$ 答

教 p.98

12 円 $x^2+y^2=5$ ……①，直線 $x+3y+c=0$ ……② が異なる 2 点で交わるとする。

(1) 定数 c の値の範囲を求めよ。

(2) $c=-5$ とする。このとき，円 ① と直線 ② の 2 つの共有点 A，B と原点 O の 3 点を通る円の方程式を求めよ。

指針 **円と直線** ①，② から x を消去し（本問では y を消去するより計算が楽になる），y についての 2 次方程式を作る。

(1) 異なる 2 点で交わる $\Longleftrightarrow$ 判別式 $D>0$

(2) まず，$c=-5$ のときの 2 次方程式を解き，①，② の共有点の座標を求める。また，求める円の方程式は，原点を通ることから，$x^2+y^2+lx+my=0$ とおける。

解答 (1) ①，② から x を消去すると

$(-3y-c)^2+y^2=5$　すなわち　$10y^2+6cy+c^2-5=0$ ……③

③ の判別式を D とすると　$\dfrac{D}{4}=(3c)^2-10(c^2-5)=-(c^2-50)$

①，② が異なる 2 点で交わるのは，$D>0$ のときである。

よって，$c^2-50<0$ を解いて　$\boldsymbol{-5\sqrt{2}<c<5\sqrt{2}}$ 答

(2) ③ において $c=-5$ とすると

$10y^2-30y+20=0$　すなわち　$y^2-3y+2=0$

3章 図形と方程式

これを解くと　$y=1,\ 2$

$x=-3y+5$ に代入して

　$y=1$ のとき　$x=2$,　$y=2$ のとき　$x=-1$

よって，共有点の座標は　$(2,\ 1)$, $(-1,\ 2)$

求める円は原点 O を通るから，その方程式を $x^2+y^2+lx+my=0$ とする。

点 $(2,\ 1)$ を通るから　$2^2+1^2+2l+m=0$

点 $(-1,\ 2)$ を通るから　$(-1)^2+2^2+(-1)l+2m=0$

整理すると　$2l+m+5=0$,　$-l+2m+5=0$

これを解くと　$l=-1$, $m=-3$

したがって，求める円の方程式は

$$\boldsymbol{x^2+y^2-x-3y=0}$$ 答

別解 (1)　円の半径を r とし，円の中心と直線の距離を d とする。

$d<r$ から　$\dfrac{|c|}{\sqrt{1^2+3^2}}<\sqrt{5}$

よって　$|c|<5\sqrt{2}$

したがって　$\boldsymbol{-5\sqrt{2}<c<5\sqrt{2}}$　答

(2)　k を定数として，方程式

　$k(x+3y-5)+(x^2+y^2-5)=0$　…… ④

を考えると，④ は 2 点 A，B を通る円を表す。

④ に $x=0$, $y=0$ を代入すると

　$-5k-5=0$　すなわち　$k=-1$

④ に代入して整理すると求める円の方程式は

$$\boldsymbol{x^2+y^2-x-3y=0}$$ 答

教 p.98

13 点 $(4,\ 2)$ から円 $x^2+y^2=10$ に引いた 2 つの接線の接点を A，B とする。
(1)　2 点 A，B の座標を求めよ。　(2)　直線 AB の方程式を求めよ。

指針　**円の接線**　接線の公式 $x_1x+y_1y=r^2$ を利用する。接点 $\mathrm{P}(x_1,\ y_1)$ は円上の点 $\longrightarrow x_1{}^2+y_1{}^2=10$　接線 $x_1x+y_1y=10$ が点 $(4,\ 2)$ を通る $\longrightarrow 4x_1+2y_1=10$
この 2 つの方程式を連立させて解き，x_1, y_1 を求める。

解答 (1)　接点を $\mathrm{P}(x_1,\ y_1)$ とする。

P は円上にあるから　$x_1{}^2+y_1{}^2=10$　…… ①

P における円の接線の方程式は　$x_1x+y_1y=10$

この直線が点 $(4,\ 2)$ を通るから　$4x_1+2y_1=10$

すなわち　$2x_1+y_1=5$　…… ②

①，② から y_1 を消去して整理すると　$x_1{}^2-4x_1+3=0$

これを解くと　$x_1=1,\ 3$

② から　$x_1=1$ のとき　$y_1=3$,　$x_1=3$ のとき　$y_1=-1$

よって，求める座標は　**(1, 3), (3, −1)**　答

(2) 求める方程式は $y-3=\dfrac{-1-3}{3-1}(x-1)$ から

$$\boldsymbol{2x+y-5=0}$$　答

別解 (2) $A(x_1,\ y_1)$, $B(x_2,\ y_2)$ とすると，A, B における円 $x^2+y^2=10$ の接線の方程式はそれぞれ　$x_1x+y_1y=10$,　$x_2x+y_2y=10$

これら 2 本の接線が点 (4, 2) を通るとすると

$x_1\cdot4+y_1\cdot2=10$,　$x_2\cdot4+y_2\cdot2=10$　…… ③

ここで，直線 $4x+2y=10$ を考えると，③ からこの直線は 2 点 A, B を通る。

A, B は異なる 2 点であるから，直線 AB の方程式は　$4x+2y=10$

すなわち，求める方程式は　$\boldsymbol{2x+y-5=0}$　答

教 p.98

14 円 $(x+1)^2+(y-3)^2=r^2$ が円 $(x-2)^2+(y+1)^2=49$ の内部にあるとき，半径 r の値の範囲を求めよ。

指針 **2 つの円の位置関係**　2 円の半径を r, r' $(r>r')$，中心間の距離を d とすると

一方の円が他方の円の内部にある　$\Longleftrightarrow$　$d<r-r'$

解答 円 $(x+1)^2+(y-3)^2=r^2$　…… ① の中心は $(-1,\ 3)$，半径は r

円 $(x-2)^2+(y+1)^2=49$　…… ② の中心は $(2,\ -1)$，半径は 7

よって，2 つの円の中心間の距離 d は

$d=\sqrt{\{2-(-1)\}^2+(-1-3)^2}=5$

円 ① が円 ② の内部にあるとき　$5<7-r$　すなわち　$r<2$

また，r は半径であるから　$0<r$

したがって，半径 r の値の範囲は　$\boldsymbol{0<r<2}$　答

教 p.98

15 円 $(x-1)^2+(y-2)^2=9$ 上の点 P と点 A(4, 6) との距離について，最大値と最小値を求めよ。また，2 点 P, A 間の距離が最小となるときの点 P の座標を求めよ。

指針 **円上の点と定点との距離の最大・最小**　円の中心を C とするとき，円上の点 P と円外の点 A との距離 PA が最小になるのは，線分 CA と円との交点が P のときである。PA が最大になるときについても，同様に考える。また，最小になるときの点 P の座標は，点 P が線分 CA の内分点であることから求めるのが簡単である。

教科書 $p.98$

解答 円 $(x-1)^2+(y-2)^2=3^2$ は，中心が C(1, 2)，半径が 3 の円であり，

$CA=\sqrt{(4-1)^2+(6-2)^2}=5$ である。

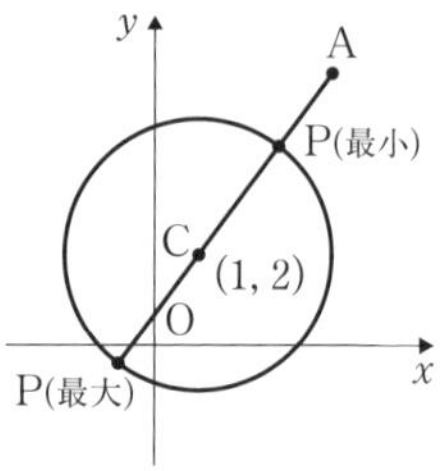

円上の点 P と点 A との距離 PA が最小になるのは，線分 CA と円との交点に P が一致するときである。

このとき　　$PA=CA-CP=5-3=\mathbf{2}$　答

また，距離 PA が最大になるのは，線分 CA の C の方への延長線と円との交点に P が一致するときである。

このとき　　$PA=CA+CP=5+3=\mathbf{8}$　答

さらに，距離 PA が最小になるときの点 P は，線分 CA を 3：2 に内分する点である。

C(1, 2)，A(4, 6) から，求める点 P の座標は

$$\left(\frac{2\times1+3\times4}{3+2},\ \frac{2\times2+3\times6}{3+2}\right)$$

すなわち　　$\left(\mathbf{\frac{14}{5}},\ \mathbf{\frac{22}{5}}\right)$　答

第3節　軌跡と領域

8 軌跡と方程式

まとめ

1　軌跡

ある条件を満たしながら動く点が描く図形を，その条件を満たす点の **軌跡** という。

2　座標を用いて点の軌跡を求める手順

1　条件を満たす点Pの座標を $(x,\ y)$ として，Pに関する条件を x，y の式で表し，この方程式の表す図形が何かを調べる。

2　逆に，**1** で求めた図形上のすべての点Pが，与えられた条件を満たすことを確かめる。

3　ともなって動く点の軌跡

点Qがある条件を満たしながら動くとき，Qに対応して定まる点Pの軌跡を求めるには，$P(x,\ y)$，$Q(s,\ t)$ とし，Qの満たす条件を表す s，t の式と，PとQの座標の関係式から，x，y の方程式を導く。

A 座標平面上の点の軌跡

教 p.99

練習 34　2点 $A(-1,\ 0)$，$B(1,\ 0)$ に対して，$AP^2-BP^2=8$ を満たす点Pの軌跡を求めよ。

指針　**座標平面上の点の軌跡**　上のまとめにある軌跡を求める手順に従う。
AP^2 や BP^2 は，2点間の距離の平方である。

解答　点Pの座標を $(x,\ y)$ とすると

$$AP^2=\{x-(-1)\}^2+y^2=(x+1)^2+y^2$$
$$BP^2=(x-1)^2+y^2$$

$AP^2-BP^2=8$ であるから

$$\{(x+1)^2+y^2\}-\{(x-1)^2+y^2\}=8$$

整理すると　　$x=2$

よって，点Pは直線 $x=2$ 上にある。

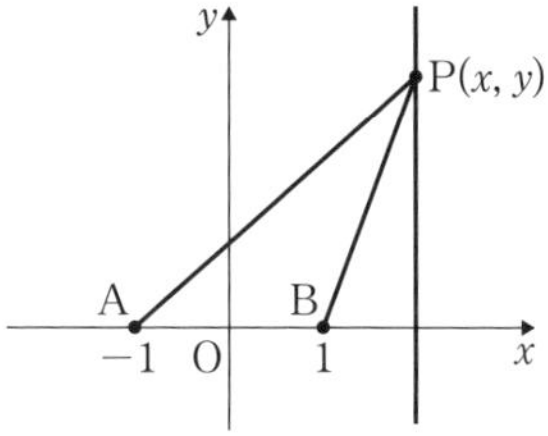

逆に，この直線上のすべての点Pについて，$AP^2-BP^2=8$ が成り立つ。

したがって，点Pの軌跡は　　**直線 $x=2$**　答

補足　$P(2,\ y)$ のとき

$$AP^2-BP^2=\{2-(-1)\}^2+y^2-\{(2-1)^2+y^2\}=3^2-1^2=8$$

教 p.100

練習 35

2 点 A(−3, 0), B(2, 0) からの距離の比が 3：2 である点 P の軌跡を求めよ。

指針 **座標平面上の点の軌跡**　点 P の座標を $(x,\ y)$ とする。P に関する条件は AP：BP＝3：2　すなわち　2AP＝3BP であるが，このままでは $\sqrt{\ }$ が出てきて扱いにくいから，両辺を平方，すなわち $4AP^2=9BP^2$ として，x, y の関係式を導く。

解答 点 P の座標を $(x,\ y)$ とする。

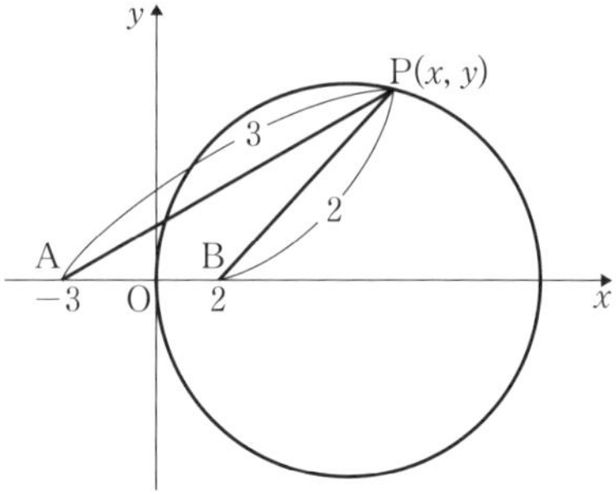

P に関する条件は

AP：BP＝3：2

これより　2AP＝3BP

すなわち　$4AP^2=9BP^2$

$$AP^2=\{x-(-3)\}^2+y^2$$
$$=(x+3)^2+y^2$$
$$BP^2=(x-2)^2+y^2$$

を代入すると

$$4\{(x+3)^2+y^2\}=9\{(x-2)^2+y^2\}$$

各辺を展開して

$$4x^2+24x+36+4y^2=9x^2-36x+36+9y^2$$

整理すると　　$x^2-12x+y^2=0$　　← 両辺を 5 で割る。

すなわち　　$(x-6)^2+y^2=6^2$　　← 両辺に 6^2 を加える。

よって，点 P は円 $(x-6)^2+y^2=6^2$ 上にある。

逆に，この円上のすべての点 P は，条件を満たす。　← ここまでの変形を逆にたどると AP：BP＝3：2

したがって，求める軌跡は，

点 (6, 0) を中心とする半径 6 の円 である。　答

注意 一般に，2 点 A, B からの距離の比が $m：n\ (m\neq n)$ である点 P の軌跡は円（**アポロニウスの円**という）になる。この円は，線分 AB を $m：n$ に内分する点と外分する点を直径の両端とする円である。

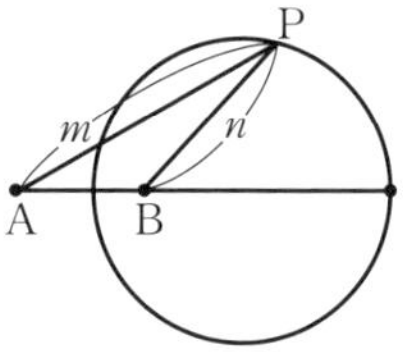

B 線分の内分点の軌跡

教 p.101

練習 36 点Qが直線 $y=x+2$ 上を動くとき，点 A(1, 6) と点Qを結ぶ線分 AQ を 2：1 に内分する点Pの軌跡を求めよ。

指針 **線分の内分点の軌跡** P(x, y), Q(s, t) とする。求めるのは点Pの軌跡であるから，x と y の関係式を導くことが目的である。
直線 $y=x+2$ を ℓ とすると，Qは直線 ℓ 上の点であるから，$t=s+2$ を満たす。
また，P(x, y) は線分 AQ を 2：1 に内分する点であるから

$$x=\frac{1+2s}{2+1},\quad y=\frac{6+2t}{2+1}$$

以上の3つの式から s, t を消去し，x と y だけの関係式を導く。

解答 点P，Qの座標を，それぞれ (x, y), (s, t) とする。

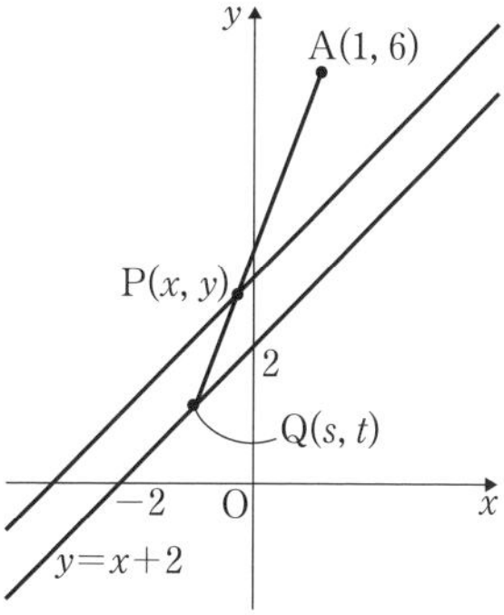

Qは直線 $y=x+2$ 上にあるから

$t=s+2$ …… ①

また，Pは線分 AQ を 2：1 に内分する点であるから

$$x=\frac{1+2s}{2+1},\quad y=\frac{6+2t}{2+1}$$

すなわち　$s=\dfrac{3x-1}{2}$, $t=\dfrac{3y-6}{2}$

これらを ① に代入して

$$\frac{3y-6}{2}=\frac{3x-1}{2}+2$$

整理すると　$y=x+3$

よって，点Pは直線 $y=x+3$ 上にある。
逆に，この直線上のすべての点Pは，条件を満たす。
したがって，求める軌跡は，**直線 $y=x+3$** である。 答

9 不等式の表す領域

まとめ

1　領域

座標平面上で，x，y の不等式を満たす点 $(x,\ y)$ 全体の集合を，その不等式の表す **領域** という。

2　直線と領域

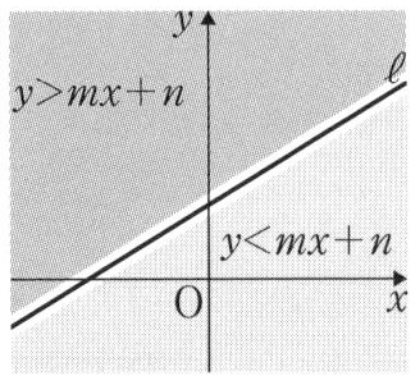

直線 $y=mx+n$ を ℓ とする。

1　不等式 $y>mx+n$ の表す領域は，直線 ℓ の上側の部分

2　不等式 $y<mx+n$ の表す領域は，直線 ℓ の下側の部分

注意　$y\geqq mx+n$ や $y\leqq mx+n$ の表す領域は，直線 $y=mx+n$ を含む。

3　円と領域

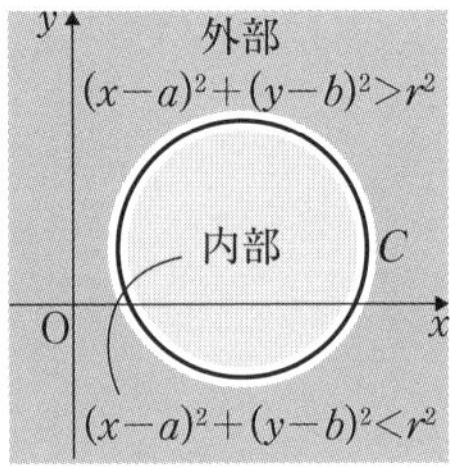

円 $(x-a)^2+(y-b)^2=r^2$ を C とする。

1　不等式 $(x-a)^2+(y-b)^2<r^2$ の表す領域は，円 C の **内部**

2　不等式 $(x-a)^2+(y-b)^2>r^2$ の表す領域は，円 C の **外部**

注意　$(x-a)^2+(y-b)^2\leqq r^2$ や
$(x-a)^2+(y-b)^2\geqq r^2$ の表す領域は，
円 $(x-a)^2+(y-b)^2=r^2$ を含む。

4　領域を利用した証明

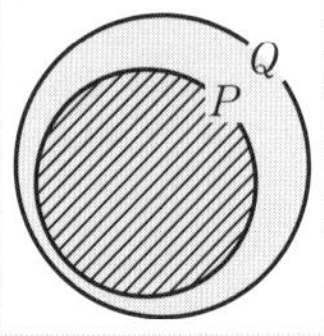

2 つの条件 p，q について，条件 p を満たすもの全体の集合を P，条件 q を満たすもの全体の集合を Q とすると，次が成り立つ。

「p ならば q が真である」$\Longleftrightarrow$「$P\subset Q$ が成り立つ」

A 直線を境界線とする領域

教 p.103

練習 37　次の不等式の表す領域を図示せよ。

(1)　$3x+y+2\leqq 0$　　(2)　$2x-3y+6\leqq 0$

(3)　$y>2$　　(4)　$x\leqq -1$

指針　**直線と領域**　$ax+by+c\leqq 0$ などのような形で不等式が与えられたときは，まず y について解き，$y\leqq\sim$ などの形に変形する。

(3)　$y>k$ の表す領域は　直線 $y=k$ の上側の部分，

教科書 $p.103$

　$y<k$ の表す領域は　直線 $y=k$ の下側の部分である。

(4)　$x>k$ の表す領域は　直線 $x=k$ の右側の部分，

　$x<k$ の表す領域は　直線 $x=k$ の左側の部分である。

≧，≦のときは境界線を含み，＞，＜のときは境界線を含まない。

解答 (1)　不等式を変形すると

$$y \leqq -3x-2$$

したがって，この領域は，直線 $y=-3x-2$ およびその下側の部分で，図の斜線部分である。

ただし，境界線を含む。

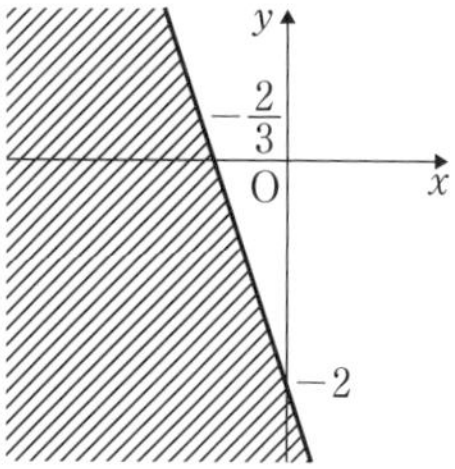

(2)　不等式を変形すると

$$y \geqq \frac{2}{3}x+2$$

したがって，この領域は，直線 $y=\frac{2}{3}x+2$ およびその上側の部分で，図の斜線部分である。

ただし，境界線を含む。

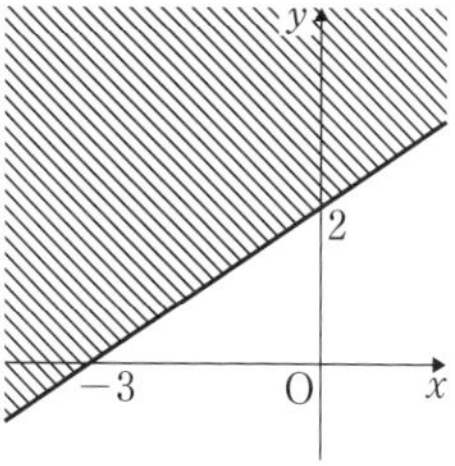

(3)　この領域は，y 座標が 2 より大きい点 $(x,\ y)$ 全体の集合である。

したがって，この領域は，直線 $y=2$ の上側の部分で，図の斜線部分である。

ただし，境界線を含まない。

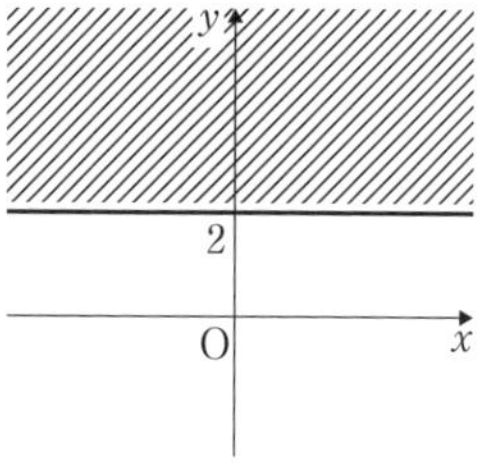

(4)　この領域は，x 座標が -1 以下の点 $(x,\ y)$ 全体の集合である。

したがって，この領域は，直線 $x=-1$ およびその左側の部分で，図の斜線部分である。

ただし，境界線を含む。

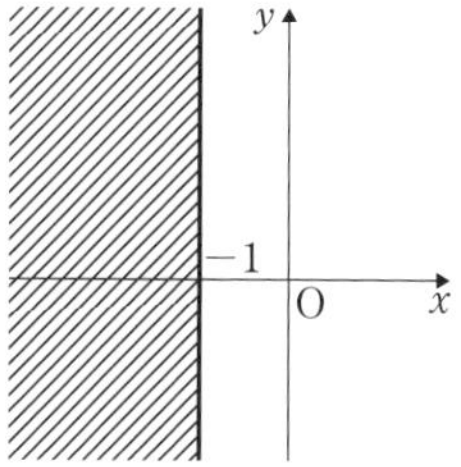

B 円を境界線とする領域

教 p.104

練習 38

次の不等式の表す領域を図示せよ。

(1) $x^2+y^2<4$　　(2) $x^2+y^2\geqq 6$

(3) $(x+2)^2+y^2\leqq 4$　　(4) $(x-1)^2+(y+3)^2>9$

指針 **円と領域**　座標平面は，1つの円によって2つの領域に分かれる。
$\sim <r^2$ ならば内部，$\sim >r^2$ ならば外部。$\sim \leqq r^2$，$\sim \geqq r^2$ なら円も含めた内部，または外部である。

解答 (1) この領域は，円 $x^2+y^2=2^2$ の内部である。
すなわち，図の斜線部分である。ただし，境界線を含まない。

(2) この領域は，円 $x^2+y^2=(\sqrt{6})^2$ およびその外部である。
すなわち，図の斜線部分である。ただし，境界線を含む。

(1)
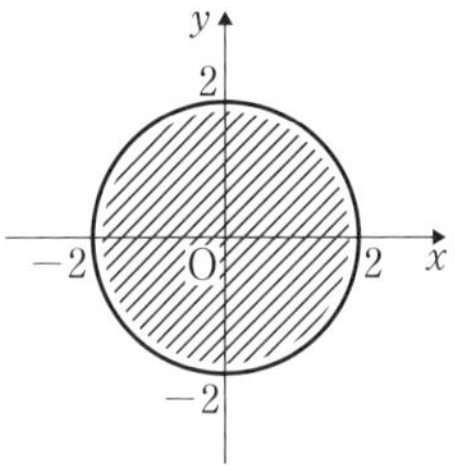

(2)
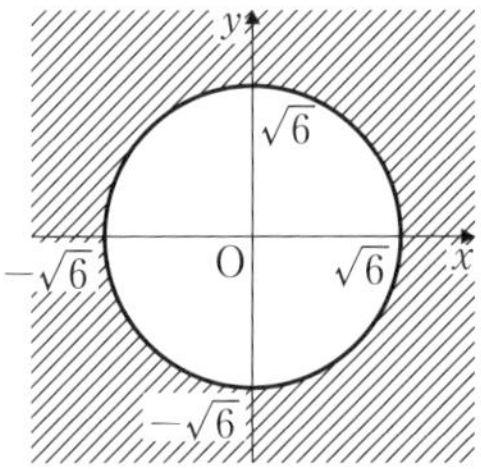

(3) この領域は，円 $(x+2)^2+y^2=2^2$ およびその内部である。
すなわち，図の斜線部分である。ただし，境界線を含む。

(4) この領域は，円 $(x-1)^2+(y+3)^2=3^2$ の外部である。
すなわち，図の斜線部分である。ただし，境界線を含まない。

(3)
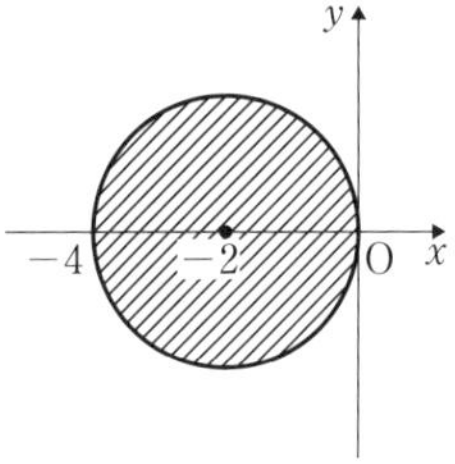

(4)
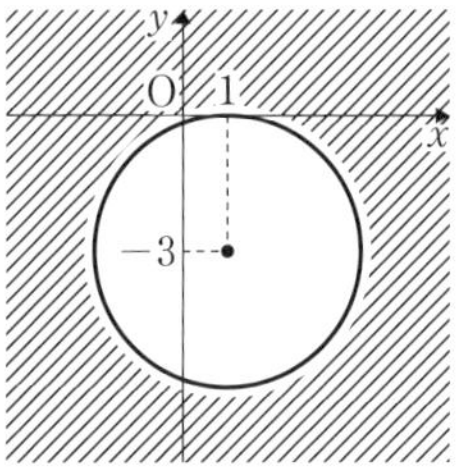

注意 円の中心の座標を代入したとき，不等式が成り立てば，その不等式の表す領域は円の内部である。成り立たなければ外部である。

C 連立不等式の表す領域

教 p.106

練習 39 次の連立不等式の表す領域を図示せよ。

(1) $\begin{cases} x-y+1>0 \\ 2x+y-1>0 \end{cases}$　　(2) $\begin{cases} x+y-3\leqq 0 \\ 4x-y-2\geqq 0 \end{cases}$

(3) $\begin{cases} x^2+y^2<25 \\ 3x-y+3<0 \end{cases}$　　(4) $\begin{cases} (x+1)^2+y^2\geqq 1 \\ x+2y+2\geqq 0 \end{cases}$

指針 **連立不等式の表す領域**　それぞれの不等式の表す領域に共通する部分を求める。たとえば(1)では，不等式は $y<x+1$，$y>-2x+1$ と変形され，それぞれの領域は図の ①，② であり，その共通する部分は ③ のようになる。

①
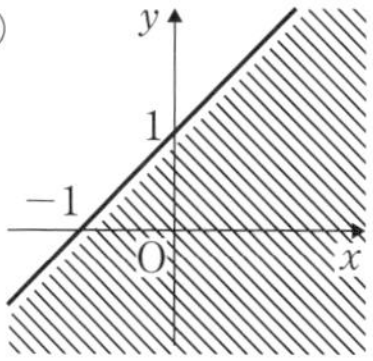

$x-y+1>0$

②
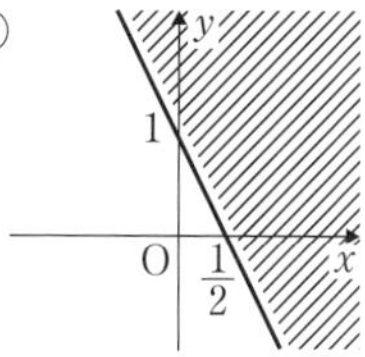

$2x+y-1>0$

③
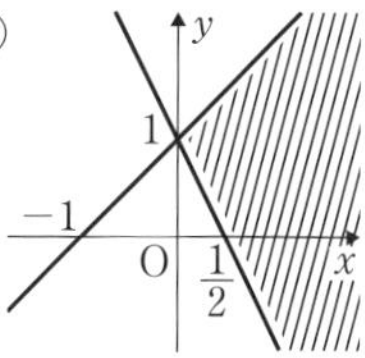

$\begin{cases} x-y+1>0 \\ 2x+y-1>0 \end{cases}$

解答 (1) この領域は，
　直線 $x-y+1=0$ の下側の部分と
　直線 $2x+y-1=0$ の上側の部分
の共通部分である。
すなわち，図の斜線部分である。
ただし，境界線を含まない。

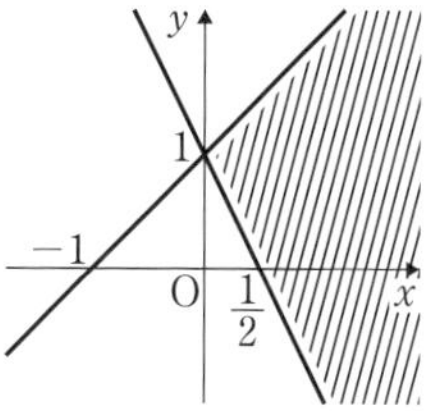

(2) この領域は，
　直線 $x+y-3=0$ およびその下側の部分と
　直線 $4x-y-2=0$ およびその下側の部分
の共通部分である。
すなわち，図の斜線部分である。
ただし，境界線を含む。

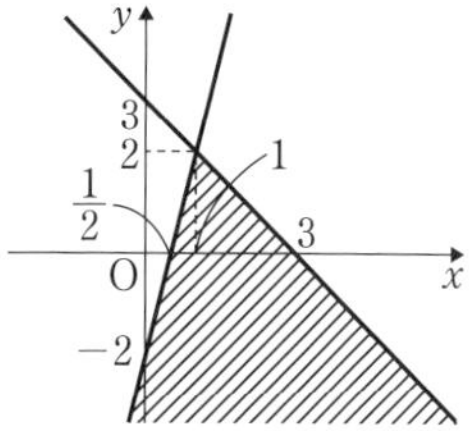

(3) この領域は，
　円 $x^2+y^2=5^2$ の内部と
　直線 $3x-y+3=0$ の上側の部分
の共通部分である。
すなわち，図の斜線部分である。
ただし，境界線を含まない。

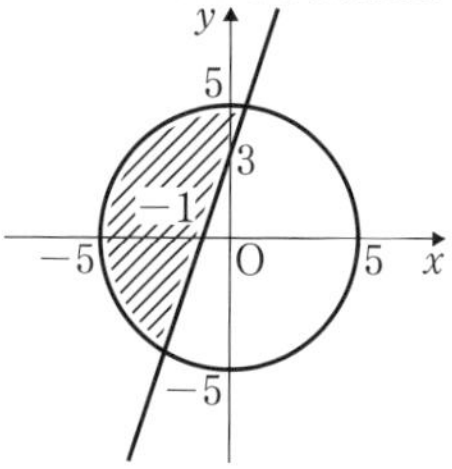

(4) この領域は,
円 $(x+1)^2+y^2=1^2$ およびその外部と
直線 $x+2y+2=0$ およびその上側の部分
の共通部分である。
すなわち, 図の斜線部分である。
ただし, 境界線を含む。

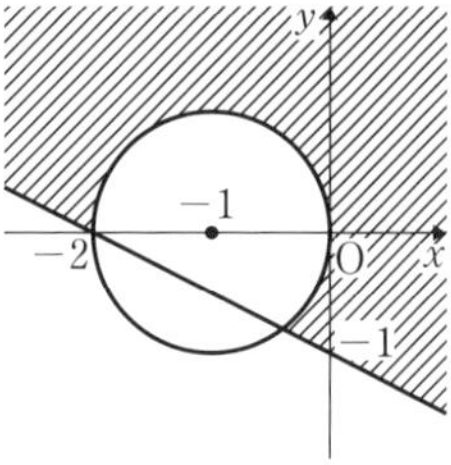

参考 座標平面は, 交わる 2 直線あるいは交わる円と直線によって, 4 つの領域に分けられる。連立不等式の表す領域は, そのうちの 1 つの部分である。

練習 40 教 p.106

次の不等式の表す領域を図示せよ。
(1) $(x+y)(x-y+1)<0$　　(2) $(x+y+2)(x+y-1)\geqq 0$

指針 **$AB>0$ の形の不等式が表す領域**　不等式の次の性質を利用する。

(1) $AB<0 \iff \begin{cases} A>0 \\ B<0 \end{cases}$ または $\begin{cases} A<0 \\ B>0 \end{cases}$　←2 つの連立不等式

(3) $AB\geqq 0 \iff \begin{cases} A\geqq 0 \\ B\geqq 0 \end{cases}$ または $\begin{cases} A\leqq 0 \\ B\leqq 0 \end{cases}$

解答 (1) 不等式 $(x+y)(x-y+1)<0$ が成り立つことは

$\begin{cases} x+y>0 \\ x-y+1<0 \end{cases}$ ...... ①　←$y>-x$　←$y>x+1$

または

$\begin{cases} x+y<0 \\ x-y+1>0 \end{cases}$ ...... ②　←$y<-x$　←$y<x+1$

が成り立つことと同じである。
よって, 求める領域は, ① の表す領域 A と ② の表す領域 B の和集合 $A\cup B$ であり, 図の斜線部分である。ただし, 境界線を含まない。

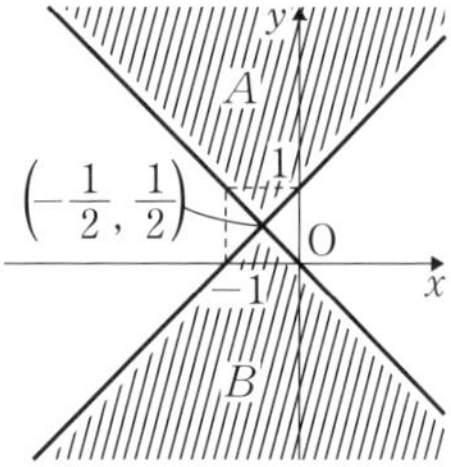

(2) 不等式 $(x+y+2)(x+y-1)\geqq 0$ が成り立つことは

$\begin{cases} x+y+2\geqq 0 \\ x+y-1\geqq 0 \end{cases}$ ...... ①　←$y\geqq -x-2$　←$y\geqq -x+1$

または

$\begin{cases} x+y+2\leqq 0 \\ x+y-1\leqq 0 \end{cases}$ ...... ②　←$y\leqq -x-2$　←$y\leqq -x+1$

が成り立つことと同じである。
よって, 求める領域は, ① の表す領域 A と
② の表す領域 B の和集合 $A\cup B$ であり, 図の斜線部分である。ただし, 境

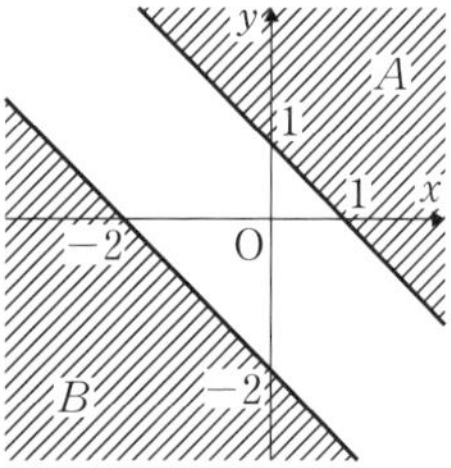

界線を含む。

参考　$xy>0 \iff \begin{cases} x>0 \\ y>0 \end{cases}$ または $\begin{cases} x<0 \\ y<0 \end{cases}$ であるから，$xy>0$ の表す領域は，第 1 象限および第 3 象限であり，隣り合わない 2 つの領域である。
同様にして，$xy<0$ の表す領域は，第 2 象限および第 4 象限であり，やはり隣り合わない 2 つの領域である。

D 領域と最大・最小

教 p.107

練習 41　x，y が 4 つの不等式 $x \geqq 0$，$y \geqq 0$，$2x+y \leqq 10$，$2x-3y \geqq -6$ を同時に満たすとき，$x+y$ の最大値，最小値を求めよ。

指針　**領域と最大・最小**　$x+y=k$ とおくと，これは傾きが -1，y 切片が k の直線を表す。この直線が連立不等式の表す領域と共有点をもつときの k の値の範囲を調べる。

解答　与えられた連立不等式の表す領域を A とする。
領域 A は 4 点
　　$(0,\ 0)$，$(5,\ 0)$，$(3,\ 4)$，$(0,\ 2)$
を頂点とする四角形の周および内部である。
　　$x+y=k$　…… ①
とおくと，$y=-x+k$ であり，これは傾きが -1，y 切片が k である直線を表す。

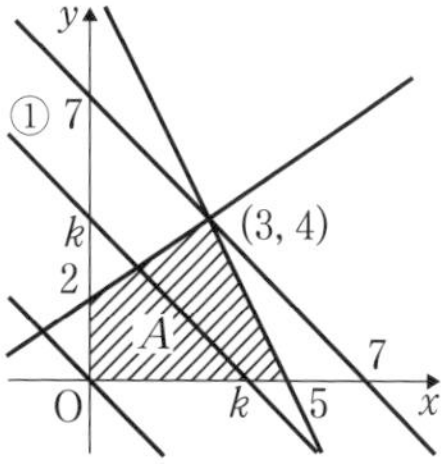

この直線 ① が領域 A と共有点をもつときの k の値の最大値，最小値を求めればよい。
領域 A においては，直線 ① が
　　点 $(3,\ 4)$ を通るとき k は最大で，そのとき　$k=7$
　　点 $(0,\ 0)$ を通るとき k は最小で，そのとき　$k=0$
である。
したがって，$x+y$ は
　　$x=3$，$y=4$ のとき**最大値 7** をとり，
　　$x=0$，$y=0$ のとき**最小値 0** をとる。　答

教 p.107

深める　x，y が教科書の応用例題 7 の 4 つの不等式を同時に満たすとき，$3x+y$ が最大値をとるような x，y の値を求めよう。

指針　**領域と最大・最小**　$3x+y=k$ とおくと，$y=-3x+k$ であり，傾きが -3，y 切片が k である直線を表す。この直線が連立不等式の表す領域と共有点をも

つときのうち，k の値が最大となる場合を考える。

解答　与えられた連立不等式の表す領域を A とする。
領域 A は 4 点 $(0,\ 0)$，$(4,\ 0)$，$(3,\ 2)$，$(0,\ 4)$ を頂点とする四角形の周および内部である。

$$3x+y=k \quad \cdots\cdots \text{①}$$

とおくと，$y=-3x+k$ であり，これは傾きが -3，y 切片が k である直線を表す。
この直線 ① が領域 A と共有点をもつときのうち，k の値が最大となるときの x，y の値を求めればよい。

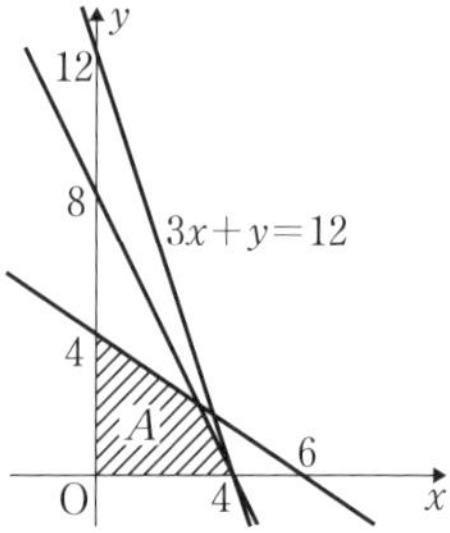

領域 A においては，図のように，直線 ① が点 $(4,\ 0)$ を通るとき k は最大となる。
したがって　$\boldsymbol{x=4,\ y=0}$　答

補足　$3x+y$ の最大値は $3\cdot4+0=12$ である。

E 領域を利用した証明

練習 42　教 p.108

x，y は実数とする。次のことを証明せよ。

$$x^2+y^2\leqq1 \quad \text{ならば} \quad x+y\leqq\sqrt{2}$$

指針　**領域を利用した証明**　不等式 $x^2+y^2\leqq1$ の表す領域を P，不等式 $x+y\leqq\sqrt{2}$ の表す領域を Q とするとき，$P\subset Q$ であることを示せばよい。

解答　不等式 $x^2+y^2\leqq1$ の表す領域を P，不等式 $x+y\leqq\sqrt{2}$ の表す領域を Q とする。
P は円 $x^2+y^2=1$ およびその内部，Q は直線 $x+y=\sqrt{2}$ およびその下側の部分である。
また，原点と直線 $x+y=\sqrt{2}$ の距離は
$\dfrac{|-\sqrt{2}|}{\sqrt{1^2+1^2}}=1$ であるから，円 $x^2+y^2=1$ と直線 $x+y=\sqrt{2}$ は接する。

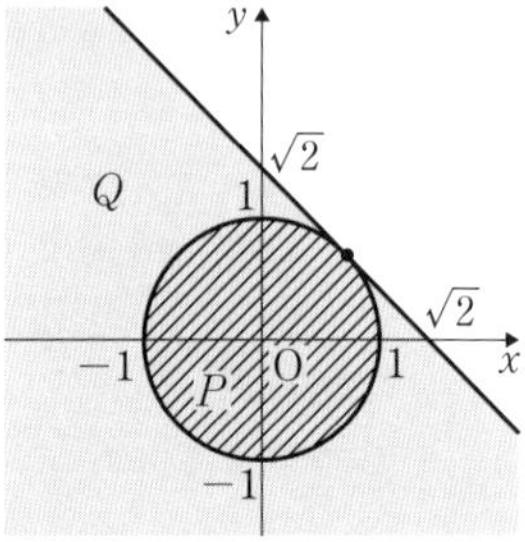

よって，それぞれの不等式の表す領域は図のようになり，$P\subset Q$ が成り立つ。
したがって，$x^2+y^2\leqq1$ ならば $x+y\leqq\sqrt{2}$ である。　終

教科書 p.109

研究 放物線を境界線とする領域

まとめ

関数 $y=f(x)$ のグラフと領域

関数 $y=f(x)$ のグラフを F とする。

不等式　$y>f(x)$ の表す領域は，曲線 F の上側の部分である。

不等式　$y<f(x)$ の表す領域は，曲線 F の下側の部分である。

注意　$y\geqq f(x)$ や $y\leqq f(x)$ の表す領域は，曲線 F を含む。

練習 1 教 p.109

次の不等式の表す領域を図示せよ。

(1)　$y>x^2-4x+3$　　　(2)　$y\leqq 1-x^2$

指針　放物線を境界線とする領域

(1)　不等式 $y>f(x)$ の表す領域は，曲線 $y=f(x)$ の上側の部分である。ただし，境界線を含まない。

(2)　不等式 $y\leqq f(x)$ の表す領域は，曲線 $y=f(x)$ およびその下側の部分である。ただし，境界線を含む。

解答　(1)　$y=x^2-4x+3$ を変形すると　$y=(x-2)^2-1$

$y>x^2-4x+3$ の表す領域は，放物線 $y=(x-2)^2-1$ の上側の部分で，図の斜線部分である。

ただし，境界線を含まない。

(2)　$y=1-x^2$ を変形すると　$y=-x^2+1$

$y\leqq 1-x^2$ の表す領域は，放物線 $y=-x^2+1$ およびその下側の部分で，図の斜線部分である。

ただし，境界線を含む。

(1)

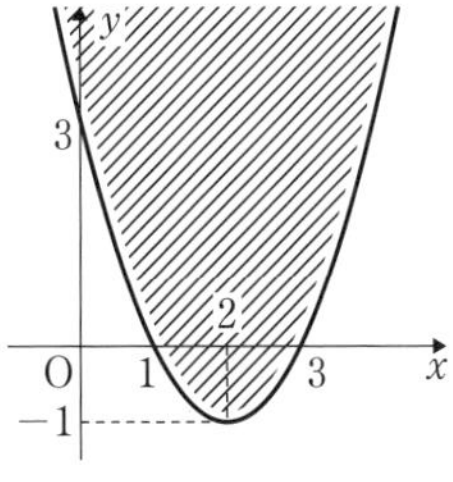

(2)

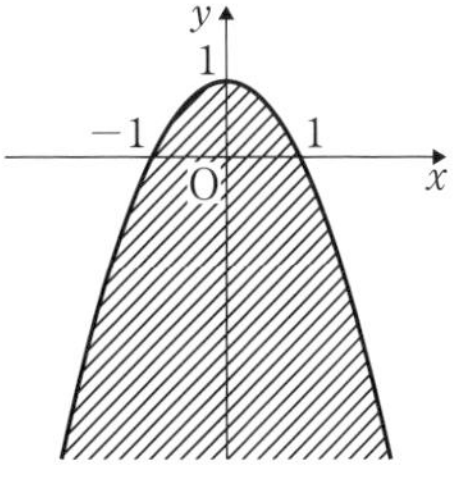

第3章 第3節　問　題

教 p.110

16 2点 A(−1, 0), B(1, 0) に対して，$AP^2+BP^2=10$ を満たす点Pの軌跡を求めよ。

指針 **座標平面上の点の軌跡**　次の手順に従って求める。

[1]　条件を満たす点Pの座標を P(x, y) として，Pに関する条件を x, y の方程式で表し，この方程式が表す図形が何かを調べる。

[2]　逆に，[1] で求めた図形上のすべての点Pが，与えられた条件を満たすことを確かめる。

解答 点Pの座標を (x, y) とすると

$$AP^2=\{x-(-1)\}^2+(y-0)^2$$
$$=(x+1)^2+y^2$$
$$BP^2=(x-1)^2+(y-0)^2$$
$$=(x-1)^2+y^2$$

$AP^2+BP^2=10$ であるから

$$\{(x+1)^2+y^2\}+\{(x-1)^2+y^2\}=10$$

整理すると　$2x^2+2y^2+2=10$

$$x^2+y^2=4$$

よって，点Pは円 $x^2+y^2=2^2$ 上にある。

逆に，この円上のすべての点Pについて $AP^2+BP^2=10$ が成り立つ。

ゆえに，点Pの軌跡は，**原点を中心とする半径2の円** である。　答

教 p.110

17 直線 $3x-2y-4=0$ に対して，点 P(1, −2) と同じ側にある点を，次の中から選べ。

原点O, A(−2, −6), B(−1, 3), C(3, 2)

指針 **直線と領域**　各点が直線 $3x-2y-4=0$ に対して $3x-2y-4>0$, $3x-2y-4<0$ のどちらの領域にあるかを調べる。

解答 $3x-2y-4$ に，点Pの座標 $x=1$, $y=-2$ を代入すると

$$3\cdot1-2\cdot(-2)-4=3>0$$

であるから，点Pは不等式 $3x-2y-4>0$ の表す領域にある。

同様にして，その他の点について，$3x-2y-4$ の符号を調べると

原点O(0, 0) について　$3\cdot0-2\cdot0-4=-4<0$

A(−2, −6) について　$3\cdot(-2)-2\cdot(-6)-4=2>0$

B(−1, 3) について　$3\cdot(-1)-2\cdot3-4=-13<0$

C(3, 2) について　　　$3\cdot 3-2\cdot 2-4=1>0$

であるから，$3x-2y-4>0$ の表す領域にある点は A，C である。

よって，直線 $3x-2y-4=0$ に対して，点 P と同じ側にある点は

A，C 答

教 p.110

18 次の不等式の表す領域を図示せよ。

(1) $1\leqq x+y\leqq 3$　　　(2) $4\leqq x^2+y^2\leqq 9$

指針 **不等式 $A\leqq B\leqq C$ の表す領域**　$A\leqq B$ かつ $B\leqq C$ を表すから，連立不等式 $\begin{cases} A\leqq B \\ B\leqq C \end{cases}$ の表す領域と考えればよい。

解答 (1) この不等式の表す領域は

直線 $x+y=1$ およびその上側の部分と

直線 $x+y=3$ およびその下側の部分

の共通部分である。

すなわち，図の斜線部分である。

ただし，境界線を含む。

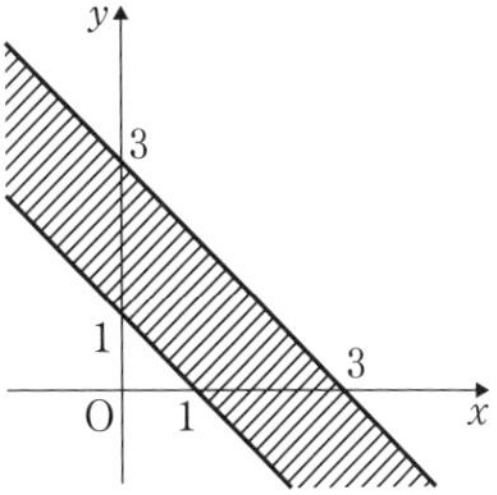

(2) この不等式の表す領域は

円 $x^2+y^2=2^2$ およびその外部と

円 $x^2+y^2=3^2$ およびその内部

の共通部分である。

すなわち，図の斜線部分である。

ただし，境界線を含む。

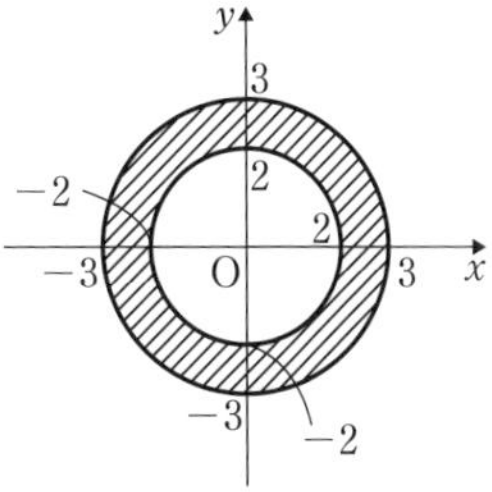

教 p.110

19 次の不等式の表す領域を図示せよ。

$$(3x-y-5)(x^2+y^2-25)\geqq 0$$

指針 **不等式 $AB\geqq 0$ の表す領域**　不等式の次の性質を利用する。

$$AB\geqq 0 \iff \begin{cases} A\geqq 0 \\ B\geqq 0 \end{cases} \text{ または } \begin{cases} A\leqq 0 \\ B\leqq 0 \end{cases}$$

解答 不等式 $(3x-y-5)(x^2+y^2-25)\geqq 0$ が成り立つことは

$$\begin{cases} 3x-y-5\geqq 0 \\ x^2+y^2-25\geqq 0 \end{cases} \text{ または } \begin{cases} 3x-y-5\leqq 0 \\ x^2+y^2-25\leqq 0 \end{cases}$$

が成り立つことと同じである。

$\begin{cases} 3x-y-5 \geqq 0 \\ x^2+y^2-25 \geqq 0 \end{cases}$ の表す領域は

直線 $3x-y-5=0$ およびその下側の部分と

円 $x^2+y^2-25=0$ およびその外部

の共通部分である。

$\begin{cases} 3x-y-5 \leqq 0 \\ x^2+y^2-25 \leqq 0 \end{cases}$ の表す領域は

直線 $3x-y-5=0$ およびその上側の部分と

円 $x^2+y^2-25=0$ およびその内部

の共通部分である。

よって，求める領域は図の斜線部分である。

ただし，境界線を含む。

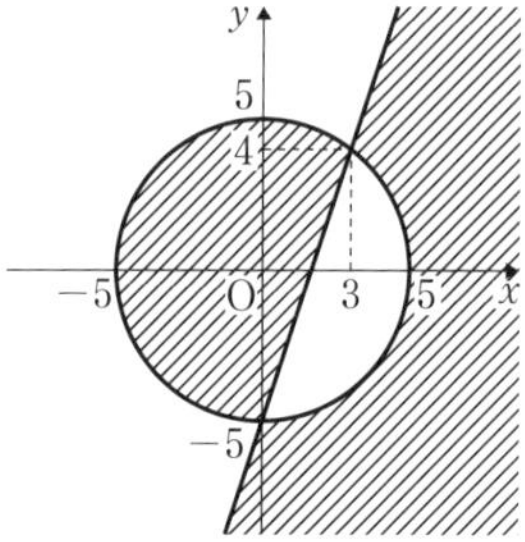

教 p.110

20 不等式 $x^2+y^2 \leqq 1$ を満たす x，y に対して，$x+y$ の最大値および最小値と，そのときの x，y の値を求めよ。

指針 **領域と最大・最小**　$x+y=k$ とおくと，これは傾きが -1，y 切片が k の直線を表す。この直線が不等式 $x^2+y^2 \leqq 1$ の表す領域と共有点をもつときの k の値の範囲を調べる。

解答 不等式 $x^2+y^2 \leqq 1$ の表す領域を A とすると，A は円 $x^2+y^2=1$ の周および内部である。

$x+y=k$ …… ①

とおくと，これは傾きが -1，y 切片が k である直線を表す。

この直線 ① が領域 A と共有点をもつときの k の最大値，最小値を求めればよい。

直線 ① が円 $x^2+y^2=1$ と接するとき，図のように接点を P，Q とすると，OP=OQ=1 で，直角二等辺三角形の辺の比が $1:1:\sqrt{2}$ であることから，

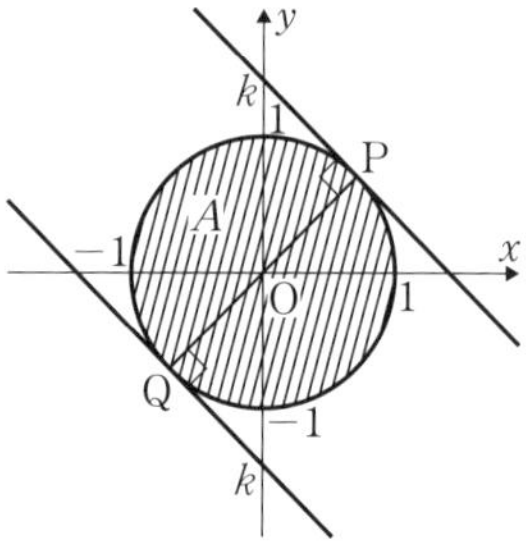

直線 ① が点 P で円と接するとき　$k=\sqrt{2}$　$\left(このとき\ x=y=\dfrac{\sqrt{2}}{2}\right)$

直線 ① が点 Q で円と接するとき　$k=-\sqrt{2}$　$\left(このとき\ x=y=-\dfrac{\sqrt{2}}{2}\right)$

であり，これらは，k のとり得る値の最大値，最小値になる。

したがって，$x+y$ は

$\boldsymbol{x=y=\dfrac{\sqrt{2}}{2}}$ **のとき最大値** $\boldsymbol{\sqrt{2}}$ をとり，

$\boldsymbol{x=y=-\dfrac{\sqrt{2}}{2}}$ **のとき最小値** $\boldsymbol{-\sqrt{2}}$ をとる。　答

教 p.110

21 A(−1, 0), B(1, 0) とする。

(1) 次が成り立つことを示せ。

点 P が ∠APB＝90° を満たすならば点 P は原点を中心とする半径 1 の円上にある。

(2) 次が成り立たないことを示せ。

点 P が原点を中心とする半径 1 の円上にあるならば点 P は ∠APB＝90° を満たす。

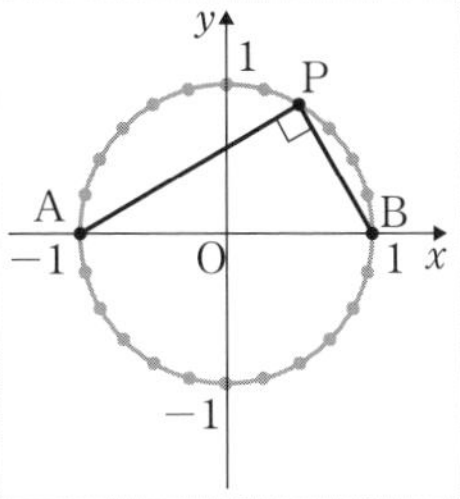

指針 **除かれる点がある軌跡**

(1) △PAB は AB を斜辺とする直角三角形であるから，$AP^2+BP^2=AB^2$ が成り立つ。P(x, y) とおき，x, y についての関係式を求める。

(2) 原点を中心とする半径 1 の円上にあるのに，∠APB＝90° とならない点はどれかを考える。

解答 (1) 点 P の座標を (x, y) とする。

∠APB＝90° より，△PAB は AB を斜辺とする直角三角形であるから

$$AP^2+BP^2=AB^2$$

よって　$\{x-(-1)\}^2+y^2+(x-1)^2+y^2=2^2$

整理すると　$x^2+y^2=1$

したがって，点 P が ∠APB＝90° を満たすならば点 P は原点を中心とする半径 1 の円上にある。 終

(2) 点 A，点 B は原点を中心とする半径 1 の円上にあるが，点 P が点 A または点 B と一致するとき，∠APB＝90° を満たさない。

したがって，

「点 P が原点を中心とする半径 1 の円上にあるならば点 P は ∠APB＝90° を満たす。」

は成り立たない。 終

補足 (1), (2) から，次の結論が得られる。

A(−1, 0), B(1, 0) に対し，∠APB＝90° を満たす点 P の軌跡は，原点を中心とする半径 1 の円（ただし，点 A，B を除く）である。

第3章　章末問題A

教 p.111

1. 三角形の各辺の中点の座標が，(−1, 1)，(1, 2)，(2, 0) であるとき，この三角形の3つの頂点の座標を求めよ。

指針 **中点の座標**　三角形の頂点を $A(x_1,\ y_1)$，$B(x_2,\ y_2)$，$C(x_3,\ y_3)$ とおき，辺 AB，BC，CA の中点がそれぞれ (−1, 1)，(1, 2)，(2, 0) であるとして，x 座標，y 座標のそれぞれについて連立3元1次方程式を作る。

解答 三角形の頂点を $A(x_1,\ y_1)$，$B(x_2,\ y_2)$，$C(x_3,\ y_3)$ とし，辺 AB，BC，CA の中点がそれぞれ P(−1, 1)，Q(1, 2)，R(2, 0) であるとする。

P，Q，R の x 座標について

$$\begin{cases} \dfrac{x_1+x_2}{2}=-1 \\ \dfrac{x_2+x_3}{2}=1 \\ \dfrac{x_3+x_1}{2}=2 \end{cases} \quad \text{すなわち} \quad \begin{cases} x_1+x_2=-2 & \cdots\cdots ① \\ x_2+x_3=2 & \cdots\cdots ② \\ x_3+x_1=4 & \cdots\cdots ③ \end{cases}$$

(① + ② + ③)÷2 から　$x_1+x_2+x_3=2$ ……④

②，④ から　$x_1=0$　　③，④ から　$x_2=-2$　　①，④ から　$x_3=4$

P，Q，R の y 座標について

$$\begin{cases} \dfrac{y_1+y_2}{2}=1 \\ \dfrac{y_2+y_3}{2}=2 \\ \dfrac{y_3+y_1}{2}=0 \end{cases} \quad \text{すなわち} \quad \begin{cases} y_1+y_2=2 & \cdots\cdots ⑤ \\ y_2+y_3=4 & \cdots\cdots ⑥ \\ y_3+y_1=0 & \cdots\cdots ⑦ \end{cases}$$

(⑤ + ⑥ + ⑦)÷2 から　$y_1+y_2+y_3=3$ ……⑧

⑥，⑧ から　$y_1=-1$　　⑦，⑧ から　$y_2=3$　　⑤，⑧ から　$y_3=1$

以上により　A(0, −1)，B(−2, 3)，C(4, 1)

したがって，求める3つの頂点の座標は

(0, −1)，(−2, 3)，(4, 1)　答

教 p.111

2. 2直線 $ax+3y+1=0$，$2x+(a-1)y=0$ が平行であるとき，および垂直であるときの定数 a の値を，それぞれ求めよ。

指針 **2直線の平行, 垂直**　まず，$a=1$ の場合の2直線の位置関係を確認する。次に，$a \neq 1$ としてそれぞれの傾きを求め，「平行 ⟺ 傾きが等しい」，「垂直 ⟺ 傾きの積が −1」を用いて，a の値を求める。

解答 $a=1$ のとき，2 直線は $x+3y+1=0$，$x=0$ となり，平行でも垂直でもないから，$a \neq 1$ である。

このとき，2 直線の傾きは　$-\frac{a}{3}$，$-\frac{2}{a-1}$

2 直線が平行であるとき　$-\frac{a}{3}=-\frac{2}{a-1}$

式を整理すると　$a^2-a-6=0$

これを解いて　$\boldsymbol{a=-2,\ 3}$ 答

2 直線が垂直であるとき　$\left(-\frac{a}{3}\right)\cdot\left(-\frac{2}{a-1}\right)=-1$

式を整理すると　$5a-3=0$

これを解いて　$\boldsymbol{a=\frac{3}{5}}$ 答

参考 2 直線 $ax+by+c=0$，$a'x+b'y+c'=0$ について，

2 直線が平行 $\Longleftrightarrow$ $ab'-ba'=0$
2 直線が垂直 $\Longleftrightarrow$ $aa'+bb'=0$
から，次のように解いてもよい。

別解 2 直線が平行になるのは，$a(a-1)-3\cdot 2=0$ のときである。

よって　$a^2-a-6=0$

これを解いて　$\boldsymbol{a=-2,\ 3}$ 答

2 直線が垂直になるのは，$a\cdot 2+3(a-1)=0$ のときである。

よって　$5a-3=0$

これを解いて　$\boldsymbol{a=\frac{3}{5}}$ 答

研究　教 p.111

3. k は定数とする。直線 $(2k+3)x+(k-4)y-4k+5=0$ は，k の値に関係なく定点を通る。その定点の座標を求めよ。また，この直線が点 $(-1,\ 0)$ を通るように，k の値を定めよ。

指針 **定点を通る直線**　$(2k+3)x+(k-4)y-4k+5=0$ …… ① とおけば，① が任意の k について成り立つような x，y の値が，この直線が k の値に関係なく通る定点の座標である。よって，① を k について整理し，その等式が恒等式となるような x，y の値を求めればよい。

解答　$(2k+3)x+(k-4)y-4k+5=0$ …… ①

とする。① を k について整理すると

$k(2x+y-4)+(3x-4y+5)=0$ …… ②

これが k の値に関係なく成り立つから，② は k についての恒等式である。

$2x+y-4=0$，$3x-4y+5=0$ を連立方程式として解くと　$x=1$，$y=2$

よって，求める定点の座標は　$(1,\ 2)$ 答

また，① に $x=-1$，$y=0$ を代入すると

$$-(2k+3)+(k-4)\cdot 0-4k+5=0$$

これを解いて　$\boldsymbol{k=\frac{1}{3}}$　答

教 p.111

4. 3点 O(0, 0)，A(x_1, y_1)，B(x_2, y_2) を頂点とする△OAB がある。
(1) 点 B と直線 OA の距離を x_1，y_1，x_2，y_2 を用いて表せ。
(2) △OAB の面積は，$\frac{1}{2}|x_1y_2-x_2y_1|$ で表されることを示せ。

指針　**点と直線の距離と三角形の面積**

(1) 直線 OA の方程式を求め，点と直線の距離の公式を利用する。
(2) 辺 OA を底辺とすると，(1) で求めた距離が高さになる。

解答　(1) $x_1\neq 0$ のとき，直線 OA の式は　$y=\frac{y_1}{x_1}x$

すなわち　$y_1x-x_1y=0$　これは $x_1=0$ のときも成り立つ。

よって，点 B(x_2, y_2) と直線 $y_1x-x_1y=0$ の距離 d は

$$d=\frac{|y_1x_2-x_1y_2|}{\sqrt{y_1{}^2+(-x_1)^2}}=\boldsymbol{\frac{|x_1y_2-x_2y_1|}{\sqrt{x_1{}^2+y_1{}^2}}}$$　答

(2) △OAB の底辺を OA とすると，高さは (1) の距離 d である。

よって　$\triangle\mathrm{OAB}=\frac{1}{2}\cdot\mathrm{OA}\cdot d$

$$=\frac{1}{2}\cdot\sqrt{x_1{}^2+y_1{}^2}\cdot\frac{|x_1y_2-x_2y_1|}{\sqrt{x_1{}^2+y_1{}^2}}$$

$$=\frac{1}{2}|x_1y_2-x_2y_1|$$　終

教 p.111

5. 直線 $x-y+2=0$ が円 $x^2+(y-1)^2=25$ によって切り取られてできる線分の長さを求めよ。

指針　**円と直線 (弦)**　直線と円の共有点の座標を求めて計算する。

解答　$\begin{cases} y=x+2 & \cdots\cdots ① \\ x^2+(y-1)^2=25 & \cdots\cdots ② \end{cases}$ とする。

① を ② に代入して整理すると　$x^2+x-12=0$

これを解いて　$x=-4,\ 3$

① から　$x=-4$ のとき $y=-2$

$x=3$ のとき $y=5$

よって，直線 ① と円 ② の交点の座標は　$(-4,\ -2)$，$(3,\ 5)$

したがって，求める線分の長さは

$$\sqrt{\{3-(-4)\}^2+\{5-(-2)\}^2}=\sqrt{98}=\mathbf{7\sqrt{2}}$$ 答

参考 円の中心と直線の距離を d，円の半径を r とすると，円の中心を通る弦の垂線は弦を 2 等分することから，弦の長さは $2\sqrt{r^2-d^2}$ となる。このことを利用すると，次のようになる。

別解 直線 ① の方程式は $x-y+2=0$ であるから，円 ② の中心 $(0,\ 1)$ と直線 ① の距離は　$\dfrac{|0-1+2|}{\sqrt{1^2+(-1)^2}}=\dfrac{1}{\sqrt{2}}$

円 ② の半径は 5 であるから，求める線分の長さは

$$2\sqrt{5^2-\left(\frac{1}{\sqrt{2}}\right)^2}=2\sqrt{\frac{49}{2}}=\mathbf{7\sqrt{2}}$$ 答

教 p.111

6. 点 C(2, 1) を中心として，直線 $x+2y+1=0$ に接する円の方程式を求めよ。

指針 **直線に接する円**　求める円の半径は C(2, 1) と直線 $x+2y+1=0$ の距離に等しい。

解答 求める円の半径を r とする。

この円は直線 $x+2y+1=0$ に接するから，r は中心 C(2, 1) と直線の距離に等しい。

よって　$r=\dfrac{|1\cdot 2+2\cdot 1+1|}{\sqrt{1^2+2^2}}=\dfrac{5}{\sqrt{5}}=\sqrt{5}$　　$\leftarrow d=\dfrac{|ax_1+by_1+c|}{\sqrt{a^2+b^2}}$

したがって，求める円の方程式は

$$(x-2)^2+(y-1)^2=(\sqrt{5})^2$$

すなわち　$\mathbf{(x-2)^2+(y-1)^2=5}$ 答

教 p.111

7. 点 A(2, 1) に関して点 Q$(a,\ b)$ と対称な点を P とする。

(1) P の座標を a，b を用いて表せ。

(2) Q が直線 $2x+y+1=0$ 上を動くとき，P の軌跡を求めよ。

指針 **線分の中点と軌跡**

(1) P$(x,\ y)$ とし，点 A が線分 PQ の中点であることを式に表す。

(2) まず，Q の条件から a，b の関係式を導く。次に，a，b を x，y を用いて表し，求めた関係式に代入する。

解答 (1) P の座標を $(x,\ y)$ とする。

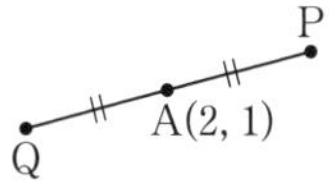

点 A(2, 1) は線分 PQ の中点であるから

$$2=\frac{x+a}{2},\quad 1=\frac{y+b}{2}$$

すなわち　$x=4-a$　…… ①，$y=2-b$　…… ②

よって，Pの座標は　$(4-a,\ 2-b)$ 答

(2) $Q(a,\ b)$ は直線 $2x+y+1=0$ 上にあるから

$2a+b+1=0$ …… ③

①，② から　$a=4-x,\ b=2-y$

これらを ③ に代入すると

$2(4-x)+(2-y)+1=0$

整理すると　$2x+y-11=0$

よって，点Pは直線 $2x+y-11=0$ 上にある。

逆に，この直線上のすべての点Pは，条件を満たす。

したがって，求める軌跡は　**直線 $2x+y-11=0$** 答

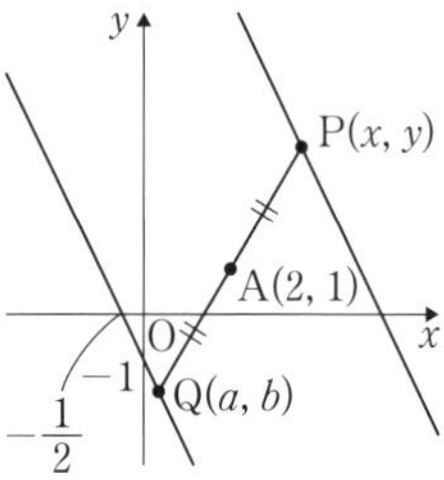

教 p.111

8. 右の図の斜線部分を表す不等式を求めよ。ただし，境界線を含むものとする。

(1)

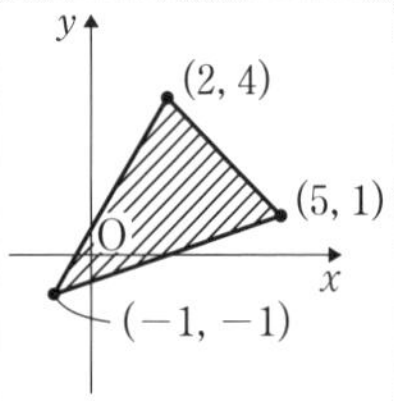

(2)

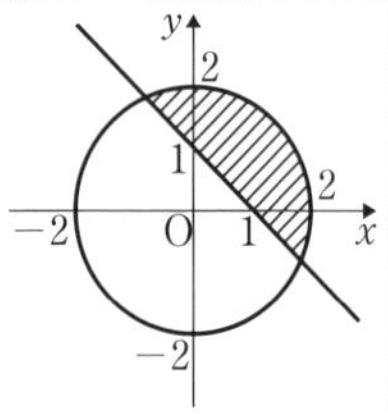

指針 **領域を表す不等式**

(1) 3つの直線の方程式を求め，斜線部分がそれぞれの直線の上側にあるか下側にあるかによって，3つの不等式を作る。

(2) 円の内部であり，かつ直線の上側である。

解答 (1) A(2, 4)，B(−1, −1)，C(5, 1) とする。

3直線 AB，AC，BC の方程式はそれぞれ

AB　$y-4=\dfrac{-1-4}{-1-2}(x-2)$　すなわち　$y=\dfrac{5}{3}x+\dfrac{2}{3}$

AC　$y-4=\dfrac{1-4}{5-2}(x-2)$　すなわち　$y=-x+6$

BC　$y-(-1)=\dfrac{1-(-1)}{5-(-1)}\{x-(-1)\}$　すなわち　$y=\dfrac{1}{3}x-\dfrac{2}{3}$

斜線部分は，直線 AB およびその下側の部分，直線 AC およびその下側の部分，直線 BC およびその上側の部分に共通する領域である。

よって　$\boldsymbol{y\leqq\dfrac{5}{3}x+\dfrac{2}{3},\ y\leqq-x+6,\ y\geqq\dfrac{1}{3}x-\dfrac{2}{3}}$ 答

(2) 斜線部分は，円 $x^2+y^2=2^2$ およびその内部，直線 $y=-x+1$ およびその上側の部分に共通する領域である。

よって　$\boldsymbol{x^2+y^2\leqq4,\ y\geqq-x+1}$ 答

第3章　章末問題B

教 p.112

9．次の3点が一直線上にあるとき，a の値を求めよ。

A(1, −2), B(3, a), C(a, 0)

指針　**一直線上にある3点**　直線 AB 上に点 C があると考える。まず，直線 AB の方程式を求める。

解答　直線 AB の方程式は

$$y-(-2)=\frac{a-(-2)}{3-1}(x-1)$$

すなわち　$y+2=\frac{a+2}{2}(x-1)$

3点が一直線上にあるから，点 C(a, 0) は直線 AB 上にある。

よって　$0+2=\frac{a+2}{2}(a-1)$

整理すると　$a^2+a-6=0$

これを解くと　$\boldsymbol{a=-3,\ 2}$　答

別解　直線 AB の傾きと直線 AC の傾きは等しいから

$$\frac{a-(-2)}{3-1}=\frac{0-(-2)}{a-1}$$

整理すると　$a^2+a-6=0$

これを解くと　$\boldsymbol{a=-3,\ 2}$　答

教 p.112

10．3つの直線 $3x-y=0$, $2x+y=0$, $4x-3y+6=0$ で囲まれた三角形の面積を求めよ。

指針　**三角形の面積**　3つの直線をかき，三角形を視覚的にとらえてから解くとよい。まず，2直線の方程式を組み合わせた連立方程式を解き，頂点の座標を求める。
どれか1つの辺を底辺とみて，その長さを求め，三角形の高さは点と直線の距離として求める。

解答　$3x-y=0$ ……①

$2x+y=0$ ……②

$4x-3y+6=0$ ……③

直線①，②の交点は　O(0, 0)

直線①，③の交点をA，直線②，③の交点をBとすると

$A\left(\frac{6}{5}, \frac{18}{5}\right)$，$B\left(-\frac{3}{5}, \frac{6}{5}\right)$

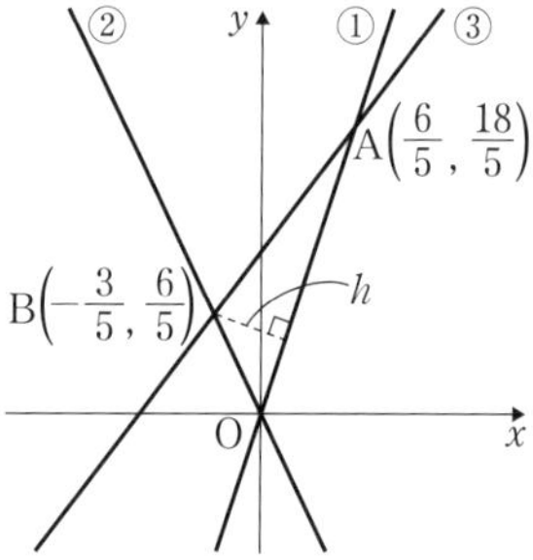

この△OABの面積を，辺OAを底辺として求める。

$$OA=\sqrt{\left(\frac{6}{5}\right)^2+\left(\frac{18}{5}\right)^2}=\sqrt{\left(\frac{6}{5}\right)^2(1+3^2)}=\frac{6\sqrt{10}}{5}$$

高さをhとすると，hは点Bと直線①の距離に等しいから

$$h=\frac{\left|3\cdot\left(-\frac{3}{5}\right)-\frac{6}{5}\right|}{\sqrt{3^2+(-1)^2}}=\frac{3}{\sqrt{10}}$$

← $d=\frac{|ax_1+by_1+c|}{\sqrt{a^2+b^2}}$

よって

$$\triangle OAB=\frac{1}{2}OA\cdot h=\frac{1}{2}\cdot\frac{6\sqrt{10}}{5}\cdot\frac{3}{\sqrt{10}}=\boldsymbol{\frac{9}{5}}$$ 答

参考　章末問題Aの4の結果から，O，$A(x_1, y_1)$，$B(x_2, y_2)$に対し

$\triangle OAB=\frac{1}{2}|x_1y_2-x_2y_1|$が成り立つ。これを用いてもよい。

別解　三角形の頂点はO，$A\left(\frac{6}{5}, \frac{18}{5}\right)$，$B\left(-\frac{3}{5}, \frac{6}{5}\right)$であるから，求める面積は

$$\triangle OAB=\frac{1}{2}\left|\frac{6}{5}\cdot\frac{6}{5}-\frac{18}{5}\cdot\left(-\frac{3}{5}\right)\right|=\frac{1}{2}\cdot\frac{90}{25}=\boldsymbol{\frac{9}{5}}$$ 答

教 p.112

11. 円$x^2+y^2-4x+ay=0$上の点A(4, 2)における接線をℓとする。

(1)　aの値を求めよ。　(2)　円の中心Cの座標を求めよ。

(3)　ℓの傾きを求めよ。　(4)　ℓの方程式を求めよ。

指針　**円の接線の方程式**　原点が中心の円の接線には公式が利用できるが，本問は，原点以外の点を中心とする円の接線を求めることが目的である。(3)は，直線CAと接線ℓが垂直であることを使う。

解答　(1)　点A(4, 2)は円$x^2+y^2-4x+ay=0$上の点であるから

$$4^2+2^2-4\cdot4+2a=0$$

これを解くと　$\boldsymbol{a=-2}$ 答

(2)　円の方程式は　$x^2+y^2-4x-2y=0$

変形すると　$(x-2)^2+(y-1)^2=5$

よって，円の中心Cの座標は　$(2,\ 1)$ 答

(3) 接線 ℓ の傾きを m とする。

直線CAと接線 ℓ は垂直であるから

$\frac{2-1}{4-2}\cdot m=-1$　よって　$m=-2$ 答

(4) 接線 ℓ は，点 $A(4,\ 2)$ を通る傾き -2 の直線であるから

$y-2=-2(x-4)$

よって，求める方程式は　$\boldsymbol{y=-2x+10}$ 答

参考 一般に，円 $(x-a)^2+(y-b)^2=r^2$ 上の点 $(x_1,\ y_1)$ における接線の方程式は

$$\boldsymbol{(x_1-a)(x-a)+(y_1-b)(y-b)=r^2}$$

教 p.112

12. a は定数とする。放物線 $y=x^2-2(a+3)x+4a^2+12a+8$ について，次の問いに答えよ。

(1) 頂点の座標を a で表せ。

(2) a がすべての実数値をとって変化するとき，頂点の軌跡を求めよ。

指針 放物線の頂点の軌跡

(1) 与えられた式を平方完成する。

(2) (1)の結果から，頂点の x 座標，y 座標がそれぞれ a の式で表されている。これらをそれぞれ x，y とおき，a を消去して，x，y についての関係式を導く。

解答 (1) $y=x^2-2(a+3)x+4a^2+12a+8$ を変形すると

$$y=\{x-(a+3)\}^2-(a+3)^2+4a^2+12a+8$$

すなわち　$y=\{x-(a+3)\}^2+3a^2+6a-1$

よって，頂点の座標は　$\boldsymbol{(a+3,\ 3a^2+6a-1)}$ 答

(2) 頂点を $P(x,\ y)$ とすると，(1)より

$x=a+3,\ y=3a^2+6a-1$

$x=a+3$ から　$a=x-3$

これを $y=3a^2+6a-1$ に代入すると

$y=3(x-3)^2+6(x-3)-1$

式を整理して　$y=3x^2-12x+8$

よって，点Pは放物線 $y=3x^2-12x+8$ 上にある。

逆に，この放物線上のすべての点Pは，条件を満たす。

したがって，求める軌跡は，

放物線 $\boldsymbol{y=3x^2-12x+8}$ 答

教 p.112

13. 2 つの不等式 $x^2+y^2<9$, $x-3y+3<0$ を同時に満たす点 $(x,\ y)$ で, x, y がともに整数であるものは, 全部で何個あるか。

指針 **領域と点の個数** 2 つの不等式の表す領域を図示し, 領域の中にある x 座標と y 座標が整数である点の個数を数えていく。境界線を含まないことに注意する。

解答 連立不等式 $\begin{cases} x^2+y^2<9 \\ x-3y+3<0 \end{cases}$ …… ① の表す領域は

円 $x^2+y^2=9$ …… ② の内部と

直線 $x-3y+3=0$ …… ③ の上側の部分

の共通部分である。

③ より　$x=3y-3$ …… ④

これを ② に代入して　$(3y-3)^2+y^2=9$

すなわち　$10y^2-18y=0$

これを解いて　$y=0,\ \dfrac{9}{5}$

④ に代入すると, $y=0$ のとき $x=-3$, $y=\dfrac{9}{5}$ のとき $x=\dfrac{12}{5}$

よって, ②, ③ の共有点の座標は

$(-3,\ 0)$, $\left(\dfrac{12}{5},\ \dfrac{9}{5}\right)$

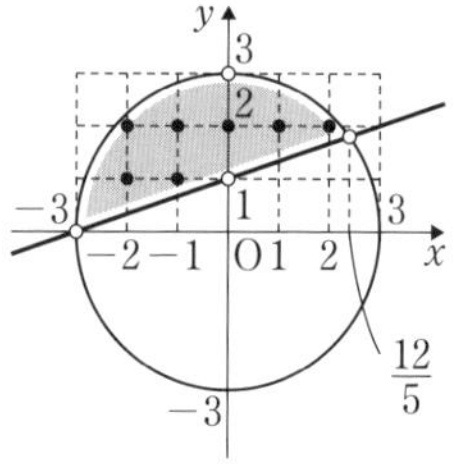

以上により, 連立不等式 ① の表す領域は図の灰色の部分となる。ただし, 境界線を含まない。

この領域において, 点 $(x,\ y)$ の x, y がともに整数であるものは

$(-2,\ 1)$, $(-2,\ 2)$, $(-1,\ 1)$, $(-1,\ 2)$, $(0,\ 2)$, $(1,\ 2)$, $(2,\ 2)$

の **7 個** である。 答

教 p.112

14. ある工場の製品A，Bを1トン生産するのに必要な原料P，Qの量と製品A，Bの価格は，それぞれ右の表の通りとする。

	原料P	原料Q	価格
A	3トン	1トン	2万円
B	1トン	2トン	1万円

この工場へ1日に供給できる原料Pが最大9トン，原料Qが最大8トンであるとき，工場で1日に生産される製品A，Bの総価格を最大にするには，A，Bをそれぞれ，1日に何トンずつ生産すればよいか。

指針 **領域と最大・最小の応用** 1日のA，Bの生産量を，それぞれxトン，yトンとすると，$x\geqq 0$，$y\geqq 0$である。次に，使える原料P，Qがそれぞれ9トン，8トン以下であることから，x，yについての不等式を作る。これらの条件を領域として図示する。製品A，Bの総価格は$2x+y$(万円)と表されるから，$2x+y=k$とおき，その最大値を求める。

解答 1日のA，Bの生産量を，それぞれxトン，yトンとすると

$x\geqq 0$，$y\geqq 0$ …… ①

原料Pは9トン以下であるから

$3x+y\leqq 9$ …… ②

原料Qは8トン以下であるから

$x+2y\leqq 8$ …… ③

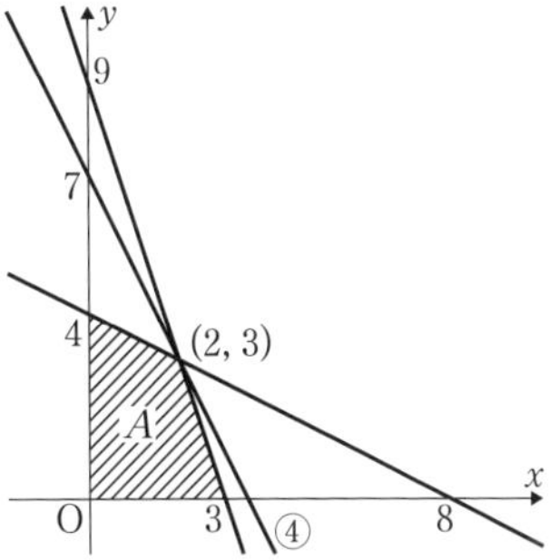

①，②，③の表す領域をAとする。

Aは図のように，4点

(0, 0)，(3, 0)，(2, 3)，(0, 4)

を頂点とする四角形の周および内部である。

次に，1日のA，Bの総価格は$2x+y$(万円)と表されるから

$2x+y=k$ …… ④

とおくと，$y=-2x+k$であり，これは傾きが-2，y切片がkである直線を表す。

この直線④が領域Aと共有点をもつときのうち，kの値が最大となるときのx，yの値を求めればよい。

領域Aにおいては，図のように，直線④が点(2, 3)を通るときkは最大で，そのとき$k=7$である。

よって，$2x+y$は$x=2$，$y=3$のとき最大値7をとる。

したがって，1日に生産する量は **Aは2トン，Bは3トン** 答

教科書 p.114

第4章 三角関数

第1節 三角関数

1 角の拡張

まとめ

1 動径，始線

平面上で，点Oを中心に半直線OPを回転させるとき，この半直線OPを **動径** といい，動径の最初の位置を示す半直線OXを **始線** という。

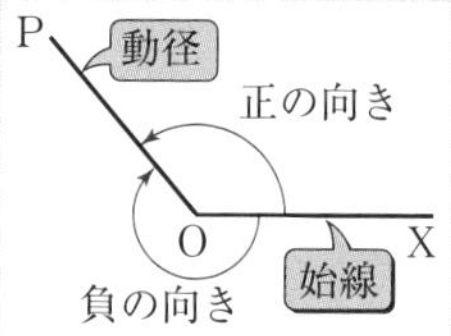

2 正の角，負の角

回転の向きについて，時計の針の回転と逆の向きを **正の向き** といい，始線OXから正の向きに測った回転の角を **正の角** という。

また，時計の針の回転と同じ向きを **負の向き** といい，始線OXから負の向きに測った回転の角を **負の角** という。

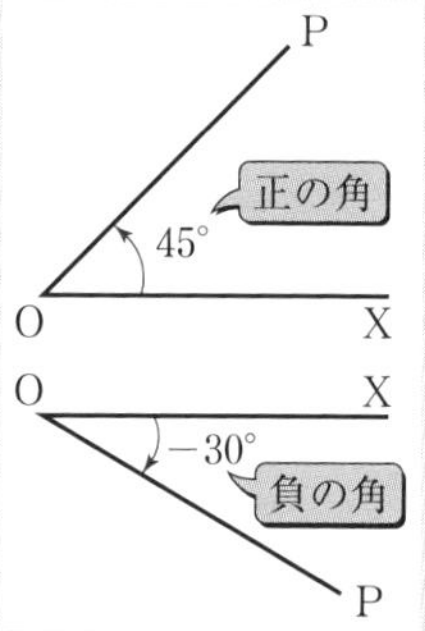

3 一般角

$+45°$，$-30°$，$+405°$ のように，回転の向きと大きさをもつ量として拡張した角を **一般角** という。

4 θ の動径

θ を一般角とする。始線OXから θ だけ回転した位置にある動径OPを，**θ の動径** という。

5 動径の表す角

動径OPと始線OXのなす角の1つを α とすると，動径OPの表す角は $\alpha+360°\times n$ である。ただし，n は整数である。

6 度数法

30°，180° などのように，これまで使ってきた度 (°) を単位とする角の表し方を **度数法** という。

7　弧度法

円において，半径と同じ長さの弧に対する中心角の大きさを **1ラジアン** または **1弧度** という。半径1の円では，長さ1の弧に対する中心角の大きさが1ラジアンであり，長さ a の弧に対する中心角の大きさは，a ラジアンである。ラジアンを単位とする角の表し方を **弧度法** という。

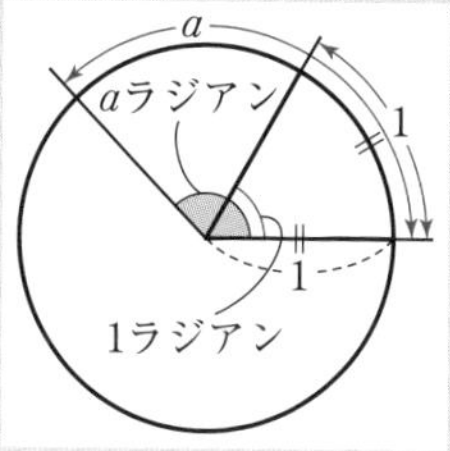

8　ラジアンと度の換算 (0° から 180° まで)

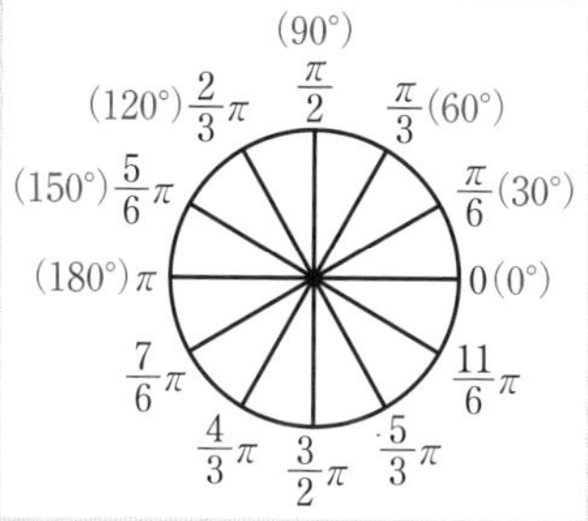

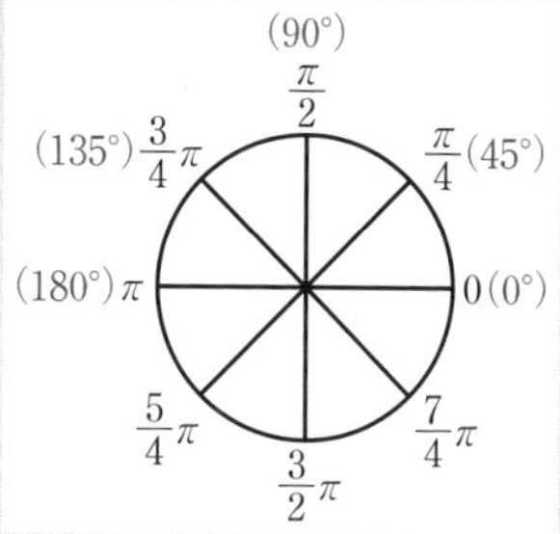

注意　弧度法では，単位のラジアンを省略するのがふつうである。

9　扇形の弧の長さと面積

半径 r，中心角 θ (ラジアン) の扇形の弧の長さ l，面積 S は

$$l=r\theta$$

$$S=\frac{1}{2}r^2\theta \quad または \quad S=\frac{1}{2}lr$$

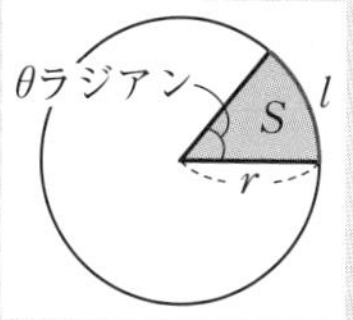

A 一般角

練習 1　教 p.115

次の角の動径を図示せよ。

(1)　260°　　(2)　−45°　　(3)　420°　　(4)　750°　　(5)　−240°

指針　**一般角の動径**　始線は点Oから水平方向に右へと延びる半直線を始線OXとする。次に動径OPをかく。一般角では，回転の向きも考える。

正の角……始線から正の向きに測る (時計の針の回転と逆の向き)
負の角……始線から負の向きに測る (時計の針の回転と同じ向き)

解答　(1)

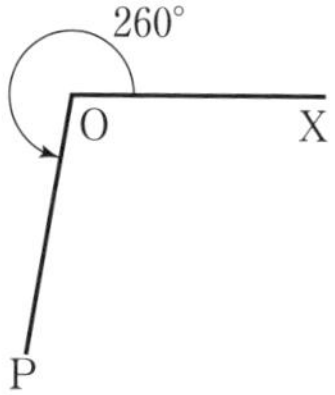

(2)

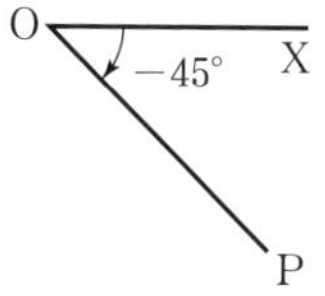

(3)

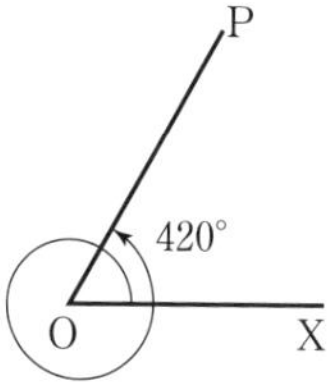

(4)

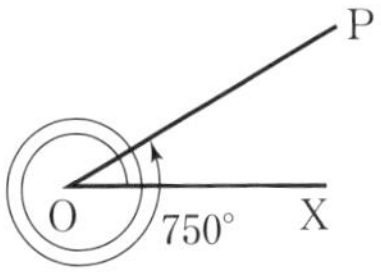

(5)

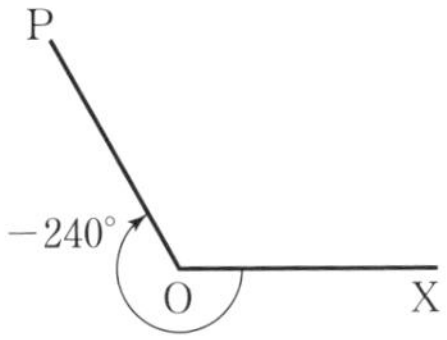

B 動径の表す角

教 p.115

練習 2 次の角のうち，その動径が 60° の動径と同じ位置にある角はどれか。

300°，420°，1040°，−60°，−300°，−780°

指針 **動径の表す角**　動径は 1 回転 360° でもとの位置にもどるから，角 α の動径と角 $\alpha+360°\times n$ の動径は同じ位置にある。6 つの角の中から $60°+360°\times n$ と表されるものを選ぶ。ただし，n は整数である。

解答 $300°=60°+360°\times n$ を満たす整数 n はない。

$420°=60°+360°\times 1$

$1040°=60°+360°\times n$ を満たす整数 n はない。

$-60°=60°+360°\times n$ を満たす整数 n はない。

$-300°=60°+360°\times(-1)$

$-780°=60°+360°\times n$ を満たす整数 n はない。

よって，その動径が 60° の動径と同じ位置にある角は

420°，−300°　答

注意 $300°=-60°+360°\times 1$，$-780°=-60°+360°\times(-2)$

であるから，−60°，300°，−780° の動径は同じ位置にある。

C 弧度法

教 p.116

練習 3 次のことを確かめよ。

(1)　180° は π ラジアン　　(2)　1 ラジアンは $\left(\frac{180}{\pi}\right)^{\circ}$

指針 **度数法と弧度法**　弧度法は，弧の長さに着目した角の測り方である。

(1)　円において，半径と同じ長さの弧に対する中心角の大きさが 1 ラジアンである。半径 1 の円では，長さ 1 の弧に対する中心角の大きさが 1 ラジアンである。弧の長さと中心角の大きさが比例することを使う。

(2)　(1) の結果を利用する。

解答 (1)　半径 1 の円において，中心角 180° に対する弧の長さは

$$2\pi\times\frac{180}{360}=\pi$$

したがって，180° は π ラジアンである。 終

(2) (1) より，π ラジアンは 180° であるから，1 ラジアンは $\left(\frac{180}{\pi}\right)^{\circ}$ である。終

教 p.116

練習 4

次の (1)〜(3) の角を弧度法で表せ。また, (4), (5) の角を度数法で表せ。

(1) 210°　(2) 240°　(3) 330°　(4) $\frac{5}{4}\pi$　(5) $\frac{3}{2}\pi$

指針 **度数法と弧度法** 1° は $\frac{\pi}{180}$ ラジアンであるから，x° は

$x\times1^{\circ}=x\times\frac{\pi}{180}$ (ラジアン)

解答 (1) $210\times\frac{\pi}{180}=\boldsymbol{\frac{7}{6}\pi}$ 答

(2) $240\times\frac{\pi}{180}=\boldsymbol{\frac{4}{3}\pi}$ 答

(3) $330\times\frac{\pi}{180}=\boldsymbol{\frac{11}{6}\pi}$ 答

(4) $\frac{5}{4}\pi\times\frac{180}{\pi}=225$　よって **225°** 答

(5) $\frac{3}{2}\pi\times\frac{180}{\pi}=270$　よって **270°** 答

D 弧度法と扇形

教 p.117

練習 5

次のような扇形の弧の長さ l と面積 S を求めよ。

(1) 半径 4，中心角 $\frac{\pi}{3}$　(2) 半径 6，中心角 $\frac{7}{6}\pi$

指針 **扇形の弧の長さと面積** p.153 のまとめの公式を用いる。

解答は $S=\frac{1}{2}lr$，別解は $S=\frac{1}{2}r^2\theta$ を利用している。

解答 (1) $l=4\cdot\frac{\pi}{3}=\boldsymbol{\frac{4}{3}\pi}$，　$S=\frac{1}{2}\cdot\frac{4}{3}\pi\cdot4=\boldsymbol{\frac{8}{3}\pi}$ 答

別解 $S=\frac{1}{2}\cdot4^2\cdot\frac{\pi}{3}=\boldsymbol{\frac{8}{3}\pi}$ 答

(2) $l=6\cdot\frac{7}{6}\pi=\boldsymbol{7\pi}$，　$S=\frac{1}{2}\cdot7\pi\cdot6=\boldsymbol{21\pi}$ 答

別解 $S=\frac{1}{2}\cdot6^2\cdot\frac{7}{6}\pi=\boldsymbol{21\pi}$ 答

2 三角関数

まとめ

1 三角関数

座標平面上で，図のように x 軸の正の部分を始線として，一般角 θ の動径と，原点を中心とする半径 r の円との交点Pの座標を $(x,\ y)$ とする。このとき，三角比と同様に，$\sin\theta$，$\cos\theta$，$\tan\theta$ を

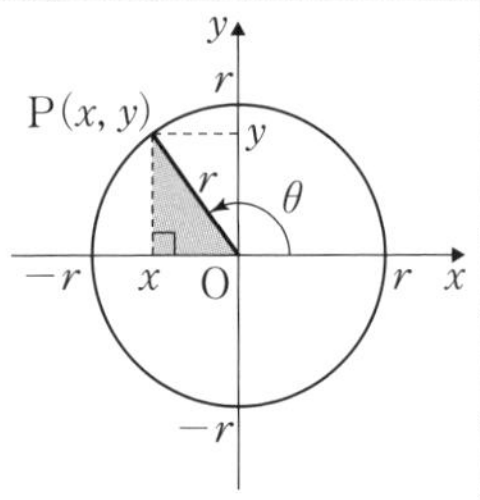

$$\sin\theta=\frac{y}{r},\quad \cos\theta=\frac{x}{r},\quad \tan\theta=\frac{y}{x}$$

と定め，それぞれ一般角 θ の **正弦，余弦，正接** という。

これらはいずれも θ の関数であり，まとめて θ の **三角関数** という。

注意 点Pが y 軸上にくるような角 $\theta=\frac{\pi}{2}+n\pi$ (n は整数) に対しては，

$\tan\theta$ は定義されない。

2 単位円

原点を中心とする半径1の円を **単位円** という。

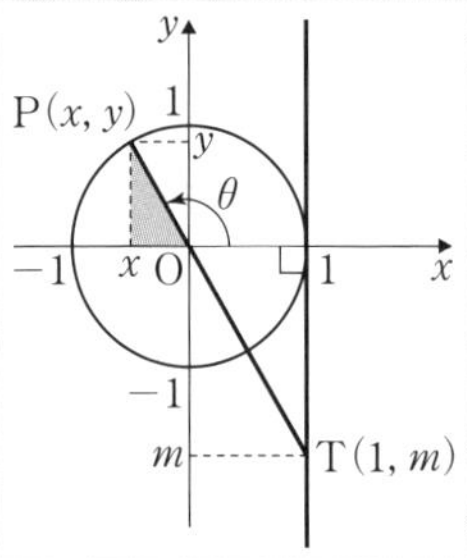

3 単位円上の点の座標と三角関数の値

一般角 θ の動径と単位円の交点を $\mathrm{P}(x,\ y)$ とすると

$y=\sin\theta$，$x=\cos\theta$

直線OPと直線 $x=1$ の交点を $\mathrm{T}(1,\ m)$ とすると

$m=\tan\theta$

4 三角関数のとる値の範囲

$-1\leqq\sin\theta\leqq1$，$-1\leqq\cos\theta\leqq1$，$\tan\theta$ の値の範囲は実数全体

5 θ の動径のある象限と三角関数の値の符号

三角関数 $\sin\theta$，$\cos\theta$，$\tan\theta$ の値の符号は，θ の動径がどの象限にあるかで決まる。これを図で示すと，次のようになる。

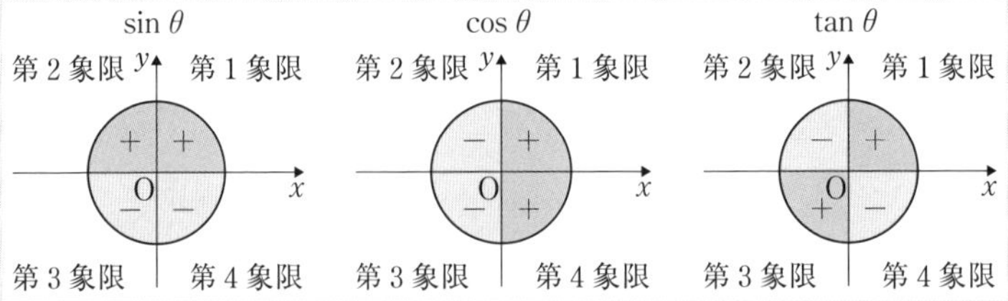

6 三角関数の相互関係

1 $\tan\theta=\dfrac{\sin\theta}{\cos\theta}$　　**2** $\sin^2\theta+\cos^2\theta=1$　　**3** $1+\tan^2\theta=\dfrac{1}{\cos^2\theta}$

A 三角関数

練習 6 教 p.119

次の θ について，$\sin\theta$，$\cos\theta$，$\tan\theta$ の値を，それぞれ求めよ。

(1) $\theta=\dfrac{5}{4}\pi$　　(2) $\theta=\dfrac{11}{6}\pi$　　(3) $\theta=-\dfrac{\pi}{3}$

指針 **正弦，余弦，正接の値**

原点を中心とする半径 r の円，角 θ の動径をそれぞれかき，交点をPとする。Pの座標は特別な直角三角形の辺の比
$(1:\sqrt{3}:2,\ 1:1:\sqrt{2})$ を利用して求める。
ここで $r=2$ か $r=\sqrt{2}$ に決めればよい。あとは三角関数の定義に従う。

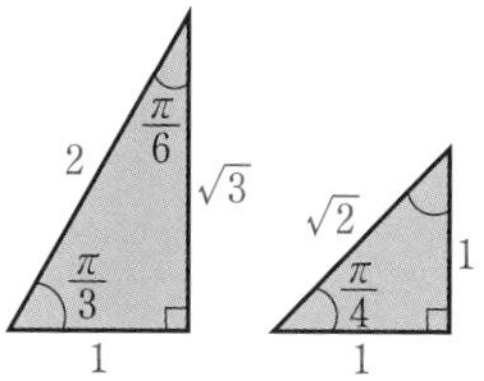

解答 (1) 図で，円の半径が $r=\sqrt{2}$ のとき，点Pの座標は $(-1,\ -1)$ である。
そこで，$x=-1$，$y=-1$ として

$$\sin\frac{5}{4}\pi=\frac{y}{r}=\frac{-1}{\sqrt{2}}=-\frac{1}{\sqrt{2}}$$ 答

$$\cos\frac{5}{4}\pi=\frac{x}{r}=\frac{-1}{\sqrt{2}}=-\frac{1}{\sqrt{2}}$$ 答

$$\tan\frac{5}{4}\pi=\frac{y}{x}=\frac{-1}{-1}=1$$ 答

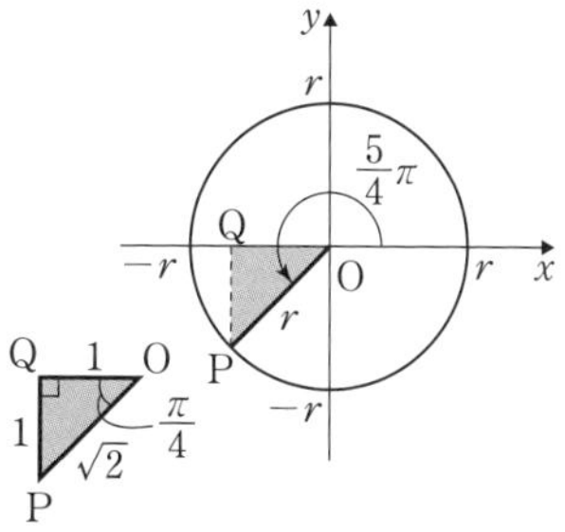

(2) 図で，円の半径が $r=2$ のとき，点Pの座標は $(\sqrt{3},\ -1)$ である。
そこで，$x=\sqrt{3}$，$y=-1$ として

$$\sin\frac{11}{6}\pi=\frac{y}{r}=\frac{-1}{2}=-\frac{1}{2}$$ 答

$$\cos\frac{11}{6}\pi=\frac{x}{r}=\frac{\sqrt{3}}{2}$$ 答

$$\tan\frac{11}{6}\pi=\frac{y}{x}=\frac{-1}{\sqrt{3}}=-\frac{1}{\sqrt{3}}$$ 答

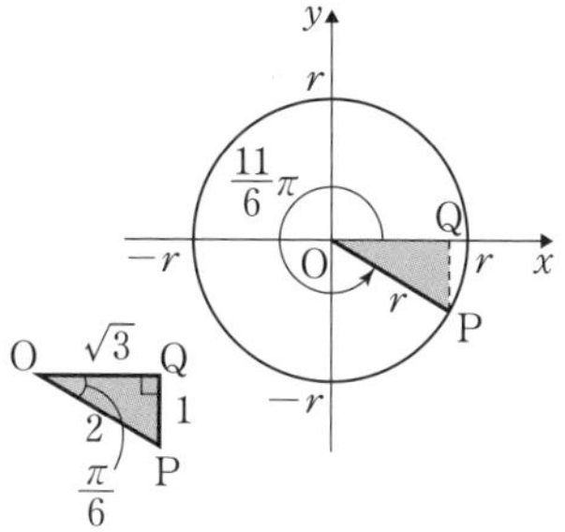

(3) 図で，円の半径が $r=2$ のとき，点Pの座標は $(1,\ -\sqrt{3})$ である。
そこで，$x=1$，$y=-\sqrt{3}$ として

$$\sin\left(-\frac{\pi}{3}\right)=\frac{y}{r}=\frac{-\sqrt{3}}{2}=-\frac{\sqrt{3}}{2}$$ 答

$$\cos\left(-\frac{\pi}{3}\right)=\frac{x}{r}=\frac{1}{2}$$ 答

$$\tan\left(-\frac{\pi}{3}\right)=\frac{y}{x}=\frac{-\sqrt{3}}{1}=-\sqrt{3}$$ 答

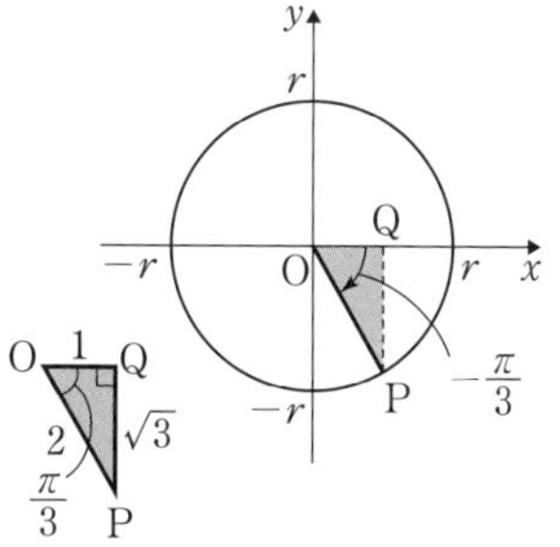

教 p.119

練習 7

次の条件を満たすような θ の動径は，第何象限にあるか。

(1) $\sin\theta<0$ かつ $\cos\theta>0$　　(2) $\cos\theta<0$ かつ $\tan\theta>0$

指針 **三角関数の値の符号**　$\sin\theta$，$\cos\theta$ の値の符号は，θ の動径がある象限のそれぞれ y 座標，x 座標の符号と一致する。

解答 (1) $\sin\theta<0$ となるのは　第 3 象限，第 4 象限

$\cos\theta>0$ となるのは　第 1 象限，第 4 象限

よって　**第 4 象限**　答

(2) $\cos\theta<0$ となるのは　第 2 象限，第 3 象限

$\tan\theta>0$ となるのは　第 1 象限，第 3 象限

よって　**第 3 象限**　答

B 三角関数の相互関係

教 p.120

練習 8

θ の動径が第 4 象限にあり，$\sin\theta=-\dfrac{1}{3}$ のとき，$\cos\theta$，$\tan\theta$ の値を求めよ。

指針 **三角関数の相互関係**　数学 I で学習した三角比の相互関係と同じ手順で解くことができる。ただし，三角関数の場合，角 θ の大きさについては動径のある象限で示されることが多い。

解答 $\sin^2\theta+\cos^2\theta=1$ から

$$\cos^2\theta=1-\sin^2\theta=1-\left(-\frac{1}{3}\right)^2=\frac{8}{9}$$

θ の動径が第 4 象限にあるとき，$\cos\theta>0$ であるから

$$\boldsymbol{\cos\theta=\sqrt{\frac{8}{9}}=\frac{2\sqrt{2}}{3}}\quad \text{答}$$

また　$$\boldsymbol{\tan\theta}=\frac{\sin\theta}{\cos\theta}=\left(-\frac{1}{3}\right)\div\frac{2\sqrt{2}}{3}$$

$$=\left(-\frac{1}{3}\right)\times\frac{3}{2\sqrt{2}}=\boldsymbol{-\frac{1}{2\sqrt{2}}}\quad \text{答}$$

教 p.120

練習 9

θ の動径が第 3 象限にあり，$\tan\theta=2$ のとき，$\sin\theta$，$\cos\theta$ の値を求めよ。

指針 **三角関数の相互関係**　$1+\tan^2\theta=\dfrac{1}{\cos^2\theta}$ を使う。この相互関係は忘れがちだが，$\sin^2\theta+\cos^2\theta=1$ の両辺を $\cos^2\theta$ で割って得られる等式であるから，す

ぐに導けるようにしておく。

解答 $1+\tan^2\theta=\dfrac{1}{\cos^2\theta}$ から

$$\cos^2\theta=\frac{1}{1+\tan^2\theta}=\frac{1}{1+2^2}=\frac{1}{5}$$

θ の動径が第 3 象限にあるとき，$\cos\theta<0$ であるから

$$\boldsymbol{\cos\theta=-\sqrt{\frac{1}{5}}=-\frac{1}{\sqrt{5}}}$$ 答

また　$\boldsymbol{\sin\theta}=\tan\theta\cos\theta=2\cdot\left(-\dfrac{1}{\sqrt{5}}\right)=\boldsymbol{-\dfrac{2}{\sqrt{5}}}$ 答

深める 教 p.120

教科書の例題 1 を，$\sin\theta$ の値からではなく，$\tan\theta$ の値から求めて解いてみよう。

指針 **三角関数の相互関係**　$1+\tan^2\theta=\dfrac{1}{\cos^2\theta}$ を用いて，$\tan\theta$ の値をまず求める。

解答 $1+\tan^2\theta=\dfrac{1}{\cos^2\theta}$ から

$$\tan^2\theta=\frac{1}{\cos^2\theta}-1=\frac{1}{\left(-\frac{3}{5}\right)^2}-1=\frac{16}{9}$$

θ の動径が第 3 象限にあるとき，$\tan\theta>0$ であるから

$$\boldsymbol{\tan\theta=\frac{4}{3}}$$ 答

また　$\boldsymbol{\sin\theta}=\tan\theta\cos\theta=\dfrac{4}{3}\cdot\left(-\dfrac{3}{5}\right)=\boldsymbol{-\dfrac{4}{5}}$ 答

練習 10 教 p.121

$\sin\theta-\cos\theta=\dfrac{1}{3}$ のとき，次の式の値を求めよ。

(1)　$\sin\theta\cos\theta$　　　(2)　$\sin^3\theta-\cos^3\theta$

指針 **式の値**　相互関係 $\sin^2\theta+\cos^2\theta=1$ を使う。

(1)　$\sin\theta\cos\theta$ は $(\sin\theta+\cos\theta)^2$ の展開式に現れる

(2)　因数分解 $a^3-b^3=(a-b)(a^2+ab+b^2)$ または

$a^3-b^3=(a-b)^3+3ab(a-b)$ が利用できる。(1) も使う。

解答 (1)　$\sin\theta-\cos\theta=\dfrac{1}{3}$ の両辺を 2 乗すると

$$\sin^2\theta-2\sin\theta\cos\theta+\cos^2\theta=\frac{1}{9}$$

よって　　$1-2\sin\theta\cos\theta=\frac{1}{9}$

すなわち　　$\sin\theta\cos\theta=\boldsymbol{\frac{4}{9}}$　答

(2)　$\sin^3\theta-\cos^3\theta=(\sin\theta-\cos\theta)(\sin^2\theta+\sin\theta\cos\theta+\cos^2\theta)$

$=(\sin\theta-\cos\theta)(1+\sin\theta\cos\theta)$

$=\frac{1}{3}\left(1+\frac{4}{9}\right)=\boldsymbol{\frac{13}{27}}$　答

別解 (2)　$\sin^3\theta-\cos^3\theta=(\sin\theta-\cos\theta)^3+3\sin\theta\cos\theta(\sin\theta-\cos\theta)$

$=\left(\frac{1}{3}\right)^3+3\cdot\frac{4}{9}\cdot\frac{1}{3}$

$=\frac{1}{27}+\frac{12}{27}=\boldsymbol{\frac{13}{27}}$　答

練習 11　等式 $\tan^2\theta-\sin^2\theta=\tan^2\theta\sin^2\theta$ を証明せよ。　教 p.121

指針　**等式の証明**　三角関数を含む等式の証明では，相互関係

$\tan\theta=\frac{\sin\theta}{\cos\theta}$，$\sin^2\theta+\cos^2\theta=1$，$1+\tan^2\theta=\frac{1}{\cos^2\theta}$ を利用する。

右辺を変形して左辺を導く。

解答　右辺$=\tan^2\theta(1-\cos^2\theta)$　　← $\sin^2\theta+\cos^2\theta=1$

$=\tan^2\theta-\tan^2\theta\cos^2\theta$

$=\tan^2\theta-\frac{\sin^2\theta}{\cos^2\theta}\cos^2\theta$

$=\tan^2\theta-\sin^2\theta=$左辺　　← $\tan\theta=\frac{\sin\theta}{\cos\theta}$

よって　　$\tan^2\theta-\sin^2\theta=\tan^2\theta\sin^2\theta$　終

別解　左辺$=\frac{\sin^2\theta}{\cos^2\theta}-\sin^2\theta$

$=\left(\frac{1}{\cos^2\theta}-1\right)\sin^2\theta$

$=\tan^2\theta\sin^2\theta=$右辺　　← $1+\tan^2\theta=\frac{1}{\cos^2\theta}$

よって　　$\tan^2\theta-\sin^2\theta=\tan^2\theta\sin^2\theta$　終

3 三角関数のグラフ

まとめ

1 単位円と $\sin\theta$，$\cos\theta$ の値

一般角 θ の動径と単位円の交点を P とすると

[1] $\sin\theta$ の値は，P の y 座標に等しい。

[2] $\cos\theta$ の値は，P の x 座標に等しい。

2 関数 $y=\sin\theta$，$y=\cos\theta$ のグラフ

$y=\sin\theta$ のグラフは，原点に関して対称である。

$y=\cos\theta$ のグラフは，y 軸に関して対称である。

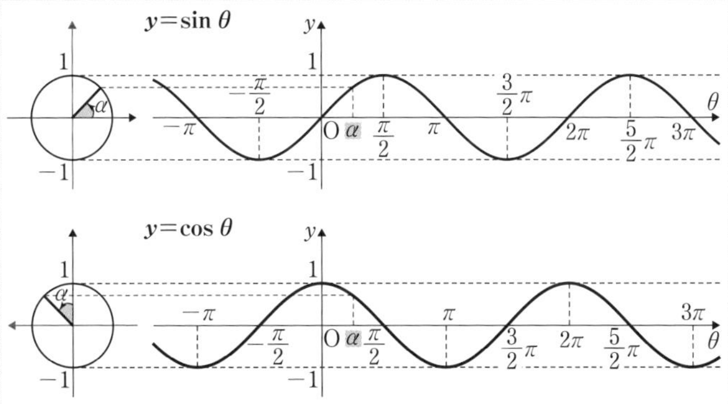

3 正弦曲線

$y=\sin\theta$ のグラフの形の曲線を **正弦曲線** または **サインカーブ** という。$y=\cos\theta$ のグラフも正弦曲線である。

4 周期

動径は 1 回転するともとの位置にもどるから，次が成り立つ。

$$\sin(\theta+2\pi)=\sin\theta,\quad \cos(\theta+2\pi)=\cos\theta$$

この性質により，関数 $\sin\theta$，$\cos\theta$ はいずれも 2π の **周期** をもつという。

注意 関数 $f(x)$ が 0 でない定数 p に対して，常に $f(x+p)=f(x)$ を満たすとき，関数 $f(x)$ は p を周期とする **周期関数** であるという。このとき，$2p$，$3p$ や $-p$ なども周期であるが，ふつう正の周期のうち最小のものをさす。

5 単位円と $\tan\theta$ の値

一般角 θ の動径と単位円の交点を P，直線 OP と直線 $x=1$ の交点を T(1, m) とすると $\tan\theta=m$ である。よって，次のことがいえる。

[3] $\tan\theta$ の値は，T の y 座標に等しい。

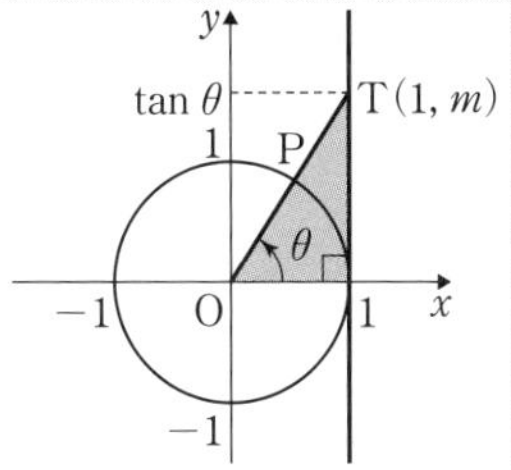

6 関数 $y=\tan\theta$ のグラフ

関数 $y=\tan\theta$ のグラフをかくと，次のようになる。

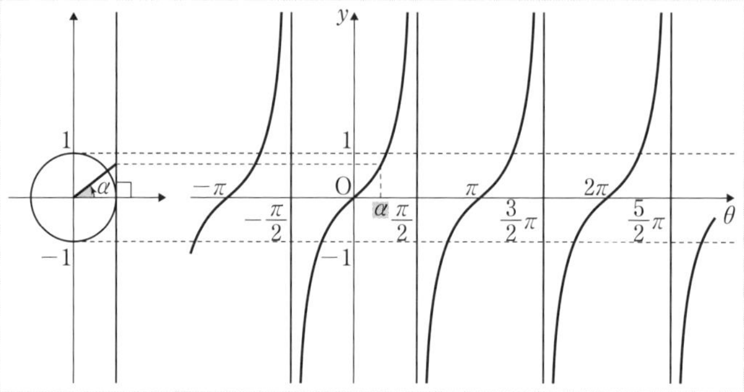

7 漸近線（ぜんきんせん） グラフが限りなく近づく直線を，そのグラフの **漸近線** という。

注意 $\tan\theta$ は $\theta=\frac{\pi}{2}$ では定義されないが，$y=\tan\theta$ のグラフは θ が $\frac{\pi}{2}$ に近づくにしたがって，直線 $\theta=\frac{\pi}{2}$ に限りなく近づく。

8 関数 $y=\tan\theta$ の性質

1 $\tan(\theta+\pi)=\tan\theta$ **が成り立つ。すなわち，$\tan\theta$ は π の周期をもつ。**

2 グラフは原点に関して対称である。

また，直線 $\theta=\frac{\pi}{2}+n\pi$ (n は整数) を漸近線にもつ。

9 三角関数の周期，値域，グラフの対称性

	$y=\sin\theta$	$y=\cos\theta$	$y=\tan\theta$
周期	2π	2π	π
値域	$-1\leqq y\leqq 1$	$-1\leqq y\leqq 1$	実数全体
グラフの対称性	原点に関して対称	y 軸に関して対称	原点に関して対称

10 $y=a\sin\theta$ のグラフ

$y=\sin\theta$ のグラフを，θ 軸をもとにして y 軸方向へ a 倍に拡大したものとなる。

11 $y=\sin(\theta-p)$ のグラフ

$y=\sin\theta$ のグラフを，θ 軸方向に p だけ平行移動したものとなる。

12 $y=\sin k\theta$ のグラフ（k は正の定数）

$y=\sin\theta$ のグラフを，y 軸をもとにして θ 軸方向へ $\frac{1}{k}$ 倍に縮小したものとなる。

注意 余弦，正接のグラフについても同様に考えられる。

13 $\sin k\theta$ などの周期

k を正の定数とするとき

$\sin k\theta$，$\cos k\theta$ の周期はいずれも $\dfrac{2\pi}{k}$ である。　← $\sin(k\theta+2\pi)=\sin k\theta$ から $\sin k\left(\theta+\dfrac{2\pi}{k}\right)=\sin k\theta$

$\tan k\theta$ の周期は $\dfrac{\pi}{k}$ である。

A 三角関数のグラフ

B いろいろな三角関数のグラフ

練習 12 教 p.125

次の関数のグラフをかけ。また，その周期を求めよ。

(1) $y=2\cos\theta$　(2) $y=\dfrac{1}{2}\sin\theta$　(3) $y=\dfrac{1}{2}\tan\theta$

指針 **$y=a\sin\theta$ などのグラフ**　もとになるグラフを，θ 軸をもとにして y 軸方向へ a 倍に拡大する。(2) は実際には上下に縮めたグラフになる。(3) は，$\dfrac{1}{2}$ 倍ということであるから，θ 軸をもとにして y 軸方向に $\dfrac{1}{2}$ 倍に縮小する。

解答 (1) このグラフは，$y=\cos\theta$ のグラフを，θ 軸をもとにして y 軸方向に 2 倍に拡大したもので，図のようになる。

周期は　**2π**　答

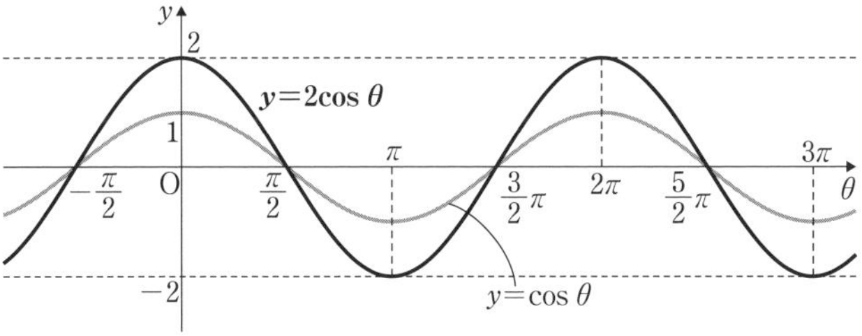

(2) このグラフは，$y=\sin\theta$ のグラフを，θ 軸をもとにして y 軸方向に $\dfrac{1}{2}$ 倍に縮小したもので，図のようになる。

周期は　**2π**　答

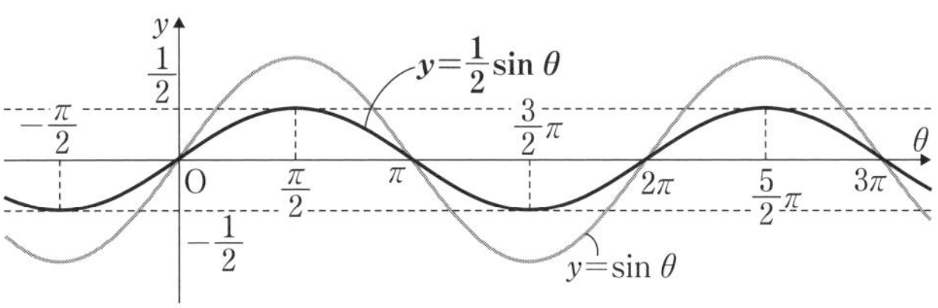

(3) このグラフは，$y=\tan\theta$ のグラフを，θ 軸をもとにして y 軸方向に $\frac{1}{2}$ 倍に縮小したもので，図のようになる。

周期は　$\boldsymbol{\pi}$　答

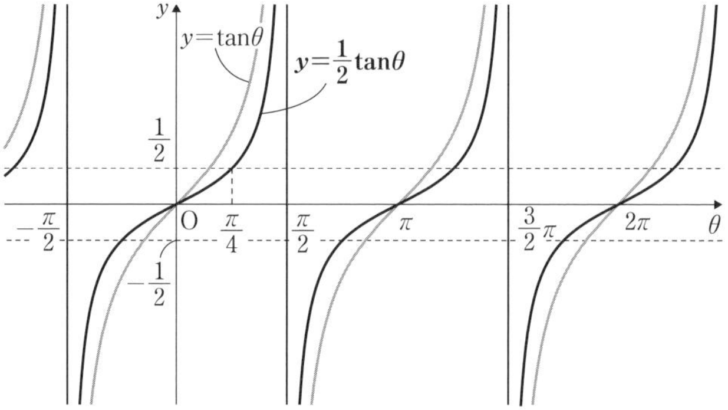

教 p.125

練習 13

次の関数のグラフをかけ。また，その周期を求めよ。

(1) $y=\cos\left(\theta-\frac{\pi}{3}\right)$　　(2) $y=\sin\left(\theta+\frac{\pi}{2}\right)$

(3) $y=\tan\left(\theta-\frac{\pi}{4}\right)$

指針　**$y=\sin(\theta-p)$ などのグラフ**　θ から引いている角の大きさだけ，もとになるグラフを θ 軸方向に平行移動する。

解答 (1) このグラフは，$y=\cos\theta$ のグラフを θ 軸方向に $\frac{\pi}{3}$ だけ平行移動したもので，図のようになる。

周期は　$\boldsymbol{2\pi}$　答

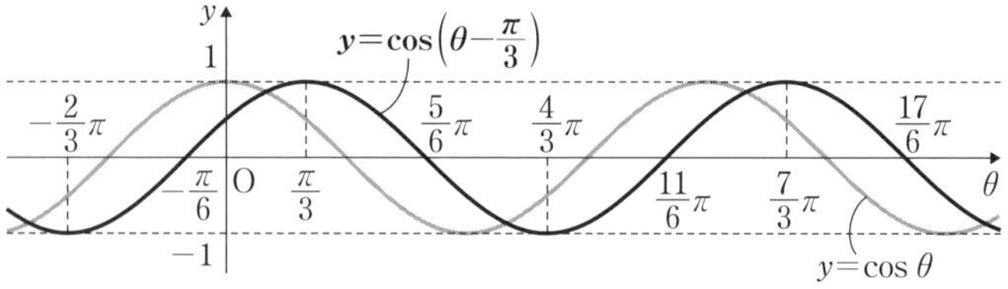

(2)　このグラフは，$y=\sin\theta$ のグラフを θ 軸方向に $-\dfrac{\pi}{2}$ だけ平行移動したもので，図のようになる。

周期は　$\boldsymbol{2\pi}$　答

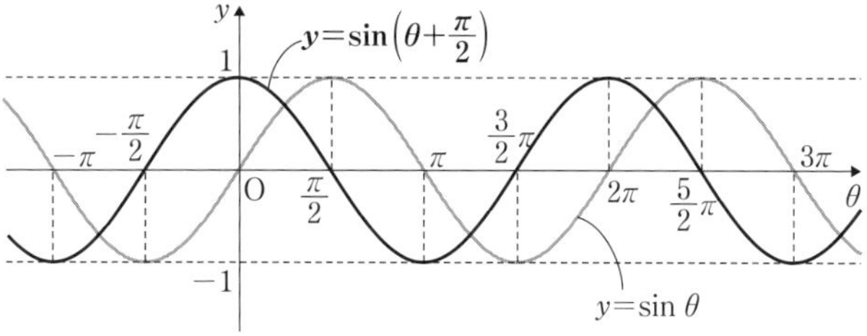

(3)　このグラフは，$y=\tan\theta$ のグラフを θ 軸方向に $\dfrac{\pi}{4}$ だけ平行移動したもので，図のようになる。

周期は　$\boldsymbol{\pi}$　答

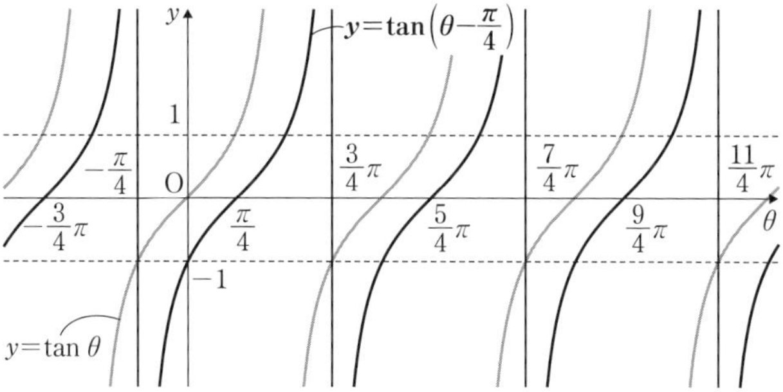

教 p.126

練習 14　次の関数のグラフをかけ。また，その周期を求めよ。

(1)　$y=\cos 2\theta$　　(2)　$y=\sin\dfrac{\theta}{2}$　　(3)　$y=\tan 2\theta$

指針 **$y=\sin k\theta$ などのグラフ**　もとになるグラフを，y 軸をもとにして θ 軸方向へ $\dfrac{1}{k}$ 倍に縮小する。(2) は実際には左右に拡大される。

一般に，$\sin k\theta$，$\cos k\theta$ の周期は $\dfrac{2\pi}{k}$，$\tan k\theta$ の周期は $\dfrac{\pi}{k}$ である。

解答 (1)　このグラフは，$y=\cos\theta$ のグラフを，y 軸をもとにして θ 軸方向へ $\dfrac{1}{2}$ 倍に縮小したもので，図のようになる。

周期は　$\boldsymbol{\pi}$　答

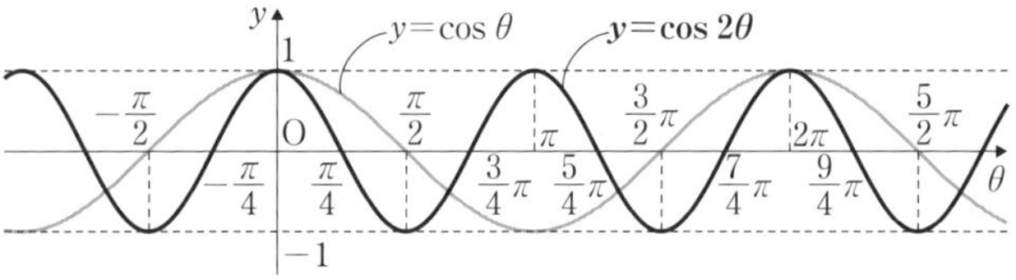

(2)　このグラフは，$y=\sin\theta$ のグラフを，y 軸をもとにして θ 軸方向へ 2 倍に拡大したもので，図のようになる。

周期は　$\boldsymbol{4\pi}$　答

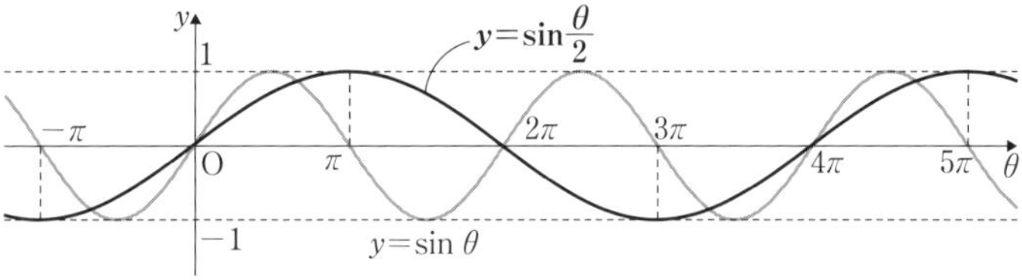

(3)　このグラフは，$y=\tan\theta$ のグラフを，y 軸をもとにして θ 軸方向へ $\dfrac{1}{2}$ 倍に縮小したもので，図のようになる。

周期は　$\boldsymbol{\dfrac{\pi}{2}}$　答

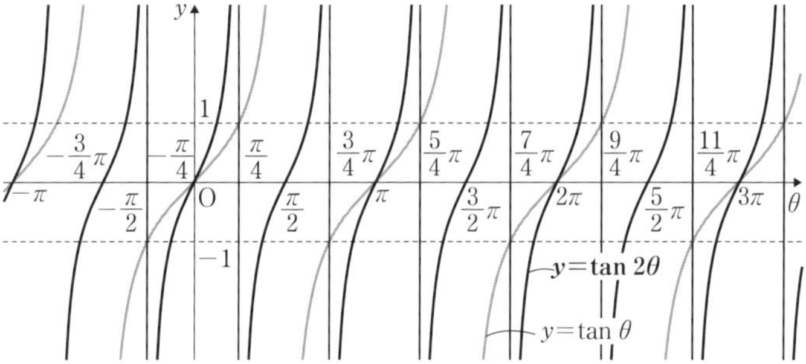

教 p.127

練習 15 次の関数のグラフをかけ。また，その周期を求めよ。

(1) $y=\sin 2\left(\theta+\dfrac{\pi}{3}\right)$ (2) $y=\cos\left(\dfrac{\theta}{2}-\dfrac{\pi}{4}\right)$

指針 **三角関数のグラフ** (1) は $y=\sin 2\theta$，(2) は $y=\cos\dfrac{\theta}{2}$ のグラフを θ 軸方向に平行移動したものである。

解答 (1) $y=\sin 2\theta$ のグラフを θ 軸方向に $-\dfrac{\pi}{3}$ だけ平行移動したもので，図のようになる。

周期は $\dfrac{2\pi}{2}=\boldsymbol{\pi}$ 答

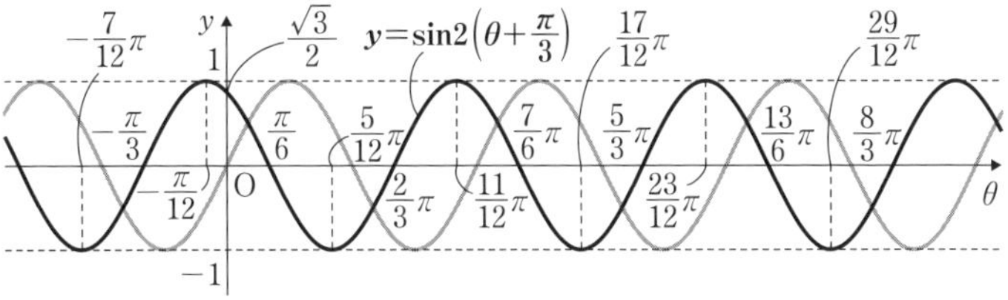

(2) $\cos\left(\dfrac{\theta}{2}-\dfrac{\pi}{4}\right)=\cos\dfrac{1}{2}\left(\theta-\dfrac{\pi}{2}\right)$

$y=\cos\dfrac{1}{2}\left(\theta-\dfrac{\pi}{2}\right)$ のグラフは，$y=\cos\dfrac{\theta}{2}$ のグラフを θ 軸方向に $\dfrac{\pi}{2}$ だけ平行移動したもので，図のようになる。

周期は $2\pi\div\dfrac{1}{2}=\boldsymbol{4\pi}$ 答

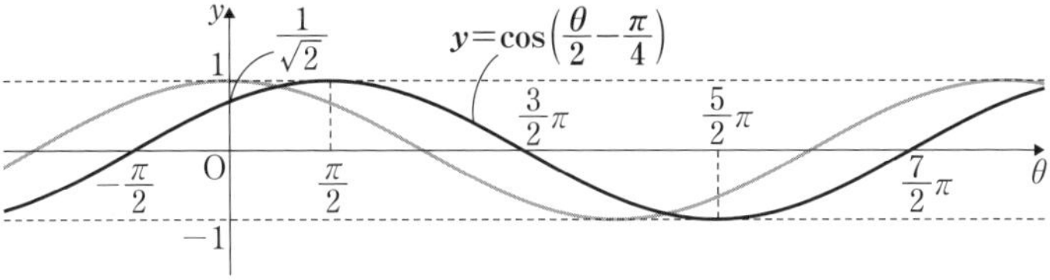

教科書 p.128

4 三角関数の性質

まとめ

1 三角関数の周期性

1 $\begin{cases} \sin(\theta+2n\pi)=\sin\theta \\ \cos(\theta+2n\pi)=\cos\theta \\ \tan(\theta+n\pi)=\tan\theta \end{cases}$ ただし，n は整数

←$\tan(\theta+2n\pi)=\tan\theta$ も成り立つ。

注意 $\sin\theta$，$\cos\theta$ は 2π の周期をもち，$\tan\theta$ は π の周期をもつ。

2 三角関数のグラフの対称性

2 $\begin{cases} \sin(-\theta)=-\sin\theta \\ \cos(-\theta)=\cos\theta \\ \tan(-\theta)=-\tan\theta \end{cases}$

←$y=\sin\theta$ のグラフは原点に関して対称
$y=\cos\theta$ のグラフは y 軸に関して対称
$y=\tan\theta$ のグラフは原点に関して対称

注意 関数 $y=f(x)$ について，次のことが成り立つ。

[1] 常に $f(-x)=-f(x)$ である

$\Longleftrightarrow$ グラフは原点に関して対称

[2] 常に $f(-x)=f(x)$ である

$\Longleftrightarrow$ グラフは y 軸に関して対称

[1] の関数 $f(x)$ は **奇関数**，[2] の関数 $f(x)$ は **偶関数** であるという。

3 $\theta+\pi$，$\theta+\frac{\pi}{2}$ の三角関数

図 [1]，[2] から，次の等式が成り立つことがわかる。

3 $\begin{cases} \sin(\theta+\pi)=-\sin\theta \\ \cos(\theta+\pi)=-\cos\theta \\ \tan(\theta+\pi)=\tan\theta \end{cases}$

4 $\begin{cases} \sin\left(\theta+\frac{\pi}{2}\right)=\cos\theta \\ \cos\left(\theta+\frac{\pi}{2}\right)=-\sin\theta \\ \tan\left(\theta+\frac{\pi}{2}\right)=-\frac{1}{\tan\theta} \end{cases}$

[1]

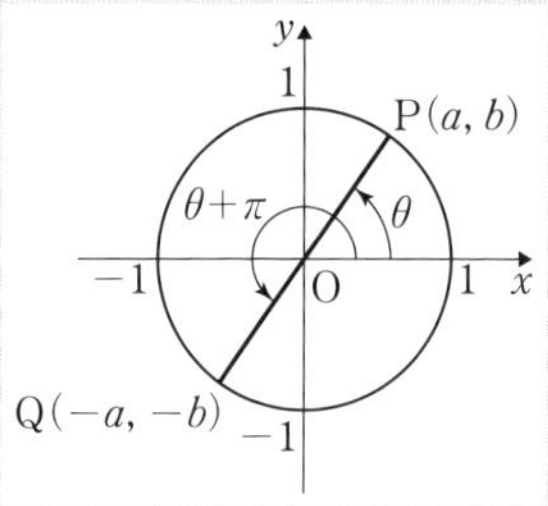

[2]

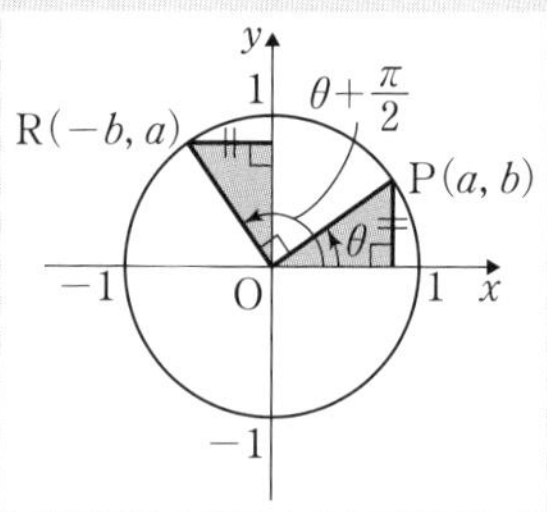

A 三角関数で成り立つ等式

教 p.129

練習 16

次の値を求めよ。

(1) $\sin\left(-\dfrac{\pi}{6}\right)$　　(2) $\cos\left(-\dfrac{13}{6}\pi\right)$

(3) $\tan\left(-\dfrac{9}{4}\pi\right)$

指針 **負の角の三角関数の値**　まず，$p.168$ のまとめのグラフの対称性を表す等式**2**を使って，正の角の三角関数に直す。
次に，周期性を表す等式**1**を使って角を簡単にし，三角関数の値を求める。

解答 (1) $\sin\left(-\dfrac{\pi}{6}\right)=-\sin\dfrac{\pi}{6}=-\dfrac{1}{2}$ 答　　←$\sin(-\theta)=-\sin\theta$

(2) $\cos\left(-\dfrac{13}{6}\pi\right)=\cos\dfrac{13}{6}\pi$　　←$\cos(-\theta)=\cos\theta$

$=\cos\left(\dfrac{\pi}{6}+2\pi\right)$　　←$\cos(\theta+2n\pi)=\cos\theta$

$=\cos\dfrac{\pi}{6}=\dfrac{\sqrt{3}}{2}$ 答

(3) $\tan\left(-\dfrac{9}{4}\pi\right)=-\tan\dfrac{9}{4}\pi$　　←$\tan(-\theta)=-\tan\theta$

$=-\tan\left(\dfrac{\pi}{4}+2\pi\right)$　　←$\tan(\theta+n\pi)=\tan\theta$

$=-\tan\dfrac{\pi}{4}=-1$ 答

5 三角関数の応用

まとめ

1　$\sin\theta$ を含む方程式

$0\leqq\theta<2\pi$ とする。

① $\sin\theta=k$ の形に変形する。

② 直線 $y=k$ と単位円の交点をP，Qとする。

③ 動径OP，OQのそれぞれが表す角α，βを求める。$(\alpha<\beta)$

④ 解は　$\theta=\alpha$，β

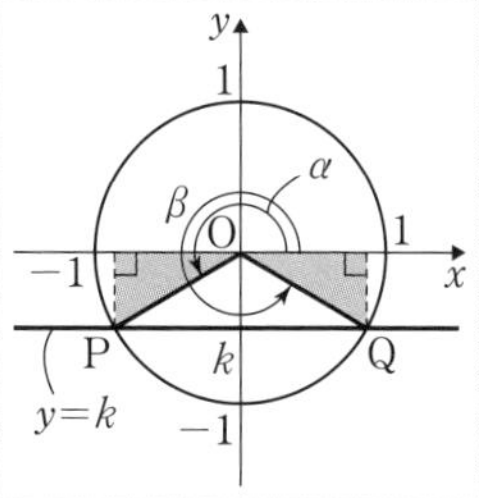

2　$\cos\theta$ を含む方程式

$0 \leqq \theta < 2\pi$ とする。

① $\cos\theta = k$ の形に変形する。

② 直線 $x=k$ と単位円の交点を P，Q とする。

③，④ は，**1** と同じ。

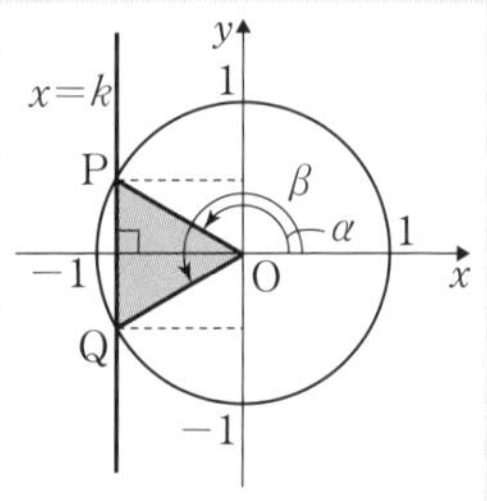

注意 (1) $k<-1$，$1<k$ のとき，解はない。
$k=-1$ や $k=1$ のとき，解は 1 つ。

(2) α，β を求めるには，特別な直角三角形の辺の比を使う。

(3) θ の範囲を制限しなければ，解は次のようになる。

$$\theta = \alpha + 2n\pi,\ \beta + 2n\pi \quad (n \text{ は整数})$$

3　$\tan\theta$ を含む方程式

方程式 $\tan\theta = k$ を解くには

① 直線 $x=1$ 上で，y 座標が k となる点を T とする。

② $0 \leqq \alpha < \pi$ の範囲で，動径 OT，または，TO の延長上にある動径の表す角 α を求める。

③ 解は　$\theta = \alpha + n\pi$　(n は整数)

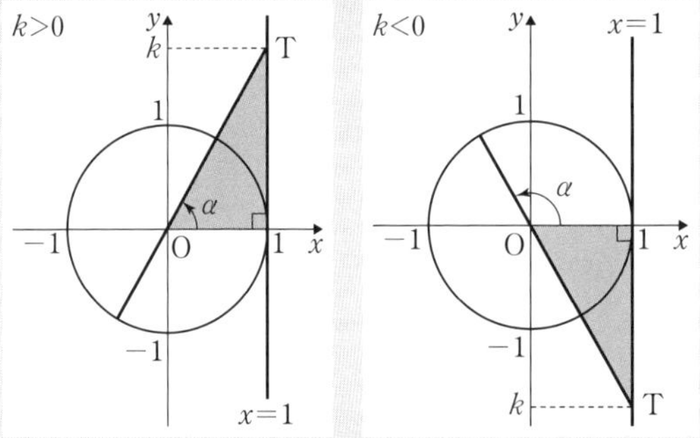

4　不等式 $\cos\theta \leqq k$ の解

$0 \leqq \theta < 2\pi$ とする。

① 方程式 $\cos\theta = k$ を解いて　$\theta = \alpha,\ \beta$　$(\alpha < \beta)$

② 単位円または $y=\cos\theta$ のグラフから　$\alpha \leqq \theta \leqq \beta$

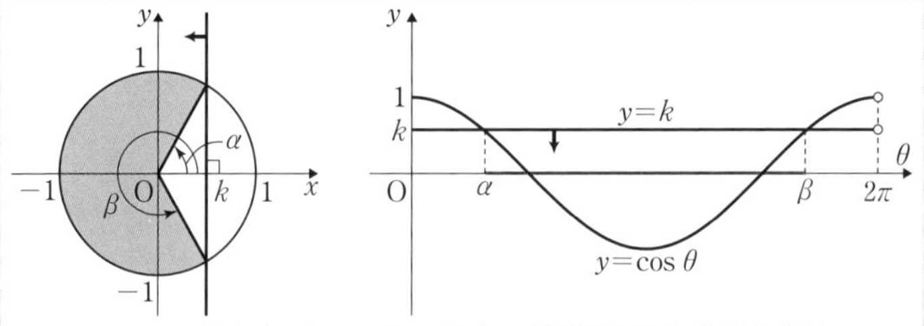

注意　$\cos\theta > k$ の解は　$0 \leqq \theta < \alpha$, $\beta < \theta < 2\pi$

$\sin\theta$ や $\tan\theta$ についての不等式も同様に解く。

5　不等式 $\tan\theta \geqq k$ の解

$0 \leqq \theta < 2\pi$ とする。

① 方程式 $\tan\theta = k$ を解いて　$\theta = \alpha$, β　$(\alpha < \beta)$

② 原点と直線 $x=1$ 上の点 $(1,\ k)$ を結ぶ直線と単位円との交点のつくる図または $y=\tan\theta$ のグラフから，θ の範囲を求める。

[1]　$k \geqq 0$ のとき，解は　　$\alpha \leqq \theta < \dfrac{\pi}{2}$, $\beta \leqq \theta < \dfrac{3}{2}\pi$

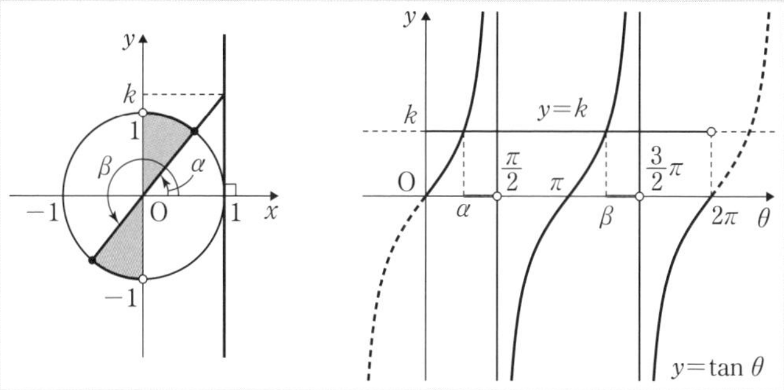

[2]　$k < 0$ のとき，解は　　$0 \leqq \theta < \dfrac{\pi}{2}$, $\alpha \leqq \theta < \dfrac{3}{2}\pi$, $\beta \leqq \theta < 2\pi$

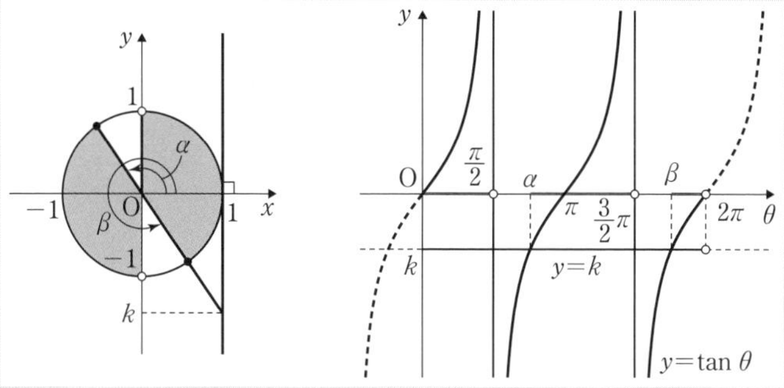

注意　$\tan\theta > k$ や $\tan\theta \leqq k$ などの不等式も同様に解く。

6　$\sin\theta$ や $\cos\theta$ を含む関数の最大・最小

① $\sin\theta = t$, $\cos\theta = t$ などとおき，もとの式が t だけの式にならないかを調べる。

→ t の 2 次式になる場合を考える

② t の範囲を調べる。

③ ① の 2 次式について，② の範囲における最大値や最小値を求める。

教科書 $p.130$

A 三角関数を含む方程式

教 p.130

練習 17

$0 \leqq \theta < 2\pi$ のとき，次の方程式を解け。

(1) $\sin\theta = \dfrac{\sqrt{3}}{2}$　　(2) $2\cos\theta + 1 = 0$　　(3) $\sin\theta + 1 = 0$

指針 **$\sin\theta$ や $\cos\theta$ を含む方程式**　$p.169$～170 のまとめの手順で解く。ただし，(3) は単位円周上で条件を満たす点は 1 つであり，解も 1 つとなる。

解答 (1) 直線 $y = \dfrac{\sqrt{3}}{2}$ と単位円の交点を P, Q とすると，

求める θ は，動径 OP，OQ の表す角である。

$0 \leqq \theta < 2\pi$ であるから

$$\theta = \boldsymbol{\frac{\pi}{3},\ \frac{2}{3}\pi}$$ 答

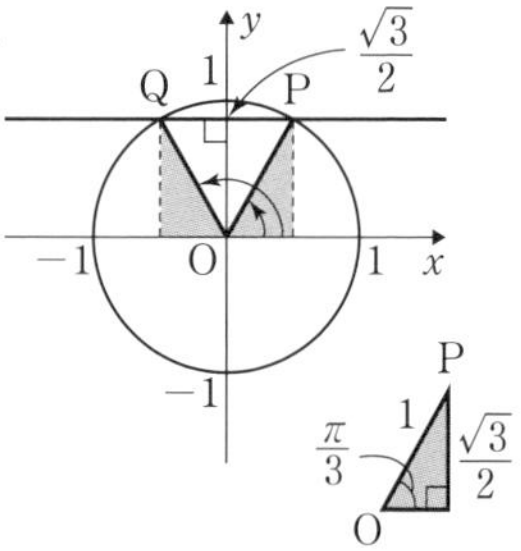

(2) $2\cos\theta + 1 = 0$ から

$$\cos\theta = -\frac{1}{2}$$

直線 $x = -\dfrac{1}{2}$ と単位円の交点を P，Q とすると，

求める θ は，動径 OP，OQ の表す角である。

$0 \leqq \theta < 2\pi$ であるから

$$\theta = \boldsymbol{\frac{2}{3}\pi,\ \frac{4}{3}\pi}$$ 答

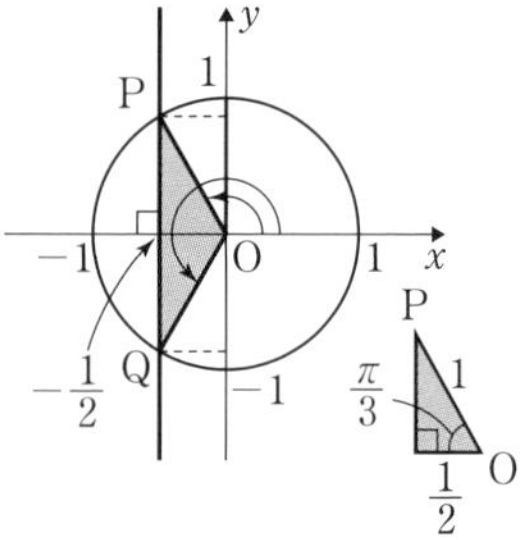

(3) $\sin\theta + 1 = 0$ から

$$\sin\theta = -1$$

直線 $y = -1$ と単位円の共有点を P とすると，

求める θ は，動径 OP の表す角である。

$0 \leqq \theta < 2\pi$ であるから

$$\theta = \boldsymbol{\frac{3}{2}\pi}$$ 答

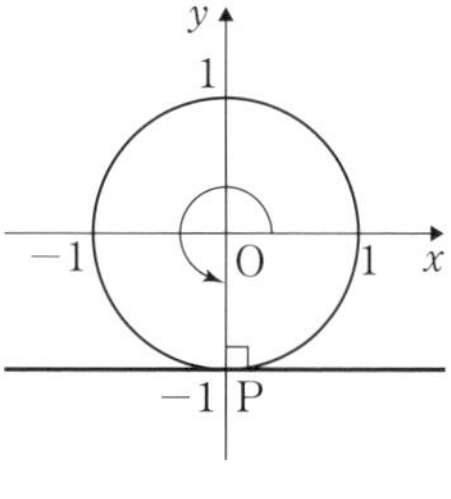

注意 θ の範囲を制限しない場合，解は次のようになる。

(1) $\theta = \dfrac{\pi}{3} + 2n\pi,\ \dfrac{2}{3}\pi + 2n\pi$　(n は整数)

(2) $\theta = \dfrac{2}{3}\pi + 2n\pi,\ \dfrac{4}{3}\pi + 2n\pi$　(n は整数)

(3) $\theta = \dfrac{3}{2}\pi + 2n\pi$　(n は整数)

教 p.130

練習 18

次の方程式を解け。

(1) $2\sin\theta=-\sqrt{3}$　　　(2) $\sqrt{2}\cos\theta=-1$

指針 **三角関数についての方程式**　θ の範囲に制限がない。$0\leqq\theta<2\pi$ の範囲で方程式を満たす θ を求め，周期性を用いて解を表す。

解答 (1) 方程式を変形すると

$$\sin\theta=-\frac{\sqrt{3}}{2}$$

求める角 θ の動径と単位円の交点の y 座標は $-\frac{\sqrt{3}}{2}$ である。

よって，$0\leqq\theta<2\pi$ の範囲では

$$\theta=\frac{4}{3}\pi,\ \frac{5}{3}\pi$$

したがって，方程式の解は

$$\boldsymbol{\theta=\frac{4}{3}\pi+2n\pi,\ \frac{5}{3}\pi+2n\pi}\quad (\boldsymbol{n}\text{ は整数})$$ 答

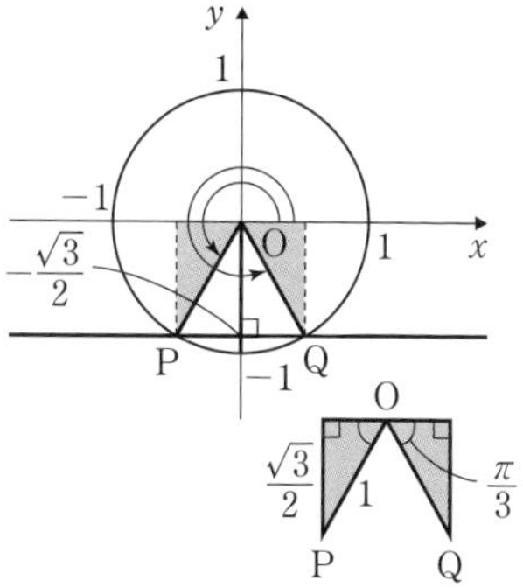

(2) 方程式を変形すると

$$\cos\theta=-\frac{1}{\sqrt{2}}$$

求める角 θ の動径と単位円の交点の x 座標は $-\frac{1}{\sqrt{2}}$ である。

よって，$0\leqq\theta<2\pi$ の範囲では

$$\theta=\frac{3}{4}\pi,\ \frac{5}{4}\pi$$

したがって，方程式の解は

$$\boldsymbol{\theta=\frac{3}{4}\pi+2n\pi,\ \frac{5}{4}\pi+2n\pi}\quad (\boldsymbol{n}\text{ は整数})$$ 答

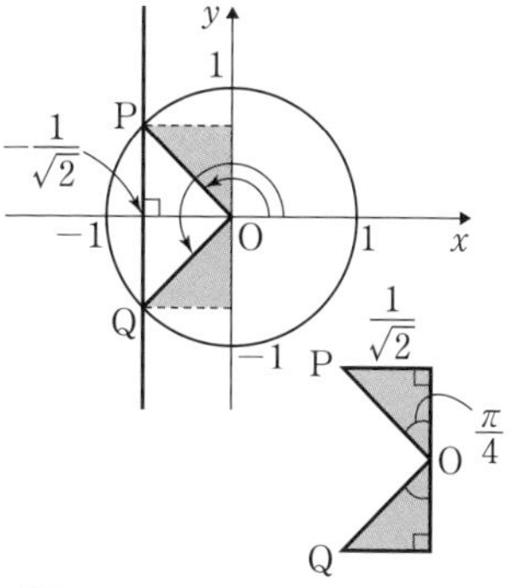

教 p.131

練習 19

$0\leqq\theta<2\pi$ のとき，方程式 $\tan\theta=-\sqrt{3}$ を解け。また，θ の範囲に制限がないときの解を求めよ。

指針 **$\tan\theta$ を含む方程式**　$p.170$ のまとめの手順で解く。まとめの図で，$k<0$ の場合となる。

教科書 p.131

解答 点 T(1, $-\sqrt{3}$) をとり，直線 OT と単位円の交点を P，Q とすると，求める θ は，動径 OP，OQ の表す角である。

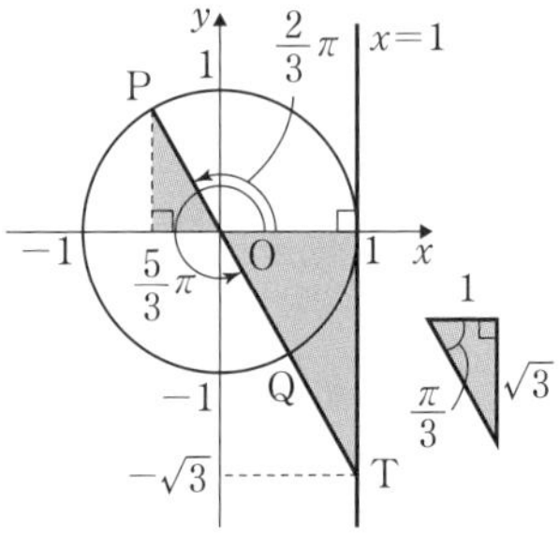

$0 \leqq \theta < 2\pi$ の範囲で，方程式の解は

$$\boldsymbol{\theta=\frac{2}{3}\pi,\ \frac{5}{3}\pi}$$ 答

また，θ の範囲に制限がないとき，方程式の解は

$$\boldsymbol{\theta=\frac{2}{3}\pi+n\pi}$$ **(n は整数)** 答

練習 20 教 p.131

$0 \leqq \theta < 2\pi$ のとき，次の方程式を解け。

(1) $\sin\left(\theta-\frac{\pi}{6}\right)=-\frac{1}{\sqrt{2}}$　　(2) $\cos\left(\theta+\frac{\pi}{4}\right)=\frac{\sqrt{3}}{2}$

指針 **$\sin(\theta+\alpha)$ や $\cos(\theta+\beta)$ を含む方程式** (1) $\theta-\frac{\pi}{6}=t$，(2) $\theta+\frac{\pi}{4}=t$ とおいて，$0 \leqq \theta < 2\pi$ から t のとる値の範囲を求め，この範囲で，(1) $\sin t=-\frac{1}{\sqrt{2}}$ (2) $\cos t=\frac{\sqrt{3}}{2}$ を解く。

解答 (1) $\theta-\frac{\pi}{6}=t$ とおくと　$\sin t=-\frac{1}{\sqrt{2}}$

$0 \leqq \theta < 2\pi$ のとき　$-\frac{\pi}{6} \leqq t < \frac{11}{6}\pi$

← $0-\frac{\pi}{6} \leqq \theta-\frac{\pi}{6} < 2\pi-\frac{\pi}{6}$ から $-\frac{\pi}{6} \leqq t < \frac{11}{6}\pi$

であるから，この範囲で解くと

$t=\frac{5}{4}\pi$　または　$t=\frac{7}{4}\pi$

すなわち

$\theta-\frac{\pi}{6}=\frac{5}{4}\pi$　または　$\theta-\frac{\pi}{6}=\frac{7}{4}\pi$

よって　$\boldsymbol{\theta=\frac{17}{12}\pi,\ \frac{23}{12}\pi}$ 答

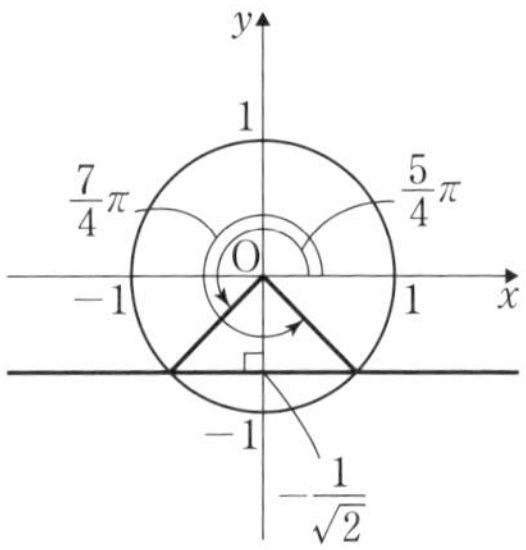

(2) $\theta+\frac{\pi}{4}=t$ とおくと $\cos t=\frac{\sqrt{3}}{2}$

$0\leqq\theta<2\pi$ のとき $\frac{\pi}{4}\leqq t<\frac{9}{4}\pi$

← $0+\frac{\pi}{4}\leqq\theta+\frac{\pi}{4}<2\pi+\frac{\pi}{4}$ より $\frac{\pi}{4}\leqq t<\frac{9}{4}\pi$

であるから，この範囲で解くと

$t=\frac{11}{6}\pi$ または $t=\frac{13}{6}\pi$

すなわち

$\theta+\frac{\pi}{4}=\frac{11}{6}\pi$ または $\theta+\frac{\pi}{4}=\frac{13}{6}\pi$

よって $\boldsymbol{\theta=\frac{19}{12}\pi,\ \frac{23}{12}\pi}$ 答

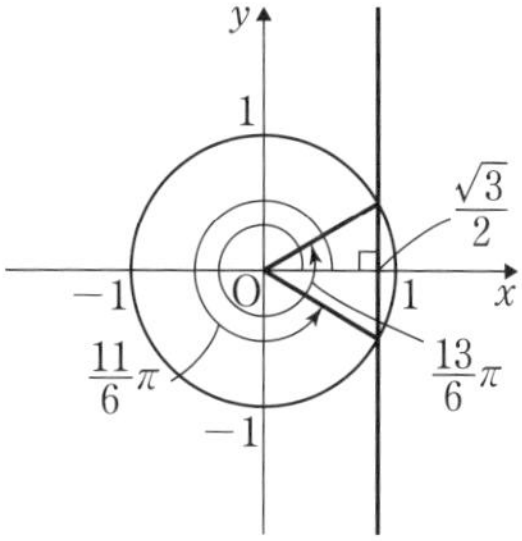

B 三角関数を含む不等式

練習 21 教 p.132

$0\leqq\theta<2\pi$ のとき，次の不等式を解け。

(1) $\cos\theta\leqq\frac{1}{2}$　(2) $\sin\theta>\frac{1}{\sqrt{2}}$　(3) $\sin\theta<\frac{1}{2}$

指針 **$\sin\theta$ や $\cos\theta$ についての不等式** 単位円を利用する場合，(1) は円周上の x 座標が $\frac{1}{2}$ 以下の点の範囲，(2) は円周上の y 座標が $\frac{1}{\sqrt{2}}$ より大きい点の範囲，(3) は円周上の y 座標が $\frac{1}{2}$ より小さい点の範囲を調べる。

解答 (1) $0\leqq\theta<2\pi$ の範囲で $\cos\theta=\frac{1}{2}$ となる

θ は $\theta=\frac{\pi}{3},\ \frac{5}{3}\pi$

よって，不等式の解は，図から

$\boldsymbol{\frac{\pi}{3}\leqq\theta\leqq\frac{5}{3}\pi}$ 答

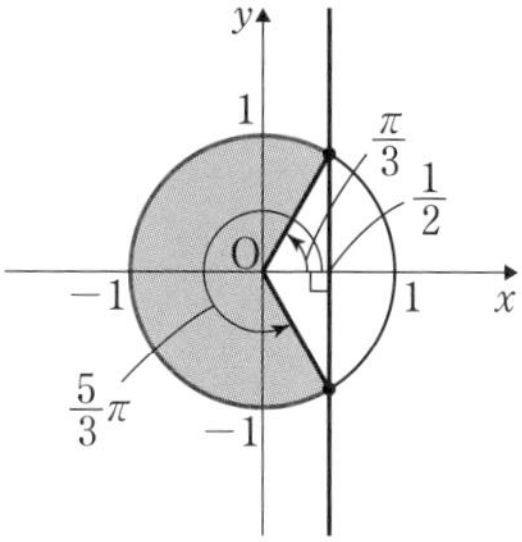

(2) $0\leqq\theta<2\pi$ の範囲で $\sin\theta=\frac{1}{\sqrt{2}}$ とな

る θ は $\theta=\frac{\pi}{4},\ \frac{3}{4}\pi$

よって，不等式の解は，図から

$\boldsymbol{\frac{\pi}{4}<\theta<\frac{3}{4}\pi}$ 答

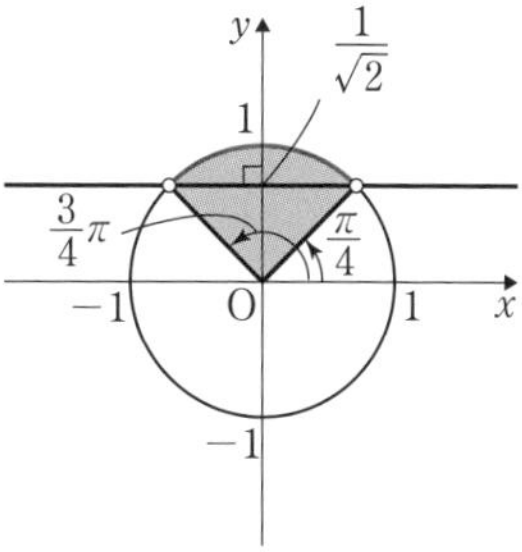

教科書 $p.132$

(3)　$0 \leqq \theta < 2\pi$ の範囲で，$\sin\theta = \dfrac{1}{2}$ となる θ は

$\theta = \dfrac{\pi}{6},\ \dfrac{5}{6}\pi$

よって，不等式の解は，右の図から

$\boldsymbol{0 \leqq \theta < \dfrac{\pi}{6},\ \dfrac{5}{6}\pi < \theta < 2\pi}$　答

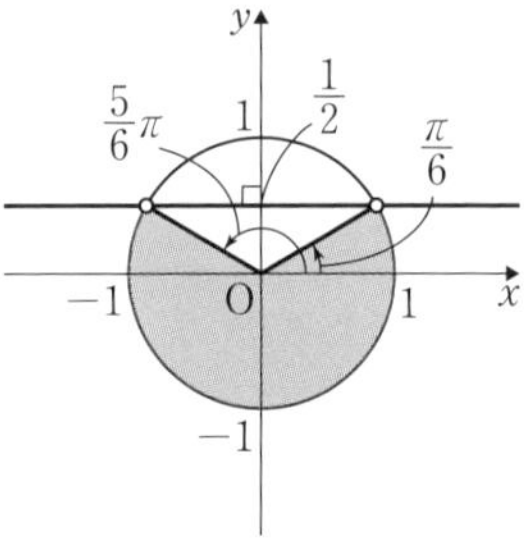

注意　不等式は，三角関数のグラフと直線の位置関係を利用して解くこともできる。

(1)　$y=\cos\theta$ のグラフで，直線 $y=\dfrac{1}{2}$ およびその下側にある部分の θ の値の範囲を調べる。

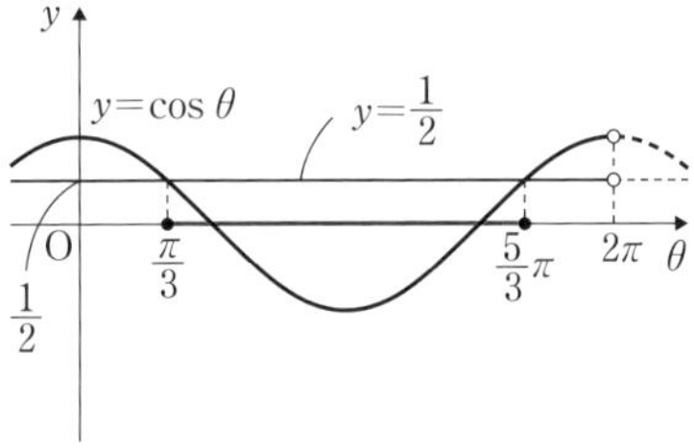

(2)　$y=\sin\theta$ のグラフで，直線 $y=\dfrac{1}{\sqrt{2}}$ より上側にある部分の θ の値の範囲を調べる。

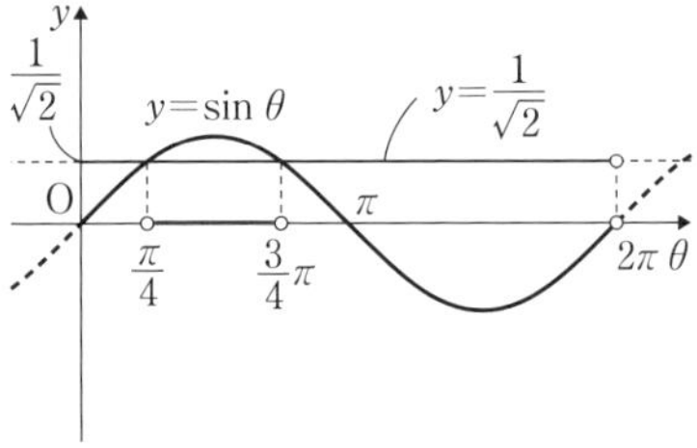

(3)　$y=\sin\theta$ のグラフで，直線 $y=\dfrac{1}{2}$ より下側にある部分の θ の値の範囲を調べる。

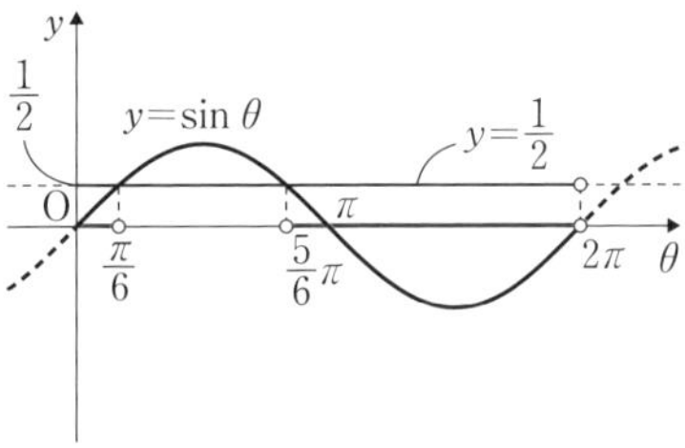

教 p.133

練習 22 $0 \leqq \theta < 2\pi$ のとき，不等式 $\tan\theta \leqq \sqrt{3}$ を解け。

指針 **$\tan\theta$ についての不等式**　直線 $x=1$ 上の y 座標が $\sqrt{3}$ 以下の点と原点を通る直線が，単位円と重なる部分から解を求める。

なお，$\tan\theta$ は，$\theta=\frac{\pi}{2}$，$\frac{3}{2}\pi$ では定義されないことに注意する。

解答 $0 \leqq \theta < 2\pi$ の範囲で $\tan\theta=\sqrt{3}$ となる θ は

$$\theta=\frac{\pi}{3},\ \frac{4}{3}\pi$$

よって，不等式の解は，図から

$$\boldsymbol{0 \leqq \theta \leqq \frac{\pi}{3},\ \frac{\pi}{2} < \theta \leqq \frac{4}{3}\pi,}$$

$$\boldsymbol{\frac{3}{2}\pi < \theta < 2\pi}$$ 答

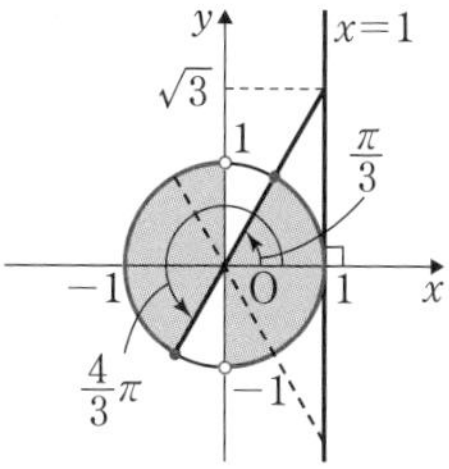

別解 $0 \leqq \theta < 2\pi$ における $y=\tan\theta$ のグラフは右の図のようになる。
直線 $y=\sqrt{3}$ およびその下側にある θ の値の範囲を求めると，図から

$$\boldsymbol{0 \leqq \theta \leqq \frac{\pi}{3},\ \frac{\pi}{2} < \theta \leqq \frac{4}{3}\pi,}$$

$$\boldsymbol{\frac{3}{2}\pi < \theta < 2\pi}$$ 答

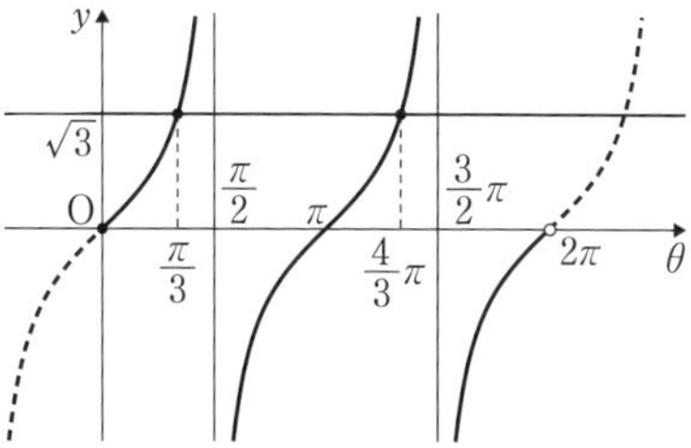

C 三角関数を含む関数の最大値，最小値

教 p.134

練習 23 $0 \leqq \theta < 2\pi$ のとき，関数 $y=\cos^2\theta-\cos\theta$ の最大値と最小値を求めよ。また，そのときの θ を値を求めよ。

指針 **$\sin\theta$，$\cos\theta$ を含む関数の最大・最小**　$\cos\theta=t$ とおくと，もとの式は t の 2 次関数となる。ただし，$\cos\theta=t$ とおいたとき，$-1 \leqq \cos\theta \leqq 1$ から $-1 \leqq t \leqq 1$ となることを確認する。この範囲における 2 次関数の最大値と最小値を求める。

解答 $\cos\theta=t$ とおくと，$0\leqq\theta<2\pi$ であるから，

$-1\leqq\cos\theta\leqq1$ より　　$-1\leqq t\leqq1$　…… ①

y を t で表すと　　$y=t^2-t$

すなわち　　$y=\left(t-\dfrac{1}{2}\right)^2-\dfrac{1}{4}$

よって，① の範囲において，y は

$t=-1$ で最大値 2 をとり，

$t=\dfrac{1}{2}$ で最小値 $-\dfrac{1}{4}$ をとる。

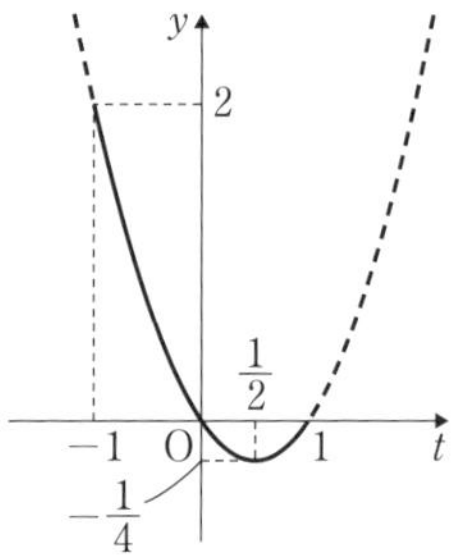

また，$0\leqq\theta<2\pi$ であるから

$t=-1$ のとき　$\theta=\pi$

$t=\dfrac{1}{2}$ のとき　$\theta=\dfrac{\pi}{3}$，$\dfrac{5}{3}\pi$

したがって，この関数は

$\theta=\pi$ で最大値 2 をとり，

$\theta=\dfrac{\pi}{3}$，$\dfrac{5}{3}\pi$ で最小値 $-\dfrac{1}{4}$ をとる。 答

第4章 第1節　問題

教 p.135

1　$\tan\theta=-2$ のとき，$\sin\theta$，$\cos\theta$ の値を求めよ。

指針　**三角関数の相互関係**　$\tan\theta$ の値が与えられているから，三角関数の相互関係のうち $1+\tan^2\theta=\dfrac{1}{\cos^2\theta}$ の関係を用いて $\cos\theta$ の値を求め，$\sin^2\theta=1-\cos^2\theta$ より $\sin\theta$ の値を求める。ただし，θ の動径がどの象限にあるかに注意しなくてはならない。$\tan\theta=-2$ で，負の数であるから，$\cos\theta$ と $\sin\theta$ の符号は異なる。

解答　$\tan\theta<0$ から，θ の動径は第 2 象限または第 4 象限にある。

$1+\tan^2\theta=\dfrac{1}{\cos^2\theta}$ から　$\dfrac{1}{\cos^2\theta}=1+(-2)^2=5$

よって　$\cos^2\theta=\dfrac{1}{5}$

θ の動径が第 2 象限にあるとき，$\cos\theta<0$ であるから

$$\cos\theta=-\frac{1}{\sqrt{5}}$$

$$\sin\theta=\tan\theta\cos\theta=\frac{2}{\sqrt{5}}$$

θ の動径が第 4 象限にあるとき，$\cos\theta>0$ であるから

$$\cos\theta=\frac{1}{\sqrt{5}}$$

$$\sin\theta=\tan\theta\cos\theta=-\frac{2}{\sqrt{5}}$$

以上から

$\sin\theta=\dfrac{2}{\sqrt{5}}$，$\cos\theta=-\dfrac{1}{\sqrt{5}}$　または

$\sin\theta=-\dfrac{2}{\sqrt{5}}$，$\cos\theta=\dfrac{1}{\sqrt{5}}$　答

4章 三角関数

教 p.135

2　次の関数のグラフをかけ。また，その周期を求めよ。

(1)　$y=-\tan\theta$　　(2)　$y=3\cos\dfrac{\theta}{2}$

(3)　$y=2\sin\left(\theta+\dfrac{\pi}{3}\right)$　　(4)　$y=\sin 3\theta+1$

指針　**三角関数のグラフと周期**　グラフは (1)　$y=\tan\theta$ のグラフを θ 軸に関して対称に折り返す。

(2)　$y=\cos\theta$ のグラフを，θ 軸をもとにして y 軸方向に 3 倍に拡大し，さらに y 軸をもとにして θ 軸方向に 2 倍に拡大する。

(3)　$y=\sin\theta$ のグラフを，θ 軸をもとにして y 軸方向に 2 倍に拡大し，さらに θ 軸方向に $-\dfrac{\pi}{3}$ だけ平行移動する。

(4)　$y=\sin\theta$ のグラフを，y 軸をもとにして θ 軸方向に $\dfrac{1}{3}$ 倍に縮小し，さらに y 軸方向に 1 だけ平行移動する。

周期は，$y=a\sin k$ (θ の式)，$y=b\cos k$ (θ の式) なら $\dfrac{2\pi}{k}$，$y=c\tan k$ (θ の式) なら $\dfrac{\pi}{k}$

解答　(1)　〔図〕，**周期は $\boldsymbol{\pi}$**　答

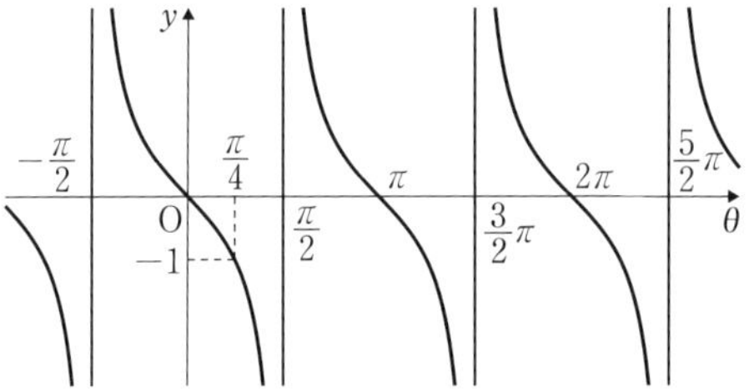

(2)　〔図〕，**周期は $\boldsymbol{4\pi}$**　答

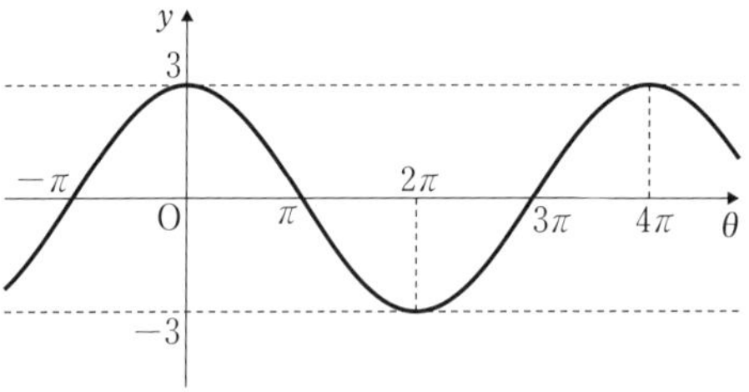

(3) 〔図〕，周期は 2π 答

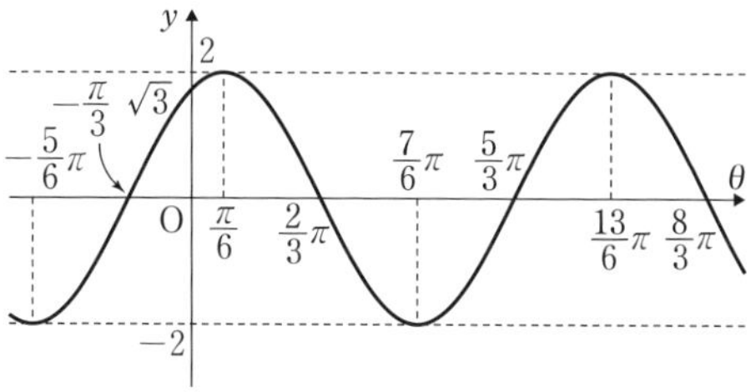

(4) 〔図〕，周期は $\frac{2}{3}\pi$ 答

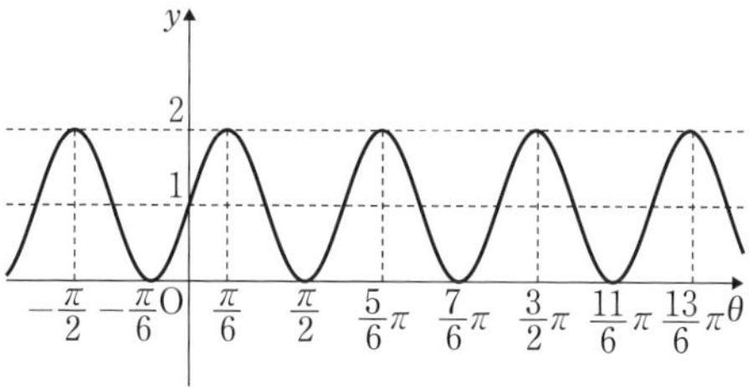

教 p.135

3　$0 \leqq \theta < 2\pi$ のとき，次の方程式，不等式を解け。

(1) $2\sqrt{3}\cos\theta - 3 = 0$　　(2) $\sqrt{3}\tan\theta + 1 = 0$

(3) $2\sin\theta + \sqrt{3} < 0$　　(4) $\tan\theta + \sqrt{3} \leqq 0$

(5) $\cos\left(\theta + \frac{\pi}{3}\right) = -\frac{\sqrt{3}}{2}$　　(6) $\cos\left(\theta + \frac{\pi}{3}\right) > -\frac{\sqrt{3}}{2}$

指針　**三角関数を含む方程式・不等式**　$0 \leqq \theta < 2\pi$ に注意。

(1) $\cos\theta = k$ の形に変形し，単位円上で x 座標が k となるときの θ を求める。

(2) $\tan\theta = k$ の形に変形し，直線 $x=1$ 上の点 $(1,\ k)$ と原点を結ぶ直線と単位円の交点をP，Qとして θ を求める。

(3) $\sin\theta < k$ の形に変形し，図を利用して解く。

(4) $\tan\theta \leqq k$ の形に変形し，図を利用して解く。

(5) $\theta + \frac{\pi}{3} = t$ とおいて，$0 \leqq \theta < 2\pi$ のときの t の範囲を求め，この範囲内で，方程式を解く。

(6) (5)の結果と図を利用する。

教科書 p.135

解答 (1) 方程式を変形すると　$\cos\theta=\dfrac{3}{2\sqrt{3}}=\dfrac{\sqrt{3}}{2}$

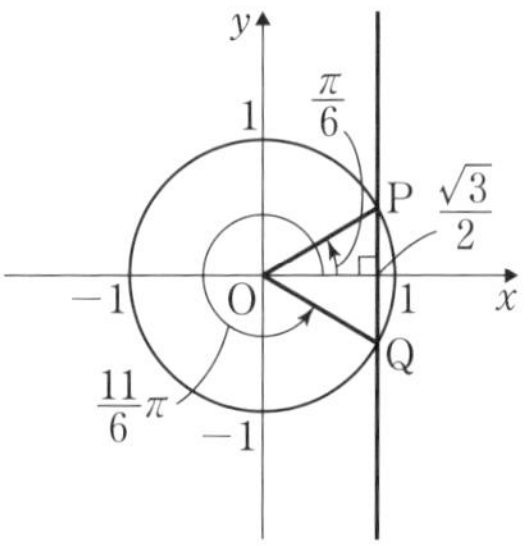

図のように，単位円上の点で x 座標が $\dfrac{\sqrt{3}}{2}$ となる点P，Qに対して，動径OP，OQの角 θ が求める角で，$0\leqq\theta<2\pi$ の範囲では

$\theta=\dfrac{\pi}{6},\ \dfrac{11}{6}\pi$　答

(2) 方程式を変形すると　$\tan\theta=-\dfrac{1}{\sqrt{3}}$

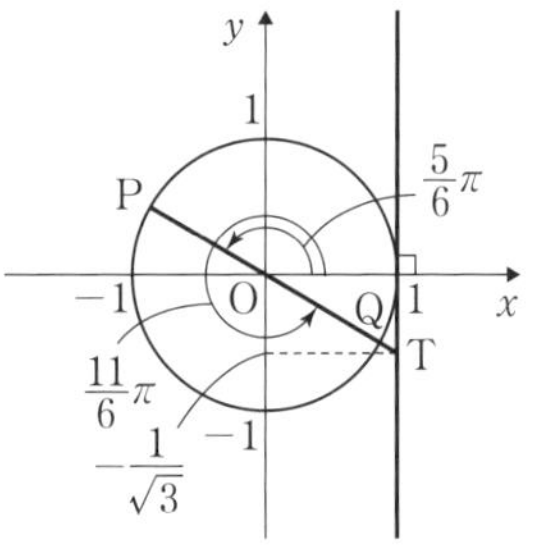

図のように，直線 $x=1$ 上の点 $\mathrm{T}\left(1,\ -\dfrac{1}{\sqrt{3}}\right)$ と原点を結ぶ直線と単位円の交点をP，Qとすると，動径OP，OQの角 θ が求める角で，$0\leqq\theta<2\pi$ の範囲では

$\theta=\dfrac{5}{6}\pi,\ \dfrac{11}{6}\pi$　答

(3) 不等式を変形すると　$\sin\theta<-\dfrac{\sqrt{3}}{2}$

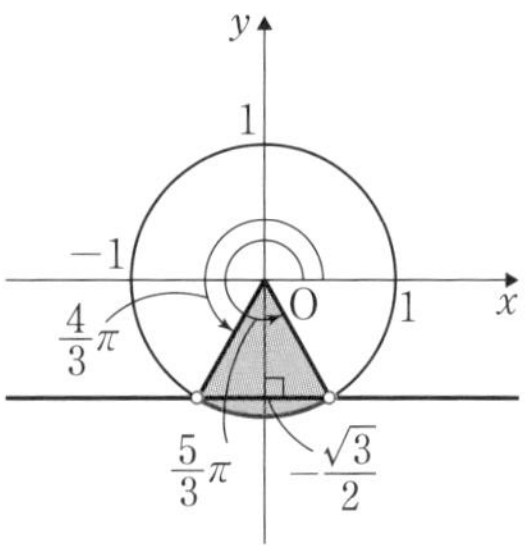

$0\leqq\theta<2\pi$ の範囲で $\sin\theta=-\dfrac{\sqrt{3}}{2}$ となる θ は　$\theta=\dfrac{4}{3}\pi,\ \dfrac{5}{3}\pi$

よって，不等式の解は

$\dfrac{4}{3}\pi<\theta<\dfrac{5}{3}\pi$　答

別解 $0\leqq\theta<2\pi$ における $y=\sin\theta$ のグラフは下の図のようになる。

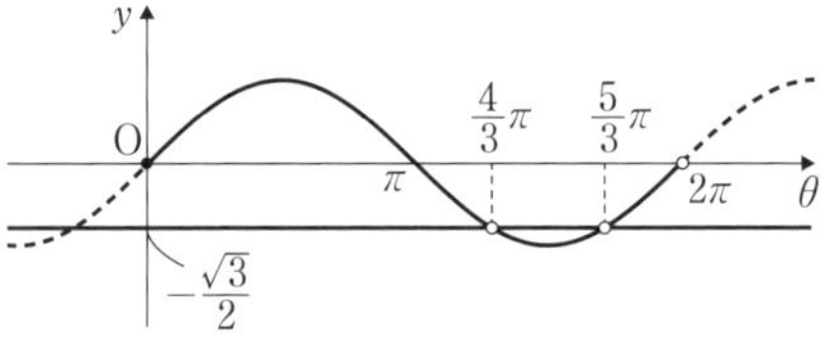

直線 $y=-\dfrac{\sqrt{3}}{2}$ より下側にある θ の値の範囲を求めると，図から

$\dfrac{4}{3}\pi<\theta<\dfrac{5}{3}\pi$　答

(4) 不等式を変形すると　$\tan\theta \leqq -\sqrt{3}$

$0 \leqq \theta < 2\pi$ の範囲で $\tan\theta = -\sqrt{3}$ となる

θ は　$\theta = \frac{2}{3}\pi,\ \frac{5}{3}\pi$

よって，不等式の解は

$$\boldsymbol{\frac{\pi}{2} < \theta \leqq \frac{2}{3}\pi,\ \frac{3}{2}\pi < \theta \leqq \frac{5}{3}\pi}$$ 答

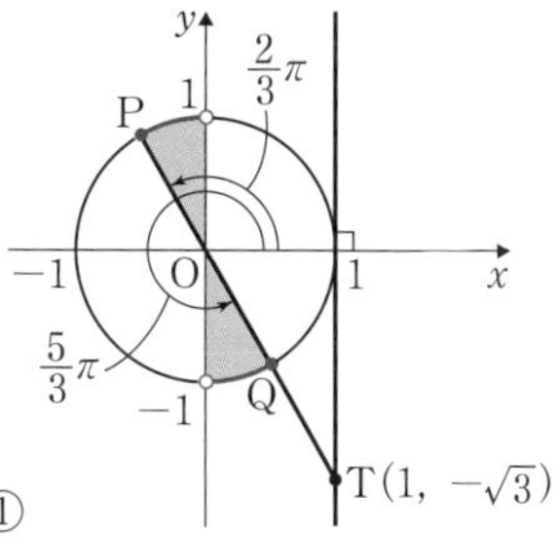

(5) $\theta + \frac{\pi}{3} = t$ とおくと　$\cos t = -\frac{\sqrt{3}}{2}$　…… ①

$0 \leqq \theta < 2\pi$ のとき　$\frac{\pi}{3} \leqq \theta + \frac{\pi}{3} < 2\pi + \frac{\pi}{3}$

すなわち　$\frac{\pi}{3} \leqq t < \frac{7}{3}\pi$

この範囲で ① を解くと

$$t = \frac{5}{6}\pi,\ \frac{7}{6}\pi$$

すなわち　$\theta + \frac{\pi}{3} = \frac{5}{6}\pi,\ \frac{7}{6}\pi$

よって　$\boldsymbol{\theta = \frac{\pi}{2},\ \frac{5}{6}\pi}$ 答

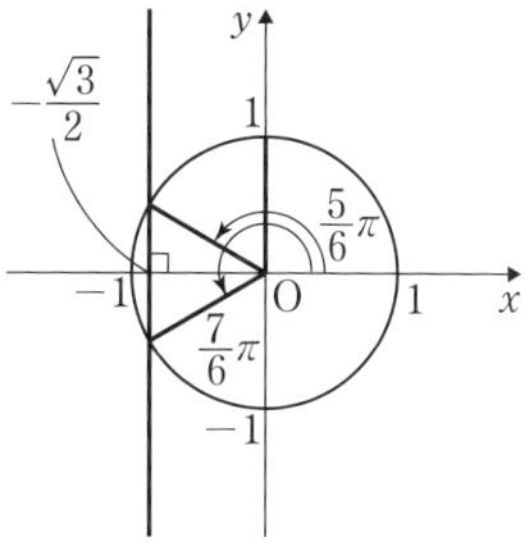

(6) $\theta + \frac{\pi}{3} = t$ とおくと，(5) より不等式の解は

$$\frac{\pi}{3} \leqq t < \frac{5}{6}\pi,\ \frac{7}{6}\pi < t < \frac{7}{3}\pi$$

すなわち　$\boldsymbol{0 \leqq \theta < \frac{\pi}{2},\ \frac{5}{6}\pi < \theta < 2\pi}$ 答

別解 $\frac{\pi}{3} \leqq t < \frac{7}{3}\pi$ における $y = \cos t$ のグラフは下の図のようになる。

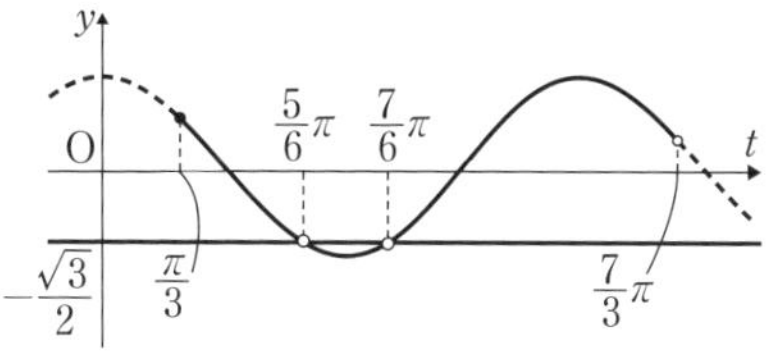

直線 $y = -\frac{\sqrt{3}}{2}$ より上側にある t の値の範囲を求めると，図から

$$\frac{\pi}{3} \leqq t < \frac{5}{6}\pi,\ \frac{7}{6}\pi < t < \frac{7}{3}\pi$$

$t = \theta + \frac{\pi}{3}$ から

$$\boldsymbol{0 \leqq \theta < \frac{\pi}{2},\ \frac{5}{6}\pi < \theta < 2\pi}$$ 答

4章 三角関数

教 p.135

4　$0 \leqq \theta < 2\pi$ のとき，関数 $y=\sin^2\theta-\cos\theta$ の最大値と最小値を求めよ。また，そのときの θ の値を求めよ。

指針　**$\sin\theta$，$\cos\theta$ を含む関数の最大・最小**　$\cos\theta=t$ とおき，$\sin^2\theta+\cos^2\theta=1$ の関係を用いて，式を t の 2 次関数で表す。
このとき，t の範囲は $-1 \leqq \cos\theta \leqq 1$ から　　$-1 \leqq t \leqq 1$
この範囲で，t の 2 次関数の最大・最小を調べる。

解答　$\cos\theta=t$ とおくと，$0 \leqq \theta < 2\pi$ であるから $-1 \leqq \cos\theta \leqq 1$ より

$-1 \leqq t \leqq 1$ …… ①

y を t で表すと　　$y=(1-\cos^2\theta)-\cos\theta=-t^2-t+1$

すなわち　　$y=-\left(t+\frac{1}{2}\right)^2+\frac{5}{4}$

よって，① の範囲において，y は

$t=-\frac{1}{2}$ で最大値 $\frac{5}{4}$ をとり，

$t=1$ で最小値 -1 をとる。

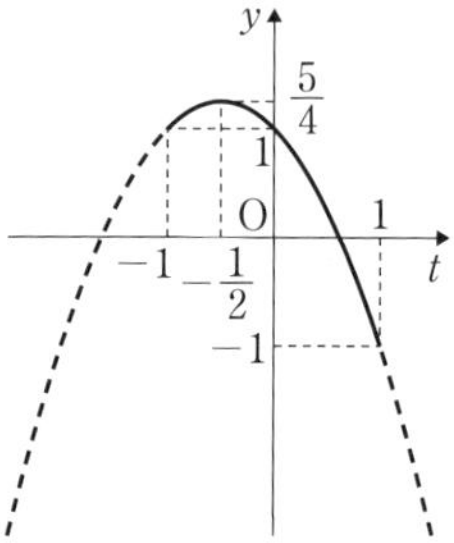

また，$0 \leqq \theta < 2\pi$ であるから，

$t=-\frac{1}{2}$ のとき　　$\theta=\frac{2}{3}\pi,\ \frac{4}{3}\pi$

$t=1$ のとき　　$\theta=0$

したがって，この関数は

$\theta=\frac{2}{3}\pi$，$\frac{4}{3}\pi$ で最大値 $\frac{5}{4}$，$\theta=0$ で最小値 -1 をとる。　答

教 p.135

5　関数 $f(\theta)=a\sin(b\theta+c)+d$ について，a，b，c，d の値に応じた $y=f(\theta)$ のグラフが表示されるコンピュータソフトがある。いま，$a=b=1$，$c=d=0$ として，$y=\sin\theta$ のグラフが表示されている。この状態から，a，b，c，d の値のうち，いずれか1つの値だけ変化させたとき，次の ①～③ の変化が起こりうるのは，どの値を変化させたときか，それぞれすべて答えよ。

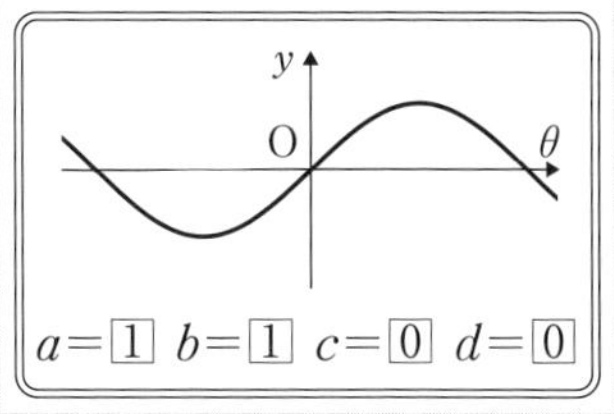

①　関数 $f(\theta)$ の周期が変わった。
②　関数 $f(\theta)$ の最大値と最小値が変わった。
③　関数 $f(\theta)$ が奇関数から偶関数に変わった。

指針　**三角関数のグラフ**

a の値だけ変化させると，$y=\sin\theta$ のグラフは，θ 軸をもとにして y 軸方向に拡大 (縮小) される。

b の値だけ変化させると，$y=\sin\theta$ のグラフは，y 軸をもとにして θ 軸方向に拡大 (縮小) される。

c の値だけ変化させると，$y=\sin\theta$ のグラフは，θ 軸方向に平行移動される。

d の値だけ変化させると，$y=\sin\theta$ のグラフは，y 軸方向に平行移動される。

解答　①　周期が変わるのは，b の値を変化させたときである。

②　最大値と最小値が変わるのは，a，d の値を変化させたときである。

③　奇関数から偶関数に変わるのは，c の値を変化させたときである。

答　①　$\boldsymbol{b}$　②　$\boldsymbol{a}$，$\boldsymbol{d}$　③　$\boldsymbol{c}$

第2節 加法定理

6 加法定理

まとめ

1 正弦・余弦の加法定理

1 $\sin(\alpha+\beta)=\sin\alpha\cos\beta+\cos\alpha\sin\beta$

2 $\sin(\alpha-\beta)=\sin\alpha\cos\beta-\cos\alpha\sin\beta$

3 $\cos(\alpha+\beta)=\cos\alpha\cos\beta-\sin\alpha\sin\beta$

4 $\cos(\alpha-\beta)=\cos\alpha\cos\beta+\sin\alpha\sin\beta$

2 正接の加法定理

5 $\tan(\alpha+\beta)=\dfrac{\tan\alpha+\tan\beta}{1-\tan\alpha\tan\beta}$

6 $\tan(\alpha-\beta)=\dfrac{\tan\alpha-\tan\beta}{1+\tan\alpha\tan\beta}$

注意 **5** で β を $-\beta$ におき換えると **6** が得られる。 ←$\tan(-\beta)=-\tan\beta$

3 2直線のなす角

交わる2直線 $y=m_1x+n_1$, $y=m_2x+n_2$ が垂直でないとき，そのなす鋭角を θ とすると

$$\tan\theta=\tan(\alpha-\beta)$$
$$=\frac{\tan\alpha-\tan\beta}{1+\tan\alpha\tan\beta}$$
$$=\frac{m_1-m_2}{1+m_1m_2}$$

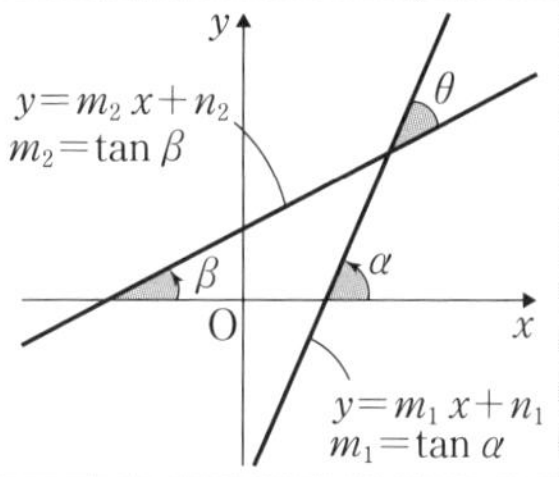

A 正弦・余弦の加法定理

教 p.137

深める 教科書128，129ページの **1** ～ **4** の等式のうち，正弦と余弦に関する等式について，等式が成り立つことを，加法定理を用いて確かめよう。

解答 **1** $\sin(\theta+2n\pi)=\sin\theta\cos2n\pi+\cos\theta\sin2n\pi$
$=\sin\theta$

$\cos(\theta+2n\pi)=\cos\theta\cos2n\pi-\sin\theta\sin2n\pi$
$=\cos\theta$

2 $\sin(-\theta)=\sin(0-\theta)=\sin0\cos\theta-\cos0\sin\theta$
$=-\sin\theta$

$\cos(-\theta)=\cos(0-\theta)=\cos 0\cos\theta+\sin 0\sin\theta$
$=\cos\theta$

3 $\sin(\theta+\pi)=\sin\theta\cos\pi+\cos\theta\sin\pi$
$=-\sin\theta$

$\cos(\theta+\pi)=\cos\theta\cos\pi-\sin\theta\sin\pi$
$=-\cos\theta$

4 $\sin\left(\theta+\frac{\pi}{2}\right)=\sin\theta\cos\frac{\pi}{2}+\cos\theta\sin\frac{\pi}{2}$
$=\cos\theta$

$\cos\left(\theta+\frac{\pi}{2}\right)=\cos\theta\cos\frac{\pi}{2}-\sin\theta\sin\frac{\pi}{2}$
$=-\sin\theta$

教 p.138

練習 24 加法定理を用いて，$\cos 75^\circ$ の値を求めよ。

指針 **加法定理と余弦の値**　$75^\circ=45^\circ+30^\circ$ であるから，$\cos(\alpha+\beta)$ についての加法定理を使う。

解答 $\cos 75^\circ=\cos(45^\circ+30^\circ)$　← $\cos(\alpha+\beta)=\cos\alpha\cos\beta-\sin\alpha\sin\beta$

$=\cos 45^\circ\cos 30^\circ-\sin 45^\circ\sin 30^\circ$

$=\frac{1}{\sqrt{2}}\cdot\frac{\sqrt{3}}{2}-\frac{1}{\sqrt{2}}\cdot\frac{1}{2}$

$=\frac{\sqrt{3}-1}{2\sqrt{2}}=\frac{(\sqrt{3}-1)\sqrt{2}}{2\sqrt{2}\sqrt{2}}$

$=\frac{\sqrt{6}-\sqrt{2}}{4}$ 答　← 分母の有理化

教 p.138

練習 25 $\frac{\pi}{12}=\frac{\pi}{4}-\frac{\pi}{6}$ であることを用いて，$\sin\frac{\pi}{12}$，$\cos\frac{\pi}{12}$ の値を求めよ。

指針 **加法定理と正弦・余弦の値**
$\sin(\alpha-\beta)=\sin\alpha\cos\beta-\cos\alpha\sin\beta$,
$\cos(\alpha-\beta)=\cos\alpha\cos\beta+\sin\alpha\sin\beta$ を使う。

解答 $\sin\frac{\pi}{12}=\sin\left(\frac{\pi}{4}-\frac{\pi}{6}\right)$

$=\sin\frac{\pi}{4}\cos\frac{\pi}{6}-\cos\frac{\pi}{4}\sin\frac{\pi}{6}$

$=\frac{1}{\sqrt{2}}\cdot\frac{\sqrt{3}}{2}-\frac{1}{\sqrt{2}}\cdot\frac{1}{2}=\frac{\sqrt{3}-1}{2\sqrt{2}}$

$=\frac{(\sqrt{3}-1)\sqrt{2}}{2\sqrt{2}\sqrt{2}}=\frac{\sqrt{6}-\sqrt{2}}{4}$ 答　← 分母の有理化

$$\cos\frac{\pi}{12}=\cos\left(\frac{\pi}{4}-\frac{\pi}{6}\right)$$
$$=\cos\frac{\pi}{4}\cos\frac{\pi}{6}+\sin\frac{\pi}{4}\sin\frac{\pi}{6}$$
$$=\frac{1}{\sqrt{2}}\cdot\frac{\sqrt{3}}{2}+\frac{1}{\sqrt{2}}\cdot\frac{1}{2}=\frac{\sqrt{3}+1}{2\sqrt{2}}$$
$$=\frac{(\sqrt{3}+1)\sqrt{2}}{2\sqrt{2}\sqrt{2}}=\frac{\sqrt{6}+\sqrt{2}}{4}$$ 答

← 分母の有理化

練習 26 教 p.138

α の動径が第 2 象限，β の動径が第 1 象限にあり，$\sin\alpha=\frac{2}{3}$，$\cos\beta=\frac{3}{5}$ のとき，$\sin(\alpha-\beta)$ と $\cos(\alpha+\beta)$ の値を求めよ。

指針 **相互関係と加法定理**　$\cos\alpha$，$\sin\beta$ の値がわかれば，加法定理により値が求められる。動径のある象限から，$\cos\alpha$，$\sin\beta$ の符号を判断し，相互関係 $\sin^2\theta+\cos^2\theta=1$ を用いて，$\cos\alpha$，$\sin\beta$ の値を求める。

解答　$\cos^2\alpha=1-\sin^2\alpha=1-\left(\frac{2}{3}\right)^2=\frac{5}{9}$

α の動径が第 2 象限にあるとき，$\cos\alpha<0$ であるから

$$\cos\alpha=-\frac{\sqrt{5}}{3}$$

また　$\sin^2\beta=1-\cos^2\beta=1-\left(\frac{3}{5}\right)^2=\frac{16}{25}$

β の動径が第 1 象限にあるとき，$\sin\beta>0$ であるから

$$\sin\beta=\frac{4}{5}$$

よって　$\sin(\alpha-\beta)=\sin\alpha\cos\beta-\cos\alpha\sin\beta$

$$=\frac{2}{3}\cdot\frac{3}{5}-\left(-\frac{\sqrt{5}}{3}\right)\cdot\frac{4}{5}=\mathbf{\frac{6+4\sqrt{5}}{15}}$$ 答

$\cos(\alpha+\beta)=\cos\alpha\cos\beta-\sin\alpha\sin\beta$

$$=\left(-\frac{\sqrt{5}}{3}\right)\cdot\frac{3}{5}-\frac{2}{3}\cdot\frac{4}{5}=\mathbf{-\frac{3\sqrt{5}+8}{15}}$$ 答

B 正接の加法定理

練習 27 教 p.139

加法定理を用いて，$\tan 105^\circ$ の値を求めよ。

指針 **加法定理と正接の値**　$105^\circ=60^\circ+45^\circ$ であるから，$\tan(\alpha+\beta)$ についての加法定理を使う。

解答 $\tan 105^\circ=\tan(60^\circ+45^\circ)=\dfrac{\tan 60^\circ+\tan 45^\circ}{1-\tan 60^\circ \tan 45^\circ}$ ←$\tan(\alpha+\beta)=\dfrac{\tan\alpha+\tan\beta}{1-\tan\alpha\tan\beta}$

$=\dfrac{\sqrt{3}+1}{1-\sqrt{3}\cdot 1}=-\dfrac{\sqrt{3}+1}{\sqrt{3}-1}$

$=-\dfrac{(\sqrt{3}+1)^2}{(\sqrt{3}-1)(\sqrt{3}+1)}=-\dfrac{3+2\sqrt{3}+1}{(\sqrt{3})^2-1^2}$ ←分母の有理化

$=-\dfrac{4+2\sqrt{3}}{2}=-2-\sqrt{3}$ 答

練習 28 教 p.139

$\dfrac{\pi}{12}=\dfrac{\pi}{4}-\dfrac{\pi}{6}$ であることを用いて，$\tan\dfrac{\pi}{12}$ の値を求めよ。

指針 **加法定理と正接の値** 等式 $\tan(\alpha-\beta)=\dfrac{\tan\alpha-\tan\beta}{1+\tan\alpha\tan\beta}$ を使う。

解答 $\tan\dfrac{\pi}{12}=\tan\left(\dfrac{\pi}{4}-\dfrac{\pi}{6}\right)$ ←$\tan\dfrac{\pi}{4}=1$，$\tan\dfrac{\pi}{6}=\dfrac{1}{\sqrt{3}}$

$=\dfrac{\tan\dfrac{\pi}{4}-\tan\dfrac{\pi}{6}}{1+\tan\dfrac{\pi}{4}\tan\dfrac{\pi}{6}}=\dfrac{1-\dfrac{1}{\sqrt{3}}}{1+1\cdot\dfrac{1}{\sqrt{3}}}$ ←分母，分子に $\sqrt{3}$ を掛ける。

$=\dfrac{\sqrt{3}-1}{\sqrt{3}+1}=\dfrac{(\sqrt{3}-1)^2}{(\sqrt{3}+1)(\sqrt{3}-1)}=\dfrac{4-2\sqrt{3}}{2}=2-\sqrt{3}$ 答

c 正接の加法定理と 2 直線のなす角

練習 29 教 p.140

2 直線 $y=2x-1$，$y=\dfrac{1}{3}x+1$ のなす角 θ を求めよ。ただし，$0<\theta<\dfrac{\pi}{2}$ とする。

指針 **2 直線のなす角** それぞれの直線と平行で原点を通る 2 直線 $y=2x$，$y=\dfrac{1}{3}x$ のなす角に等しい。ここで，原点を通る直線 $y=mx$ について，この直線 $y=mx$ と x 軸の正の向きとのなす角を θ とすると，$\tan\theta=m$ である。このことと正接の加法定理を利用して，2 直線のなす角を求める。

解答 2 直線 $y=2x-1$，$y=\dfrac{1}{3}x+1$ とそれぞれ平行で原点を通る 2 直線は

$y=2x$，$y=\dfrac{1}{3}x$

求める 2 直線のなす角 θ は，これら原点を通る 2 直線のなす角 θ に等しい。

これら2直線と x 軸の正の向きとのなす角を，それぞれ α，β とすると，図から $\theta=\alpha-\beta$ である。

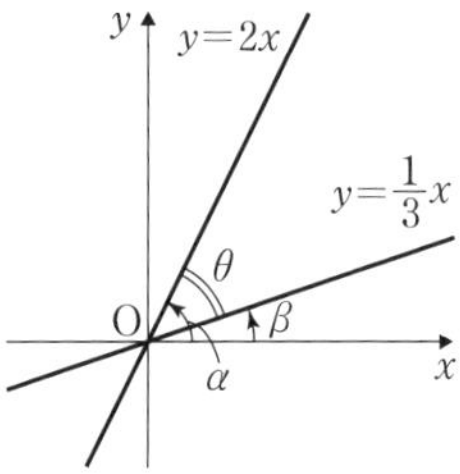

$$\tan\alpha=2,\ \tan\beta=\frac{1}{3}$$

であるから　$\tan\theta=\tan(\alpha-\beta)$

$$=\frac{\tan\alpha-\tan\beta}{1+\tan\alpha\tan\beta}$$

$$=\frac{2-\frac{1}{3}}{1+2\cdot\frac{1}{3}}=\frac{\frac{5}{3}}{\frac{5}{3}}=1$$

$0<\theta<\frac{\pi}{2}$ であるから　$\theta=\boldsymbol{\frac{\pi}{4}}$　答

研究 加法定理と点の回転

まとめ

回転した点の座標

点 P$(a,\ b)$ を原点 O を中心として角 θ だけ回転した位置にある点 Q の座標の求め方

① OP$=r$，動径 OP と x 軸の正の向きのなす角を α とすると

$a=r\cos\alpha$，$b=r\sin\alpha$

② 点 Q の座標を $(x,\ y)$ とすると

$x=r\cos(\alpha+\theta)$，$y=r\sin(\alpha+\theta)$

この式を加法定理を使って展開すると，

x，y をそれぞれ a，b，θ を用いて表すことができる。

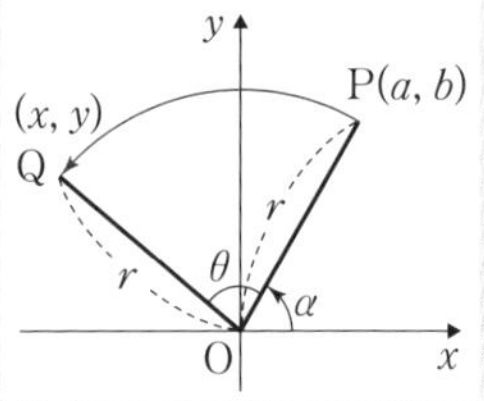

練習 1　教 p.141

点 P(4，3) を，原点 O を中心として $\frac{\pi}{6}$ だけ回転した位置にある点 Q の座標を求めよ。

指針　**加法定理と点の回転**　OP$=r$，動径 OP と x 軸の正の向きとのなす角を α とすると，P の座標は $(r\cos\alpha,\ r\sin\alpha)$，Q の座標は

$\left(r\cos\left(\alpha+\frac{\pi}{6}\right),\ r\sin\left(\alpha+\frac{\pi}{6}\right)\right)$　加法定理を使って展開して，Q の座標を r，α を含まない値で表す。

解答 点 P(4, 3) について，OP$=r$，動径 OP と x 軸の正の向きのなす角を α とすると

$4=r\cos\alpha$，$3=r\sin\alpha$

点 Q の座標を $(x,\ y)$ とすると

$x=r\cos\left(\alpha+\dfrac{\pi}{6}\right)$，$y=r\sin\left(\alpha+\dfrac{\pi}{6}\right)$

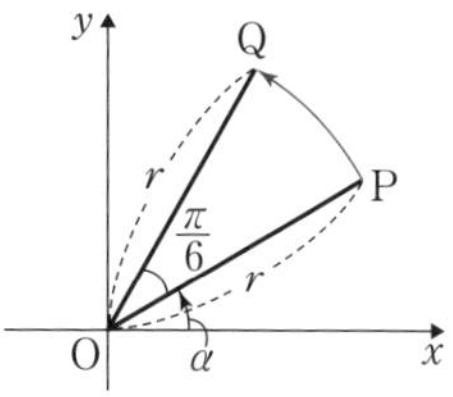

よって，加法定理により

$$x=r\cos\left(\alpha+\frac{\pi}{6}\right)$$
$$=r\cos\alpha\cos\frac{\pi}{6}-r\sin\alpha\sin\frac{\pi}{6}$$
$$=4\cdot\frac{\sqrt{3}}{2}-3\cdot\frac{1}{2}=\frac{4\sqrt{3}-3}{2}$$
$$y=r\sin\left(\alpha+\frac{\pi}{6}\right)$$
$$=r\sin\alpha\cos\frac{\pi}{6}+r\cos\alpha\sin\frac{\pi}{6}$$
$$=3\cdot\frac{\sqrt{3}}{2}+4\cdot\frac{1}{2}=\frac{3\sqrt{3}+4}{2}$$

したがって，点 Q の座標は

$$\left(\frac{4\sqrt{3}-3}{2},\ \frac{3\sqrt{3}+4}{2}\right)$$ 答

7 加法定理の応用

まとめ

1　2倍角の公式

$\sin 2\alpha=2\sin\alpha\cos\alpha$　　← $\sin(\alpha+\alpha)=\sin\alpha\cos\alpha+\cos\alpha\sin\alpha$

$\cos 2\alpha=\cos^2\alpha-\sin^2\alpha$　　← $\cos(\alpha+\alpha)=\cos\alpha\cos\alpha-\sin\alpha\sin\alpha$

$\cos 2\alpha=1-2\sin^2\alpha$　　← $\cos^2\alpha=1-\sin^2\alpha$ を代入

$\cos 2\alpha=2\cos^2\alpha-1$　　← $\sin^2\alpha=1-\cos^2\alpha$ を代入

$\tan 2\alpha=\dfrac{2\tan\alpha}{1-\tan^2\alpha}$　　← $\dfrac{2\sin\alpha\cos\alpha}{\cos^2\alpha-\sin^2\alpha}$ の分母・分子を $\cos^2\alpha$ で割る

2　半角の公式　　2倍角の公式から

$\sin^2\dfrac{\alpha}{2}=\dfrac{1-\cos\alpha}{2}$　　← $\sin^2\alpha=\dfrac{1-\cos 2\alpha}{2}$

$\cos^2\dfrac{\alpha}{2}=\dfrac{1+\cos\alpha}{2}$　　← $\cos^2\alpha=\dfrac{1+\cos 2\alpha}{2}$

$\tan^2\dfrac{\alpha}{2}=\dfrac{1-\cos\alpha}{1+\cos\alpha}$　　← $\tan^2\alpha=\dfrac{1-\cos 2\alpha}{1+\cos 2\alpha}$

（以上3式で）$\alpha\to\dfrac{\alpha}{2}$

3　三角関数の合成

$a\sin\theta+b\cos\theta$ を $r\sin(\theta+\alpha)$ の形に変形することを，三角関数を **合成** するという。

$$\boldsymbol{a\sin\theta+b\cos\theta=\sqrt{a^2+b^2}\sin(\theta+\alpha)}$$

ただし　$\boldsymbol{\cos\alpha=\dfrac{a}{\sqrt{a^2+b^2}},\ \sin\alpha=\dfrac{b}{\sqrt{a^2+b^2}}}$

解説　右の図のように，座標平面上に点 P$(a,\ b)$ をとり，線分 OP と x 軸の正の向きとのなす角を α とする。

注意　α が図のみから求められないこともある。

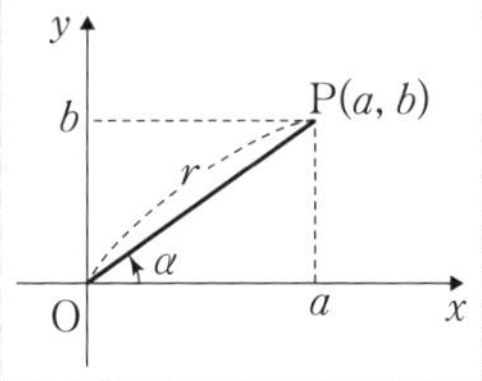

A 2倍角の公式

教 p.142

練習 30

$\dfrac{\pi}{2}<\alpha<\pi$ で，$\cos\alpha=-\dfrac{\sqrt{5}}{3}$ のとき，次の値を求めよ。

(1)　$\sin 2\alpha$　　(2)　$\cos 2\alpha$　　(3)　$\tan 2\alpha$

指針　**2倍角の三角関数の値**　正弦・余弦・正接の2倍角の公式を利用する。

解答　$\dfrac{\pi}{2}<\alpha<\pi$ から　　$\sin\alpha>0$

よって　　$\sin\alpha=\sqrt{1-\cos^2\alpha}=\sqrt{1-\left(-\dfrac{\sqrt{5}}{3}\right)^2}=\dfrac{2}{3}$

(1)　$\sin 2\alpha=2\sin\alpha\cos\alpha=2\cdot\dfrac{2}{3}\cdot\left(-\dfrac{\sqrt{5}}{3}\right)=\boldsymbol{-\dfrac{4\sqrt{5}}{9}}$　答

(2)　$\cos 2\alpha=1-2\sin^2\alpha=1-2\left(\dfrac{2}{3}\right)^2=\boldsymbol{\dfrac{1}{9}}$　答

(3)　(1), (2) から　　$\tan 2\alpha=\dfrac{\sin 2\alpha}{\cos 2\alpha}=-\dfrac{4\sqrt{5}}{9}\div\dfrac{1}{9}=\boldsymbol{-4\sqrt{5}}$　答

別解　(3)　$\tan\alpha=\dfrac{\sin\alpha}{\cos\alpha}=\dfrac{2}{3}\div\left(-\dfrac{\sqrt{5}}{3}\right)=-\dfrac{2}{\sqrt{5}}$ から

$$\tan 2\alpha=\frac{2\tan\alpha}{1-\tan^2\alpha}=\frac{2\left(-\dfrac{2}{\sqrt{5}}\right)}{1-\left(-\dfrac{2}{\sqrt{5}}\right)^2}=\boldsymbol{-4\sqrt{5}}$$　答

教 p.142

練習 31

$3\alpha=2\alpha+\alpha$ であることを用いて，次の等式を証明せよ。

(1)　$\sin 3\alpha=3\sin\alpha-4\sin^3\alpha$　　(2)　$\cos 3\alpha=-3\cos\alpha+4\cos^3\alpha$

教科書 $p.142$〜143

指針 **等式の証明**　左辺を変形して右辺を導く。2 倍角の公式，$\sin^2\alpha+\cos^2\alpha=1$ を利用する。

解答 (1)　$\sin 3\alpha=\sin(2\alpha+\alpha)=\sin 2\alpha\cos\alpha+\cos 2\alpha\sin\alpha$

$=2\sin\alpha\cos^2\alpha+(\cos^2\alpha-\sin^2\alpha)\sin\alpha$

$=3\sin\alpha(1-\sin^2\alpha)-\sin^3\alpha=3\sin\alpha-4\sin^3\alpha$　終

(2)　$\cos 3\alpha=\cos(2\alpha+\alpha)=\cos 2\alpha\cos\alpha-\sin 2\alpha\sin\alpha$

$=(\cos^2\alpha-\sin^2\alpha)\cos\alpha-2\sin^2\alpha\cos\alpha$

$=\cos^3\alpha-3\cos\alpha(1-\cos^2\alpha)=-3\cos\alpha+4\cos^3\alpha$　終

ここで証明した等式を
3 倍角の公式といいます。

B 半角の公式

練習 32　教 p.143

半角の公式を用いて，次の値を求めよ。

(1)　$\sin\dfrac{\pi}{8}$　　(2)　$\sin\dfrac{3}{8}\pi$　　(3)　$\cos\dfrac{3}{8}\pi$

指針 **半角の公式と正弦・余弦の値**　$\dfrac{\pi}{8}=\dfrac{1}{2}\left(\dfrac{\pi}{4}\right)$，$\dfrac{3}{8}\pi=\dfrac{1}{2}\left(\dfrac{3}{4}\pi\right)$ であるから，正弦・余弦の半角の公式に $\dfrac{\pi}{4}$，$\dfrac{3}{4}\pi$ を代入し，まず $\sin^2\dfrac{\pi}{8}$，$\sin^2\dfrac{3}{8}\pi$，$\cos^2\dfrac{3}{8}\pi$ の値を求める。

解答 (1)　$\sin^2\dfrac{\pi}{8}=\dfrac{1}{2}\left(1-\cos\dfrac{\pi}{4}\right)=\dfrac{1}{2}\left(1-\dfrac{1}{\sqrt{2}}\right)=\dfrac{\sqrt{2}-1}{2\sqrt{2}}=\dfrac{2-\sqrt{2}}{4}$

$\sin\dfrac{\pi}{8}>0$ であるから　　$\sin\dfrac{\pi}{8}=\sqrt{\dfrac{2-\sqrt{2}}{4}}=\dfrac{\sqrt{2-\sqrt{2}}}{2}$　答

(2)　$\sin^2\dfrac{3}{8}\pi=\dfrac{1}{2}\left(1-\cos\dfrac{3}{4}\pi\right)=\dfrac{1}{2}\left\{1-\left(-\dfrac{1}{\sqrt{2}}\right)\right\}$

$=\dfrac{\sqrt{2}+1}{2\sqrt{2}}=\dfrac{2+\sqrt{2}}{4}$

$\sin\dfrac{3}{8}\pi>0$ であるから　　$\sin\dfrac{3}{8}\pi=\dfrac{\sqrt{2+\sqrt{2}}}{2}$　答

(3)　$\cos^2\dfrac{3}{8}\pi=\dfrac{1}{2}\left(1+\cos\dfrac{3}{4}\pi\right)=\dfrac{1}{2}\left\{1+\left(-\dfrac{1}{\sqrt{2}}\right)\right\}$

$=\dfrac{\sqrt{2}-1}{2\sqrt{2}}=\dfrac{2-\sqrt{2}}{4}$

$\cos\dfrac{3}{8}\pi>0$ であるから　　$\cos\dfrac{3}{8}\pi=\dfrac{\sqrt{2-\sqrt{2}}}{2}$　答

教 p.143

練習 33

$\dfrac{\pi}{2}<\alpha<\pi$ で，$\cos\alpha=-\dfrac{4}{5}$ のとき，次の値を求めよ。

(1) $\sin\dfrac{\alpha}{2}$　　(2) $\cos\dfrac{\alpha}{2}$　　(3) $\tan\dfrac{\alpha}{2}$

指針　**半角の公式**　まず $\dfrac{\alpha}{2}$ の値の範囲を求めて，半角の公式を用いる。

解答　$\dfrac{\pi}{2}<\alpha<\pi$ から　$\dfrac{\pi}{4}<\dfrac{\alpha}{2}<\dfrac{\pi}{2}$

このとき　$\sin\dfrac{\alpha}{2}>0$，$\cos\dfrac{\alpha}{2}>0$，$\tan\dfrac{\alpha}{2}>0$

(1) $\sin^2\dfrac{\alpha}{2}=\dfrac{1-\cos\alpha}{2}=\dfrac{1-\left(-\dfrac{4}{5}\right)}{2}=\dfrac{9}{10}$

$\sin\dfrac{\alpha}{2}>0$ であるから　$\sin\dfrac{\alpha}{2}=\dfrac{\mathbf{3}}{\sqrt{\mathbf{10}}}$ 答

(2) $\cos^2\dfrac{\alpha}{2}=\dfrac{1+\cos\alpha}{2}=\dfrac{1+\left(-\dfrac{4}{5}\right)}{2}=\dfrac{1}{10}$

$\cos\dfrac{\alpha}{2}>0$ であるから　$\cos\dfrac{\alpha}{2}=\dfrac{\mathbf{1}}{\sqrt{\mathbf{10}}}$ 答

(3) $\tan^2\dfrac{\alpha}{2}=\dfrac{1-\cos\alpha}{1+\cos\alpha}=\dfrac{1+\dfrac{4}{5}}{1-\dfrac{4}{5}}=9$

$\tan\dfrac{\alpha}{2}>0$ であるから　$\tan\dfrac{\alpha}{2}=\mathbf{3}$ 答

別解　(3) (1)，(2) から　$\tan\dfrac{\alpha}{2}=\dfrac{3}{\sqrt{10}}\div\dfrac{1}{\sqrt{10}}=\mathbf{3}$ 答

C 三角関数を含む方程式，不等式

教 p.144

練習 34

$0\leqq\theta<2\pi$ のとき，次の方程式，不等式を解け。

(1) $\cos 2\theta+\sin\theta=1$　　(2) $\cos 2\theta+\sin\theta>1$

指針　**$\sin 2\theta$ や $\cos 2\theta$ を含む方程式**

(1) 余弦の 2 倍角の公式には，$\cos 2\theta=\cos^2\theta-\sin^2\theta$ の他に
$\cos 2\theta=1-2\sin^2\theta$，$\cos 2\theta=2\cos^2\theta-1$ があるが，方程式の他の項に合わせて 1 つを選ぶ。

(2) (1) の結果を利用する。

解答　(1) 左辺を変形すると　$(1-2\sin^2\theta)+\sin\theta=1$

整理すると　$2\sin^2\theta-\sin\theta=0$

左辺を因数分解して　$\sin\theta(2\sin\theta-1)=0$

よって　$\sin\theta=0$　または　$\sin\theta=\dfrac{1}{2}$

$0\leqq\theta<2\pi$ のとき

$\sin\theta=0$ から　$\theta=0,\ \pi$

$\sin\theta=\dfrac{1}{2}$ から　$\theta=\dfrac{\pi}{6},\ \dfrac{5}{6}\pi$　　答　$\boldsymbol{\theta=0,\ \dfrac{\pi}{6},\ \dfrac{5}{6}\pi,\ \pi}$

(2)　不等式を変形すると，(1) から

$\sin\theta(2\sin\theta-1)<0$

よって　$0<\sin\theta<\dfrac{1}{2}$

$0\leqq\theta<2\pi$ であるから

$\boldsymbol{0<\theta<\dfrac{\pi}{6},\ \dfrac{5}{6}\pi<\theta<\pi}$　答

D 三角関数の合成

練習 35　教 p.145

次の式を $r\sin(\theta+\alpha)$ の形に表せ。ただし，$r>0$，$-\pi<\alpha<\pi$ とする。

(1)　$\sqrt{3}\sin\theta+\cos\theta$　　(2)　$\sin\theta-\cos\theta$

指針　**$a\sin\theta+b\cos\theta$ の変形**　$a\sin\theta+b\cos\theta$ を $r\sin(\theta+\alpha)$ に変形する。(1) では $a=\sqrt{3}$，$b=1$，(2) では $a=1$，$b=-1$ である。

r の値は，$r=\sqrt{a^2+b^2}$ として求める。

角 α は，点 $\mathrm{P}(a,\ b)$ をとり，線分 OP と x 軸の正の向きとのなす角として求める。

解答　(1)　$r=\sqrt{(\sqrt{3})^2+1^2}=2$

点 $\mathrm{P}(\sqrt{3},\ 1)$ をとると，図より，

$\alpha=\dfrac{\pi}{6}$ となるから

$\sqrt{3}\sin\theta+\cos\theta=\boldsymbol{2\sin\left(\theta+\dfrac{\pi}{6}\right)}$　答

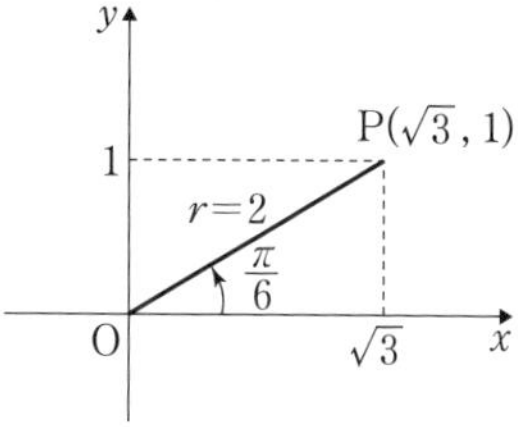

(2)　$r=\sqrt{1^2+(-1)^2}=\sqrt{2}$

点 $\mathrm{P}(1,\ -1)$ をとると，図より，

$\alpha=-\dfrac{\pi}{4}$ となるから

$\sin\theta-\cos\theta=\boldsymbol{\sqrt{2}\sin\left(\theta-\dfrac{\pi}{4}\right)}$　答

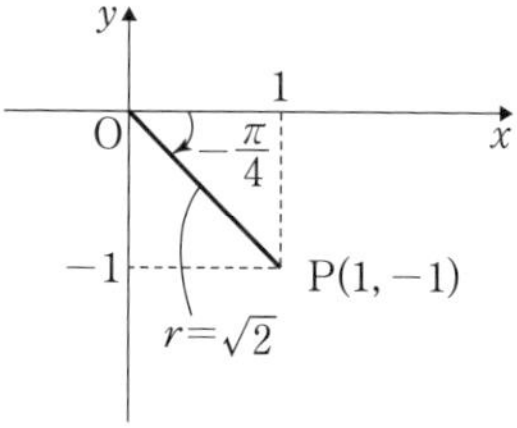

教 p.146

練習 36

$0 \leqq x < 2\pi$ のとき，次の方程式を解け。

$$\sin x + \sqrt{3}\cos x = 1$$

指針 **方程式 $a\sin x + b\cos x = c$** 方程式の左辺の三角関数を合成して，$r\sin(x+\alpha)$ の形に変形する。次に，$x+\alpha$ の範囲に注意して，$\sin(x+\alpha)$ の値から $x+\alpha$ を求める。

解答 左辺の三角関数を合成すると

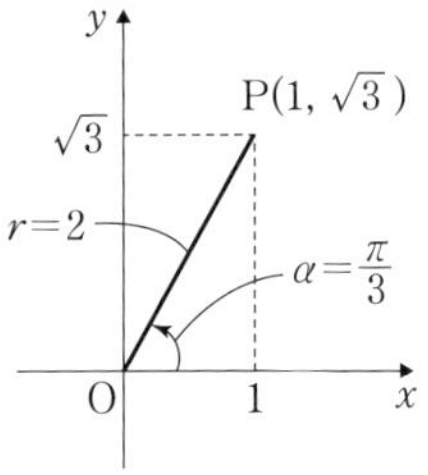

$$2\sin\left(x+\frac{\pi}{3}\right)=1$$

よって　$\sin\left(x+\frac{\pi}{3}\right)=\frac{1}{2}$ …… ①

$0 \leqq x < 2\pi$ のとき

$$\frac{\pi}{3} \leqq x+\frac{\pi}{3} < \frac{7}{3}\pi$$

であるから，この範囲で ① を解くと

$$x+\frac{\pi}{3}=\frac{5}{6}\pi,\ \frac{13}{6}\pi$$

したがって　$\boldsymbol{x=\frac{\pi}{2},\ \frac{11}{6}\pi}$ 答

注意 上で求めた方程式の解は，$0 \leqq x < 2\pi$ における 2 つの関数

$y=\sin x+\sqrt{3}\cos x$,

$y=1$

のグラフの交点の x 座標である。

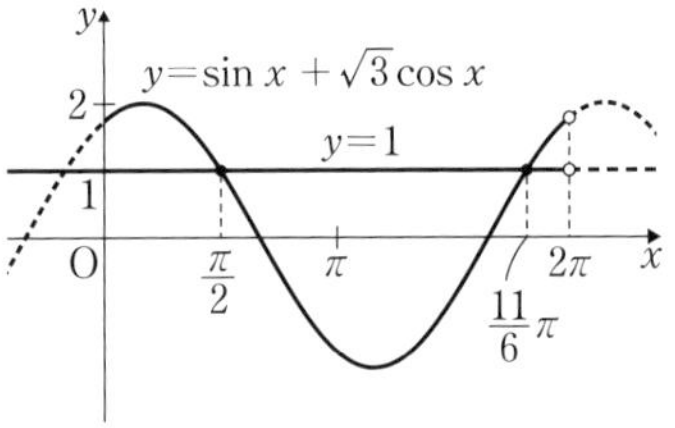

教 p.147

練習 37

次の関数の最大値と最小値，およびそのときの x の値を求めよ。

$$y=\sqrt{3}\sin x+\cos x \quad (0 \leqq x < 2\pi)$$

指針 **関数 $y=a\sin x+b\cos x$ の最大・最小，グラフ** $y=r\sin(x+\alpha)$ の形に変形して考える。最大・最小は，変域に注意する。

$y=r\sin(x+\alpha)$ のグラフは，$y=\sin x$ のグラフを

① x 軸をもとにして y 軸方向へ r 倍に拡大・縮小し，

② さらに，x 軸方向に $-\alpha$ だけ平行移動したもの。

解答 $\sqrt{3}\sin x+\cos x=2\sin\left(x+\frac{\pi}{6}\right)$ であるから

$$y=2\sin\left(x+\frac{\pi}{6}\right)$$

$0 \leqq x < 2\pi$ のとき $\dfrac{\pi}{6} \leqq x+\dfrac{\pi}{6} < \dfrac{13}{6}\pi$ であるから

$-1 \leqq \sin\left(x+\dfrac{\pi}{6}\right) \leqq 1$　　よって　　$-2 \leqq y \leqq 2$

$\sin\left(x+\dfrac{\pi}{6}\right)=1$ のとき，$x+\dfrac{\pi}{6}=\dfrac{\pi}{2}$ から　　$x=\dfrac{\pi}{3}$

$\sin\left(x+\dfrac{\pi}{6}\right)=-1$ のとき，$x+\dfrac{\pi}{6}=\dfrac{3}{2}\pi$ から　　$x=\dfrac{4}{3}\pi$

よって，この関数は

$x=\dfrac{\pi}{3}$ で最大値 2 をとり，

$x=\dfrac{4}{3}\pi$ で最小値 -2 をとる。 答

注意 関数 $y=2\sin\left(x+\dfrac{\pi}{6}\right)$ $(0 \leqq x < 2\pi)$ のグラフは，$y=\sin x$ のグラフを x 軸をもとにして y 軸方向へ 2 倍に拡大し，さらに，x 軸方向に $-\dfrac{\pi}{6}$ だけ平行移動したもので，図のようになる。

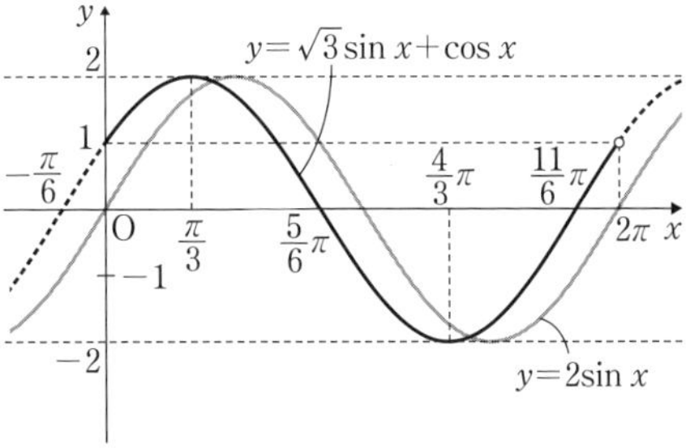

深める 教 p.147

教科書の応用例題 5 について，次の解答が誤りである理由を説明しよう。

$-1 \leqq \sin x \leqq 1$，$-1 \leqq \cos x \leqq 1$ より　　$-2 \leqq \sin x+\cos x \leqq 2$

よって　　y の最大値は 2，最小値は -2

指針 **関数 $y=a\sin x+b\cos x$ の最大・最小**　最大値，最小値をとる x の値を考える。

解答 $-1 \leqq \sin x \leqq 1$，$-1 \leqq \cos x \leqq 1$ より，$y=2$ となるのは，$\sin x=1$ かつ $\cos x=1$ のときであるが，これを満たす x の値は存在しない。

同様にして，$y=-2$ となる x の値も存在しない。

よって，上の解答は誤りである。

第4章 第2節　問　題

教 p.149

6　α，β の動径がいずれも第4象限にあり，$\sin\alpha=-\dfrac{5}{13}$，$\cos\beta=\dfrac{3}{5}$ のとき，次の値を求めよ。

(1)　$\sin(\alpha-\beta)$　　　(2)　$\cos(\alpha+\beta)$

指針　**相互関係と加法定理**　$\sin\alpha$，$\cos\beta$ の値がわかっているから $\cos\alpha$，$\sin\beta$ の値がわかれば，加法定理により値が求められる。α，β が第4象限にあることに注意し，$\sin^2\theta+\cos^2\theta=1$ を用いて，$\cos\alpha$，$\sin\beta$ の値をまず求める。

解答　α，β の動径が第4象限にあるから

$$\cos\alpha>0,\ \sin\beta<0$$

$\cos^2\alpha=1-\sin^2\alpha$

$\quad=1-\left(-\dfrac{5}{13}\right)^2=\dfrac{144}{169}$

であるから　$\cos\alpha=\sqrt{\dfrac{144}{169}}=\dfrac{12}{13}$

$\sin^2\beta=1-\cos^2\beta$

$\quad=1-\left(\dfrac{3}{5}\right)^2=\dfrac{16}{25}$

であるから　$\sin\beta=-\sqrt{\dfrac{16}{25}}=-\dfrac{4}{5}$

(1)　$\sin(\alpha-\beta)=\sin\alpha\cos\beta-\cos\alpha\sin\beta$

$\quad=-\dfrac{5}{13}\cdot\dfrac{3}{5}-\dfrac{12}{13}\cdot\left(-\dfrac{4}{5}\right)=\boldsymbol{\dfrac{33}{65}}$　答

(2)　$\cos(\alpha+\beta)=\cos\alpha\cos\beta-\sin\alpha\sin\beta$

$\quad=\dfrac{12}{13}\cdot\dfrac{3}{5}-\left(-\dfrac{5}{13}\right)\cdot\left(-\dfrac{4}{5}\right)=\boldsymbol{\dfrac{16}{65}}$　答

教 p.149

7　直線 $y=\dfrac{1}{\sqrt{3}}x+1$ とのなす角が $\dfrac{\pi}{4}$ である直線で，原点を通るものの方程式を求めよ。

指針　**2直線のなす角**　直線 $y=\dfrac{1}{\sqrt{3}}x+1$ と平行で原点を通る直線は $y=\dfrac{1}{\sqrt{3}}x$ であるから，この直線とのなす角が $\dfrac{\pi}{4}$ である直線で，原点を通るものの方程式を求めればよい。直線 $y=\dfrac{1}{\sqrt{3}}x$ と x 軸の正の向きとのなす角を α とすると，

求める直線の傾きは $\tan\left(\alpha\pm\frac{\pi}{4}\right)$ である。

解答　直線 $y=\frac{1}{\sqrt{3}}x+1$ と x 軸の正の向きとのなす角は $\frac{\pi}{6}$ であるから，求める直線と x 軸の正の向きとのなす角は

$\frac{\pi}{6}+\frac{\pi}{4}$，$\frac{\pi}{6}-\frac{\pi}{4}$

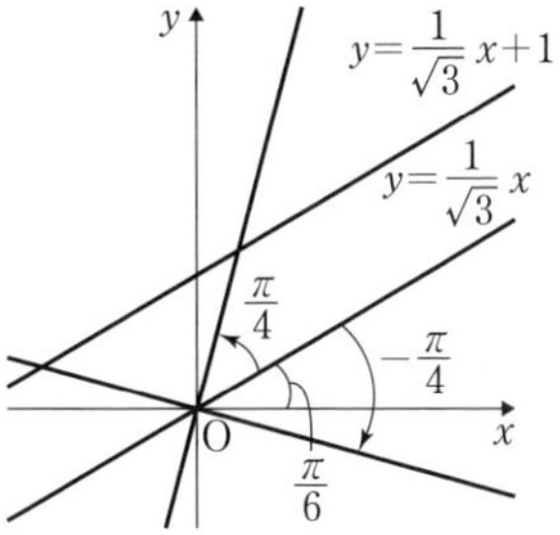

すなわち，求める直線の傾きは

$\tan\left(\frac{\pi}{6}+\frac{\pi}{4}\right)$，$\tan\left(\frac{\pi}{6}-\frac{\pi}{4}\right)$

$$\tan\left(\frac{\pi}{6}+\frac{\pi}{4}\right)=\frac{\tan\frac{\pi}{6}+\tan\frac{\pi}{4}}{1-\tan\frac{\pi}{6}\tan\frac{\pi}{4}}=\frac{\frac{1}{\sqrt{3}}+1}{1-\frac{1}{\sqrt{3}}\cdot 1}$$

$$=\frac{1+\sqrt{3}}{\sqrt{3}-1}=\frac{(\sqrt{3}+1)^2}{2}=\sqrt{3}+2$$

$$\tan\left(\frac{\pi}{6}-\frac{\pi}{4}\right)=\frac{\tan\frac{\pi}{6}-\tan\frac{\pi}{4}}{1+\tan\frac{\pi}{6}\tan\frac{\pi}{4}}=\frac{1-\sqrt{3}}{\sqrt{3}+1}$$

$$=\frac{(1-\sqrt{3})^2}{-2}=\sqrt{3}-2$$

よって，求める直線の方程式は

$\boldsymbol{y=(\sqrt{3}+2)x}$，$\boldsymbol{y=(\sqrt{3}-2)x}$　答

教 p.149

8　次の等式を証明せよ。

(1)　$(\sin\alpha+\cos\alpha)^2=1+\sin 2\alpha$　　(2)　$\frac{\sin 2\alpha}{1+\cos 2\alpha}=\tan\alpha$

指針　**等式の証明**　左辺を変形して右辺を導く。2 倍角の公式，$\sin^2\alpha+\cos^2\alpha=1$ を利用する。

解答　(1)　左辺$=\sin^2\alpha+2\sin\alpha\cos\alpha+\cos^2\alpha=1+2\sin\alpha\cos\alpha$

2 倍角の公式により　$2\sin\alpha\cos\alpha=\sin 2\alpha$

よって　$(\sin\alpha+\cos\alpha)^2=1+\sin 2\alpha$　終

(2)　2 倍角の公式により

$$左辺=\frac{2\sin\alpha\cos\alpha}{1+(2\cos^2\alpha-1)}=\frac{2\sin\alpha\cos\alpha}{2\cos^2\alpha}=\frac{\sin\alpha}{\cos\alpha}=\tan\alpha=右辺$$

よって　$\frac{\sin 2\alpha}{1+\cos 2\alpha}=\tan\alpha$　終

4章　三角関数

教 p.149

9 $0 \leqq \theta < 2\pi$ のとき，次の方程式，不等式を解け。

(1) $\sin 2\theta = \sin\theta$　　　(2) $\cos 2\theta < \sin\theta + 1$

指針 **$\sin 2\theta$ や $\cos 2\theta$ を含む方程式，不等式**　2 倍角の公式を利用。

(1) $\sin\theta$ と $\cos\theta$ の方程式になるが因数分解できる。

(2) $\sin\theta$ の 2 次不等式が得られる。

解答 (1) 左辺を変形すると　$2\sin\theta\cos\theta = \sin\theta$

整理すると　$\sin\theta(2\cos\theta - 1) = 0$

よって　$\sin\theta = 0$　または　$2\cos\theta - 1 = 0$

$0 \leqq \theta < 2\pi$ のとき

$\sin\theta = 0$ から　$\theta = 0,\ \pi$

$2\cos\theta - 1 = 0$ から　$\cos\theta = \frac{1}{2}$　$\theta = \frac{\pi}{3},\ \frac{5}{3}\pi$

したがって，求める解は　$\boldsymbol{\theta = 0,\ \frac{\pi}{3},\ \pi,\ \frac{5}{3}\pi}$　答

(2) 左辺を変形すると

$1 - 2\sin^2\theta < \sin\theta + 1$

整理すると　$\sin\theta(2\sin\theta + 1) > 0$

よって　$\sin\theta < -\frac{1}{2}$　または　$0 < \sin\theta$

したがって，$0 \leqq \theta < 2\pi$ のとき

$\boldsymbol{0 < \theta < \pi,\ \frac{7}{6}\pi < \theta < \frac{11}{6}\pi}$　答

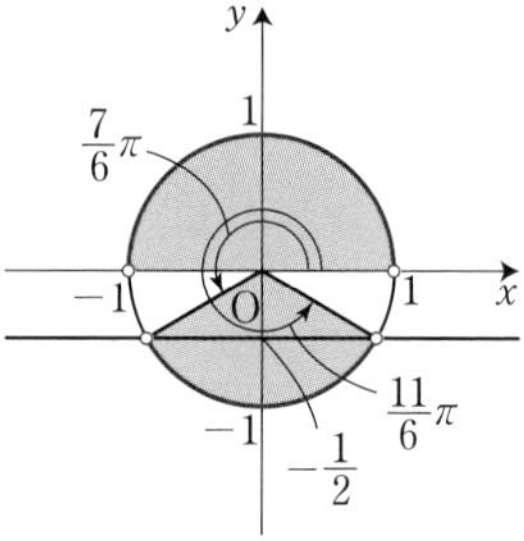

教 p.149

10 $0 \leqq x < 2\pi$ のとき，次の方程式，不等式を解け。

(1) $\sqrt{3}\sin x - \cos x = \sqrt{3}$　　　(2) $\sqrt{3}\sin x - \cos x \leqq \sqrt{3}$

指針 **三角関数の合成と方程式，不等式**　$a\sin x + b\cos x$ を $r\sin(x+\alpha)$ の形に変形して，(1) $\sin(x+\alpha) = k$ の方程式　(2) $\sin(x+\alpha) \leqq k$ の不等式をそれぞれ解く。$0 \leqq x < 2\pi$ のとき，$x+\alpha$ の範囲に気をつけること。

解答 (1) 左辺の三角関数を合成すると

$2\sin\left(x - \frac{\pi}{6}\right) = \sqrt{3}$

よって　$\sin\left(x - \frac{\pi}{6}\right) = \frac{\sqrt{3}}{2}$　…… ①

$0 \leqq x < 2\pi$ のとき

$-\frac{\pi}{6} \leqq x - \frac{\pi}{6} < \frac{11}{6}\pi$

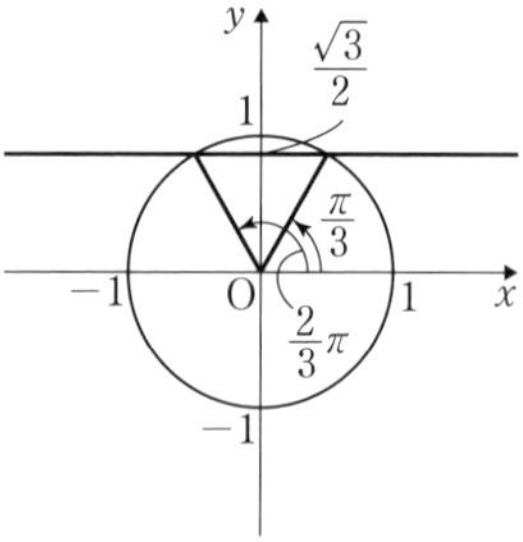

であるから，この範囲で ① を解くと

$x-\frac{\pi}{6}=\frac{\pi}{3}$　または　$x-\frac{\pi}{6}=\frac{2}{3}\pi$

したがって　$\boldsymbol{x=\frac{\pi}{2},\ \frac{5}{6}\pi}$　答

(2) 不等式を変形すると，(1) から　$\sin\left(x-\frac{\pi}{6}\right)\leqq\frac{\sqrt{3}}{2}$　…… ②

$0\leqq x<2\pi$ のとき　$-\frac{\pi}{6}\leqq x-\frac{\pi}{6}<\frac{11}{6}\pi$

この範囲で ② を解くと

$-\frac{\pi}{6}\leqq x-\frac{\pi}{6}\leqq\frac{\pi}{3}$　または　$\frac{2}{3}\pi\leqq x-\frac{\pi}{6}<\frac{11}{6}\pi$

したがって　$\boldsymbol{0\leqq x\leqq\frac{\pi}{2},\ \frac{5}{6}\pi\leqq x<2\pi}$　答

教 p.149

11 次の問いに答えよ。

(1) 右の図のように，座標が (4, 3) である点をPとし，動径 OP と x 軸の正の向きとのなす角を α とする。このとき，$\cos\alpha$，$\sin\alpha$ の値を求めよ。

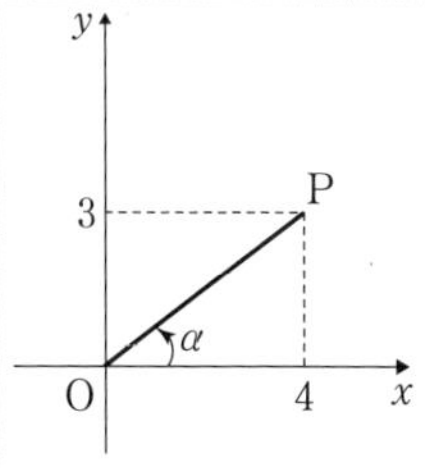

(2) $4\sin x+3\cos x=r\sin(x+\alpha)$ を満たす r の値を求めよ。

(3) 関数 $y=4\sin x+3\cos x$ の最大値，最小値を求めよ。

指針　三角関数の合成と最大，最小

(2) 加法定理を利用する。

(3) $-1\leqq\sin(x+\alpha)\leqq1$ を利用する。

解答 (1) $\mathrm{OP}=\sqrt{4^2+3^2}=5$ であるから　$\boldsymbol{\cos\alpha=\frac{4}{5},\ \sin\alpha=\frac{3}{5}}$　答

(2) $4\sin x+3\cos x=5\left(\frac{4}{5}\sin x+\frac{3}{5}\cos x\right)$

$=5(\cos\alpha\sin x+\sin\alpha\cos x)$

$=5\sin(x+\alpha)$

よって　$\boldsymbol{r=5}$　答

(3) $-1\leqq\sin(x+\alpha)\leqq1$ であるから　$-5\leqq y\leqq5$

よって　**y の最大値は 5，最小値は −5**　答

第4章　章末問題A

教 p.150

1. 次の値を求めよ。

(1) $\sin\frac{16}{3}\pi$　　(2) $\cos\frac{7}{2}\pi$　　(3) $\tan\left(-\frac{11}{6}\pi\right)$

指針 **三角関数の値**　0 から 2π までの角に直して考える。n を整数とすると

$$\sin(\theta+2n\pi)=\sin\theta,\ \cos(\theta+2n\pi)=\cos\theta,\ \tan(\theta+n\pi)=\tan\theta$$

解答 (1) $\sin\frac{16}{3}\pi=\sin\left(\frac{4}{3}\pi+4\pi\right)=\sin\frac{4}{3}\pi=-\frac{\sqrt{3}}{2}$ 答

(2) $\cos\frac{7}{2}\pi=\cos\left(\frac{3}{2}\pi+2\pi\right)=\cos\frac{3}{2}\pi=0$ 答

(3) $\tan\left(-\frac{11}{6}\pi\right)=\tan\left(\frac{\pi}{6}-2\pi\right)=\tan\frac{\pi}{6}=\frac{1}{\sqrt{3}}$ 答

注意 考え方は1通りではない。

(1) $\sin\frac{16}{3}\pi=\sin\left(-\frac{2}{3}\pi+6\pi\right)$　(2) $\cos\frac{7}{2}\pi=\cos\left(-\frac{\pi}{2}+4\pi\right)$ など。

教 p.150

2. $\sin\theta\cos\theta=-\frac{1}{4}$ のとき，次の式の値を求めよ。ただし，θ の動径は第4象限にあるとする。

(1) $\sin\theta-\cos\theta$　　(2) $\sin^3\theta-\cos^3\theta$

指針 **三角関数の式の値**

(1) まず，$(\sin\theta-\cos\theta)^2$ の値を求める。θ の動径が第4象限にあることから，$\sin\theta-\cos\theta$ の符号を決める。

(2) 因数分解して，(1) を利用する。

解答 (1) $(\sin\theta-\cos\theta)^2=\sin^2\theta-2\sin\theta\cos\theta+\cos^2\theta$　　← $\sin^2\theta+\cos^2\theta=1$

$=1-2\sin\theta\cos\theta$

$=1-2\cdot\left(-\frac{1}{4}\right)=\frac{3}{2}$

θ の動径は第4象限にあるから　$\sin\theta<0,\ \cos\theta>0$

よって　$\sin\theta-\cos\theta<0$

したがって　$\sin\theta-\cos\theta=-\sqrt{\frac{3}{2}}=-\frac{\sqrt{6}}{2}$ 答

(2) $\sin^3\theta-\cos^3\theta=(\sin\theta-\cos\theta)(\sin^2\theta+\sin\theta\cos\theta+\cos^2\theta)$

$=(\sin\theta-\cos\theta)(1+\sin\theta\cos\theta)$

$=\left(-\frac{\sqrt{6}}{2}\right)\left(1-\frac{1}{4}\right)=-\frac{3\sqrt{6}}{8}$ 答

別解 (2) $\sin^3\theta-\cos^3\theta$

$=(\sin\theta-\cos\theta)^3+3\sin\theta\cos\theta(\sin\theta-\cos\theta)$

$=\left(-\dfrac{\sqrt{6}}{2}\right)^3+3\cdot\left(-\dfrac{1}{4}\right)\cdot\left(-\dfrac{\sqrt{6}}{2}\right)=-\dfrac{3\sqrt{6}}{8}$ 答

教 p.150

3. 次の等式を証明せよ。

(1) $\dfrac{1}{1+\cos\theta}+\dfrac{1}{1-\cos\theta}=\dfrac{2}{\sin^2\theta}$ (2) $\dfrac{1}{\tan\theta}-\tan\theta=\dfrac{2\cos 2\theta}{\sin 2\theta}$

指針 **等式の証明** 左辺を変形して右辺を導いてみる。(1) は三角関数の相互関係を，(2) はさらに 2 倍角の公式を用いる。

解答 (1) 左辺$=\dfrac{1-\cos\theta}{(1+\cos\theta)(1-\cos\theta)}+\dfrac{1+\cos\theta}{(1-\cos\theta)(1+\cos\theta)}$

$=\dfrac{(1-\cos\theta)+(1+\cos\theta)}{(1+\cos\theta)(1-\cos\theta)}=\dfrac{2}{1-\cos^2\theta}=\dfrac{2}{\sin^2\theta}=$右辺

よって $\dfrac{1}{1+\cos\theta}+\dfrac{1}{1-\cos\theta}=\dfrac{2}{\sin^2\theta}$ 終

(2) 左辺$=\dfrac{\cos\theta}{\sin\theta}-\dfrac{\sin\theta}{\cos\theta}=\dfrac{\cos^2\theta-\sin^2\theta}{\sin\theta\cos\theta}$ ← $\tan\theta=\dfrac{\sin\theta}{\cos\theta}$

$=\dfrac{2(\cos^2\theta-\sin^2\theta)}{2\sin\theta\cos\theta}=\dfrac{2\cos 2\theta}{\sin 2\theta}=$右辺 ← 2 倍角の公式

よって $\dfrac{1}{\tan\theta}-\tan\theta=\dfrac{2\cos 2\theta}{\sin 2\theta}$ 終

教 p.150

4. $0\leqq x<2\pi$ のとき，次の方程式，不等式を解け。

(1) $\cos 2x=\sin x$ (2) $\cos 2x<\sin x$

指針 **2 倍角の公式と三角関数についての方程式**

$\cos 2x$ についての 2 倍角の公式 $\cos 2x=\cos^2 x-\sin^2 x$,
$\cos 2x=2\cos^2 x-1$，$\cos 2x=1-2\sin^2 x$ のうち，(1), (2) ともに
$\cos 2x=1-2\sin^2 x$ を用いて，方程式を $\sin x$ だけの式にして解く。

解答 (1) 左辺を変形すると $1-2\sin^2 x=\sin x$

整理して $2\sin^2 x+\sin x-1=0$

左辺を因数分解すると $(2\sin x-1)(\sin x+1)=0$

よって $\sin x=\dfrac{1}{2}$ または $\sin x=-1$

$0\leqq x<2\pi$ のとき

$\sin x=\dfrac{1}{2}$ から $x=\dfrac{\pi}{6}$, $\dfrac{5}{6}\pi$

$\sin x=-1$ から $x=\dfrac{3}{2}\pi$

したがって　$x=\frac{\pi}{6}$, $\frac{5}{6}\pi$, $\frac{3}{2}\pi$ 答

(2) (1)より，不等式を変形すると　$(2\sin x-1)(\sin x+1)>0$

常に $\sin x+1 \geqq 0$ が成り立つから

$\sin x+1 \neq 0$　かつ　$2\sin x-1>0$　すなわち　$\sin x>\frac{1}{2}$

これを解いて　$\frac{\pi}{6}<x<\frac{5}{6}\pi$ 答

教 p.150

5. 次の等式が成り立つことを確かめよ。ただし，加法定理を用いてよい。

(1) $\begin{cases} \sin(\pi-\theta)=\sin\theta \\ \cos(\pi-\theta)=-\cos\theta \\ \tan(\pi-\theta)=-\tan\theta \end{cases}$　(2) $\begin{cases} \sin\left(\frac{\pi}{2}-\theta\right)=\cos\theta \\ \cos\left(\frac{\pi}{2}-\theta\right)=\sin\theta \\ \tan\left(\frac{\pi}{2}-\theta\right)=\frac{1}{\tan\theta} \end{cases}$

指針 **加法定理と等式の証明**　加法定理を用いた後の式で，$\sin\pi$，$\cos\pi$，$\sin\frac{\pi}{2}$，$\cos\frac{\pi}{2}$ をそれぞれ数値でおき換える。

解答 (1) $\sin(\pi-\theta)=\sin\pi\cos\theta-\cos\pi\sin\theta$

$=0\cdot\cos\theta-(-1)\cdot\sin\theta=\sin\theta$

$\cos(\pi-\theta)=\cos\pi\cos\theta+\sin\pi\sin\theta$

$=(-1)\cdot\cos\theta+0\cdot\sin\theta=-\cos\theta$

$\tan(\pi-\theta)=\frac{\tan\pi-\tan\theta}{1+\tan\pi\tan\theta}=\frac{0-\tan\theta}{1+0\cdot\tan\theta}=-\tan\theta$ 終

(2) $\sin\left(\frac{\pi}{2}-\theta\right)=\sin\frac{\pi}{2}\cos\theta-\cos\frac{\pi}{2}\sin\theta$

$=1\cdot\cos\theta-0\cdot\sin\theta=\cos\theta$

$\cos\left(\frac{\pi}{2}-\theta\right)=\cos\frac{\pi}{2}\cos\theta+\sin\frac{\pi}{2}\sin\theta$

$=0\cdot\cos\theta+1\cdot\sin\theta=\sin\theta$

$\tan\left(\frac{\pi}{2}-\theta\right)=\frac{\sin\left(\frac{\pi}{2}-\theta\right)}{\cos\left(\frac{\pi}{2}-\theta\right)}=\frac{\cos\theta}{\sin\theta}=\frac{1}{\tan\theta}$ 終

注意 (1) $\tan(\pi-\theta)=\frac{\sin(\pi-\theta)}{\cos(\pi-\theta)}=\frac{\sin\theta}{-\cos\theta}=-\tan\theta$ としてもよい。

(2) $\tan\frac{\pi}{2}$ は定義されないから，正接の加法定理を使って証明することはできない。

教 p.150

6. $0 \leqq \theta < 2\pi$ のとき，関数 $y=\frac{1}{2}\cos 2\theta+2\sin\theta+\frac{1}{2}$ の最小値と，そのときの θ の値を求めよ。

指針 **三角関数を含む関数の最小値**　余弦の 2 倍角の公式のうち，$\cos 2\theta=1-2\sin^2\theta$ を用いて，まず関数を $\sin\theta$ だけの式で表す。さらに $\sin\theta=x$ とすると，y は x の 2 次関数となり，この関数の最小値を求める。x の値の範囲に注意する。

解答 $\frac{1}{2}\cos 2\theta+2\sin\theta+\frac{1}{2}=\frac{1}{2}(1-2\sin^2\theta)+2\sin\theta+\frac{1}{2}$

$=-\sin^2\theta+2\sin\theta+1$

よって，関数は　$y=-\sin^2\theta+2\sin\theta+1$

$\sin\theta=x$ とおくと $-1 \leqq \sin\theta \leqq 1$ から

$-1 \leqq x \leqq 1$　…… ①

関数は　$y=-x^2+2x+1$

変形すると　$y=-(x-1)^2+2$

① の範囲でのグラフは，図の実線部分である。

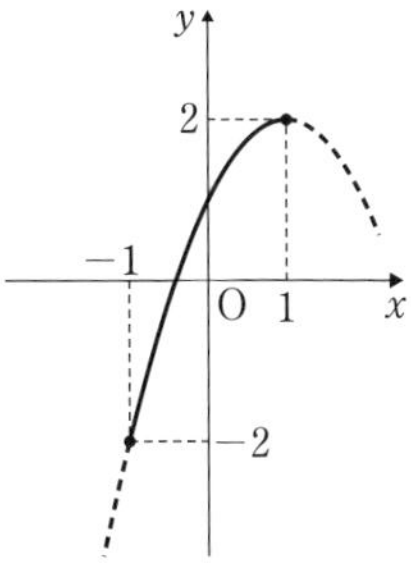

よって，y は

$x=-1$ で最小値 -2 をとる。

したがって　$\theta=\frac{3}{2}\pi$ で最小値 -2　答

←$\sin\theta=-1$

教 p.150

7. 関数 $y=\sin x-\sqrt{3}\cos x$ $(0 \leqq x < 2\pi)$ について，次の問いに答えよ。

(1) 関数の最大値，最小値と，そのときの x の値を求めよ。

(2) $y=0$ となる x の値を求めよ。

(3) $y \leqq 0$ となる x の値の範囲を求めよ。

指針 **三角関数の合成**　$y=a\sin x+b\cos x$ を $y=r\sin(x+\alpha)$ の形に変形する。$\alpha \leqq x+\alpha < 2\pi+\alpha$ に注意して，方程式や不等式を解く。

解答 $\sin x-\sqrt{3}\cos x=2\sin\left(x-\frac{\pi}{3}\right)$

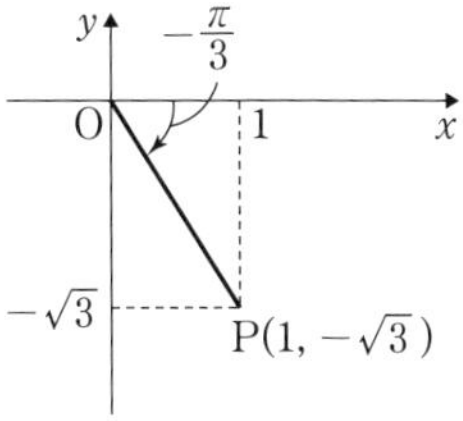

であるから　$y=2\sin\left(x-\frac{\pi}{3}\right)$

また，$0 \leqq x < 2\pi$ のとき

$-\frac{\pi}{3} \leqq x-\frac{\pi}{3} < \frac{5}{3}\pi$　…… ①

(1) ① の範囲のとき $-1 \leqq \sin\left(x-\frac{\pi}{3}\right) \leqq 1$ であるから　$-2 \leqq y \leqq 2$

よって，y は

$x-\frac{\pi}{3}=\frac{\pi}{2}$　すなわち　$\boldsymbol{x=\frac{5}{6}\pi}$ **で最大値 2 をとり，**

$x-\frac{\pi}{3}=\frac{3}{2}\pi$　すなわち　$\boldsymbol{x=\frac{11}{6}\pi}$ **で最小値 −2 をとる。** 答

(2)　$y=0$ のとき　$\sin\left(x-\frac{\pi}{3}\right)=0$

この方程式を ① の範囲で解くと

$x-\frac{\pi}{3}=0,\ \pi$　よって　$\boldsymbol{x=\frac{\pi}{3},\ \frac{4}{3}\pi}$ 答

(3)　$y\leqq 0$ のとき　$\sin\left(x-\frac{\pi}{3}\right)\leqq 0$

この不等式を ① の範囲で解くと

$-\frac{\pi}{3}\leqq x-\frac{\pi}{3}\leqq 0$　または　$\pi\leqq x-\frac{\pi}{3}<\frac{5}{3}\pi$

よって　$\boldsymbol{0\leqq x\leqq\frac{\pi}{3},\ \frac{4}{3}\pi\leqq x<2\pi}$ 答

第4章　章末問題B

教 p.151

8. 次の値を求めよ。

(1) $\sin\alpha+\sin\beta=\frac{1}{2}$，$\cos\alpha+\cos\beta=\frac{1}{3}$ のとき，$\cos(\alpha-\beta)$ の値

(2) $\tan\alpha=2$，$\tan\beta=4$，$\tan\gamma=13$ のとき，$\tan(\alpha+\beta+\gamma)$ の値

指針 **余弦，正接の加法定理の応用**

(1) $\cos(\alpha-\beta)=\cos\alpha\cos\beta+\sin\alpha\sin\beta$ の右辺の値を，2つの条件の式を使って計算する。それぞれの等式を2乗すると $\sin\alpha\sin\beta$，$\cos\alpha\cos\beta$ の形が現れる。

(2) $\tan\{(\alpha+\beta)+\gamma\}$ として加法定理を使う。

解答 (1) 2つの条件の式のそれぞれで，両辺を2乗すると

$$\sin^2\alpha+2\sin\alpha\sin\beta+\sin^2\beta=\frac{1}{4}$$

$$\cos^2\alpha+2\cos\alpha\cos\beta+\cos^2\beta=\frac{1}{9}$$

それぞれの辺を加えると

$$(\sin^2\alpha+\cos^2\alpha)+2(\sin\alpha\sin\beta+\cos\alpha\cos\beta)+(\sin^2\beta+\cos^2\beta)=\frac{1}{4}+\frac{1}{9}$$

ゆえに　$1+2(\sin\alpha\sin\beta+\cos\alpha\cos\beta)+1=\frac{13}{36}$

よって　$\sin\alpha\sin\beta+\cos\alpha\cos\beta=\frac{1}{2}\left(\frac{13}{36}-2\right)=-\frac{59}{72}$

したがって　$\cos(\alpha-\beta)=\cos\alpha\cos\beta+\sin\alpha\sin\beta=-\mathbf{\frac{59}{72}}$ 答

(2) $\tan(\alpha+\beta)=\frac{\tan\alpha+\tan\beta}{1-\tan\alpha\tan\beta}=\frac{2+4}{1-2\cdot4}=-\frac{6}{7}$ であるから

$$\tan(\alpha+\beta+\gamma)=\tan\{(\alpha+\beta)+\gamma\}=\frac{\tan(\alpha+\beta)+\tan\gamma}{1-\tan(\alpha+\beta)\tan\gamma}$$

$$=\frac{-\frac{6}{7}+13}{1-\left(-\frac{6}{7}\right)\cdot13}=\frac{-6+7\cdot13}{7+6\cdot13}=\frac{85}{85}=\mathbf{1}$$ 答

教 p.151

9．次の等式を証明せよ。

$$\frac{\sin(\alpha-\beta)}{\sin(\alpha+\beta)}=\frac{\tan\alpha-\tan\beta}{\tan\alpha+\tan\beta}$$

指針 **加法定理と等式の証明** 左辺の分母と分子に加法定理を用いる。これを変形して右辺を導く。$\dfrac{\sin\alpha}{\cos\alpha}=\tan\alpha$，$\dfrac{\sin\beta}{\cos\beta}=\tan\beta$ を利用する。

解答 $左辺=\dfrac{\sin\alpha\cos\beta-\cos\alpha\sin\beta}{\sin\alpha\cos\beta+\cos\alpha\sin\beta}$

分母と分子を $\cos\alpha\cos\beta$ で割って変形すると

$$左辺=\frac{\dfrac{\sin\alpha\cos\beta}{\cos\alpha\cos\beta}-\dfrac{\cos\alpha\sin\beta}{\cos\alpha\cos\beta}}{\dfrac{\sin\alpha\cos\beta}{\cos\alpha\cos\beta}+\dfrac{\cos\alpha\sin\beta}{\cos\alpha\cos\beta}}=\frac{\dfrac{\sin\alpha}{\cos\alpha}-\dfrac{\sin\beta}{\cos\beta}}{\dfrac{\sin\alpha}{\cos\alpha}+\dfrac{\sin\beta}{\cos\beta}}$$

$$=\frac{\tan\alpha-\tan\beta}{\tan\alpha+\tan\beta}=右辺$$

よって $\dfrac{\sin(\alpha-\beta)}{\sin(\alpha+\beta)}=\dfrac{\tan\alpha-\tan\beta}{\tan\alpha+\tan\beta}$ 終

注意 右辺を変形して左辺を導いてもよい。ここでは式を簡略化して示そう。
$\sin\alpha$，$\sin\beta$，$\cos\alpha$，$\cos\beta$ をそれぞれ S_α，S_β，C_α，C_β と表すことにすると

$$\sin(\alpha-\beta)=S_\alpha C_\beta-C_\alpha S_\beta,\quad \sin(\alpha+\beta)=S_\alpha C_\beta+C_\alpha S_\beta$$

$$\tan\alpha=S_\alpha/C_\alpha,\quad \tan\beta=S_\beta/C_\beta$$

よって $右辺=\dfrac{S_\alpha/C_\alpha-S_\beta/C_\beta}{S_\alpha/C_\alpha+S_\beta/C_\beta}$

分母・分子に $C_\alpha C_\beta$ を掛けて

$$右辺=\frac{S_\alpha C_\beta-S_\beta C_\alpha}{S_\alpha C_\beta+S_\beta C_\alpha}=\frac{\sin(\alpha-\beta)}{\sin(\alpha+\beta)}=左辺$$ 終

研究 教 p.151

10. O を原点とする座標平面上に点 A(2, 6) と第 2 象限の点 B がある。△OAB が ∠AOB を頂角とする二等辺三角形で $\angle AOB=\frac{\pi}{6}$ であるとき，点 B の座標を求めよ。

指針 **点の回転**　動径 OA と x 軸の正の向きとのなす角を α とすると，動径 OB と x 軸の正の向きとのなす角は $\alpha+\frac{\pi}{6}$ となる。つまり，原点 O を中心として点 A を $\frac{\pi}{6}$ だけ回転した点が B である。

解答 動径 OA と x 軸の正の向きとのなす角を α とすると

$$2=\mathrm{OA}\cos\alpha,\ 6=\mathrm{OA}\sin\alpha$$

点 B の座標を $(x,\ y)$ とすると

$$x=\mathrm{OA}\cos\left(\alpha+\frac{\pi}{6}\right),\ y=\mathrm{OA}\sin\left(\alpha+\frac{\pi}{6}\right)$$

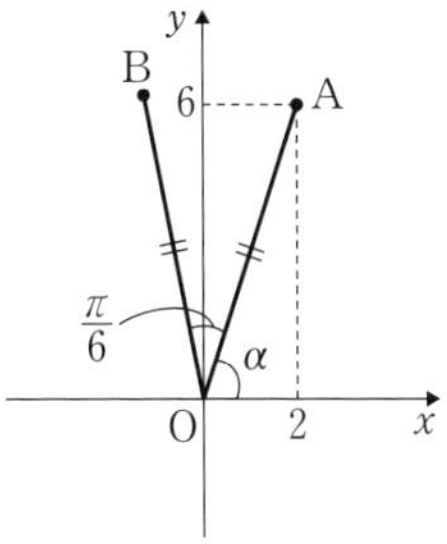

よって，加法定理により

$$x=\mathrm{OA}\cos\left(\alpha+\frac{\pi}{6}\right)$$
$$=\mathrm{OA}\cos\alpha\cos\frac{\pi}{6}-\mathrm{OA}\sin\alpha\sin\frac{\pi}{6}$$
$$=2\cdot\frac{\sqrt{3}}{2}-6\cdot\frac{1}{2}=\sqrt{3}-3$$
$$y=\mathrm{OA}\sin\left(\alpha+\frac{\pi}{6}\right)$$
$$=\mathrm{OA}\sin\alpha\cos\frac{\pi}{6}+\mathrm{OA}\cos\alpha\sin\frac{\pi}{6}$$
$$=6\cdot\frac{\sqrt{3}}{2}+2\cdot\frac{1}{2}=3\sqrt{3}+1$$

したがって，点 B の座標は

$(\sqrt{3}-3,\ 3\sqrt{3}+1)$ 答

教 p.151

11. 次の関数のグラフをかけ。また，その周期を求めよ。

(1)　$y=\sin x\cos x$　　　(2)　$y=\cos^2 x$

指針　**いろいろな三角関数のグラフ**　たとえば $y=\sin x$ のグラフをもとにして，$y=\sin(x-p)$，$y=a\sin x$，$y=\sin kx$ などのグラフをかくことができた。(1) は2倍角の公式により与式を変形する。

(2)　半角の公式を利用して2乗の形をなくす。さらに，y 軸方向への平行移動も考える必要がある。

解答　(1)　$\sin x\cos x=\dfrac{1}{2}\sin 2x$ であるから　　$y=\dfrac{1}{2}\sin 2x$

このグラフは，$y=\sin x$ のグラフを，x 軸をもとにして y 軸方向へ $\dfrac{1}{2}$ 倍に縮小し，さらに y 軸をもとにして x 軸方向へ $\dfrac{1}{2}$ 倍に縮小したものである。

グラフは図のようになる。周期は　**π**　答

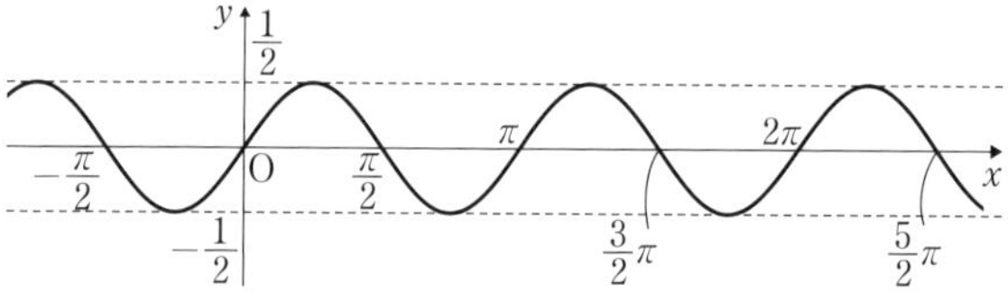

(2)　半角の公式により　　$\cos^2 x=\dfrac{1+\cos 2x}{2}$　　$\leftarrow \cos^2\dfrac{\alpha}{2}=\dfrac{1+\cos\alpha}{2}$

であるから　　$y=\dfrac{1}{2}\cos 2x+\dfrac{1}{2}$

このグラフは，$y=\dfrac{1}{2}\cos 2x$ のグラフを y 軸方向に $\dfrac{1}{2}$ だけ平行移動したもので，下の図のようになる。周期は　**π**　答

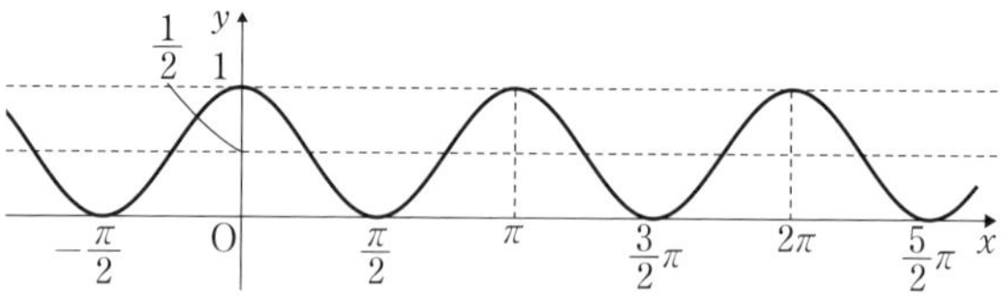

注意　正弦・余弦の半角の公式は，しばしば次の形で使われる。

$\sin^2\alpha=\dfrac{1-\cos 2\alpha}{2}$，$\cos^2\alpha=\dfrac{1+\cos 2\alpha}{2}$　　←もとは余弦の2倍角の公式

教 p.151

12.次の関数の最大値，最小値を求めよ。また，そのときの x の値を求めよ。

$$y=\sin x\cos x-\sin^2 x+\frac{1}{2}\quad(0\leqq x\leqq\pi)$$

指針　**$\sin x$，$\cos x$ の関数の最大・最小**　まず，$\sin x\cos x$ に2倍角の公式を，$\sin^2 x$ に半角の公式を用いて，角を $2x$ にそろえる。次に，三角関数を合成して，関数の最大値，最小値を考える。

解答　2倍角の公式を用いて，右辺を変形すると

$$右辺=\frac{\sin 2x}{2}-\frac{1-\cos 2x}{2}+\frac{1}{2}$$

$$=\frac{1}{2}(\sin 2x+\cos 2x)$$

$$=\frac{1}{2}\cdot\sqrt{2}\sin\left(2x+\frac{\pi}{4}\right)$$

← $a\sin\theta+b\cos\theta$ の変形

よって　$y=\dfrac{\sqrt{2}}{2}\sin\left(2x+\dfrac{\pi}{4}\right)$

$0\leqq x\leqq\pi$ のとき，$\dfrac{\pi}{4}\leqq 2x+\dfrac{\pi}{4}\leqq\dfrac{9}{4}\pi$ であるから，y は

$2x+\dfrac{\pi}{4}=\dfrac{\pi}{2}$ で最大値 $\dfrac{\sqrt{2}}{2}$ をとり，

← $-1\leqq\sin\left(2x+\dfrac{\pi}{4}\right)\leqq 1$

$2x+\dfrac{\pi}{4}=\dfrac{3}{2}\pi$ で最小値 $-\dfrac{\sqrt{2}}{2}$ をとる。

したがって

$x=\dfrac{\pi}{8}$ で最大値 $\dfrac{\sqrt{2}}{2}$ をとり，

$x=\dfrac{5}{8}\pi$ で最小値 $-\dfrac{\sqrt{2}}{2}$ をとる。 答

教 p.151

13. 関数 $y=2\sin x\cos x+\sin x+\cos x$ について，次の問いに答えよ。

(1) $t=\sin x+\cos x$ として，y を t の関数で表せ。

(2) t のとりうる値の範囲を求めよ。

(3) y の最大値と最小値を求めよ。

指針 **三角関数の最大，最小**　問いの順に従って y の最大値と最小値を求める。

(1) $t=\sin x+\cos x$ の両辺を 2 乗する。

(2) $\sin x+\cos x$ を $r\sin(x+\alpha)$ の形に変形する。

(3) (2) で求めた t の変域で (1) で表した t の関数の最大，最小を求める。

解答 (1) $t=\sin x+\cos x$ の両辺を 2 乗すると

$$t^2=\sin^2 x+\cos^2 x+2\sin x\cos x$$
$$=1+2\sin x\cos x$$

ゆえに　$2\sin x\cos x=t^2-1$

よって　$y=(t^2-1)+t$

すなわち　$\boldsymbol{y=t^2+t-1}$　答

(2) $t=\sin x+\cos x=\sqrt{2}\sin\left(x+\dfrac{\pi}{4}\right)$

ここで，$-1\leqq\sin\left(x+\dfrac{\pi}{4}\right)\leqq 1$ であるから

$$\boldsymbol{-\sqrt{2}\leqq t\leqq\sqrt{2}}$$　答

(3) (1) から　$y=t^2+t-1=\left(t+\dfrac{1}{2}\right)^2-\dfrac{5}{4}$

(2) より，$-\sqrt{2}\leqq t\leqq\sqrt{2}$ であるから，グラフは図のようになる。

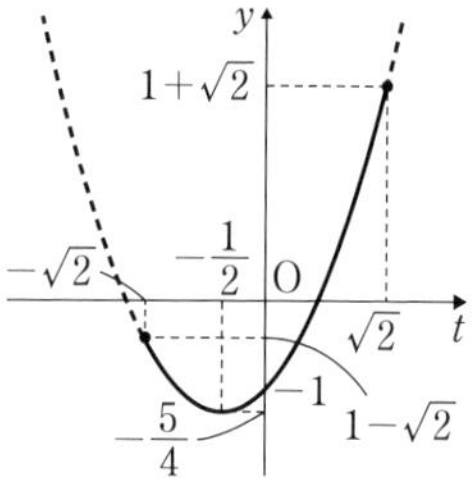

よって，y は

$t=\sqrt{2}$ で最大値 $1+\sqrt{2}$ をとり，

$t=-\dfrac{1}{2}$ で最小値 $-\dfrac{5}{4}$ をとる。

したがって，**最大値は $1+\sqrt{2}$，最小値は $-\dfrac{5}{4}$**　答

コラム 身の回りに現れる正弦曲線

練習 教 p.152

洋服の型紙の形など身の回りに現れる正弦曲線に似た曲線は他にもあります。どのようなものがあるかを探し，なぜ正弦曲線に似た曲線が現れるのかを考えてみよう。

解答 (正弦曲線に似た曲線の例)

フィルムで包装してあるソーセージを斜めに切ってから，フィルムをはがして広げたときに切り口に現れる曲線

(正弦曲線に似た曲線が現れる理由)

ソーセージを底面の半径が1の円柱，フィルムはその円柱の側面に巻かれていると考える。

底面と $\frac{\pi}{4}$ の傾きをなす平面でこの円柱を切る。

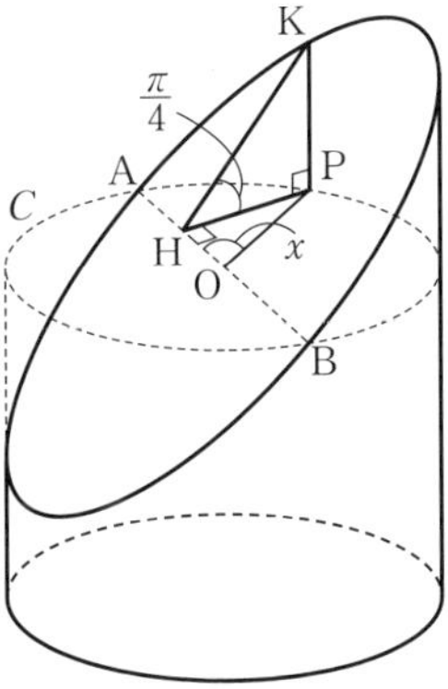

底面の円の中心を通り，底面に垂直な直線と断面の交点をO，Oを中心とし底面に平行な半径1の円を C とする。

右の図において，点Pは C の周上の点で

$AB \perp PH$，$PK \perp$ 底面

である。

$\overset{\frown}{AP} = x$ とすると

$\angle AOP = x$

$PH = |\sin x|$

$PK = PH = |\sin x|$

よって，フィルムをはがして広げてみると正弦曲線が現れる。

教科書 $p.154$

第5章 指数関数と対数関数

第1節 指数関数

1 指数の拡張

まとめ

1 a^0, a^{-n} の定義 (指数が 0 や負の整数)

$a \neq 0$ で, n は正の整数とする。

$$a^0=1, \quad a^{-n}=\frac{1}{a^n} \quad \text{とくに} \quad a^{-1}=\frac{1}{a}$$

2 指数法則 (指数が整数)

$a \neq 0$, $b \neq 0$ で, m, n は整数とする。

1 $a^m a^n=a^{m+n}$ **2** $\dfrac{a^m}{a^n}=a^{m-n}$

3 $(a^m)^n=a^{mn}$ **4** $(ab)^n=a^n b^n$

注意 m, n を正の整数とするとき, 上の指数法則 **1**, **3**, **4** が成り立つことは, すでに学習している。a^0, a^{-n} を定義することによって, この法則を満たしながら, 指数の範囲を整数全体に拡張したものである。

3 n 乗根

n を正の整数とするとき, n 乗すると a になる数を a の **n 乗根** という。すなわち, 方程式 $x^n=a$ の解が a の n 乗根である。

4 累乗根

a の 2 乗根, 3 乗根, 4 乗根, ……をまとめて a の **累乗根** という。

正の数 a に対して, $x^n=a$ を満たす正の数 x がただ1つある。

この正の数 x を $\sqrt[n]{a}$ で表す。

$a>0$ のとき $\sqrt[n]{a}>0$, $(\sqrt[n]{a})^n=a$, $\sqrt[n]{a^n}=a$

例 $\sqrt[3]{8}$ は $x^3=8$ を満たす正の数 x すなわち $\sqrt[3]{8}=2$

注意 以下では, 正の数 a の n 乗根のうち, 正であるものについて考える。

$\sqrt[n]{a}$ は「n 乗根 a」と読む。

また, $\sqrt[2]{a}$ は, ふつう $\sqrt{a}$ と書く。 ←2 乗根すなわち平方根

5 累乗根の性質

$a>0$, $b>0$ で, m, n, p は正の整数とする。

1 $\sqrt[n]{a}\sqrt[n]{b}=\sqrt[n]{ab}$ **2** $\dfrac{\sqrt[n]{a}}{\sqrt[n]{b}}=\sqrt[n]{\dfrac{a}{b}}$ **3** $(\sqrt[n]{a})^m=\sqrt[n]{a^m}$

4 $\sqrt[m]{\sqrt[n]{a}}=\sqrt[mn]{a}$ **5** $\sqrt[n]{a^m}=\sqrt[np]{a^{mp}}$

6　有理数の指数

指数が有理数の場合の累乗の意味を，次のように定める。

$a>0$ で，m，n は正の整数，r は正の有理数とする。

$$a^{\frac{m}{n}}=\sqrt[n]{a^m}\quad とくに\quad a^{\frac{1}{n}}=\sqrt[n]{a},\quad a^{-r}=\frac{1}{a^r}$$

7　指数法則（指数が有理数）

$a>0$，$b>0$ で，r，s は有理数とする。

1　$a^ra^s=a^{r+s}$　　**2**　$\dfrac{a^r}{a^s}=a^{r-s}$

3　$(a^r)^s=a^{rs}$　　**4**　$(ab)^r=a^rb^r$

8　実数の指数

$a>0$ のとき，a^r の指数 r は実数にまで拡張することができる。

たとえば，$\sqrt{2}=1.4142\cdots\cdots$ に対して，累乗の列

$$3^{1.4},\ 3^{1.41},\ 3^{1.414},\ 3^{1.4142},\ \cdots\cdots$$

は，次第に一定の値に近づき，その値を $3^{\sqrt{2}}$ と定めるのである。

9　指数法則（指数が実数）

指数が実数の場合にも，次の指数法則が成り立つ。

$a>0$，$b>0$ で，r，s は実数とする。

1　$a^ra^s=a^{r+s}$　　**2**　$\dfrac{a^r}{a^s}=a^{r-s}$

3　$(a^r)^s=a^{rs}$　　**4**　$(ab)^r=a^rb^r$

A 整数の指数

教 p.155

練習 1　次の値を求めよ。

(1)　4^0　　(2)　$(-5)^0$　　(3)　3^{-1}　　(4)　10^{-2}　　(5)　$(-2)^{-3}$

指針　**指数が 0 や負の整数の値**　a^{-n} の定義に従って書き換える。$a\neq 0$，n が正の整数のとき，$\dfrac{1}{a^n}$ は a^n の逆数である。これを a^{-n} と表す。

解答　(1)　$4^0=\mathbf{1}$　答

(2)　$(-5)^0=\mathbf{1}$　答

(3)　$3^{-1}=\dfrac{\mathbf{1}}{\mathbf{3}}$　答　　← 3^{-1} は 3 の逆数を表す

(4)　$10^{-2}=\dfrac{1}{10^2}=\dfrac{\mathbf{1}}{\mathbf{100}}$　答

(5)　$(-2)^{-3}=\dfrac{1}{(-2)^3}=-\dfrac{\mathbf{1}}{\mathbf{8}}$　答

5章　指数関数と対数関数

練習 2 教 p.155

次の式を計算せよ。

(1) a^5a^{-2}　(2) $\dfrac{a^{-3}}{a^2}$　(3) $(a^{-4})^{-1}$　(4) $(a^{-2}b)^3$

指針 **指数法則（指数が整数）** 指数の範囲を，正の整数から整数全体に拡張しても，すでに学習している指数法則はそのまま適用できる。
さらに，$a^m\div a^n=a^{m-n}$ が成り立つ。$m\leqq n$ の場合でもよい。

解答 (1) $a^5a^{-2}=a^{5+(-2)}=\boldsymbol{a^3}$ 答　←指数法則 **1**

(2) $\dfrac{a^{-3}}{a^2}=a^{-3-2}=a^{-5}=\boldsymbol{\dfrac{1}{a^5}}$ 答　←指数法則 **2**

(3) $(a^{-4})^{-1}=a^{(-4)\times(-1)}=\boldsymbol{a^4}$ 答　←指数法則 **3**

(4) $(a^{-2}b)^3=a^{(-2)\times 3}b^3=a^{-6}b^3=\boldsymbol{\dfrac{b^3}{a^6}}$ 答　←指数法則 **4，3**

B 累乗根

練習 3 教 p.156

次の値を求めよ。

(1) $\sqrt[3]{1}$　(2) $\sqrt[3]{27}$　(3) $\sqrt[4]{\dfrac{1}{16}}$

指針 $\boldsymbol{\sqrt[n]{a}}$　(1)～(3) はそれぞれ，$x^3=1$，$x^3=27$，$x^4=\dfrac{1}{16}$ を満たす数 x のうちの正の数を表す。この意味を理解した上で，$\sqrt[n]{a^n}=a\ (a>0)$ を使う。

解答 (1) $\sqrt[3]{1}=\sqrt[3]{1^3}=\boldsymbol{1}$ 答

(2) $\sqrt[3]{27}=\sqrt[3]{3^3}=\boldsymbol{3}$ 答

(3) $\sqrt[4]{\dfrac{1}{16}}=\sqrt[4]{\left(\dfrac{1}{2}\right)^4}=\boldsymbol{\dfrac{1}{2}}$ 答

注意 1 の 3 乗根は 3 つあり，1，$\dfrac{-1\pm\sqrt{3}\,i}{2}$ である。
ただし，$\sqrt[3]{1}$ はそのうちの正の実数を表し，$\sqrt[3]{1}=1$ である。

練習 4 教 p.157

次の式を計算せよ。

(1) $\sqrt[4]{2}\sqrt[4]{8}$　(2) $\dfrac{\sqrt[3]{12}}{\sqrt[3]{3}}$　(3) $(\sqrt[4]{5})^3$　(4) $\sqrt[3]{\sqrt{27}}$

指針 **累乗根の性質**　$p.214$ のまとめの **5** 累乗根の性質のうち，**1**～**3** については，平方根 $\sqrt{}$ についても同様の性質があった。**4** については十分注意して適用する。さらに，$\sqrt[n]{a^n}=a$ が使える場合もある。

解答 (1) $\sqrt[4]{2}\sqrt[4]{8}=\sqrt[4]{2\times8}=\sqrt[4]{2^4}=\mathbf{2}$ 答　←性質 **1**

(2) $\dfrac{\sqrt[3]{12}}{\sqrt[3]{3}}=\sqrt[3]{\dfrac{12}{3}}=\sqrt[3]{4}$ 答　←性質 **2**

(3) $(\sqrt[4]{5})^3=\sqrt[4]{5^3}=\sqrt[4]{125}$ 答　←性質 **3**

(4) $\sqrt[3]{\sqrt{27}}=\sqrt[3]{\sqrt[2]{3^3}}=\sqrt[3\times2]{3^{3\times1}}=\sqrt[2]{3}=\sqrt{3}$ 答　←性質 **4**, **5**

深める 教 p.157

教科書 157 ページの累乗根の性質**1**を用いて，累乗根の性質**3**が成り立つことを説明しよう。

解答 $(\sqrt[n]{a})^m=\underbrace{\sqrt[n]{a}\sqrt[n]{a}\sqrt[n]{a}\cdots\cdots\sqrt[n]{a}}_{\sqrt[n]{a}\text{ が } m \text{ 個}}=\sqrt[n]{\underbrace{a\cdot a\cdot a\cdot\cdots\cdots\cdot a}_{a\text{ が } m \text{ 個}}}$

$=\sqrt[n]{a^m}$ 終

C 有理数の指数

練習 5 教 p.158

次の値を求めよ。

(1) $9^{\frac{1}{2}}$　(2) $16^{\frac{3}{4}}$　(3) $125^{-\frac{2}{3}}$

指針 **有理数の指数** $a^{\frac{1}{n}}=\sqrt[n]{a}$，$a^{\frac{m}{n}}=\sqrt[n]{a^m}$ を使う。(3) のように，指数が負の有理数のときは，$a^{-r}=\dfrac{1}{a^r}$ により，まず正の有理数に直す。

解答 (1) $9^{\frac{1}{2}}=\sqrt{9}=\mathbf{3}$ 答

(2) $16^{\frac{3}{4}}=\sqrt[4]{16^3}=(\sqrt[4]{16})^3=2^3=\mathbf{8}$ 答

(3) $125^{-\frac{2}{3}}=\dfrac{1}{125^{\frac{2}{3}}}=\dfrac{1}{\sqrt[3]{125^2}}=\dfrac{1}{(\sqrt[3]{5^3})^2}=\dfrac{1}{5^2}=\mathbf{\dfrac{1}{25}}$ 答

練習 6 教 p.159

次の式を計算せよ。

(1) $2^{\frac{3}{2}}\times2^{\frac{4}{3}}\div2^{\frac{5}{6}}$　(2) $3^{\frac{1}{2}}\div3^{\frac{5}{6}}\times3^{\frac{1}{3}}$

(3) $\sqrt[4]{5}\times\sqrt[8]{5^3}\div\sqrt{5}$　(4) $\sqrt[3]{4}\div\sqrt[12]{4}\times\sqrt[4]{4}$

指針 **指数法則 (指数が有理数)** p.215 のまとめの **7** 指数法則を使う。(3), (4) は，有理数の指数を使って書き改めてから適用することになる。

解答 (1) $2^{\frac{3}{2}}\times2^{\frac{4}{3}}\div2^{\frac{5}{6}}=2^{\frac{3}{2}+\frac{4}{3}-\frac{5}{6}}$

$=2^{\frac{9}{6}+\frac{8}{6}-\frac{5}{6}}$　←$\dfrac{9}{6}+\dfrac{8}{6}-\dfrac{5}{6}=\dfrac{12}{6}=2$

$=2^2=\mathbf{4}$ 答

(2) $3^{\frac{1}{2}} \div 3^{\frac{5}{6}} \times 3^{\frac{1}{3}} = 3^{\frac{1}{2}-\frac{5}{6}+\frac{1}{3}}$

$= 3^0 = \mathbf{1}$ 答

(3) $\sqrt[4]{5} \times \sqrt[8]{5^3} \div \sqrt{5} = 5^{\frac{1}{4}} \times 5^{\frac{3}{8}} \div 5^{\frac{1}{2}}$

$= 5^{\frac{1}{4}+\frac{3}{8}-\frac{1}{2}} = 5^{\frac{1}{8}}$

$= \sqrt[8]{\mathbf{5}}$ 答

(4) $\sqrt[3]{4} \div \sqrt[12]{4} \times \sqrt[4]{4} = 4^{\frac{1}{3}} \div 4^{\frac{1}{12}} \times 4^{\frac{1}{4}}$

$= 4^{\frac{1}{3}-\frac{1}{12}+\frac{1}{4}}$

$= 4^{\frac{4}{12}-\frac{1}{12}+\frac{3}{12}}$ ← $\frac{4}{12}-\frac{1}{12}+\frac{3}{12}=\frac{6}{12}=\frac{1}{2}$

$= 4^{\frac{1}{2}}$

$= (2^2)^{\frac{1}{2}} = \mathbf{2}$ 答

2 指数関数

まとめ

1 指数関数

a を 1 と異なる正の定数とするとき，$y=a^x$ は x の関数である。この関数を，a を **底** とする x の **指数関数** という。

2 指数関数 $y=a^x$ のグラフ

指数関数 $y=a^x$ のグラフは図のようになる。

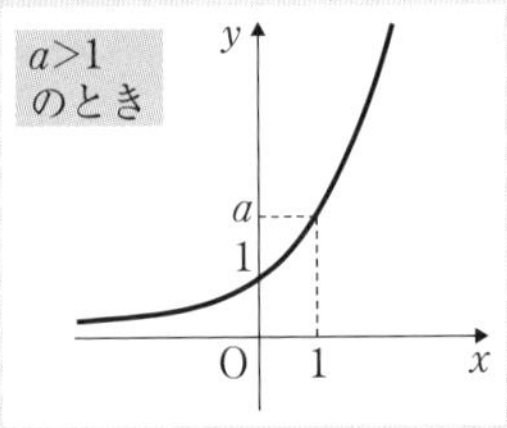

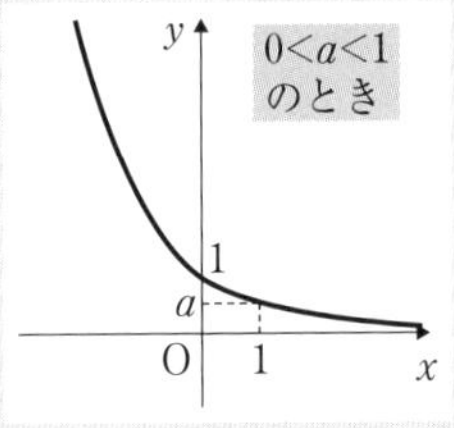

いずれの場合も，x 軸を漸近線としてもち，点 $(0,\ 1)$，$(1,\ a)$ を通る。
$a>1$ のとき右上がりの曲線，$0<a<1$ のとき右下がりの曲線である。

3 増加関数，減少関数

x の値が増加すると y の値も増加する関数を **増加関数** といい，x の値が増加すると y の値は減少する関数を **減少関数** という。

4　指数関数 $y=a^x$ の特徴

1　定義域は実数全体，値域は正の数全体である。

2　$a>1$ のとき，増加関数である。

すなわち　　　$p<q \iff a^p<a^q$

3　$0<a<1$ のとき，減少関数である。

すなわち　　　$p<q \iff a^p>a^q$

注意　$a>0$，$a \neq 1$ のとき，「$p=q \iff a^p=a^q$」が成り立つ。

A 指数関数 $y=a^x$ のグラフ

練習 7　教 p.160

次の表は，指数関数 $y=2^x$ における x と y の対応表である。教科書 160 ページの計算にならって，表の空らんをうめよ。

x	-2	-1.5	-1	-0.5	0	0.5	1	1.5	2
y	0.25			0.71			2	2.83	4

指針　**$y=2^x$ のグラフ**　次の例にならって計算する。

$$2^{-2}=\frac{1}{2^2}=\frac{1}{4}=0.25 \qquad 2^{-0.5}=\frac{1}{2^{\frac{1}{2}}}=\frac{1}{\sqrt{2}}=\frac{\sqrt{2}}{2}\fallingdotseq 0.71$$

$$2^{1.5}=2^{\frac{3}{2}}=2^1\times 2^{\frac{1}{2}}=2\sqrt{2}\fallingdotseq 2.83$$

なお，a が 0 以外のどんな数であっても $a^0=1$ であった。したがって，指数関数 $y=a^x$ のグラフは必ず点 $(0,\ 1)$ を通る。

解答

$$2^{-1.5}=2^{-\frac{3}{2}}=\frac{1}{2^{\frac{3}{2}}}=\frac{1}{2\sqrt{2}}=\frac{\sqrt{2}}{4}\fallingdotseq 0.35 \qquad \leftarrow \sqrt{2}=1.4142\cdots\cdots$$

$$2^{-1}=\frac{1}{2}=0.5,\quad 2^0=1,\quad 2^{0.5}=2^{\frac{1}{2}}=\sqrt{2}\fallingdotseq 1.41$$

よって，空らんの左から順に　**0.35，0.5，1，1.41**　答

注意　この表をもとにすると，図のように，指数関数 $y=2^x$ のグラフをかくことができる。

また，指数関数 $y=\left(\frac{1}{2}\right)^x$ は $y=2^{-x}$ とも表されるので，そのグラフは，$y=2^x$ のグラフと y 軸に関して対称である。

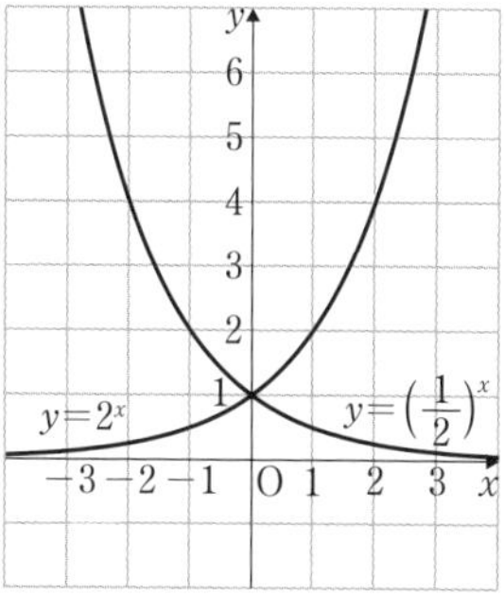

教 p.161

練習 8　次の関数のグラフをかけ。

(1)　$y=3^x$　　(2)　$y=\left(\frac{1}{3}\right)^x$

指針　**$y=3^x$，$y=\left(\frac{1}{3}\right)^x$ のグラフ**　$\left(\frac{1}{3}\right)^x=(3^{-1})^x=3^{-x}$ であるから，2 つのグラフは y 軸に関して対称である。

練習 7 にならって，$y=3^x$ の表を作ると，次のようになる。

x	-2	-1.5	-1	-0.5	0	0.5	1	1.5	2
y	0.11	0.19	0.33	0.58	1	1.73	3	5.20	9

解答　(1)　このグラフは，x 軸が漸近線で，点 (0，1)，(1，3) を通る右上がりの曲線で，図のようになる。

(2)　このグラフは，x 軸が漸近線で，点 (0，1)，$\left(1,\ \frac{1}{3}\right)$ を通る右下がりの曲線である。

また，(1) の曲線と y 軸に関して対称で，図のようになる。

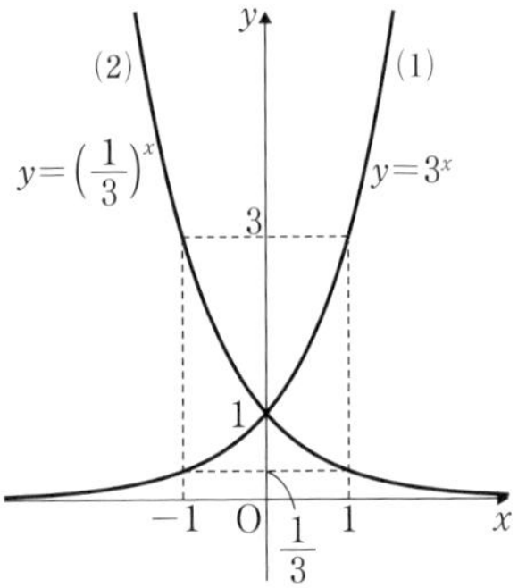

B 指数関数の特徴

教 p.162

練習 9　次の 3 つの数の大小を不等号を用いて表せ。

(1)　$\sqrt[3]{4}$，$\sqrt[4]{8}$，$\sqrt[5]{8}$　　(2)　1，0.2^3，0.2^{-1}

指針　**指数関数の特徴と数の大小**　指数関数 $y=a^x$ は，底 a が 1 より大きいとき増加関数であり，底 a が 1 より小さいとき減少関数である。

この特徴を使うと，指数の大小によって数の大小を判断することができる。

すなわち，$a>1$ ならば，指数が大きいほど大きく，$0<a<1$ ならば，指数が大きいほど小さい。

(1) は指数関数 $y=2^x$，(2) は指数関数 $y=0.2^x$ で考える。

解答　(1)　$\sqrt[3]{4}=\sqrt[3]{2^2}=2^{\frac{2}{3}}$，$\sqrt[4]{8}=\sqrt[4]{2^3}=2^{\frac{3}{4}}$，$\sqrt[5]{8}=2^{\frac{3}{5}}$　　←底を 2 にそろえる。

$y=2^x$ は増加関数であるから　　←底は 1 より大きい。

$$2^{\frac{3}{5}}<2^{\frac{2}{3}}<2^{\frac{3}{4}}$$　　←$\frac{3}{5}<\frac{2}{3}<\frac{3}{4}$

すなわち　　$\sqrt[5]{8}<\sqrt[3]{4}<\sqrt[4]{8}$　答

(2)　$y=0.2^x$ は減少関数であるから　　←底 0.2 は 1 より小さい。

$$0.2^3<0.2^0<0.2^{-1}$$　　←$1=0.2^0$　$3>0>-1$

すなわち　　**$0.2^3<1<0.2^{-1}$**　答

注意 (2)　$0.2^3=0.008$，$0.2^{-1}=\left(\dfrac{1}{5}\right)^{-1}=5$

C 指数関数を含む方程式，不等式

練習 10　教 p.163

次の方程式を解け。

(1)　$4^x=8$　　(2)　$8^x=\dfrac{1}{16}$　　(3)　$27^x=3^{2-x}$

指針　**指数関数を含む方程式**　指数関数の特徴を利用して解く。

$a>0$，$a\neq1$ のとき　$a^r=a^s \iff r=s$

それぞれ底をそろえて考える。

解答 (1)　方程式を変形すると　$2^{2x}=2^3$　　← $4^x=(2^2)^x=2^{2x}$

よって，$2x=3$ であるから，これを解いて　$\boldsymbol{x=\dfrac{3}{2}}$ 答

(2)　方程式を変形すると　$2^{3x}=2^{-4}$　　← $\dfrac{1}{16}=\dfrac{1}{2^4}=2^{-4}$

よって，$3x=-4$ であるから，これを解いて　$\boldsymbol{x=-\dfrac{4}{3}}$ 答

(3)　方程式を変形すると　$3^{3x}=3^{2-x}$　　← $27^x=(3^3)^x=3^{3x}$

よって，$3x=2-x$ であるから，これを解いて　$\boldsymbol{x=\dfrac{1}{2}}$ 答

練習 11　教 p.163

次の不等式を解け。

(1)　$3^x<81$　　(2)　$\left(\dfrac{1}{2}\right)^x\geqq\dfrac{1}{32}$　　(3)　$2^{3x-4}>\left(\dfrac{1}{4}\right)^x$

指針　**指数関数を含む不等式**　指数関数の特徴を利用して解く。

$a>1$　のとき　$a^r<a^s \iff r<s$　　← 不等号の向きは同じ

$0<a<1$ のとき　$a^r<a^s \iff r>s$　　← 不等号の向きは逆転

それぞれ底をそろえて考える。

解答 (1)　不等式を変形すると　$3^x<3^4$　　← $y=3^x$ は増加関数

底 3 は 1 より大きいから　$\boldsymbol{x<4}$ 答

(2)　不等式を変形すると　$\left(\dfrac{1}{2}\right)^x\geqq\left(\dfrac{1}{2}\right)^5$　　← $y=\left(\dfrac{1}{2}\right)^x$ は減少関数

底 $\dfrac{1}{2}$ は 1 より小さいから　$\boldsymbol{x\leqq5}$ 答

(3) 不等式を変形すると　$2^{3x-4}>2^{-2x}$　←$y=2^x$ は増加関数

底2は1より大きいから　$3x-4>-2x$

これを解いて　$\boldsymbol{x>\frac{4}{5}}$ 答

深める　教 p.163

教科書の例題4(2)を，両辺の底を3にそろえて解いてみよう。

指針 **指数関数を含む不等式**　$\frac{1}{3}=3^{-1}$，$\frac{1}{9}=3^{-2}$ であることを利用する。

解答 不等式を変形すると　$(3^{-1})^{x+1}<(3^{-2})^x$

$3^{-(x+1)}<3^{-2x}$

底3は1より大きいから　$-(x+1)<-2x$

これを解いて　$\boldsymbol{x<1}$ 答

練習 12　教 p.164

次の方程式を解け。

(1) $4^x+2\cdot2^x-3=0$　(2) $9^x-4\cdot3^x+3=0$

指針 **指数関数を含む方程式**　(1)は $2^x=t$，(2)は $3^x=t$ とおくと，いずれも t の2次方程式になる。$t>0$ であることに注意して解く。

解答 (1) 方程式を変形すると

$$(2^x)^2+2\cdot2^x-3=0$$

←$4^x=(2^2)^x=(2^x)^2$

$2^x=t$ とおくと，$t>0$ であり，方程式は

$t^2+2t-3=0$　すなわち　$(t-1)(t+3)=0$

$t>0$ であるから　$t=1$

よって　$2^x=1$　すなわち　$2^x=2^0$

したがって　$\boldsymbol{x=0}$ 答

(2) 方程式を変形すると

$$(3^x)^2-4\cdot3^x+3=0$$

←$9^x=(3^2)^x=(3^x)^2$

$3^x=t$ とおくと，$t>0$ であり，方程式は

$t^2-4t+3=0$　すなわち　$(t-1)(t-3)=0$

$t>0$ であるから　$t=1,\ 3$

$t=1$ のとき　$3^x=3^0$　よって　$x=0$

$t=3$ のとき　$3^x=3^1$　よって　$x=1$

したがって　$\boldsymbol{x=0,\ 1}$ 答

練習 13 教 p.164

次の不等式を解け。

(1) $9^x+3^x-12>0$　　　(2) $\left(\frac{1}{4}\right)^x+3\cdot\left(\frac{1}{2}\right)^x-10\leqq 0$

指針 **指数関数を含む不等式** (1) は $3^x=t$，(2) は $\left(\frac{1}{2}\right)^x=t$ とおくと，いずれも t の2次不等式になる。$t>0$ であることに注意して解く。

解答 (1) 不等式を変形すると　$(3^x)^2+3^x-12>0$　　← $9^x=(3^2)^x=(3^x)^2$

$3^x=t$ とおくと，$t>0$ であり，不等式は

$$t^2+t-12>0 \quad すなわち \quad (t-3)(t+4)>0$$

$t+4>0$ であるから

$$t-3>0 \quad すなわち \quad t>3$$

よって　$3^x>3$　すなわち　$3^x>3^1$

底3は1より大きいから　$\boldsymbol{x>1}$ 答

(2) 不等式を変形すると

$$\left\{\left(\frac{1}{2}\right)^x\right\}^2+3\cdot\left(\frac{1}{2}\right)^x-10\leqq 0$$　← $\left(\frac{1}{4}\right)^x=\left\{\left(\frac{1}{2}\right)^2\right\}^x=\left\{\left(\frac{1}{2}\right)^x\right\}^2$

$\left(\frac{1}{2}\right)^x=t$ とおくと，$t>0$ であり，不等式は

$$t^2+3t-10\leqq 0 \quad すなわち \quad (t-2)(t+5)\leqq 0$$

$t+5>0$ であるから

$$t-2\leqq 0 \quad すなわち \quad t\leqq 2$$

よって　$\left(\frac{1}{2}\right)^x\leqq 2$　すなわち　$2^{-x}\leqq 2^1$

底2は1より大きいから　$-x\leqq 1$

すなわち　$\boldsymbol{x\geqq -1}$ 答

$a>0$ のとき，任意の実数 x に対して，常に $a^x>0$ であることに注意しよう。

第5章 第1節　問題

教 p.165

1　光の進む速さが，毎秒 3.0×10^8 m であるとすると，光は 1 km を進むのに約 $3.3\times10^{\square}$ 秒かかる。□に適する整数を求めよ。

指針　**指数法則（指数が整数）**「時間＝距離÷速さ」を使う。
指数法則 $a^m\div a^n=a^{m-n}$ によって計算する。

解答　$1\,\mathrm{km}=10^3\,\mathrm{m}$ であるから，1 km を進むのにかかる時間は

$$10^3\div(3.0\times10^8)=10^3\times\frac{1}{3}\times\frac{1}{10^8}\fallingdotseq0.33\times10^3\times10^{-8}$$
$$=3.3\times10^{-1}\times10^3\times10^{-8}=3.3\times10^{-6}\text{（秒）}$$
答　-6

教 p.165

2　次の式を計算せよ。

(1)　$\sqrt[3]{6}\sqrt[3]{9}$　　(2)　$\sqrt[4]{48}-\sqrt[4]{3}$

(3)　$(\sqrt[4]{3}+\sqrt[4]{2})(\sqrt[4]{3}-\sqrt[4]{2})$　　(4)　$(2^{\frac{1}{3}}-2^{-\frac{1}{3}})(2^{\frac{2}{3}}+1+2^{-\frac{2}{3}})$

指針　**指数法則（指数が有理数）**　式の形に注目すると，(3) は $(a+b)(a-b)$，(4) は $(a-b)(a^2+ab+b^2)$ の展開の公式が利用できる。

解答　(1)　$\sqrt[3]{6}\sqrt[3]{9}=\sqrt[3]{6\times9}=\sqrt[3]{2\times3^3}$
$=\sqrt[3]{2}\times\sqrt[3]{3^3}=\sqrt[3]{2}\times3=3\sqrt[3]{2}$　答

(2)　$\sqrt[4]{48}-\sqrt[4]{3}=\sqrt[4]{3\times2^4}-\sqrt[4]{3}$
$=\sqrt[4]{3}\times\sqrt[4]{2^4}-\sqrt[4]{3}$
$=2\sqrt[4]{3}-\sqrt[4]{3}=\sqrt[4]{3}$　答

(3)　$(\sqrt[4]{3}+\sqrt[4]{2})(\sqrt[4]{3}-\sqrt[4]{2})=(3^{\frac{1}{4}}+2^{\frac{1}{4}})(3^{\frac{1}{4}}-2^{\frac{1}{4}})$　　← $\sqrt[n]{a}=a^{\frac{1}{n}}$
$=(3^{\frac{1}{4}})^2-(2^{\frac{1}{4}})^2$　　← $(a+b)(a-b)=a^2-b^2$
$=3^{\frac{1}{2}}-2^{\frac{1}{2}}$　　← $(a^r)^s=a^{rs}$
$=\sqrt{3}-\sqrt{2}$　答

(4)　$(2^{\frac{1}{3}}-2^{-\frac{1}{3}})(2^{\frac{2}{3}}+1+2^{-\frac{2}{3}})$
$=(2^{\frac{1}{3}}-2^{-\frac{1}{3}})\{(2^{\frac{1}{3}})^2+2^{\frac{1}{3}}\cdot2^{-\frac{1}{3}}+(2^{-\frac{1}{3}})^2\}$　　← $2^{\frac{1}{3}}\cdot2^{-\frac{1}{3}}=2^0=1$
$=(2^{\frac{1}{3}})^3-(2^{-\frac{1}{3}})^3=2-2^{-1}$　　← $(a-b)(a^2+ab+b^2)=a^3-b^3$
$=2-\frac{1}{2}=\frac{3}{2}$　答

教 p.165

3 次の関数のグラフをかけ。

(1) $y=2^{x-1}$　　(2) $y=2^x+1$

指針 **指数関数のグラフ**　$f(x)=2^x$ とおくと，(1) の関数は $y=f(x-1)$，(2) の関数は $y=f(x)+1$ すなわち $y-1=f(x)$ と表される。

一般に，$y-q=f(x-p)$ のグラフは，$y=f(x)$ のグラフを x 軸方向に p，y 軸方向に q だけ平行移動したものである。

解答 (1)　このグラフは，$y=2^x$ のグラフを x 軸方向に 1 だけ平行移動したもので，図のようになる。

(2)　$y=2^x$ のグラフを y 軸方向に 1 だけ平行移動したものである。

また，漸近線は直線 $y=1$ であり，図のようになる。

(1)

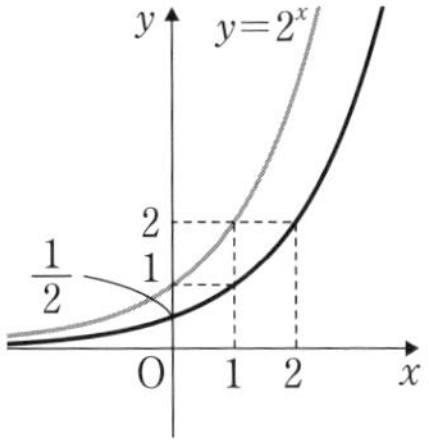

(2)

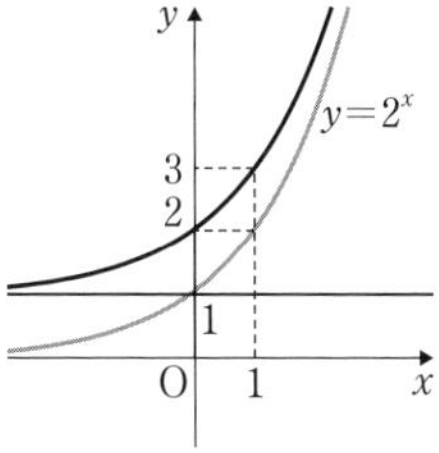

教 p.165

4 次の方程式，不等式を解け。

(1) $3^{3x-1}=81$　　(2) $2^{1-x}=\sqrt[3]{2}$

(3) $4^x-32>0$　　(4) $\left(\dfrac{1}{9}\right)^{1-x}\leqq\left(\dfrac{1}{3}\right)^{2x}$

指針 **指数関数を含む方程式，不等式**　底をそろえて，指数部分を比較する。

(1), (2)　$a>0$，$a\neq1$ のとき　$a^r=a^s \iff r=s$

(3)　$a>1$　のとき　$a^r<a^s \iff r<s$

(4)　$0<a<1$　のとき　$a^r\leqq a^s \iff r\geqq s$

解答 (1)　方程式を変形すると　　$3^{3x-1}=3^4$

$3x-1=4$ から　　$x=\dfrac{5}{3}$ 答

(2)　方程式を変形すると　　$2^{1-x}=2^{\frac{1}{3}}$

$1-x=\dfrac{1}{3}$ から　　$x=\dfrac{2}{3}$ 答

(3)　不等式を変形すると　　$2^{2x}>2^5$

底 2 は 1 より大きいから　　$2x>5$

これを解いて　　$x>\dfrac{5}{2}$ 答

(4) 不等式を変形すると　$\left(\frac{1}{3}\right)^{2(1-x)} \leqq \left(\frac{1}{3}\right)^{2x}$

底 $\frac{1}{3}$ は1より小さいから　$2(1-x) \geqq 2x$

これを解いて　$x \leqq \frac{1}{2}$ 答

教 p.165

5 次の方程式，不等式を解け。

(1) $2^{2x+1}-2^{x+3}-64=0$　　(2) $3 \cdot 9^x-28 \cdot 3^x+9>0$

指針 **指数関数を含む方程式，不等式**　$a^x=t$ とおいて，(1)は t の2次方程式，(2)は t の2次不等式を解く。$t>0$ であることに注意する。

解答 (1) 方程式を変形すると　$2(2^x)^2-8 \cdot 2^x-64=0$

$2^x=t$ とおくと，$t>0$ であり，方程式は

$$2t^2-8t-64=0 \quad \text{すなわち} \quad 2(t+4)(t-8)=0$$

$t>0$ であるから　$t=8$

よって　$2^x=8$　すなわち　$2^x=2^3$

したがって　$x=3$ 答

(2) 不等式を変形すると　$3 \cdot (3^x)^2-28 \cdot 3^x+9>0$

$3^x=t$ とおくと，$t>0$ であり，不等式は

$$3t^2-28t+9>0 \quad \text{すなわち} \quad (t-9)(3t-1)>0$$

これを解くと　$t<\frac{1}{3}$，$9<t$

よって　$3^x<\frac{1}{3}$，$9<3^x$

すなわち　$3^x<3^{-1}$，$3^2<3^x$

底3は1より大きいから　$x<-1$，$2<x$ 答

教 p.165

6 関数 $y=4^x-2^{x+1}+3$ $(x<2)$ について，次の問いに答えよ。

(1) $2^x=t$ として，y を t の関数で表せ。

(2) t のとりうる値の範囲を求めよ。

(3) y の最小値と，そのときの x の値を求めよ。

指針 **指数関数を含む関数の最小値**

(1) $4^x=(2^2)^x=(2^x)^2$，$2^{x+1}=2^x2^1=2\cdot 2^x$ であるから，$2^x=t$ とおくと，与えられた関数は t の 2 次関数になる。

(2) $a>1$ のとき，$p<q \iff 0<a^p<a^q$ であることを利用する。

(3) t のとりうる値の範囲に注意して，定義域の両端や頂点などに着目する。

解答 (1) 与えられた関数を変形すると

$$y=(2^x)^2-2\cdot 2^x+3$$

よって，$2^x=t$ とおくと　$\boldsymbol{y=t^2-2t+3}$ 答

(2) $0<2^x<2^2$ から　$\boldsymbol{0<t<4}$ 答

(3) (1) から

$$y=t^2-2t+3 \qquad \text{すなわち} \qquad y=(t-1)^2+2$$

(2) の範囲において，y は $t=1$ で最小値 2 をとる。

また，$t=1$ のとき　$2^x=1$　このとき　$x=0$

よって，この関数は **$x=0$ で最小値 2 をとる。** 答

5章 指数関数と対数関数

第2節　対数関数

3 対数とその性質

まとめ

1　$\log_2 M$

指数関数 $y=2^x$ は増加関数で，値域は正の数全体であるから，どんな正の数 M に対しても，$M=2^x$ となる実数 x がただ1つ定まる。この x を $\boldsymbol{\log_2 M}$ で表す。

2　対数，底と真数

指数関数 $y=a^x$ を考えれば，どんな正の数 M に対しても，$M=a^p$ となる実数 p がただ1つ定まる。この p を $\boldsymbol{\log_a M}$ で表し，a を **底** とする M の **対数** という。また，$\log_a M$ における正の数 M を，この対数の **真数** という。

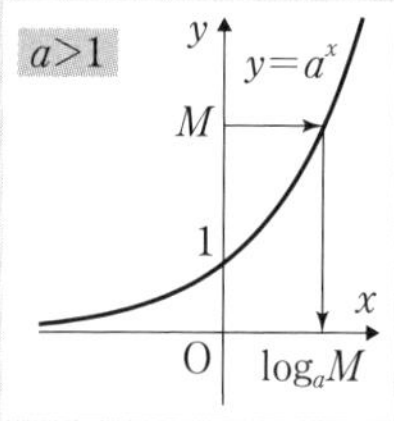

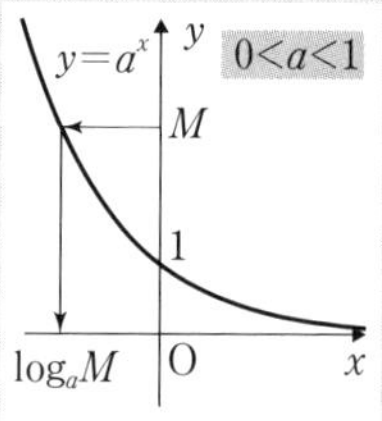

注意　log は対数を意味する英語 logarithm を略したものである。

3　指数と対数

$a>0$，$a\neq1$ で $M>0$ とするとき，次が成り立つ。

$$M=a^p \iff \log_a M=p$$

注意　以下，$\log_a M$ と書くとき，$a>0$，$a\neq1$，$M>0$ であるとする。

$M=a^p$ のとき，$\log_a M=p$ であるから，次の等式が得られる。

$$\log_a a^p=p$$

←$\log_a M=p$ の M を a^p におき換えたもの

4　対数の性質

$$\log_a 1=0,\quad \log_a a=1$$

$a>0$，$a\neq1$，$M>0$，$N>0$ のとき

1　$\log_a MN=\log_a M+\log_a N$

2　$\log_a \dfrac{M}{N}=\log_a M-\log_a N$

3　$\log_a M^k=k\log_a M$　　k は実数

←これらの等式を用いると，右辺の形を左辺の形に変形することもできる。

注意　**2** において，とくに $M=1$ のときは　$\log_a \dfrac{1}{N}=-\log_a N$

5　底の変換公式

a, b, c は正の数で，$a \neq 1$, $b \neq 1$, $c \neq 1$ とするとき

$$\log_a b=\frac{\log_c b}{\log_c a} \qquad とくに \quad \log_a b=\frac{1}{\log_b a}$$

A 対数

練習 14　教 p.167

次の関係を $\log_a M=p$ の形に書け。

(1)　$9=3^2$　　(2)　$\frac{1}{25}=5^{-2}$　　(3)　$\frac{1}{8}=\left(\frac{1}{2}\right)^3$

指針　**指数と対数**　$M=a^p \iff \log_a M=p$　を利用。

解答　(1)　$\log_3 9=2$　答

(2)　$\log_5 \frac{1}{25}=-2$　答

(3)　$\log_{\frac{1}{2}} \frac{1}{8}=3$　答

練習 15　教 p.167

次の関係を $M=a^p$ の形に書け。

(1)　$\log_4 16=2$　　(2)　$\log_{10}\frac{1}{100}=-2$　　(3)　$\log_9 3=\frac{1}{2}$

指針　**指数と対数**　$M=a^p \iff \log_a M=p$　を利用。

解答　(1)　$16=4^2$　答

(2)　$\frac{1}{100}=10^{-2}$　答

(3)　$3=9^{\frac{1}{2}}$　答

練習 16　教 p.167

次の値を求めよ。

(1)　$\log_2 2^5$　　(2)　$\log_5 25$　　(3)　$\log_3 \frac{1}{27}$　　(4)　$\log_{\frac{1}{2}} \frac{1}{16}$

(5)　$\log_{10} 0.1$　　(6)　$\log_{\frac{1}{3}} 3$　　(7)　$\log_2 \sqrt[3]{2}$　　(8)　$\log_{\sqrt{5}} 5$

指針　$\log_a a^p=p$　真数が底の累乗の形で表されるとき，その累乗の指数が対数の値となる。(2)～(8) は，まず真数を a^p の形にする。

解答　(1)　$\log_2 2^5=5$　答

(2)　$\log_5 25=\log_5 5^2=2$　答

(3)　$\log_3 \frac{1}{27}=\log_3 3^{-3}=-3$　答

(4)　$\log_{\frac{1}{2}}\dfrac{1}{16}=\log_{\frac{1}{2}}\left(\dfrac{1}{2}\right)^4=4$　答

(5)　$\log_{10}0.1=\log_{10}\dfrac{1}{10}=\log_{10}10^{-1}=\mathbf{-1}$　答

(6)　$\log_{\frac{1}{3}}3=\log_{\frac{1}{3}}\left(\dfrac{1}{3}\right)^{-1}=\mathbf{-1}$　答

(7)　$\log_2\sqrt[3]{2}=\log_2 2^{\frac{1}{3}}=\mathbf{\dfrac{1}{3}}$　答

(8)　$\log_{\sqrt{5}}5=\log_{\sqrt{5}}(\sqrt{5})^2=2$　答

B 対数の性質

教 p.168

練習 17

教科書 168 ページの性質 **1** の証明にならって，性質 **2**，**3** が成り立つことを証明せよ。

指針　**対数の性質の証明**　指数法則と対数の定義を用いて示す。

解答　**【2 の証明】**

$\log_a M=p$，$\log_a N=q$ とすると

$M=a^p$，$N=a^q$

よって　$\dfrac{M}{N}=\dfrac{a^p}{a^q}=a^{p-q}$

したがって　$\log_a\dfrac{M}{N}=p-q=\log_a M-\log_a N$　終

【3 の証明】

$\log_a M=p$ とすると，$M=a^p$ より $M^k=(a^p)^k=a^{kp}$ であるから

$\log_a M^k=kp=k\log_a M$　終

教 p.169

練習 18

次の式を計算せよ。

(1)　$\log_4 2+\log_4 8$　　(2)　$\log_5 2-\log_5 50$

(3)　$\log_3 4+\log_3 18-3\log_3 2$　　(4)　$\log_3\sqrt[3]{6}-\dfrac{1}{3}\log_3 2$

指針　**対数の計算**　対数の性質 **1** ～ **3** を用いて計算するが，公式を「左辺→右辺」に用いる方法と「右辺→左辺」に用いる方法がある。
本問では「右辺→左辺」の方法を用いると計算が簡単である。

1　$\log_a MN=\log_a M+\log_a N$

2　$\log_a\dfrac{M}{N}=\log_a M-\log_a N$

3　$\log_a M^k=k\log_a M$

教科書 p.169

解答 (1) $\log_4 2+\log_4 8=\log_4(2\times 8)=\log_4 16$

$=\log_4 4^2=\mathbf{2}$ 答

(2) $\log_5 2-\log_5 50=\log_5\dfrac{2}{50}=\log_5\dfrac{1}{25}$

$=\log_5 5^{-2}=\mathbf{-2}$ 答

(3) $\log_3 4+\log_3 18-3\log_3 2$

$=\log_3 4+\log_3 18-\log_3 2^3$

$=\log_3\dfrac{4\times 18}{8}=\log_3 9=\log_3 3^2=\mathbf{2}$ 答

(4) $\log_3\sqrt[3]{6}-\dfrac{1}{3}\log_3 2=\log_3\sqrt[3]{6}-\log_3\sqrt[3]{2}$

$=\log_3\dfrac{\sqrt[3]{6}}{\sqrt[3]{2}}=\log_3 3^{\frac{1}{3}}=\dfrac{1}{3}\log_3 3$

$=\boldsymbol{\dfrac{1}{3}}$ 答

別解 (1) $\log_4 2+\log_4 8=\log_4 2+\log_4\dfrac{16}{2}$

$=\log_4 2+(\log_4 16-\log_4 2)$

$=\log_4 16=\log_4 4^2=2\log_4 4=\mathbf{2}$ 答

(2) $\log_5 2-\log_5 50=\log_5 2-\log_5(2\times 25)$

$=\log_5 2-(\log_5 2+\log_5 25)=-\log_5 25$

$=-\log_5 5^2=-2\log_5 5=\mathbf{-2}$ 答

(3) $\log_3 4+\log_3 18-3\log_3 2$

$=\log_3 2^2+\log_3(2\times 9)-3\log_3 2$

$=2\log_3 2+(\log_3 2+\log_3 9)-3\log_3 2$

$=\log_3 9=\log_3 3^2=2\log_3 3=\mathbf{2}$ 答

(4) $\log_3\sqrt[3]{6}-\dfrac{1}{3}\log_3 2$

$=\log_3 6^{\frac{1}{3}}-\dfrac{1}{3}\log_3 2$

$=\dfrac{1}{3}\log_3 6-\dfrac{1}{3}\log_3 2$

$=\dfrac{1}{3}\log_3(2\times 3)-\dfrac{1}{3}\log_3 2$

$=\dfrac{1}{3}(\log_3 2+\log_3 3)-\dfrac{1}{3}\log_3 2$

$=\dfrac{1}{3}\log_3 3=\boldsymbol{\dfrac{1}{3}}$ 答

C 底の変換公式

教 p.169

練習 19 次の式を簡単にせよ。

(1) $\log_4 8$　　(2) $\log_9 3$　　(3) $\log_3 2 \cdot \log_2 27$

指針 **底の変換公式**　a を底とする対数を，変換公式を用いて任意の数 c (ただし，$c>0$，$c \neq 1$) を底とする対数で表すことができる。底は計算のしやすいものを選べばよい。

解答 (1) $\log_4 8 = \dfrac{\log_2 8}{\log_2 4} = \dfrac{\log_2 2^3}{\log_2 2^2} = \mathbf{\dfrac{3}{2}}$ 答　　←$4=2^2$，$8=2^3$ に着目

(2) $\log_9 3 = \dfrac{\log_3 3}{\log_3 9} = \dfrac{1}{\log_3 3^2} = \mathbf{\dfrac{1}{2}}$ 答　　←$9=3^2$ に着目

(3) $\log_3 2 \cdot \log_2 27 = \log_3 2 \times \dfrac{\log_3 27}{\log_3 2}$

$= \log_3 27 = \log_3 3^3 = \mathbf{3}$ 答

別解 計算方法は1通りではない。たとえば底を10で統一しても同じ結果を得る。

(1) $\log_4 8 = \dfrac{\log_{10} 8}{\log_{10} 4} = \dfrac{\log_{10} 2^3}{\log_{10} 2^2}$

$= \dfrac{3\log_{10} 2}{2\log_{10} 2} = \mathbf{\dfrac{3}{2}}$ 答

(2) $\log_9 3 = \dfrac{\log_{10} 3}{\log_{10} 9} = \dfrac{\log_{10} 3}{\log_{10} 3^2}$

$= \dfrac{\log_{10} 3}{2\log_{10} 3} = \mathbf{\dfrac{1}{2}}$ 答

(3) $\log_3 2 \cdot \log_2 27 = \dfrac{\log_{10} 2}{\log_{10} 3} \cdot \dfrac{\log_{10} 27}{\log_{10} 2}$

$= \dfrac{\log_{10} 3^3}{\log_{10} 3}$

$= \dfrac{3\log_{10} 3}{\log_{10} 3} = \mathbf{3}$ 答

4 対数関数

まとめ

1 対数関数

a を1と異なる正の定数とするとき，$y=\log_a x$ は x の関数である。この関数を，a を **底** とする x の **対数関数** という。

2 対数関数 $y=\log_a x$ のグラフ

指数関数 $y=a^x$ のグラフと直線 $y=x$ に関して対称であり，図のようになる。

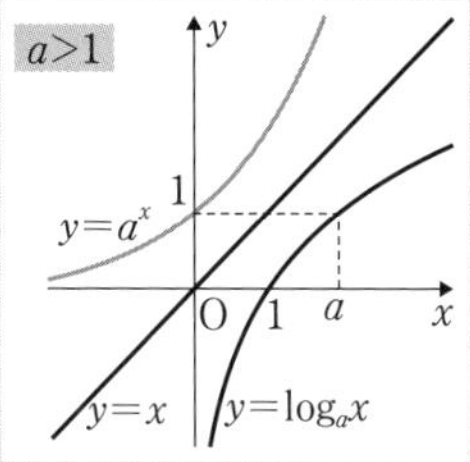

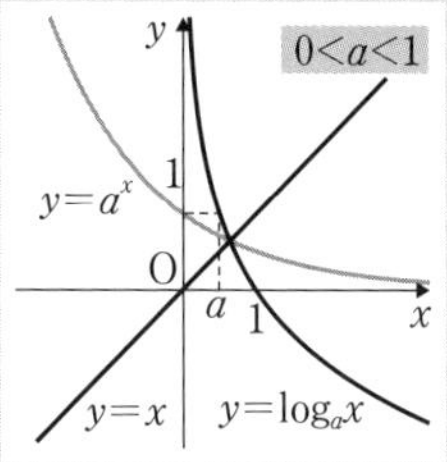

いずれの場合も，y 軸を漸近線としてもち，点 $(1,\ 0)$，$(a,\ 1)$ を通る。

$a>1$ のとき右上がりの曲線，$0<a<1$ のとき右下がりの曲線である。

3 対数関数 $y=\log_a x$ の特徴

1 定義域は正の数全体，値域は実数全体である。

2 $a>1$ のとき，増加関数である。すなわち

$$0<p<q \iff \log_a p<\log_a q$$

3 $0<a<1$ のとき，減少関数である。すなわち

$$0<p<q \iff \log_a p>\log_a q$$

注意 $a>0$，$a\neq1$，$p>0$，$q>0$ のとき，次が成り立つ。

$$p=q \iff \log_a p=\log_a q$$

A 対数関数とそのグラフ

教 p.171

練習 20 次の関数のグラフをかけ。

(1) $y=\log_3 x$　　(2) $y=\log_{\frac{1}{2}} x$

指針 **対数関数のグラフ** $y=\log_a x$ のグラフは，指数関数 $y=a^x$ のグラフと直線 $y=x$ に関して対称である。(1)，(2) のグラフはそれぞれ指数関数 $y=3^x$，$y=\left(\dfrac{1}{2}\right)^x$ のグラフをもとにしてかくことができる。

解答 (1) このグラフは，y 軸が漸近線で，点 $(1,\ 0)$，$(3,\ 1)$ を通る右上がりの曲線であり，図のようになる。

(2) このグラフは，y 軸が漸近線で，点 $(1,\ 0)$，$\left(\frac{1}{2},\ 1\right)$ を通る右下がりの曲線であり，図のようになる。

(1)

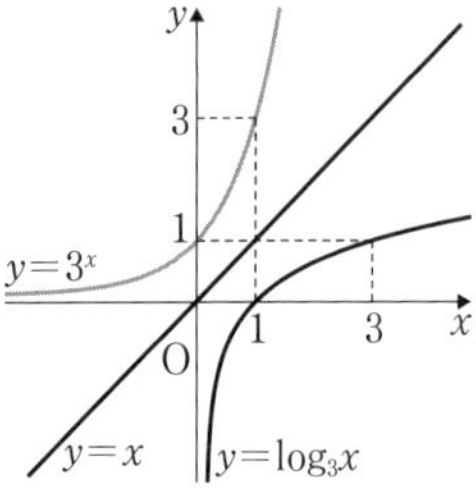

(2)

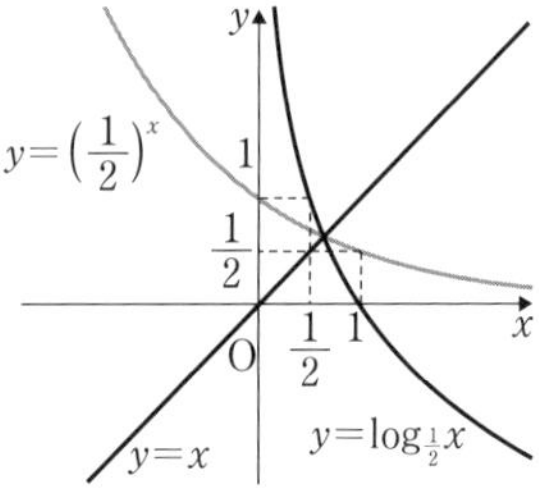

B 対数関数の特徴

練習 21 教 p.172

次の 2 つの数の大小を不等号を用いて表せ。

(1) $3\log_4 3$，$2\log_4 5$　　(2) $\frac{1}{2}\log_{\frac{1}{4}} 8$，$\log_{\frac{1}{4}} 3$　　(3) $\log_2 3$，2

指針 **対数関数の特徴と数の大小**　対数関数 $y=\log_a x$ は，底 a が 1 より大きいとき増加関数であり，底 a が 1 より小さいとき減少関数である。

すなわち，対数関数 $y=\log_a x$ は，$a>1$ ならば，真数が大きいほど大きく，$0<a<1$ ならば，真数が大きいほど小さい。

(1) は対数関数 $y=\log_4 x$，(2) は $y=\log_{\frac{1}{4}} x$ で考える。

また，(3) は $y=\log_2 x$ で考える。$2=\log_2 2^2$ であることに注意。

解答 (1) $3\log_4 3=\log_4 3^3=\log_4 27$

$2\log_4 5=\log_4 5^2=\log_4 25$

$y=\log_4 x$ は増加関数であるから　　←底 4 は 1 より大きい。

$$\log_4 25<\log_4 27$$

すなわち　$\mathbf{2\log_4 5<3\log_4 3}$　答

(2) $\frac{1}{2}\log_{\frac{1}{4}} 8=\log_{\frac{1}{4}} 8^{\frac{1}{2}}=\log_{\frac{1}{4}} 2\sqrt{2}$

$y=\log_{\frac{1}{4}} x$ は減少関数であるから　　←底 $\frac{1}{4}$ は 1 より小さい。

$$\log_{\frac{1}{4}} 3<\log_{\frac{1}{4}} 2\sqrt{2}$$　　←$3>2\sqrt{2}$

すなわち　$\mathbf{\log_{\frac{1}{4}} 3<\frac{1}{2}\log_{\frac{1}{4}} 8}$　答

(3) $\log_2 2=1$ であるから

$$2=2\log_2 2=\log_2 2^2=\log_2 4$$

$y=\log_2 x$ は増加関数であるから　　←底 2 は 1 より大きい。

$$\log_2 3<\log_2 4$$

すなわち　$\mathbf{\log_2 3<2}$　答

C 対数関数を含む方程式，不等式

教 p.172

練習 22

次の方程式，不等式を解け。

(1) $\log_2 x=4$　(2) $\log_{\frac{1}{2}} x=2$　(3) $\log_2 x \leqq 4$

(4) $\log_{\frac{1}{2}} x<2$　(5) $\log_3 x>2$　(6) $\log_{0.5} x \geqq 2$

指針 **対数関数を含む方程式，不等式**　$a>0$，$a \neq 1$，$p>0$，$q>0$ のとき

$\log_a p=\log_a q \iff p=q$

$a>1$ のとき $\log_a p<\log_a q \iff 0<p<q$　←向き同じ

$0<a<1$ のとき $\log_a p<\log_a q \iff 0<q<p$　←向き逆転

なお，対数においては，真数>0であることに注意する。

解答 (1) 対数の定義から　$x=2^4$

よって　$\boldsymbol{x=16}$　答

(2) 対数の定義から　$x=\left(\frac{1}{2}\right)^2$

よって　$\boldsymbol{x=\frac{1}{4}}$　答

(3) 真数は正であるから　$x>0$ …… ①

不等式を変形すると　$\log_2 x \leqq \log_2 2^4$　←$4=4\log_2 2$ $=\log_2 2^4$

すなわち　$\log_2 x \leqq \log_2 16$

底 2 は 1 より大きいから　$x \leqq 16$ …… ②

①，② の共通範囲を求めて　$\boldsymbol{0<x \leqq 16}$　答

(4) 真数は正であるから　$x>0$ …… ①

不等式を変形すると　$\log_{\frac{1}{2}} x<\log_{\frac{1}{2}}\left(\frac{1}{2}\right)^2$　←$2=2\log_{\frac{1}{2}}\frac{1}{2}$ $=\log_{\frac{1}{2}}\left(\frac{1}{2}\right)^2$

すなわち　$\log_{\frac{1}{2}} x<\log_{\frac{1}{2}}\frac{1}{4}$

底 $\frac{1}{2}$ は 1 より小さいから　$x>\frac{1}{4}$ …… ②

①，② の共通範囲を求めて　$\boldsymbol{x>\frac{1}{4}}$　答

(5) 真数は正であるから　$x>0$ …… ①

不等式を変形すると　$\log_3 x>\log_3 3^2$　←$2=2\log_3 3$ $=\log_3 3^2$

すなわち　$\log_3 x>\log_3 9$

底 3 は 1 より大きいから　$x>9$ …… ②

①，② の共通範囲を求めて　$\boldsymbol{x>9}$　答

(6) 真数は正であるから　$x>0$ …… ①

不等式を変形すると　$\log_{0.5} x \geqq \log_{0.5} 0.5^2$　←$2=2\log_{0.5} 0.5$ $=\log_{0.5} 0.5^2$

すなわち　$\log_{0.5} x \geqq \log_{0.5} 0.25$

底 0.5 は 1 より小さいから　　$x \leqq 0.25$ …… ②

①，② の共通範囲を求めて　　$0 < x \leqq 0.25$ 答

教 p.173

練習 23

次の方程式を解け。

(1) $\log_4 x + \log_4(x-6) = 2$

(2) $\log_2(x+5) + \log_2(x-2) = 3$

指針 **対数関数を含む方程式** (1) $\log_4 X = 2$ (2) $\log_2 X = 3$ の形に変形して，(1) $X = 4^2$ (2) $X = 2^3$ を導く。左辺を 1 つの対数にまとめるには次のことを使う。

$M > 0$，$N > 0$ のとき　$\log_a M + \log_a N = \log_a MN$

なお，真数>0 であることを忘れないようにする。

解答 (1) 真数は正であるから　$x > 0$ かつ $x - 6 > 0$　　← 真数>0

すなわち　$x > 6$ …… ①

方程式を変形すると　$\log_4 x(x-6) = 2$　　← $\log_a M = p \iff M = a^p$

よって　$x(x-6) = 4^2$

式を整理すると　$x^2 - 6x - 16 = 0$

$(x+2)(x-8) = 0$

① から　$x = 8$ 答　　← $x = -2$ は ① を満たさない。

(2) 真数は正であるから

$x + 5 > 0$ かつ $x - 2 > 0$

すなわち　$x > 2$ …… ①　　← 共通範囲

方程式を変形すると

$\log_2(x+5)(x-2) = 3$　　← $\log_a M = p \iff M = a^p$

よって　$(x+5)(x-2) = 2^3$

整理すると　$x^2 + 3x - 18 = 0$

したがって　$(x-3)(x+6) = 0$

① から　$x = 3$ 答　　← $x = -6$ は ① を満たさない。

教 p.173

練習 24

次の不等式を解け。

(1) $\log_{\frac{1}{3}}(3-2x) \leqq \log_{\frac{1}{3}} x$　　(2) $2\log_3(2-x) < \log_3(x+4)$

指針 **対数関数を含む不等式**

(1) $0 < a < 1$ のとき　$\log_a p \leqq \log_a q \iff p \geqq q > 0$

(2) $a > 1$　のとき　$\log_a p < \log_a q \iff 0 < p < q$

対数の真数は常に正である。(2) において不等式を

$\log_3(2-x)^2<\log_3(x+4)$ と変形してから真数条件を考えて得られる「$(2-x)^2>0$　かつ　$x+4>0$」は誤りである。真数条件は必ずもとの不等式で判断すること。

解答 (1)　真数は正であるから　$3-2x>0$　かつ　$x>0$

すなわち　$0<x<\dfrac{3}{2}$　…… ①

底 $\dfrac{1}{3}$ は 1 より小さいから　$\log_{\frac{1}{3}}(3-2x)\leqq\log_{\frac{1}{3}}x$ より

$3-2x\geqq x$　すなわち　$x\leqq 1$　…… ②

①, ② の共通範囲を求めて　$\boldsymbol{0<x\leqq 1}$　答

(2)　真数は正であるから　$2-x>0$　かつ　$x+4>0$

すなわち　$-4<x<2$　…… ①

不等式を変形すると　$\log_3(2-x)^2<\log_3(x+4)$

底 3 は 1 より大きいから　$(2-x)^2<x+4$

式を整理して　$x^2-5x<0$

左辺を因数分解して　$x(x-5)<0$

よって　$0<x<5$　…… ②

①, ② の共通範囲を求めて　$\boldsymbol{0<x<2}$　答

深める　教 p.173

方程式 $\log_3 x(x-8)=2$ を解いてみよう。教科書の応用例題 2 と答えは同じだろうか。

指針　**対数関数を含む方程式**　真数が正である条件が応用例題 2 とは異なることに注意する。

解答　真数は正であるから　$x(x-8)>0$

すなわち　$x<0,\ 8<x$　…… ①

$\log_3 x(x-8)=2$ から　$x(x-8)=3^2$

式を整理すると　$x^2-8x-9=0$

すなわち　$(x+1)(x-9)=0$

① から　$x=-1,\ 9$

よって，応用例題 2 と答えは同じではない。　答

D 対数関数を含む関数の最大値，最小値

教 p.174

練習 25 $1 \leqq x \leqq 16$ のとき，関数 $y=(\log_2 x)^2-\log_2 x^2$ の最大値と最小値を求めよ。

指針 **対数関数を含む関数の最大値，最小値** $\log_2 x=t$ とおき，t の値の範囲を求める。次に，y を t の式で表すと，t の 2 次関数になる。t が求めた範囲を動くとき，この t の 2 次関数の最大値，最小値を求める。

解答 $\log_2 x=t$ とおくと，$1 \leqq x \leqq 16$ であるから

$$\log_2 1 \leqq \log_2 x \leqq \log_2 16$$

$0 \leqq \log_2 x \leqq \log_2 2^4$ であるから

$$0 \leqq t \leqq 4 \quad \cdots\cdots \text{①}$$

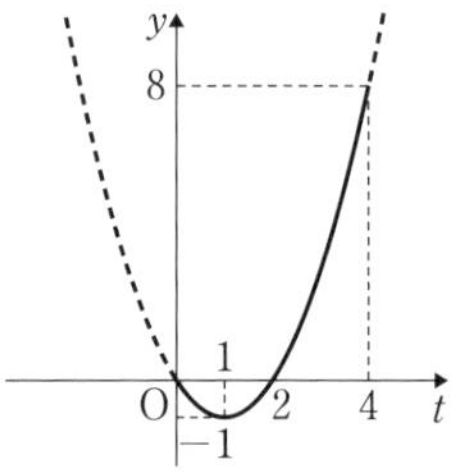

与えられた関数の式を変形すると

$$y=(\log_2 x)^2-2\log_2 x$$

y を t の式で表すと　$y=t^2-2t$

すなわち　$y=(t-1)^2-1$

① の範囲において，y は

$t=4$ で最大値 8 をとり，

$t=1$ で最小値 -1 をとる。

また，$t=4$ のとき　$\log_2 x=4$　このとき　$x=2^4=16$

$t=1$ のとき　$\log_2 x=1$　このとき　$x=2^1=2$

よって，この関数は

$x=16$ で最大値 8 をとり，$x=2$ で最小値 -1 をとる。 答

5 常用対数

まとめ

1 常用対数

10 を底とする対数を **常用対数** という。教科書の常用対数表に，a が 1.00, 1.01, 1.02, ……, 9.99 のときの $\log_{10}a$ の値について，小数第 5 位を四捨五入して小数第 4 位まで載せてある。

2 自然数 N の桁(けた)数

自然数 N, k について，次のことがいえる。

$$N \text{ が } k \text{ 桁の数} \iff k-1 \leqq \log_{10}N < k \qquad \leftarrow 10^{k-1} \leqq N < 10^k$$

3 小数首位の問題

$0<M<1$ である小数 M と自然数 k について，次のことがいえる。

$$\begin{bmatrix} M \text{ の小数第 } k \text{ 位に初めて} \\ 0 \text{ でない数字が現れる} \end{bmatrix} \iff -k \leqq \log_{10}M < -k+1$$

A 常用対数

教 p.175

練習 26

常用対数表を用いて，次の値を小数第 4 位まで求めよ。

(1) $\log_{10}3450$ (2) $\log_{10}92000$ (3) $\log_{10}0.000618$

指針 **常用対数の値（対数表の利用）** 正の数 M は次の形に表すことができる。

$M=a\times10^n$ ただし，n は整数で $1\leqq a<10$

このとき $\log_{10}M=\log_{10}a+\log_{10}10^n=\log_{10}a+n$

$\log_{10}a$ の近似値は常用対数表から求める。

解答 (1) $\log_{10}3450=\log_{10}(3.45\times10^3)=\log_{10}3.45+\log_{10}10^3$

$=0.5378+3=\mathbf{3.5378}$ 答

(2) $\log_{10}92000=\log_{10}(9.20\times10^4)=\log_{10}9.20+\log_{10}10^4$

$=0.9638+4=\mathbf{4.9638}$ 答

(3) $\log_{10}0.000618=\log_{10}(6.18\times10^{-4})=\log_{10}6.18+\log_{10}10^{-4}$

$=0.7910-4=\mathbf{-3.2090}$ 答

B 常用対数の応用

教 p.176

練習 27

2^{100} は何桁の数か。ただし，$\log_{10}2=0.3010$ とする。

指針 **自然数 N の桁数** $\log_{10}N$ の値の範囲から自然数 N の桁数を求める。まず，与えられた $\log_{10}2$ の値を使って，$\log_{10}2^{100}$ の近似値を求め，それがどんな 2 つの自然数の間にあるかを調べる。

$k-1 \leqq \log_{10} N < k$ のとき，自然数 N は k 桁の数である。

解答 $\log_{10} 2^{100} = 100\log_{10} 2 = 100 \times 0.3010 = 30.10$

$30 < \log_{10} 2^{100} < 31$ であるから

$$\log_{10} 10^{30} < \log_{10} 2^{100} < \log_{10} 10^{31}$$

よって　$10^{30} < 2^{100} < 10^{31}$

したがって，2^{100} は **31 桁** の数である。 答

教 p.177

練習 28

3^n が 8 桁の数となるような自然数 n をすべて求めよ。ただし，$\log_{10} 3 = 0.4771$ とする。

指針 **桁数と指数 n の値**　3^n が 8 桁の数のとき，$10^7 \leqq 3^n < 10^8$ が成り立つ。各辺の常用対数をとり，n についての不等式を導く。

解答 3^n が 8 桁の数となるのは，$10^7 \leqq 3^n < 10^8$ のときである。

各辺の常用対数をとると　$7 \leqq n\log_{10} 3 < 8$

$\log_{10} 3 = 0.4771 > 0$ であるから

$$\frac{7}{\log_{10} 3} \leqq n < \frac{8}{\log_{10} 3} \quad \cdots\cdots ①$$

ここで　$\dfrac{7}{\log_{10} 3} = \dfrac{7}{0.4771} = 14.6\cdots\cdots$,

$$\frac{8}{\log_{10} 3} = \frac{8}{0.4771} = 16.7\cdots\cdots$$

よって，① を満たす自然数 n は

$\boldsymbol{n = 15,\ 16}$ 答

教 p.177

練習 29

$\left(\dfrac{1}{2}\right)^{20}$ を小数で表したとき，小数第何位に初めて 0 でない数字が現れるか。ただし，$\log_{10} 2 = 0.3010$ とする。

指針 **小数と常用対数**　$0 < M < 1$ のとき

M の小数第 k 位に初めて 0 でない数字が現れる

$$\iff \quad -k \leqq \log_{10} M < -k+1$$

解答 $\log_{10}\left(\dfrac{1}{2}\right)^{20} = 20\log_{10}\dfrac{1}{2} = -20\log_{10} 2 = -6.020$

$-7 < \log_{10}\left(\dfrac{1}{2}\right)^{20} < -6$ であるから

$$10^{-7} < \left(\frac{1}{2}\right)^{20} < 10^{-6}$$

よって，$\left(\dfrac{1}{2}\right)^{20}$ は **小数第 7 位** に初めて 0 でない数字が現れる。 答

第5章 第2節　問題

教 p.178

7　$\log_{10}2=a$，$\log_{10}3=b$ とするとき，次の式を a，b で表せ。

(1)　$\log_{10}\dfrac{3}{8}$　　(2)　$\log_{10}\sqrt[3]{6}$　　(3)　$\log_2 3$　　(4)　$\log_{10}15$

指針　**対数の値**　(3) 以外は真数を 2 と 3 の積や商で表す工夫をする。さらに $\log_{10}10=1$ であるから 10 も利用できる。(3) は底の変換公式を使う。

解答　(1)　$\log_{10}\dfrac{3}{8}=\log_{10}\dfrac{3}{2^3}=\log_{10}3-3\log_{10}2$

$=\boldsymbol{b-3a}$　答

(2)　$\log_{10}\sqrt[3]{6}=\log_{10}(2\times3)^{\frac{1}{3}}$

$=\dfrac{1}{3}(\log_{10}2+\log_{10}3)=\boldsymbol{\dfrac{1}{3}(a+b)}$　答

(3)　$\log_2 3=\dfrac{\log_{10}3}{\log_{10}2}=\boldsymbol{\dfrac{b}{a}}$　答

(4)　$\log_{10}15=\log_{10}\dfrac{10\times3}{2}=\log_{10}10-\log_{10}2+\log_{10}3$

$=\boldsymbol{1-a+b}$　答

教 p.178

8　a，b，c を 1 と異なる正の数とするとき，次の等式を証明せよ。

$$\log_a b\cdot\log_b c\cdot\log_c a=1$$

指針　**等式の証明**　底の変換公式を用いて，底を a にそろえる。

解答　左辺$=\log_a b\cdot\dfrac{\log_a c}{\log_a b}\cdot\dfrac{\log_a a}{\log_a c}=\log_a a=1$

よって　　$\log_a b\cdot\log_b c\cdot\log_c a=1$　終

教 p.178

9　関数 $y=\log_2(x-1)$ のグラフをかけ。

指針　**対数関数のグラフ**　関数 $y=f(x-p)$ のグラフは，$y=f(x)$ のグラフを x 軸方向に p だけ平行移動したものである。

解答　このグラフは，$y=\log_2 x$ のグラフを x 軸方向に 1 だけ平行移動したものである。
また，直線 $x=1$ が漸近線で，点 (2，0)，(3，1) を通る右上がりの曲線であり，図のようになる。

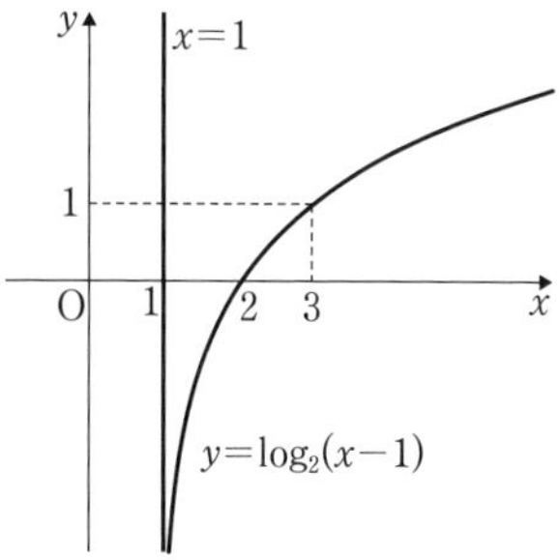

教 p.178

10 次の方程式，不等式を解け。

(1) $\log_3(x+1)^2=2$　　(2) $\log_2 x+\log_2(x+7)=3$

(3) $\log_{\frac{1}{2}}(x-1)>2$　　(4) $\log_2(x+1)+\log_2(x-2)<2$

指針 **対数関数を含む方程式，不等式**　まず，真数が正である x の値の範囲を求める。

(2) $\log_a M+\log_a N=\log_a MN$ を用いて，まず与えられた方程式を変形する。さらに，「$\log_a X=p \iff X=a^p$」を用いると，x の 2 次方程式が得られる。

(3) 不等式では，$\log_a M>\log_a N$ などの形を導き，次の性質を利用して，x の不等式を導く。(4) も同様。

$0<a<1$ のとき　$\log_a M>\log_a N \iff 0<M<N$

$1<a$ 　のとき　$\log_a M>\log_a N \iff M>N>0$

解答 (1) $\log_3(x+1)^2=2$ から　$(x+1)^2=3^2$

よって　$x+1=\pm 3$　　したがって　$\boldsymbol{x=2,\ -4}$　答

(2) 真数は正であるから　$x>0$　かつ　$x+7>0$

すなわち　$x>0$　…… ①

方程式を変形すると　$\log_2 x(x+7)=3$

よって　$x(x+7)=2^3$

整理すると　$x^2+7x-8=0$　すなわち　$(x-1)(x+8)=0$

これを解くと　$x=1,\ -8$　① より　$\boldsymbol{x=1}$　答

(3) 真数は正であるから　$x-1>0$　すなわち　$x>1$　…… ①

不等式を変形すると　$\log_{\frac{1}{2}}(x-1)>\log_{\frac{1}{2}}\left(\frac{1}{2}\right)^2$

底 $\frac{1}{2}$ は 1 より小さいから　　← $y=\log_{\frac{1}{2}}(x-1)$ は減少関数

$x-1<\left(\frac{1}{2}\right)^2$　すなわち　$x<\frac{5}{4}$　…… ②

①，② の共通範囲を求めて　$\boldsymbol{1<x<\frac{5}{4}}$　答

(4) 真数は正であるから　$x+1>0$　かつ　$x-2>0$

すなわち　$x>2$　…… ①

不等式を変形すると　$\log_2(x+1)(x-2)<\log_2 2^2$

底 2 は 1 より大きいから　$(x+1)(x-2)<2^2$

整理すると　$x^2-x-6<0$

すなわち　$(x+2)(x-3)<0$

これを解くと

$-2<x<3$　…… ②

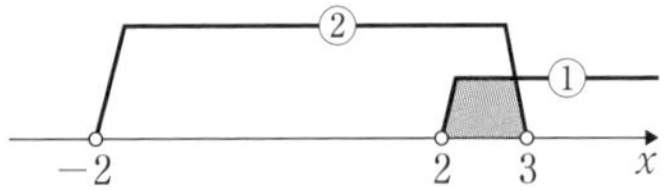

①，② の共通範囲を求めて　$\boldsymbol{2<x<3}$　答

注意 (1) 真数条件は $x \neq -1$ であるが，これは $(x+1)^2=3^2>0$ より明らかであり，とくに答案に示す必要はない。

教 p.178

11 $\left(\frac{1}{2}\right)^n<\frac{1}{10^4}$ を満たす最小の自然数 n を求めよ。ただし，$\log_{10}2=0.3010$ とする。

指針 **常用対数と不等式** 両辺の常用対数をとり，n についての不等式を導く。

解答 両辺の常用対数をとると

$$\log_{10}\left(\frac{1}{2}\right)^n<\log_{10}\frac{1}{10^4} \quad \text{すなわち} \quad n\log_{10}\frac{1}{2}<-4$$

ここで

$$\log_{10}\frac{1}{2}=-\log_{10}2=-0.3010$$

← $\log_a\frac{1}{N}=-\log_a N$

であるから　$n\times(-0.3010)<-4$

よって　$n>\frac{4}{0.3010}=13.2\cdots\cdots$

これを満たす最小の自然数 n は　$\boldsymbol{n=14}$ 答

教 p.178

12 $\left(\frac{1}{5}\right)^{10}$ を小数で表したとき，小数第何位に初めて 0 でない数字が現れるか。ただし，$\log_{10}2=0.3010$ とする。

指針 **小数と常用対数** $0<M<1$ のとき

M の小数第 k 位に初めて 0 でない数字が現れる

$$\iff \quad -k \leqq \log_{10}M<-k+1$$

解答 $\log_{10}\left(\frac{1}{5}\right)^{10}=10\log_{10}\frac{1}{5}=10\log_{10}\frac{2}{10}=10(\log_{10}2-\log_{10}10)$

$=10(0.3010-1)=-6.990$

$-7<\log_{10}\left(\frac{1}{5}\right)^{10}<-6$ であるから　$10^{-7}<\left(\frac{1}{5}\right)^{10}<10^{-6}$

よって，$\left(\frac{1}{5}\right)^{10}$ を小数で表したとき，**小数第 7 位** に初めて 0 でない数字が現れる。 答

教 p.178

13 方程式 $2(\log_2 x)^2+\log_2 x^3-2=0$ について，次の問いに答えよ。

(1) $\log_2 x=t$ とおいて得られる t の方程式を作れ。

(2) 与えられた方程式を解け。

指針 **対数関数を含む方程式**

(1) $\log_2 x^3=3\log_2 x$ であるから，$\log_2 x=t$ とおくと，与えられた方程式は t の 2 次方程式となる。

(2) (1) で得られた t の 2 次方程式の解と $\log_2 x=t$ を用いて，与えられた方程式の解を求める。

解答 (1) 真数は正であるから　$x>0$　かつ　$x^3>0$

すなわち　$x>0$　…… ①

与えられた方程式を変形すると

$$2(\log_2 x)^2+3\log_2 x-2=0$$

よって，$\log_2 x=t$ とおくと　$\boldsymbol{2t^2+3t-2=0}$　答

(2) (1) より　$(t+2)(2t-1)=0$

よって　$t=-2,\ \frac{1}{2}$

$t=-2$ のとき　$\log_2 x=-2$　このとき　$x=2^{-2}=\frac{1}{4}$

$t=\frac{1}{2}$ のとき　$\log_2 x=\frac{1}{2}$　このとき　$x=2^{\frac{1}{2}}=\sqrt{2}$

これらは ① を満たす。

したがって　$\boldsymbol{x=\frac{1}{4},\ \sqrt{2}}$　答

教 p.178

14 $3^{23}=94143178827$ より $9\times10^{10}<3^{23}<10^{11}$ が成り立つ。このことを用いて，$\log_{10}3$ の値を小数第 2 位まで求めよ。

指針 **常用対数と不等式**　与えられた不等式の各辺の常用対数をとる。

解答 $9\times10^{10}<3^{23}$ において，常用対数をとると

$$\log_{10}(3^2\times10^{10})<\log_{10}3^{23}$$

よって　$2\log_{10}3+10<23\log_{10}3$

すなわち　$\log_{10}3>\frac{10}{21}=0.476\cdots\cdots$　①

$3^{23}<10^{11}$ において，常用対数をとると

$$\log_{10}3^{23}<\log_{10}10^{11}$$

よって　$23\log_{10}3<11$

すなわち　$\log_{10}3<\frac{11}{23}=0.478\cdots\cdots$　②

①，② より，$\log_{10}3$ の値を小数第 2 位まで求めると　**0.47**　答

第5章　章末問題A

教 p.179

1. 次の式を計算せよ。

(1) $64^{\frac{2}{3}}\times 16^{-\frac{1}{4}}$　　(2) $\sqrt[3]{9}\times\sqrt[6]{9}\div\sqrt[4]{27}$

指針 **指数法則と計算**

(1) まず，64 や 16 を素因数分解して，同じ数の累乗の形で表してから指数法則を適用する。

(2) 有理数の指数を使って書き改めてから指数法則を適用する。

解答 (1) $64^{\frac{2}{3}}\times 16^{-\frac{1}{4}}=(2^6)^{\frac{2}{3}}\times(2^4)^{-\frac{1}{4}}$

$=2^4\times 2^{-1}=2^{4+(-1)}=2^3=8$ 答

(2) $\sqrt[3]{9}\times\sqrt[6]{9}\div\sqrt[4]{27}=\sqrt[3]{3^2}\times\sqrt[6]{3^2}\div\sqrt[4]{3^3}$

$=3^{\frac{2}{3}}\times 3^{\frac{1}{3}}\div 3^{\frac{3}{4}}$

$=3^{\frac{2}{3}+\frac{1}{3}-\frac{3}{4}}=3^{\frac{1}{4}}=\sqrt[4]{3}$ 答

教 p.179

2. 次の不等式を満たす x の値の範囲を求めよ。

(1) $\frac{1}{2}\leqq 2^x\leqq 8$　　(2) $1\leqq 0.5^x\leqq 4$

指針 **指数関数の特徴**　それぞれ，指数関数 $y=2^x$，$y=0.5^x$ で考える。
$2^{\square}\leqq 2^x\leqq 2^{\square}$，$0.5^{\square}\leqq 0.5^x\leqq 0.5^{\square}$ の形に変形し，増加関数であるか減少関数であるかによって，x の値の範囲を求める。

解答 (1) 不等式を変形すると　$2^{-1}\leqq 2^x\leqq 2^3$

底 2 は 1 より大きいから　$\boldsymbol{-1\leqq x\leqq 3}$ 答

(2) $1=0.5^0$，　$4=2^2=\left\{\left(\frac{1}{2}\right)^{-1}\right\}^2=0.5^{-2}$

不等式を変形すると　$0.5^0\leqq 0.5^x\leqq 0.5^{-2}$

底 0.5 は 1 より小さいから　$0\geqq x\geqq -2$

すなわち　$\boldsymbol{-2\leqq x\leqq 0}$ 答

教 p.179

3. 次の方程式，不等式を解け。

(1) $3^{x+1}=\sqrt[3]{9}$　　(2) $8^x\leqq 4^{x+1}$　　(3) $\left(\frac{1}{2}\right)^{x-1}\geqq(\sqrt{2})^x$

指針 **指数関数を含む方程式，不等式**　両辺の底をそろえて，指数を比べる。不等式は底が 1 より大きいか，1 より小さい正の数かにより，不等号の向きに注意することが必要となる。

5章 指数関数と対数関数

解答 (1) 方程式を変形すると　$3^{x+1}=3^{\frac{2}{3}}$　　← $\sqrt[3]{9}=9^{\frac{1}{3}}=(3^2)^{\frac{1}{3}}$

$x+1=\frac{2}{3}$ から　$\boldsymbol{x=-\frac{1}{3}}$ 答

(2) 不等式を変形すると　$2^{3x}\leqq 2^{2(x+1)}$

底 2 は 1 より大きいから　$3x\leqq 2(x+1)$

これを解いて　$\boldsymbol{x\leqq 2}$ 答

(3) 不等式を変形すると　$2^{-(x-1)}\geqq 2^{\frac{1}{2}x}$

底 2 は 1 より大きいから　$-(x-1)\geqq\frac{1}{2}x$

これを解いて　$\boldsymbol{x\leqq\frac{2}{3}}$ 答

注意 (3) 底を $\frac{1}{2}$ にそろえると，$\sqrt{2}=2^{\frac{1}{2}}=\left(\frac{1}{2}\right)^{-\frac{1}{2}}$ より　$\left(\frac{1}{2}\right)^{x-1}\geqq\left(\frac{1}{2}\right)^{-\frac{1}{2}x}$

底 $\frac{1}{2}$ は 1 より小さいから $x-1\leqq-\frac{1}{2}x$ となる。

教 p.179

4. 次の式を計算せよ。

(1) $\frac{1}{2}\log_5 3+3\log_5\sqrt{2}-\log_5\sqrt{24}$

(2) $(\log_2 3+\log_4 9)(\log_3 4+\log_9 2)$

指針 **対数の性質，底の変換公式**　(1) は対数の性質を使う。$k\log_a M$ の項はすべて $\log_a M^k$ の形にし，性質 **1**，**2** を使って 1 つの対数にまとめる。(2) は底の変換公式で，たとえばすべての対数の底を 2 にそろえる。

解答 (1) $\frac{1}{2}\log_5 3+3\log_5\sqrt{2}-\log_5\sqrt{24}$

$=\log_5 3^{\frac{1}{2}}+\log_5(\sqrt{2})^3-\log_5\sqrt{24}=\log_5\frac{\sqrt{3}\times 2\sqrt{2}}{\sqrt{24}}$

$=\log_5 1=\boldsymbol{0}$ 答

(2) $(\log_2 3+\log_4 9)(\log_3 4+\log_9 2)$

$=\left(\log_2 3+\frac{\log_2 9}{\log_2 4}\right)\left(\frac{\log_2 4}{\log_2 3}+\frac{\log_2 2}{\log_2 9}\right)$

$=\left(\log_2 3+\frac{2\log_2 3}{2}\right)\left(\frac{2}{\log_2 3}+\frac{1}{2\log_2 3}\right)$

$=2\log_2 3\times\frac{5}{2\log_2 3}=\boldsymbol{5}$ 答

教 p.179

5．次の方程式，不等式を解け。

(1) $\log_{0.5}(x+1)(x+2)=-1$　　(2) $\log_3(x-2)+\log_3(2x-7)=2$

(3) $2\log_{0.5}(3-x)\geqq\log_{0.5}4x$　　(4) $\log_3 x+\log_3(x-2)\geqq 1$

指針　対数関数を含む方程式，不等式

(1)，(2) は $\log_a X=p$ の形から x の方程式 $X=a^p$ を導く。(2) は方程式を変形する前に真数条件を確かめておく。

(3)，(4) は真数が正である x の範囲を求める。次に，不等式を $\log_a p<\log_a q$ などの形に変形し，底 a の値に注目して，次のことを使う。

$a>1$ のとき　$\log_a p<\log_a q \iff 0<p<q$

$0<a<1$ のとき　$\log_a p<\log_a q \iff 0<q<p$

解答　(1)　方程式を変形すると　$(x+1)(x+2)=0.5^{-1}$　　←$0.5^{-1}=\left(\frac{1}{2}\right)^{-1}=2$

よって　$x^2+3x=0$　すなわち　$x(x+3)=0$

したがって　$\boldsymbol{x=0,\ -3}$　答

(2)　真数は正であるから

$x-2>0$　かつ　$2x-7>0$

すなわち　$x>\frac{7}{2}$　…… ①　　←共通範囲

方程式を変形すると

$\log_3(x-2)(2x-7)=2$

よって　$(x-2)(2x-7)=3^2$

整理すると　$2x^2-11x+5=0$　　←

1	╲╱	-5 ⟶	-10
2	╱╲	-1 ⟶	-1
2		5	-11

したがって　$(x-5)(2x-1)=0$

① より $x>\frac{7}{2}$ であるから　$\boldsymbol{x=5}$　答

(3)　真数は正であるから　$3-x>0$　かつ　$4x>0$

すなわち　$0<x<3$　…… ①

不等式を変形すると　$\log_{0.5}(3-x)^2\geqq\log_{0.5}4x$

底 0.5 は 1 より小さいから　$(3-x)^2\leqq 4x$

整理すると　$x^2-10x+9\leqq 0$

よって　$(x-1)(x-9)\leqq 0$

これを解くと　$1\leqq x\leqq 9$　…… ②

①，② の共通範囲を求めて　$\boldsymbol{1\leqq x<3}$　答

(4)　真数は正であるから　$x>0$　かつ　$x-2>0$

すなわち　$x>2$　…… ①

不等式を変形すると　$\log_3 x(x-2)\geqq\log_3 3$

底 3 は 1 より大きいから　$x(x-2)\geqq 3$

整理すると　$x^2-2x-3 \geqq 0$

よって　$(x+1)(x-3) \geqq 0$

これを解くと　$x \leqq -1,\ 3 \leqq x$　…… ②

①, ② の共通範囲を求めて　$\boldsymbol{x \geqq 3}$　答

注意 (1)　$(x+1)(x+2)=0.5^{-1}>0$ であるから真数条件に触れなくてよい。

(2)　すぐに方程式を $\log_3(x-2)(2x-7)=2$ と変形して，2 次方程式
$(x-2)(2x-7)=3^2$　すなわち　$2x^2-11x+5=0$ を解いて
$x=\dfrac{1}{2}$, 5 を求めてから，問題文の式に $x=\dfrac{1}{2}$, 5 を代入して，
$x=5$ のみ適する (真数が正) として求めてもよい。

教 p.179

6.　6^{20} は何桁の数か。ただし，$\log_{10}2=0.3010$, $\log_{10}3=0.4771$ とする。

指針　**自然数 N の桁数と常用対数の応用**　N の桁数は，次のように求める。

N が k 桁の数　$\Longleftrightarrow$　$k-1 \leqq \log_{10}N < k$

解答
$$\log_{10}6^{20}=20\log_{10}6=20(\log_{10}2+\log_{10}3)$$
$$=20(0.3010+0.4771)$$
$$=15.562$$

$15<\log_{10}6^{20}<16$ であるから　$10^{15}<6^{20}<10^{16}$

よって，6^{20} は **16 桁** の数である。　答

教 p.179

7.　0.4^n が，小数第 3 位に初めて 0 でない数字が現れる小数となるような自然数 n をすべて求めよ。ただし，$\log_{10}2=0.3010$ とする。

指針　**小数と常用対数の応用**　N が小数第 3 位に初めて 0 でない数字が現れる小数であるとすると

$0.001 \leqq N < 0.01$　すなわち　$10^{-3} \leqq N < 10^{-2}$

解答　0.4^n が，小数第 3 位に初めて 0 でない数字が現れる小数であるとすると
$$10^{-3} \leqq 0.4^n < 10^{-2}$$

常用対数をとると　$\log_{10}10^{-3} \leqq \log_{10}0.4^n < \log_{10}10^{-2}$

すなわち　$-3 \leqq n\log_{10}0.4 < -2$　…… ①

ここで　$\log_{10}0.4=\log_{10}\dfrac{4}{10}=\log_{10}4-\log_{10}10$
$$=\log_{10}2^2-\log_{10}10=2\log_{10}2-1$$
$$=2\times0.3010-1=-0.398$$

よって，① の各辺を $\log_{10}0.4<0$ で割ると
$$-\frac{3}{\log_{10}0.4} \geqq n > -\frac{2}{\log_{10}0.4}\quad \cdots\cdots ②$$

$$-\frac{3}{\log_{10}0.4}=\frac{3}{0.398}=7.5\cdots\cdots,\quad -\frac{2}{\log_{10}0.4}=\frac{2}{0.398}=5.02\cdots\cdots$$

したがって，② は　$7.5\cdots\cdots \geqq n > 5.02\cdots\cdots$

これを満たす自然数 n は　　$\boldsymbol{n=6,\ 7}$　答

教 p.179

8. ある菌は，30 分ごとにその個数が 2 倍に増えるという。菌の個数がある時点の 10 万倍を超えるのは，その時点から何時間後か。ただし，$\log_{10}2=0.3010$ とし，答えは整数で求めよ。

指針　**常用対数の応用**　x を正の実数として，x 時間後の菌の量を x を使って表す。不等式を作り，常用対数をとって解く。10 万倍のように桁数の大きい量を扱うには常用対数を利用するとよい。

解答　ある時点から x 時間後に，菌はもとの 2^{2x} 倍に増えている。

x 時間後に 10 万倍を超えるとすると

$$2^{2x}>100000$$

両辺の常用対数をとると

$$\log_{10}2^{2x}>\log_{10}10^5$$

$$2x\times\log_{10}2>5$$

よって　　$x>\dfrac{5}{2\log_{10}2}=\dfrac{5}{2\times0.3010}=8.3\cdots\cdots$

したがって，10 万倍を超えるのは　　**9 時間後**　答

第5章　章末問題B

教 p.180

9. $x^{\frac{1}{2}}+x^{-\frac{1}{2}}=3$ のとき，次の式の値を求めよ。

(1) $x+x^{-1}$　　(2) x^2+x^{-2}

指針 **指数関数を含む式の値**

(1) $x+x^{-1}=(x^{\frac{1}{2}})^2+(x^{-\frac{1}{2}})^2$ であるから，まず与えられた等式の両辺を2乗する。$a^ra^{-r}=a^{r+(-r)}=a^0=1$ となることに注意する。

(2) $x^2+x^{-2}=x^2+(x^{-1})^2$ であるから，まず(1)で得られた等式の両辺を2乗する。

解答 (1) $x^{\frac{1}{2}}+x^{-\frac{1}{2}}=3$ の両辺を2乗すると

$$(x^{\frac{1}{2}}+x^{-\frac{1}{2}})^2=9$$

よって　$(x^{\frac{1}{2}})^2+2x^{\frac{1}{2}}x^{-\frac{1}{2}}+(x^{-\frac{1}{2}})^2=9$

すなわち　$x+2+x^{-1}=9$

したがって　$x+x^{-1}=9-2=\mathbf{7}$　答

(2) (1)から　$x+x^{-1}=7$

この等式の両辺を2乗すると

$$(x+x^{-1})^2=49$$

よって　$x^2+2xx^{-1}+(x^{-1})^2=49$

すなわち　$x^2+2+x^{-2}=49$

したがって　$x^2+x^{-2}=49-2=\mathbf{47}$　答

教 p.180

10. 次の関数の値域を求めよ。

(1) $y=2^{x+1}$ $(-3\leqq x\leqq 3)$　　(2) $y=\log_{\frac{1}{2}}(x+\sqrt{2})$ $(0\leqq x\leqq \sqrt{2})$

指針 **指数関数，対数関数の値域**　底の値から増加関数か減少関数かを判断する。増加関数であれば x の値が大きいほど y の値も大きく，減少関数であれば x の値が大きいほど y の値は小さくなる。

解答 (1) $y=2^{x+1}$ は増加関数であるから　←底2は1より大きい

$-3\leqq x\leqq 3$ のとき

$$2^{-3+1}\leqq y\leqq 2^{3+1}$$

すなわち　$2^{-2}\leqq y\leqq 2^4$

よって　$\mathbf{\frac{1}{4}\leqq y\leqq 16}$　答

(2) $y=\log_{\frac{1}{2}}(x+\sqrt{2})$ は減少関数であるから

$0\leqq x\leqq \sqrt{2}$ のとき

$$\log_{\frac{1}{2}}(\sqrt{2}+\sqrt{2}) \leqq y \leqq \log_{\frac{1}{2}}(0+\sqrt{2})$$

すなわち　$\log_{\frac{1}{2}} 2\sqrt{2} \leqq y \leqq \log_{\frac{1}{2}} \sqrt{2}$

$$\log_{\frac{1}{2}} \sqrt{2} = \log_{\frac{1}{2}} 2^{\frac{1}{2}} = \log_{\frac{1}{2}} \left(\frac{1}{2}\right)^{-\frac{1}{2}} = -\frac{1}{2}$$

$$\log_{\frac{1}{2}} 2\sqrt{2} = \log_{\frac{1}{2}} (\sqrt{2})^3 = 3\log_{\frac{1}{2}} \sqrt{2} = -\frac{3}{2}$$

であるから，求める値域は

$$-\frac{3}{2} \leqq y \leqq -\frac{1}{2}$$ 答

教 p.180

11. 次の式を簡単にせよ。

(1)　$2^{\log_2 3}$　　(2)　$100^{\log_{10} \sqrt{2}}$

指針　**指数に対数を含む式の値**　(1)　$x=2^{\log_2 3}$　(2)　$x=100^{\log_{10}\sqrt{2}}$ とおき，次の関係を用いて，等式を変形する。

1　$M=a^p \iff \log_a M=p$

2　$p=q \iff \log_a p=\log_a q$

解答　(1)　$x=2^{\log_2 3}$ とおくと，対数の定義から

$$\log_2 x=\log_2 3$$

よって　$x=3$

すなわち　$2^{\log_2 3}=3$ 答

(2)　$x=100^{\log_{10}\sqrt{2}}$ とおく。

右辺 $=(10^2)^{\log_{10}\sqrt{2}}=10^{\log_{10}(\sqrt{2})^2}=10^{\log_{10}2}$

であるから

$$x=10^{\log_{10}2}$$

対数の定義から

$$\log_{10} x=\log_{10} 2$$

よって　$x=2$

すなわち　$100^{\log_{10}\sqrt{2}}=2$ 答

教 p.180

12. 関数 $y=\log_2(x-1)+\log_2(5-x)$ の最大値を求めよ。

指針　**対数関数を含む関数の最大値**　与えられた関数を変形し，x の変域に注意して y の最大値を求める。

解答　真数は正であるから　$x-1>0$ かつ $5-x>0$

すなわち　$1<x<5$ …… ①

このとき関数は

$$y=\log_2(x-1)(5-x)=\log_2(-x^2+6x-5)$$
$$=\log_2\{-(x-3)^2+4\}$$

① の範囲において，真数は $x=3$ で最大値 4 をとる。
底 2 は 1 より大きいから，このとき y も最大値 $\log_2 4=2$ をとる。
よって，y は **$x=3$ で最大値 2** をとる。 答

注意 ① を確認せずに，すぐに $y=\log_2\{-(x-3)^2+4\}$ を導いて，$x=3$ のとき $x-1>0$，$5-x>0$ すなわち，真数が正である条件を満たすことをここで確認してもよい。

教 p.180

13. 0 でない実数 x，y，z が $2^x=5^y=10^z$ を満たすとき，次の等式が成り立つことを証明せよ。

$$\frac{1}{x}+\frac{1}{y}=\frac{1}{z}$$

指針 **対数の性質と等式の証明** 与えられた条件の式 $2^x=5^y=10^z$ から x，y をそれぞれ z で表し，証明したい等式の左辺を z の式にして，右辺を導くとよい。

解答 $2^x=10^z$ より $z=\log_{10}2^x=x\log_{10}2$ よって $x=\dfrac{z}{\log_{10}2}$

$5^y=10^z$ より $z=\log_{10}5^y=y\log_{10}5$ よって $y=\dfrac{z}{\log_{10}5}$

したがって $\dfrac{1}{x}+\dfrac{1}{y}=\dfrac{\log_{10}2}{z}+\dfrac{\log_{10}5}{z}=\dfrac{\log_{10}2+\log_{10}5}{z}$

$$=\frac{\log_{10}(2\times5)}{z}=\frac{\log_{10}10}{z}=\frac{1}{z}$$ 終

教 p.180

14. 4 と $3^{\sqrt{2}}$ の大小を不等号を用いて表せ。ただし，$\log_{10}2=0.3010$，$\log_{10}3=0.4771$ とする。

指針 **常用対数の利用と数の大小** $\log_{10}4$ と $\log_{10}3^{\sqrt{2}}$ の大小を比べる。また，$\log_{10}4=2\log_{10}2$，$\log_{10}3^{\sqrt{2}}=\sqrt{2}\log_{10}3$ とそれぞれ変形する。
本問では $\log_{10}2$，$\log_{10}3$ の近似値は与えられているが，$\sqrt{2}$ の近似値は与えられていない。$\sqrt{2}\fallingdotseq1.414$ として計算してもよいが，ここでは $\sqrt{2}>1.4$ として近似値を直接使わない方法で大小を比較する。

解答 $\log_{10}4=\log_{10}2^2=2\log_{10}2=2\times0.3010=0.6020$
$\log_{10}3^{\sqrt{2}}=\sqrt{2}\log_{10}3$
$\sqrt{2}>1.4$ であるから $\sqrt{2}\log_{10}3>1.4\log_{10}3=1.4\times0.4771=0.66794$
よって $\log_{10}4<1.4\log_{10}3<\sqrt{2}\log_{10}3$
すなわち $\log_{10}4<\log_{10}3^{\sqrt{2}}$
底 10 は 1 より大きいから **$4<3^{\sqrt{2}}$** 答

教 p.180

15. $M=\sqrt[3]{9}$ とする。常用対数表を用いて，次の問いに答えよ。

(1) $\log_{10} M$ の値を，小数第 5 位を四捨五入して小数第 4 位まで求めよ。

(2) M の近似値を小数第 2 位まで求めよ。

指針 **常用対数表の利用** (2) は，(1) で求めた $\log_{10} M$ の値に近い値が常用対数になる数を表からみつける。

解答 (1) 常用対数表より，$\log_{10} 3=0.4771$ であるから

$$\log_{10} M=\log_{10} \sqrt[3]{9}=\log_{10} 9^{\frac{1}{3}}=\log_{10}(3^2)^{\frac{1}{3}}=\frac{2}{3}\log_{10} 3$$

$$=\frac{2}{3}\times 0.4771=0.31806\cdots\cdots \fallingdotseq \mathbf{0.3181}$$ 答

(2) $\log_{10} M=0.3181$ となる M の値は，常用対数表より **2.08** 答

教 p.180

16. $2^n<3^{20}<2^{n+1}$ を満たす自然数 n を求めよ。ただし，$\log_{10} 2=0.3010$，$\log_{10} 3=0.4771$ とする。

指針 **指数関数を含む不等式（常用対数の利用）** 底が異なる指数についての不等式であるから，このままでは解決できない。

$3^{20}=2^x$ を満たす x の値を調べ，不等式 $2^n<2^x<2^{n+1}$ を考える。

解答 $3^{20}=2^x$ とおくと　$2^n<2^x<2^{n+1}$ …… ①

$3^{20}=2^x$ の両辺の常用対数をとると

$\log_{10} 3^{20}=\log_{10} 2^x$　すなわち　$20\log_{10} 3=x\log_{10} 2$

よって　$x=\dfrac{20\log_{10} 3}{\log_{10} 2}=\dfrac{20\times 0.4771}{0.3010}=31.7\cdots\cdots$

したがって，① から　$2^n<2^{31.7\cdots\cdots}<2^{n+1}$

底 2 は 1 より大きいから　$n<31.7\cdots\cdots<n+1$

これを満たす自然数 n は　$\boldsymbol{n=31}$ 答

別解 $2^n<3^{20}<2^{n+1}$ の各辺の常用対数をとると

$$\log_{10} 2^n<\log_{10} 3^{20}<\log_{10} 2^{n+1}$$

すなわち

$$n\log_{10} 2<20\log_{10} 3<(n+1)\log_{10} 2$$

$n\log_{10} 2<20\log_{10} 3$ から

$$n<\frac{20\log_{10} 3}{\log_{10} 2}=\frac{20\times 0.4771}{0.3010}\fallingdotseq 31.7$$

$20\log_{10} 3<(n+1)\log_{10} 2$ から

$$n>\frac{20\log_{10} 3}{\log_{10} 2}-1\fallingdotseq 30.7$$

よって，求める自然数 n は　$\boldsymbol{n=31}$ 答

第6章 | 微分法と積分法

第1節　微分係数と導関数

1 微分係数

まとめ

1　平均変化率

関数 $y=f(x)$ において，x の値が a から b まで変化するとき，

$$\frac{y\text{の変化量}}{x\text{の変化量}}=\frac{f(b)-f(a)}{b-a}$$

を，$x=a$ から $x=b$ までの，関数 $f(x)$ の **平均変化率** という。

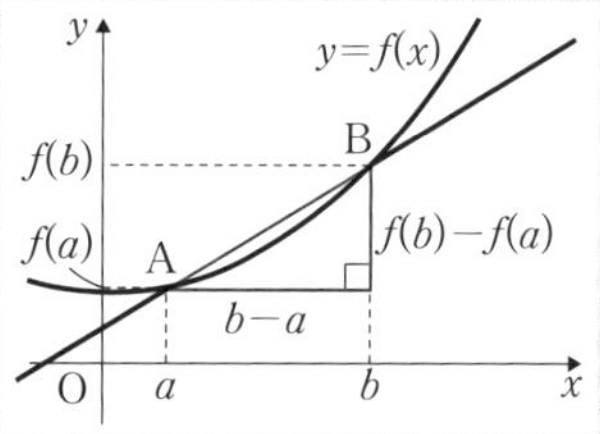

この平均変化率は，関数 $y=f(x)$ のグラフ上の2点 $\mathrm{A}(a,\ f(a))$，$\mathrm{B}(b,\ f(b))$ を通る直線 AB の傾きを表している。

2　極限値

関数 $f(x)$ において，x が a と異なる値をとりながら，a に限りなく近づくとき，$f(x)$ の値が一定の値 α に限りなく近づくならば，α を x が a に限りなく近づくときの関数 $f(x)$ の **極限値** という。このことを，次のように書く。

$$\lim_{x\to a}f(x)=\alpha \qquad \text{または} \qquad x\longrightarrow a\text{のとき}\ \ f(x)\longrightarrow\alpha$$

注意 lim は極限を意味する英語 limit を略したものである。

3　微分係数，$f'(a)$

関数 $f(x)$ の，$x=a$ から $x=a+h$ までの平均変化率 $\dfrac{f(a+h)-f(a)}{h}$ において，h が0に限りなく近づくとき，この平均変化率が一定の値に限りなく近づくならば，その極限値を関数 $f(x)$ の $x=a$ における **微分係数** または変化率といい，$f'(a)$ で表す。

4　関数 $f(x)$ の $x=a$ における微分係数

$$f'(a)=\lim_{h\to 0}\frac{f(a+h)-f(a)}{h}$$

5　接線

関数 $f(x)$ が微分係数 $f'(a)$ をもつとする。

関数 $y=f(x)$ のグラフ上に 2 点 $A(a,\ f(a))$, $P(a+h,\ f(a+h))$ をとると，h が 0 に限りなく近づくとき，点 P は点 A に限りなく近づく。

このとき

$$\lim_{h\to 0}\frac{f(a+h)-f(a)}{h}=f'(a)$$

であるから，直線 AP は図のような直線 ℓ に限りなく近づく。

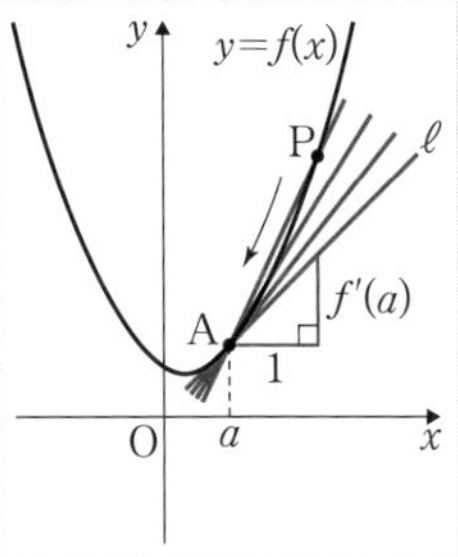

この直線 ℓ を，関数 $y=f(x)$ のグラフ上の点 A における **接線** といい，A を **接点** という。このとき，直線 ℓ はこの曲線に点 A で **接する** という。

6　接線の傾きと微分係数

関数 $y=f(x)$ のグラフ上の点 $A(a,\ f(a))$ における接線の傾きは，関数 $f(x)$ の $x=a$ における微分係数 $f'(a)$ に等しい。

A 平均変化率

教 p.182

練習 1

次の平均変化率を求めよ。

(1)　1 次関数 $y=2x$ の，$x=a$ から $x=b$ までの平均変化率

(2)　2 次関数 $y=-x^2$ の，$x=2$ から $x=2+h$ までの平均変化率

指針　**平均変化率**　関数 $y=f(x)$ において，x の値が a から b まで変化するとき

$$\text{平均変化率}=\frac{f(b)-f(a)}{b-a}\quad \begin{matrix}\cdots\cdots y\text{の変化量}\\ \cdots\cdots x\text{の変化量}\end{matrix}$$

解答　(1)　$\dfrac{2b-2a}{b-a}=\dfrac{2(b-a)}{b-a}=\mathbf{2}$　答

(2)　$\dfrac{-(2+h)^2-(-2^2)}{(2+h)-2}=\dfrac{-4-4h-h^2+4}{h}$

$=\dfrac{-4h-h^2}{h}$

$=\dfrac{h(-4-h)}{h}$

$=\boldsymbol{-4-h}$　答

注意　(1)　一般に，1 次関数 $y=mx+n$ の平均変化率は一定で，x の係数 m に等しい。x の値の変化の仕方には関係しない。

6 章　微分法と積分法

B 極限値

練習 2 教 p.183

次の極限値を求めよ。

(1) $\lim_{x\to 2}(x^2+1)$　(2) $\lim_{h\to 0}(6+h)$　(3) $\lim_{h\to 0}(12-6h+h^2)$

指針 **極限値**

(1) $\lim_{x\to 2}(x^2+1)$ は，x が 2 に限りなく近づくとき，x^2+1 が限りなく近づく値を表している。

(2) 同様に $\lim_{h\to 0}(6+h)$ は，h が 0 に限りなく近づくとき，$6+h$ が限りなく近づく値を表している。

(3) $-6h$ と h^2 はどちらも 0 に限りなく近づく。

解答 (1) $\lim_{x\to 2}(x^2+1)=\mathbf{5}$ 答

(2) $\lim_{h\to 0}(6+h)=\mathbf{6}$ 答

(3) $\lim_{h\to 0}(12-6h+h^2)=\mathbf{12}$ 答

C 微分係数

練習 3 教 p.184

関数 $f(x)=3x^2$ について，次の微分係数を求めよ。

(1) $f'(1)$　(2) $f'(-2)$　(3) $f'(a)$

指針 **微分係数**　関数 $f(x)$ の $x=a$ における微分係数 $f'(a)$ とは $f(x)$ の $x=a$ から $x=a+h$ までの平均変化率において，h が 0 に限りなく近づくときの極限値のことであり　$f'(a)=\lim_{h\to 0}\dfrac{f(a+h)-f(a)}{h}$

$f(x)=3x^2$ として，(1) は $a=1$，(2) は $a=-2$ のときの微分係数をこの式にあてはめて求める。また，(3) は $f'(a)$ は a についての式になる。

解答 (1) $f'(1)=\lim_{h\to 0}\dfrac{f(1+h)-f(1)}{h}=\lim_{h\to 0}\dfrac{3(1+h)^2-3\cdot 1^2}{h}$

$=\lim_{h\to 0}\dfrac{3\cdot 2h+3\cdot h^2}{h}=\lim_{h\to 0}(6+3h)=\mathbf{6}$ 答

(2) $f'(-2)=\lim_{h\to 0}\dfrac{f(-2+h)-f(-2)}{h}=\lim_{h\to 0}\dfrac{3(-2+h)^2-3\cdot(-2)^2}{h}$

$=\lim_{h\to 0}\dfrac{3(-4h)+3h^2}{h}=\lim_{h\to 0}(-12+3h)=\mathbf{-12}$ 答

(3) $f'(a)=\lim_{h\to 0}\dfrac{f(a+h)-f(a)}{h}=\lim_{h\to 0}\dfrac{3(a+h)^2-3a^2}{h}$

$=\lim_{h\to 0}\dfrac{3\cdot 2ah+3h^2}{h}=\lim_{h\to 0}(6a+3h)=\mathbf{6a}$ 答

D 微分係数の図形的な意味

> **練習 4** 関数 $y=x^2$ のグラフ上の次の点における接線の傾きを求めよ。
> (1) 点 $(1,\ 1)$ (2) 点 $(-2,\ 4)$

指針 **接線の傾き** 接点の x 座標に注目する。$x=a$ のとき接線の傾きは $f'(a)$ に等しい。$f(x)=x^2$ として，$f'(1)$, $f'(-2)$ を求める。

解答 $f(x)=x^2$ とする。

(1) 点 $(1,\ 1)$ における接線の傾きを m とすると

$$m=f'(1)=\lim_{h\to0}\frac{f(1+h)-f(1)}{h}=\lim_{h\to0}\frac{(1+h)^2-1^2}{h}$$
$$=\lim_{h\to0}\frac{2h+h^2}{h}=\lim_{h\to0}(2+h)=2 \quad 答$$

(2) 点 $(-2,\ 4)$ における接線の傾きを m とすると

$$m=f'(-2)=\lim_{h\to0}\frac{f(-2+h)-f(-2)}{h}$$
$$=\lim_{h\to0}\frac{(-2+h)^2-(-2)^2}{h}=\lim_{h\to0}\frac{-4h+h^2}{h}$$
$$=\lim_{h\to0}\frac{h(-4+h)}{h}=\lim_{h\to0}(-4+h)=-4 \quad 答$$

微分係数は接線の傾きなんだね。

6 章 微分法と積分法

2 導関数とその計算

まとめ

1 導関数, $f'(x)$
関数 $f(x)$ において，x のとる各値 a に対して微分係数 $f'(a)$ を対応させると，x の関数が得られる。このようにして得られる新しい関数を $f(x)$ の **導関数** といい，$f'(x)$ で表す。

2 導関数 $f'(x)$
関数 $f(x)$ の導関数 $f'(x)$ は，次の式で定義される。

$$f'(x)=\lim_{h\to0}\frac{f(x+h)-f(x)}{h}$$

注意 導関数 $f'(x)$ は，$f'(a)$ を求めた式で，a を x におき換えたものである。なお，上の式において，h を **x の増分** といい，関数 $y=f(x)$ の変化量 $f(x+h)-f(x)$ を **y の増分** という。x の増分，y の増分を，それぞれ Δx, Δy で表すことがある。この記号を用いると

$$f'(x)=\lim_{\Delta x\to0}\frac{\Delta y}{\Delta x}=\lim_{\Delta x\to0}\frac{f(x+\Delta x)-f(x)}{\Delta x}$$

3　y', $\dfrac{dy}{dx}$, $\dfrac{d}{dx}f(x)$

関数 $y=f(x)$ の導関数を，y', $\dfrac{dy}{dx}$, $\dfrac{d}{dx}f(x)$ などで表すこともある。

また，たとえば，関数 $y=x^3$ を「関数 x^3」のように x の式だけで表記することがある。このときは，関数 x^3 の導関数を $(x^3)'$ で表す。

4　関数 x^n と定数関数の導関数

関数 x^n の導関数は　　$(x^n)'=nx^{n-1}$　n は正の整数

定数関数 c の導関数は　$(c)'=0$

5　微分する

関数 $f(x)$ から導関数 $f'(x)$ を求めることを，$f(x)$ を **x で微分する** または単に **微分する** という。

注意　今後，関数 $f(x)$，$g(x)$ は x の多項式で表される関数とする。

6　関数の定数倍および和，差の導関数

k は定数とする。

1　$y=kf(x)$ を微分すると　　　$y'=kf'(x)$

2　$y=f(x)+g(x)$ を微分すると　$y'=f'(x)+g'(x)$

3　$y=f(x)-g(x)$ を微分すると　$y'=f'(x)-g'(x)$

7　変数が s，t の関数の導関数

たとえば，t の関数 $s=f(t)$ の導関数は s', $f'(t)$, $\dfrac{ds}{dt}$, $\dfrac{d}{dt}f(t)$ などで表す。

注意　変数が x，y 以外の文字で表される関数についても，x と y の関数のときと同様に導関数を考える。$\dfrac{ds}{dt}$ は t の関数 s を t で微分した導関数を表している。

A 導関数

教 p.187

練習 5

導関数の定義にしたがって，次の関数の導関数を求めよ。

(1)　$f(x)=3x$　　　　(2)　$f(x)=-x^2$

指針　**導関数 $f'(x)$**　関数 $f(x)$ の，x から $x+h$ までの平均変化率において，h が 0 に限りなく近づくときの極限値である。

解答　(1)　$f'(x)=\lim_{h\to 0}\dfrac{f(x+h)-f(x)}{h}=\lim_{h\to 0}\dfrac{3(x+h)-3x}{h}$

$=\lim_{h\to 0}\dfrac{3h}{h}=3$　答

(2)　$f'(x)=\lim_{h\to 0}\dfrac{f(x+h)-f(x)}{h}=\lim_{h\to 0}\dfrac{-(x+h)^2-(-x^2)}{h}$

$$=\lim_{h\to 0}\frac{-2xh-h^2}{h}$$
$$=\lim_{h\to 0}(-2x-h)=-2\boldsymbol{x}$$ 答

教 p.187

練習 6

教科書 187 ページの公式を用いて，次の関数の導関数を求めよ。

(1) $y=x^4$　　(2) $y=x^5$

指針 **関数 x^n の導関数**　関数 x^n の導関数を求める公式 $(x^n)'=nx^{n-1}$ にあてはめて計算する。

解答 (1) $y'=(x^4)'=4x^{4-1}=\boldsymbol{4x^3}$ 答

(2) $y'=(x^5)'=5x^{5-1}=\boldsymbol{5x^4}$ 答

B 関数の微分

教 p.189

練習 7

次の関数を微分せよ。

(1) $y=4x^2+3x-4$　　(2) $y=-3x^2+x-2$

(3) $y=4x^3-2x^2-5x$　　(4) $y=-x^4-x+3$

(5) $y=\frac{2}{3}x^3+\frac{3}{4}x^2-\frac{1}{2}x$　　(6) $y=-\frac{1}{2}x^3+\frac{3}{2}x^2+\frac{1}{4}$

指針 **関数の定数倍および和，差の導関数**　教科書 p.189 の **2**，**3** によれば，各項ごとに微分すればよいことがわかる。また，**1** によれば係数はそのままでよい。あとは，$(x^n)'=nx^{n-1}$，$(c)'=0$ を使う。

解答 (1) $y'=(4x^2)'+(3x)'-(4)'$　　←和・差の微分 (**2**，**3**)

$=4(x^2)'+3(x)'-(4)'$　　←定数倍の微分 (**1**)

$=4\cdot 2x+3\cdot 1-0=\boldsymbol{8x+3}$ 答　　←$(x^n)'=nx^{n-1}$，$(c)'=0$，$(x)'=1\cdot x^0=1$

(2) $y'=-3(x^2)'+(x)'-(2)'$

$=-3\cdot 2x+1=\boldsymbol{-6x+1}$ 答

(3) $y'=4(x^3)'-2(x^2)'-5(x)'$

$=4\cdot 3x^2-2\cdot 2x-5\cdot 1=\boldsymbol{12x^2-4x-5}$ 答

(4) $y'=-(x^4)'-(x)'+(3)'=\boldsymbol{-4x^3-1}$ 答

(5) $y'=\frac{2}{3}(x^3)'+\frac{3}{4}(x^2)'-\frac{1}{2}(x)'=\frac{2}{3}\cdot 3x^2+\frac{3}{4}\cdot 2x-\frac{1}{2}\cdot 1$

$=\boldsymbol{2x^2+\frac{3}{2}x-\frac{1}{2}}$ 答

(6) $y'=-\frac{1}{2}(x^3)'+\frac{3}{2}(x^2)'+\left(\frac{1}{4}\right)'=-\frac{1}{2}\cdot 3x^2+\frac{3}{2}\cdot 2x+0$

$=\boldsymbol{-\frac{3}{2}x^2+3x}$ 答

教 p.189

練習 8

次の関数を微分せよ。

(1) $y=(x+2)(x+3)$　　(2) $y=x(x+2)(x-2)$

(3) $y=-2x(x+1)(x-3)$　　(4) $y=3(x^2-2)^2$

指針 **関数の微分**　右辺を展開・整理してから微分する。練習 7 と同様。

解答 (1) $(x+2)(x+3)=x^2+5x+6$

よって　$y=x^2+5x+6$　　したがって　$\boldsymbol{y'=2x+5}$ 答

(2) $x(x+2)(x-2)=x(x^2-4)=x^3-4x$

よって　$y=x^3-4x$　　したがって　$\boldsymbol{y'=3x^2-4}$ 答

(3) $-2x(x+1)(x-3)=-2x(x^2-2x-3)=-2x^3+4x^2+6x$

よって　$y=-2x^3+4x^2+6x$

したがって　$\boldsymbol{y'=-6x^2+8x+6}$ 答

(4) $3(x^2-2)^2=3(x^4-4x^2+4)=3x^4-12x^2+12$

よって　$y=3x^4-12x^2+12$　　したがって　$\boldsymbol{y'=12x^3-24x}$ 答

教 p.190

練習 9

関数 $f(x)=x^3-3x^2+3$ について，次の x の値における微分係数を求めよ。

(1) $x=2$　　(2) $x=0$　　(3) $x=-2$

指針 **微分係数（導関数の利用）**　関数 $f(x)=x^3-3x^2+3$ の導関数 $f'(x)$ を求めて，x にそれぞれの値を代入して微分係数を求める。

解答 $f(x)$ を微分すると　$f'(x)=3x^2-6x$

(1) $x=2$ における微分係数は $f'(2)$ であるから

$f'(2)=3\cdot2^2-6\cdot2=\boldsymbol{0}$ 答

(2) $x=0$ における微分係数は $f'(0)$ であるから　$f'(0)=\boldsymbol{0}$ 答

(3) $x=-2$ における微分係数は $f'(-2)$ であるから

$f'(-2)=3\cdot(-2)^2-6\cdot(-2)=\boldsymbol{24}$ 答

教 p.190

練習 10

次の条件をすべて満たす 2 次関数 $f(x)$ を求めよ。

$$f'(0)=-3,\quad f'(1)=1,\quad f(0)=2$$

指針 **導関数の利用と関数の決定**　2 次関数であるから $f(x)=ax^2+bx+c$，$a\neq0$ として，条件を定数 a，b，c の等式で表す。微分係数 $f'(0)$，$f'(1)$ の計算は，$f(x)$ を微分して導関数を求め，これを利用する。

解答 $f(x)=ax^2+bx+c$，$a\neq0$ とすると　$f'(x)=2ax+b$

$f'(0)=-3$ から　　$b=-3$
$f'(1)=1$ から　　$2a+b=1$
これに $b=-3$ を代入すると　　$2a-3=1$
これを解いて　　$a=2$　　これは $a\neq0$ を満たす。
$f(0)=2$ から　　$c=2$
したがって　　$\boldsymbol{f(x)=2x^2-3x+2}$ 答

C 変数が x，y でない場合の導関数

練習 11　教 p.191

次の t の関数を微分せよ。ただし，a，b は定数とする。

(1)　$s=3t^2-4t+2$　　　(2)　$f(t)=at^3+bt^2$

指針　**t の関数の微分**　t を今までの x と考えて微分する。このとき，(2) の a，b は数と考えて微分する。

解答　(1)　$\boldsymbol{s'}=3(t^2)'-4(t)'+(2)'=3\cdot2t-4\boldsymbol{=6t-4}$ 答

(2)　$\boldsymbol{f'(t)}=a(t^3)'+b(t^2)'=a\cdot3t^2+b\cdot2t\boldsymbol{=3at^2+2bt}$ 答

練習 12　教 p.191

半径 r の球の体積を V，表面積を S とすると，$V=\dfrac{4}{3}\pi r^3$，$S=4\pi r^2$ である。V と S を r の関数とみて，それぞれ r で微分せよ。

指針　**いろいろな関数の導関数**　球の体積 V，表面積 S は半径 r の関数である。導関数は V'，S' で表してもよいが，$\dfrac{dV}{dr}$，$\dfrac{dS}{dr}$ と表すことによって，変数 r で微分していることを明示できる。

解答　$\boldsymbol{\dfrac{dV}{dr}}=\dfrac{4}{3}\pi(r^3)'=\dfrac{4}{3}\pi\cdot3r^2\boldsymbol{=4\pi r^2}$ 答

$\boldsymbol{\dfrac{dS}{dr}}=4\pi(r^2)'=4\pi\cdot2r\boldsymbol{=8\pi r}$ 答

変数が x 以外の文字でも同じように微分できるよ。

3 接線の方程式

まとめ

グラフ上の点における接線の方程式

関数 $y=f(x)$ のグラフ上の点 $(a,\ f(a))$ における接線の方程式は

$$\boldsymbol{y-f(a)=f'(a)(x-a)}$$

A 接線の方程式

教 p.192

練習 13

関数 $y=2x^2-4x+3$ のグラフ上に x 座標が 2 である点 A をとる。点 A における接線の方程式を求めよ。

指針 **接線の方程式** $p.261$ のまとめの公式を利用する。関数 $y=f(x)$ のグラフの，x 座標が a である点における接線の傾きは，すでに学習したように $f'(a)$ である。微分係数 $f'(a)$ は，導関数の利用で簡単に計算できる。

解答 $f(x)=2x^2-4x+3$ とすると，傾きは $f'(2)$ である。

$f(x)$ を微分すると　　$f'(x)=4x-4$

よって　　$f'(2)=4\cdot2-4=4$

また　　$f(2)=2\cdot2^2-4\cdot2+3=3$

よって，点 A の座標は $(2,\ 3)$ である。

したがって，求める接線は，点 $(2,\ 3)$ を通り傾きが 4 の直線である。

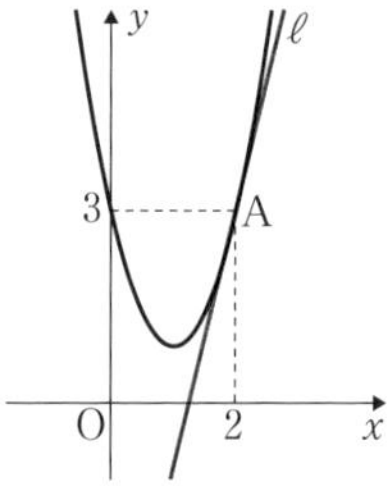

よって，求める方程式は

$y-3=4(x-2)$　すなわち　　$\boldsymbol{y=4x-5}$　答

教 p.192

深める

教科書の例題 4 の放物線 $y=-x^2+4x$ の頂点における接線の傾きを予想して，それが正しいかどうかを確かめてみよう。

解答 (例)　図をかいて考えると，放物線の頂点における接線は x 軸に平行な直線になるから，接線の傾きは 0 であると予想する。

実際に，$f(x)=-x^2+4x$ とすると　　$f(x)=-(x-2)^2+4$

放物線の頂点の座標は $(2,\ 4)$ で，$f'(x)=-2x+4$ より，放物線の頂点における接線の傾きは　$f'(2)=0$　　となり，予想は正しい。　答

B グラフ上にない点から引いた接線

教 p.193

練習 14

次の接線の方程式を求めよ。

(1)　関数 $y=x^2+1$ のグラフに点 $\mathrm{C}(-1,\ -7)$ から引いた接線

(2)　関数 $y=x^2-2x+4$ のグラフに原点 O から引いた接線

指針 **グラフ上にない点から引いた接線**　接点の x 座標を a とすると，y 座標は x を a とおいた値になる。これらの座標で表された点における接線の方程式を求め，接線が，(1) 点 C，(2) 原点 O を通ることから a の値を求める。

解答 (1)　$y=x^2+1$ を微分すると　$y'=2x$

接点の座標を $(a,\ a^2+1)$ とすると，接線の傾きは $2a$，その方程式は

$$y=(a^2+1)=2a(x-a)$$

すなわち　$y=2ax-a^2+1$　…… ①

直線 ① が点 $C(-1,\ -7)$ を通るから　$-7=-2a-a^2+1$

よって　$a^2+2a-8=0$

すなわち　$(a+4)(a-2)=0$　$a=-4,\ 2$

接線の方程式は，① から

$a=-4$ のとき $\boldsymbol{y=-8x-15}$，$a=2$ のとき $\boldsymbol{y=4x-3}$ 答

(2) $y=x^2-2x+4$ を微分すると　$y'=2x-2$

接点の座標を $(a,\ a^2-2a+4)$ とすると，接線の傾きは $2a-2$ となるから，その方程式は

$$y-(a^2-2a+4)=(2a-2)(x-a)$$

すなわち　$y=2(a-1)x-a^2+4$　…… ①

この直線が原点 $O(0,\ 0)$ を通るから

$0=-a^2+4$　よって　$a^2-4=0$

すなわち　$(a+2)(a-2)=0$

これを解いて　$a=-2,\ 2$

したがって，接線の方程式は，① から

$a=-2$ のとき　$\boldsymbol{y=-6x}$

$a=2$　のとき　$\boldsymbol{y=2x}$ 答

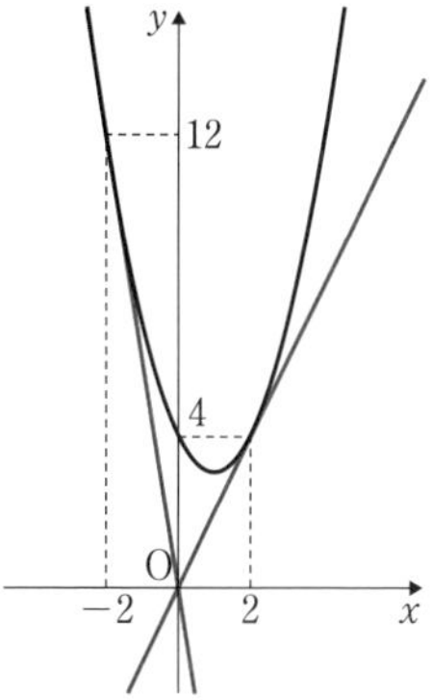

深める　教 p.193

放物線 $y=f(x)$ とその接線 $y=g(x)$ について，$f(x)=g(x)$ を整理して得られる2次方程式は重解をもつ。このことを，教科書の応用例題1の放物線 $y=x^2+3$ とその2本の接線について，それぞれ確かめよう。

指針　**放物線と直線が接する条件**　応用例題1の結果から，$f(x)=x^2+3$，$g(x)=-2x+2$ および $g(x)=6x-6$ とする。

放物線と直線が接する条件として，次のことが成り立つ。

［放物線 $y=f(x)$ と直線 $y=g(x)$ が接する］ $\Longleftrightarrow$ ［2次方程式 $f(x)=g(x)$ が重解をもつ］

解答　$x^2+3=-2x+2$ とすると　$x^2+2x+1=0$

この2次方程式の判別式を D_1 とすると

$$\frac{D_1}{4}=1^2-1\cdot1=0$$

また，$x^2+3=6x-6$ とすると　$x^2-6x+9=0$

この2次方程式の判別式を D_2 とすると

$$\frac{D_2}{4}=(-3)^2-1\cdot 9=0$$

よって，それぞれの 2 次方程式は重解をもつ。

参考 $x^2+3=-2x+2$ を解くと　　$x=-1$

$x^2+3=6x-6$ を解くと　　$x=3$

第 6 章 第 1 節　問　題

教 p.194

1　次の極限値を求めよ。

(1) $\lim_{x \to 1}(x+2)$　　(2) $\lim_{x \to 1}\frac{x^2+x-2}{x-1}$

指針 **極限値**　$\lim_{x \to a} f(x)$ は，x が a に限りなく近づくとき，$f(x)$ が近づく値を調べる。

(1) x が 1 に近づくと，$x+2$ は 3 に近づく。

(2) x が 1 に近づく場合，x は 1 とは異なる値であると約束されているから，$\frac{x^2+x-2}{x-1}$ の分母は 0 ではない。よって，$\frac{x^2+x-2}{x-1}$ はきちんとした値をもつ式である。分子を因数分解して，分母と分子を約分して考える。

解答 (1) x が 1 に限りなく近づくと，$x+2$ は 3 に近づく。

よって　　$\lim_{x \to 1}(x+2)=3$　答

(2) $\frac{x^2+x-2}{x-1}=\frac{(x-1)(x+2)}{x-1}=x+2$

よって　　$\lim_{x \to 1}\frac{x^2+x-2}{x-1}=\lim_{x \to 1}(x+2)=3$　答

教 p.194

2　次の関数を微分せよ。

(1) $y=1+x+x^2+x^3+x^4$　　(2) $y=(2x-1)(x+1)$

(3) $y=(x+1)(x^2-x+1)$　　(4) $y=x(x-1)^2$

指針 **関数の微分**　導関数の性質により，多項式の各項ごとに微分すればよい。すなわち，$y=ax^n+bx^{n-1}+\cdots\cdots$ について

$$y'=(ax^n)'+(bx^{n-1})'+\cdots\cdots=a(x^n)'+b(x^{n-1})'+\cdots\cdots$$

また，各項の微分について，$(x^n)'=nx^{n-1}$，$(c)'=0$ を使う。

(2)～(4) では，まず右辺を展開・整理してから微分する。

解答 (1) $y=1+x+x^2+x^3+x^4$

よって　　$\boldsymbol{y}'=(1)'+(x)'+(x^2)'+(x^3)'+(x^4)'$

$\quad=\boldsymbol{1+2x+3x^2+4x^3}$　答

(2) $(2x-1)(x+1)=2x^2+x-1$

よって　$y=2x^2+x-1$

$\boldsymbol{y'}=2\cdot2x+1=\boldsymbol{4x+1}$ 答

(3) $(x+1)(x^2-x+1)=x^3+1$

よって　$y=x^3+1$

$\boldsymbol{y'=3x^2}$ 答

(4) $x(x-1)^2=x(x^2-2x+1)=x^3-2x^2+x$

よって　$y=x^3-2x^2+x$

$\boldsymbol{y'}=3x^2-2\cdot2x+1=\boldsymbol{3x^2-4x+1}$ 答

教 p.194

3　次のことを証明せよ。ただし，a，b は定数とする。

(1) $y=(ax+b)^2$ のとき　$y'=2a(ax+b)$

(2) $y=(ax+b)^3$ のとき　$y'=3a(ax+b)^2$

指針 **関数の微分の公式の証明**　右辺を展開・整理してから微分する。
さらに，それを因数分解して，与えられた導関数の式と同じであることを示す。

解答 (1)　$(ax+b)^2=a^2x^2+2abx+b^2$

よって　$y=a^2x^2+2abx+b^2$

したがって　$y'=2a^2x+2ab$

$=2a(ax+b)$ 終

(2)　$(ax+b)^3=(ax)^3+3(ax)^2b+3ax\cdot b^2+b^3$

$=a^3x^3+3a^2bx^2+3ab^2x+b^3$

よって　$y=a^3x^3+3a^2bx^2+3ab^2x+b^3$

したがって　$y'=3a^3x^2+3a^2b\cdot2x+3ab^2$

$=3a^3x^2+6a^2bx+3ab^2$

$=3a(a^2x^2+2abx+b^2)$

$=3a(ax+b)^2$ 終

注意 一般に，$y=(ax+b)^n$ の導関数は

$y'=n(ax+b)^{n-1}(ax+b)'$　　← $(ax+b)'=a$

$=na(ax+b)^{n-1}$

教 p.194

4　次の条件をすべて満たす 2 次関数 $f(x)$ を求めよ。

$$f'(0)=-4,\quad f'(2)=0,\quad f(0)=8$$

指針 **微分係数と関数の決定**　2 次関数であるから，$f(x)=ax^2+bx+c$ として，条件を定数 a，b，c の等式で表す。
なお，微分係数の計算は，$f(x)$ を微分して導関数 $f'(x)$ を求め，これを利用す

ればよい。

解答 $f(x)=ax^2+bx+c$ とすると　　$f'(x)=2ax+b$

$f'(0)=-4$ から　　$b=-4$

$f'(2)=0$ から　　$4a+b=0$

これに $b=-4$ を代入すると　　$4a-4=0$

これを解いて　　$a=1$

$f(0)=8$ から　　$c=8$

よって　　$a=1$, $b=-4$, $c=8$

したがって，$f(x)$ は　　$\boldsymbol{f(x)=x^2-4x+8}$ 答

教 p.194

5 関数 $y=x^2-2x$ のグラフについて，傾きが 4 であるような接線の方程式を求めよ。

指針 **接線の方程式**　関数 $y=f(x)$ のグラフ上の点 $(a,\ f(a))$ における接線は，傾きが $f'(a)$ であり，その方程式は $y-f(a)=f'(a)(x-a)$ である。まず，傾きが 4 であるときの a の値を求める。

解答 $y=x^2-2x$ を微分すると　　$y'=2x-2$

$f(x)=x^2-2x$ とおき，接点の座標を $(a,\ f(a))$ とする。

接線の傾きが 4 であるから，$f'(a)=4$ より　　$2a-2=4$

これを解くと　　$a=3$

このとき $f(3)=3^2-2\cdot3=3$ であるから，接点の座標は　　$(3,\ 3)$

したがって，求める接線の方程式は

$$y-3=4(x-3)$$

すなわち　　$\boldsymbol{y=4x-9}$ 答

教 p.194

6 関数 $y=x^3+2$ のグラフに点 $\mathrm{C}(1,\ 2)$ から引いた接線の方程式を求めよ。

指針 **グラフ上にない点から引いた接線**　接点の x 座標を a とすると，y 座標は a^3+2 である。点 $(a,\ a^3+2)$ における接線の方程式を求め，接線が点 C を通ることを式で表すと，a の値が求められる。

解答 $y=x^3+2$ を微分すると　$y'=3x^2$

接点の座標を $(a,\ a^3+2)$ とすると，接線の方程式は

$$y-(a^3+2)=3a^2(x-a)$$

すなわち　　$y=3a^2x-2a^3+2$

この接線が点 $\mathrm{C}(1,\ 2)$ を通るから

$$2=3a^2-2a^3+2$$

$$a^2(2a-3)=0$$

これを解くと　　$a=0,\ \dfrac{3}{2}$

よって，求める接線の方程式は　　$\boldsymbol{y=2,\ y=\dfrac{27}{4}x-\dfrac{19}{4}}$ 答

教 p.194

7　関数 $f(x)=x^3-3x^2+5x$ とする。また，この関数の導関数を $g(x)$ とする。

(1)　関数 $g(x)$ の最小値を求めよ。

(2)　関数 $f(x)$ のグラフの接線のうち，傾きが最小である接線の方程式を求めよ。

指針　**傾きが最小である接線**　導関数の最小値が接線の傾きの最小値である。

解答　(1)　$f'(x)=3x^2-6x+5$ から

$$g(x)=3x^2-6x+5=3(x-1)^2+2$$

よって，関数 $g(x)$ は $\boldsymbol{x=1}$ **で最小値 2** をとる。　答

(2)　(1) より，関数 $f(x)$ のグラフの接線の傾きの最小値は 2 である。

また　　$f(1)=1^3-3\cdot 1^2+5\cdot 1=3$

よって，求める接線の方程式は

$$y-3=2(x-1)$$

すなわち　　$\boldsymbol{y=2x+1}$　答

6章 微分法と積分法

教科書 $p.195$

第2節　関数の値の変化

4　関数の増減と極大・極小

まとめ

1　関数 $f(x)$ の増減と $f'(x)$ の符号

ある区間で

常に $f'(x)>0$ ならば，$f(x)$ はその区間で **増加** する。

常に $f'(x)<0$ ならば，$f(x)$ はその区間で **減少** する。

常に $f'(x)=0$ ならば，$f(x)$ はその区間で **定数** である。

2　増減表

関数 $f(x)$ について，x の値の変化とそのときの $f'(x)$ の符号と $f(x)$ の増加，減少のようすを示した次のような表を **増減表** という。

x	……	1	……	2	……
$f'(x)$	$+$	0	$-$	0	$+$
$f(x)$	↗	3	↘	-2	↗

3　極大・極小

関数 $f(x)$ が $x=a$ を境目として増加から減少に移るとき，$f(x)$ は $x=a$ で **極大** であるといい，$f(a)$ を **極大値** という。

また，$x=b$ を境目として減少から増加に移るとき，$f(x)$ は $x=b$ で **極小** であるといい，$f(b)$ を **極小値** という。

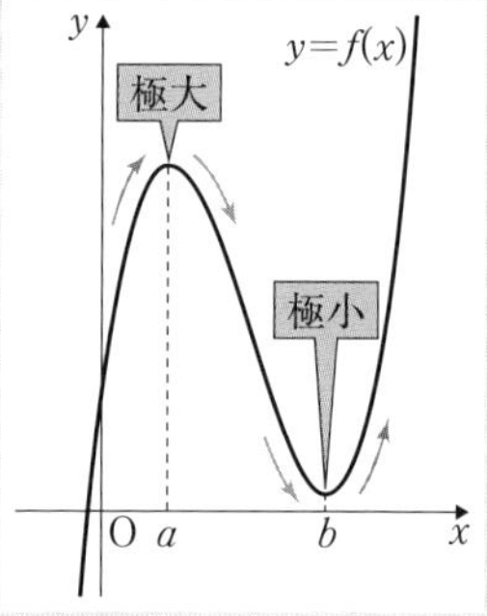

4　極値

極大値と極小値をまとめて **極値** という。

5　極値と微分係数

関数 $f(x)$ が $x=a$ で極値をとるならば，$f'(a)=0$ である。

注意　逆は成り立たない。$f'(a)=0$ であっても，$f(x)$ は $x=a$ で極値をとるとは限らない。

A 関数の増減と導関数

教 p.196

練習 15

次の関数の増減を調べよ。

(1) $f(x)=x^3-6x^2+5$　　(2) $f(x)=-2x^3-3x^2+1$

指針 **関数の増減**　まず $f'(x)=0$ となる x の値を求め，その x の値の前後における $f'(x)$ の符号を調べ，増減表を作る。

なお，関数が増加または減少する x の値の範囲には，$f'(x)=0$ となる x の値も含まれる。

解答 (1)　$f'(x)=3x^2-12x=3x(x-4)$

$f'(x)=0$ とすると　$x=0,\ 4$

$f'(x)>0$ となる x の値の範囲は

$x<0,\ 4<x$

$f'(x)<0$ となる x の値の範囲は

$0<x<4$

よって，$f(x)$ の増減表は次のようになる。

x	……	0	……	4	……
$f'(x)$	+	0	−	0	+
$f(x)$	↗	5	↘	−27	↗

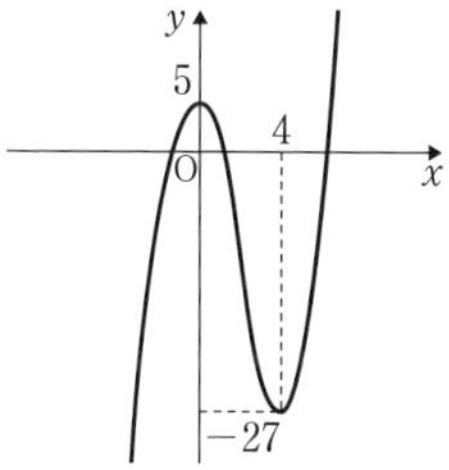

したがって，$f(x)$ は

$x\leqq0,\ 4\leqq x$ で増加し，$0\leqq x\leqq4$ で減少する。 答

(2)　$f'(x)=-6x^2-6x=-6x(x+1)$

$f'(x)=0$ とすると

$x=-1,\ 0$

$f'(x)>0$ となる x の値の範囲は

$-1<x<0$

$f'(x)<0$ となる x の値の範囲は

$x<-1,\ 0<x$

よって，$f(x)$ の増減表は次のようになる。

x	……	−1	……	0	……
$f'(x)$	−	0	+	0	−
$f(x)$	↘	0	↗	1	↘

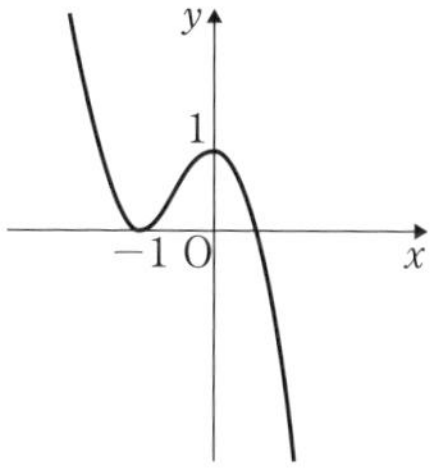

したがって，$f(x)$ は

$-1\leqq x\leqq0$ で増加し，$x\leqq-1,\ 0\leqq x$ で減少する。 答

B 関数の極大・極小

教 p.198

練習 16 次の関数の極値を求めよ。また，そのグラフをかけ。

(1) $y=x^3-6x^2+9x$ (2) $y=-x^3+3x^2+1$

指針 **3 次関数の極値とグラフ** 関数の極値を求めたり，グラフをかいたりするためには，増減表を作って関数の増減を調べればよい。ただし，常に増加または減少する関数は，増減が入れかわらないから，極値をもたない。

なお，$y=f(x)$ が 3 次関数の場合，一般に $f'(x)$ は 2 次式になるから，$f'(x)=0$ となる x の値は 2 個以下である。つまり，極値が 3 つ以上になることはない。

解答 (1) $y'=3x^2-12x+9=3(x-1)(x-3)$

$y'=0$ とすると $x=1,\ 3$

y の増減表は次のようになる。

x	……	1	……	3	……
y'	+	0	−	0	+
y	↗	極大 4	↘	極小 0	↗

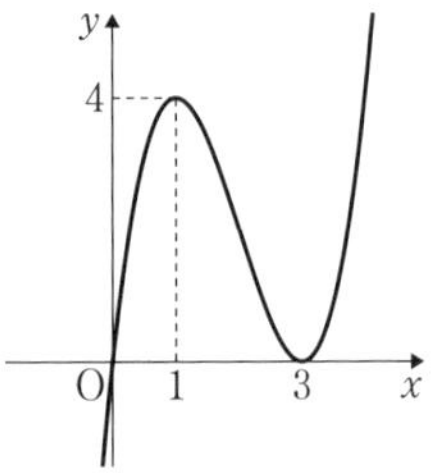

よって，この関数は

$x=1$ で極大値 4,

$x=3$ で極小値 0

をとる。 答

また，グラフは図のようになる。

(2) $y'=-3x^2+6x=-3x(x-2)$

$y'=0$ とすると $x=0,\ 2$

y の増減表は次のようになる。

x	……	0	……	2	……
y'	−	0	+	0	−
y	↘	極小 1	↗	極大 5	↘

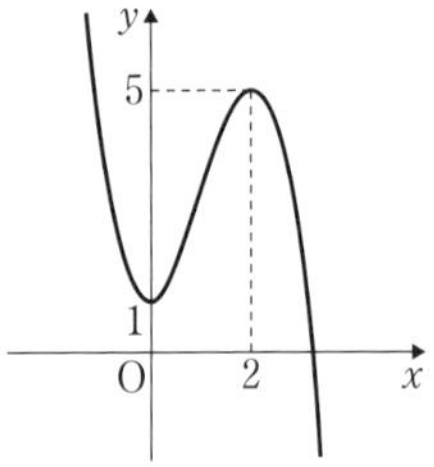

よって，この関数は

$x=2$ で極大値 5,

$x=0$ で極小値 1

をとる。 答

また，グラフは図のようになる。

教 p.198

練習 17 次の関数の増減を調べ，極値をもたないことを確かめよ。

(1) $f(x)=-x^3$

(2) $f(x)=x^3+2x$

指針 **極値をもたない 3 次関数** 関数が常に増加または常に減少するとき，増減が入れかわることはないから，関数は極値をもたない。

解答 (1) $f'(x)=-3x^2$

$f'(x)=0$ とすると　$x=0$

$f(x)$ の増減表は次のようになる。

x	……	0	……
$f'(x)$	$-$	0	$-$
$f(x)$	↘	0	↘

よって，$f(x)$ は常に減少し，極値をもたない。 終

(2) $f'(x)=3x^2+2>0$

よって，$f(x)$ は常に増加し，極値をもたない。 終

注意 $f'(a)=0$ であっても $f(a)$ が極値とは限らない。すなわち，$f'(a)=0$ は，関数 $f(x)$ が $x=a$ で極値をとるための必要条件でしかない。

教 p.199

練習 18 次の関数の極値を求めよ。また，そのグラフをかけ。

(1) $y=3x^4+4x^3-12x^2+5$

(2) $y=x^4-8x^2+2$

(3) $y=-x^4+4x^3-4x^2$

(4) $y=x^4-4x^3+12$

指針 **4 次関数の極値とグラフ** 関数の極値を求めたり，グラフをかいたりするためには，増減表を作って関数の増減を調べればよい。

なお，$y=f(x)$ が 4 次関数の場合，一般に $f'(x)$ は 3 次式になるから，$f'(x)=0$ となる x の値は 3 個以下である。つまり，極値が 4 つ以上になることはない。

解答 (1) $y'=12x^3+12x^2-24x=12x(x^2+x-2)=12x(x-1)(x+2)$

$y'=0$ とすると　$x=-2,\ 0,\ 1$

y の増減表は次のようになる。

x	……	-2	……	0	……	1	……
y'	$-$	0	$+$	0	$-$	0	$+$
y	↘	極小 -27	↗	極大 5	↘	極小 0	↗

よって，この関数は

$x=-2$ で極小値 -27,

$x=0$ で極大値 5,

$x=1$ で極小値 0

をとる。 答

また，グラフは図のようになる。

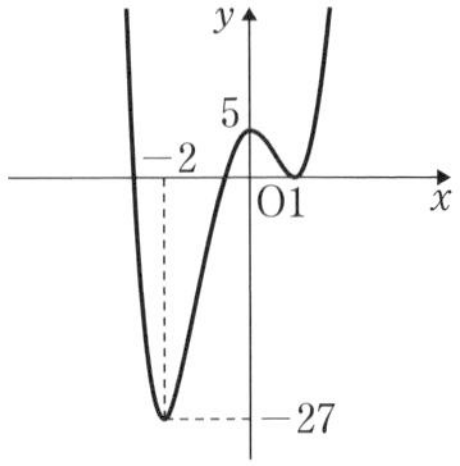

(2) $y'=4x^3-16x=4x(x^2-4)$

$=4x(x+2)(x-2)$

$y'=0$ とすると　$x=-2,\ 0,\ 2$

y の増減表は次のようになる。

x	……	-2	……	0	……	2	……
y'	$-$	0	$+$	0	$-$	0	$+$
y	↘	極小 -14	↗	極大 2	↘	極小 -14	↗

よって，この関数は

$x=0$ で極大値 2,

$x=\pm2$ で極小値 -14

をとる。 答

また，グラフは図のようになる。

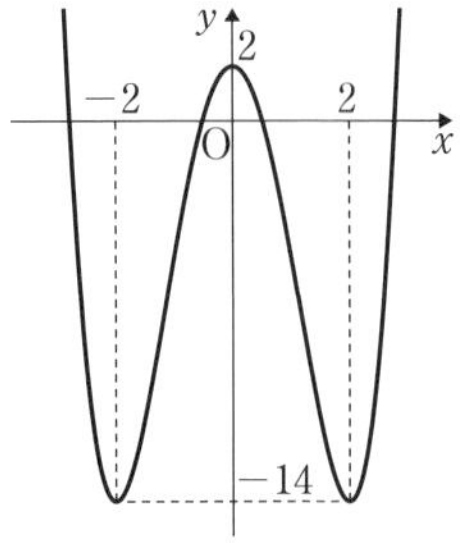

(3) $y'=-4x^3+12x^2-8x=-4x(x^2-3x+2)$

$=-4x(x-1)(x-2)$

$y'=0$ とすると　$x=0,\ 1,\ 2$

y の増減表は次のようになる。

x	……	0	……	1	……	2	……
y'	$+$	0	$-$	0	$+$	0	$-$
y	↗	極大 0	↘	極小 -1	↗	極大 0	↘

よって，この関数は

$x=0,\ 2$ で極大値 0,

$x=1$ で極小値 -1

をとる。 答

また，グラフは図のようになる。

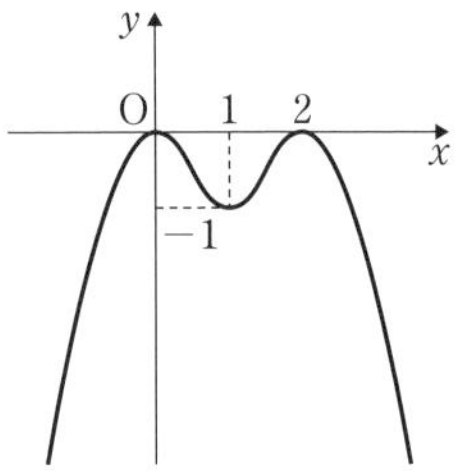

(4) $y'=4x^3-12x^2=4x^2(x-3)$

$y'=0$ とすると　$x=0,\ 3$

y の増減表は次のようになる。

←$x=0$ の前後で y' の符号は変わらないことに注意

x	……	0	……	3	……
y'	$-$	0	$-$	0	$+$
y	↘	12	↘	極小 -15	↗

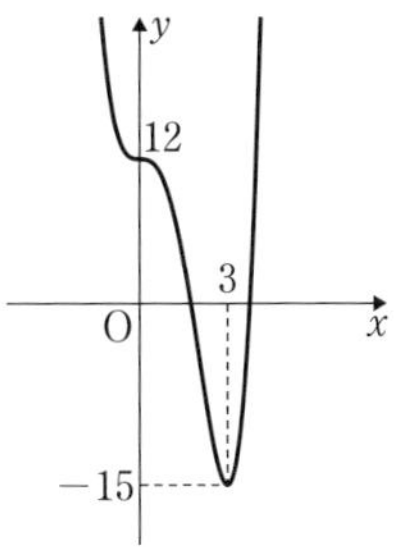

よって，この関数は

$x=3$ で極小値 -15

をとる。 答

また，グラフは図のようになる。

教 p.200

練習 19

関数 $f(x)=x^3+ax^2-9x+b$ が $x=-1$ で極大値 8 をとるように，定数 a，b の値を定めよ。また，極小値を求めよ。

指針 **極大値から関数の決定** 「$f(x)$ が $x=a$ で極値をとる $\Longrightarrow$ $f'(a)=0$」を使う。$f(x)$ が $x=-1$ で極大値 8 をとるとき，$f'(-1)=0$ かつ $f(-1)=8$ が成り立つ。これを a，b の等式で表して解く。

なお，求めた a，b の値が条件に適していることを確かめるために，実際に関数の値の変化を調べることが必要である。

解答 $f(x)=x^3+ax^2-9x+b$ を微分すると　$f'(x)=3x^2+2ax-9$

$f(x)$ が $x=-1$ で極大値 8 をとるとき

$f'(-1)=0$,　$f(-1)=8$

よって　$3-2a-9=0$,　$-1+a+9+b=8$　　← $\begin{cases} -2a-6=0 \\ a+b=0 \end{cases}$

これを解くと　**$a=-3$, $b=3$**　答

このとき　$f(x)=x^3-3x^2-9x+3$

$f'(x)=3x^2-6x-9=3(x+1)(x-3)$

$f'(x)=0$ とすると　$x=-1,\ 3$

$f(x)$ の増減表は次のようになる。

x	……	-1	……	3	……
$f'(x)$	$+$	0	$-$	0	$+$
$f(x)$	↗	極大	↘	極小	↗

よって　$f(-1)=(-1)^3-3(-1)^2-9(-1)+3=8$

$f(3)=3^3-3\cdot 3^2-9\cdot 3+3=-24$

となり，$x=-1$ で極大値 8，**$x=3$ で極小値 -24** をとる。 答

5 関数の増減・グラフの応用

まとめ

1　関数の最大・最小

関数の最大値，最小値を求めるには，関数の増減やグラフを利用する。極値と定義域の端における関数の値との大小も調べる必要がある。

2　方程式 $f(x)=0$ の実数解の個数

関数 $y=f(x)$ のグラフと x 軸の共有点の個数に等しい。

3　方程式 $f(x)=a$ の実数解の個数

関数 $y=f(x)$ のグラフと直線 $y=a$ の共有点の個数に等しい。

4　不等式の証明

関数 $f(x)$ の最小値が 0 であるとき，不等式 $f(x)\geqq 0$ が成り立つ。このことを利用して，不等式を証明する。

A 関数の最大・最小

練習 20　教 p.202

次の関数の最大値と最小値を求めよ。

(1)　$y=x^3+3x^2$　$(-3\leqq x\leqq 2)$　　(2)　$y=-x^3+x^2+x$　$(0\leqq x\leqq 2)$

(3)　$y=x^4-2x^3+3$　$(-1\leqq x\leqq 2)$

指針　**関数の最大・最小**　増減表を作るとき，極値を与える x の値だけでなく，定義域の両端の x の値についても関数 y の値を調べ，それぞれの y の値の大小を比べる。増減表は定義域の分だけ作ればよい。

解答　(1)　$y'=3x^2+6x=3x(x+2)$

$y'=0$ とすると　　$x=-2,\ 0$

$-3\leqq x\leqq 2$ において，y の増減表は次のようになる。

x	-3	……	-2	……	0	……	2
y'		$+$	0	$-$	0	$+$	
y	0	↗	極大 4	↘	極小 0	↗	20

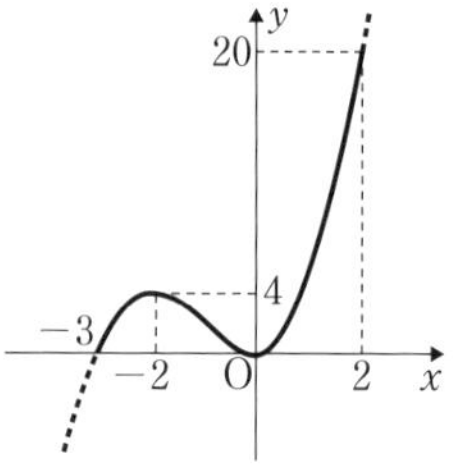

よって，この関数は

$x=2$ で最大値 20 をとり，

$x=-3,\ 0$ で最小値 0 をとる。　答

(2)　$y'=-3x^2+2x+1=-(3x+1)(x-1)$

$y'=0$ とすると　　$x=-\frac{1}{3},\ 1$

$0\leqq x\leqq 2$ において，y の増減表は次のようになる。

x	0	……	1	……	2
y'		$+$	0	$-$	
y	0	↗	極大 1	↘	-2

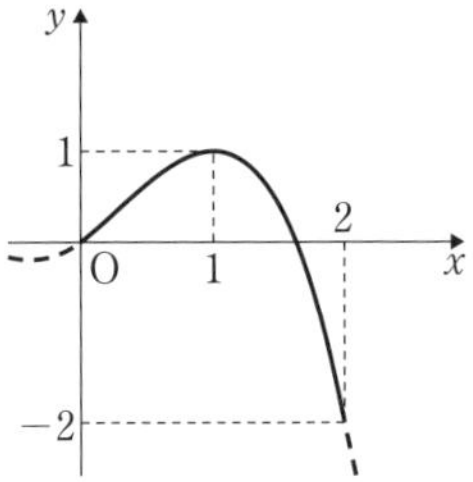

よって，この関数は

$x=1$ で最大値 1 をとり，

$x=2$ で最小値 -2 をとる。 答

(3) $y'=4x^3-6x^2=2x^2(2x-3)$

$y'=0$ とすると　$x=0,\ \dfrac{3}{2}$

$-1\leqq x\leqq 2$ において，y の増減表は次のようになる。

x	-1	……	0	……	$\frac{3}{2}$	……	2
y'		$-$	0	$-$	0	$+$	
y	6	↘	3	↘	極小 $\frac{21}{16}$	↗	3

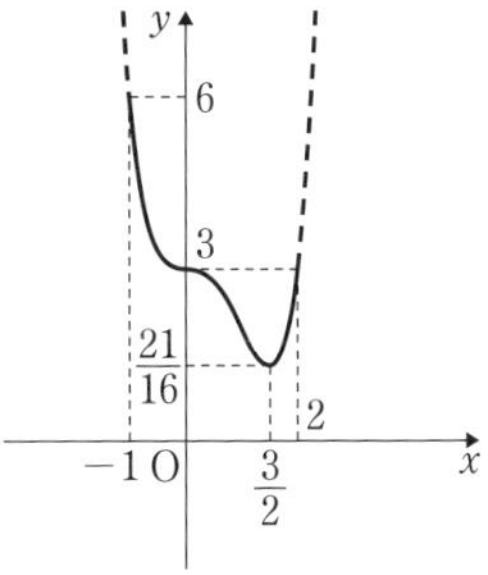

よって，この関数は

$x=-1$ で最大値 6 をとり，

$x=\dfrac{3}{2}$ で最小値 $\dfrac{21}{16}$ をとる。 答

教 p.202

深める

関数 $y=x^2-4x+3$ の最小値を，次の 2 通りの方法で求めよう。

① 平方完成を利用する。　② 微分して増減を調べる。

指針 **2 次関数の最小値**　2 次関数の最小値は，平方完成を利用して求めるのが一般的であるが，微分法を利用して求めることもできる。

解答 ① 関数の式を変形すると　$y=(x-2)^2-1$

よって，この関数は **$x=2$ で最小値 -1** をとる。 答

② $y'=2x-4$

$y'=0$ とすると　$x=2$

y の増減表は右のようになる。

x	……	2	……
y'	$-$	0	$+$
y	↘	極小 -1	↗

よって，この関数は **$x=2$ で最小値 -1** をとる。 答

練習 21 　教 p.203

縦 10cm，横 16cm の長方形の厚紙の四隅から，合同な正方形を切り取り，ふたのない直方体の箱を作る。箱の容積を最大にするには，切り取る正方形の 1 辺の長さを何 cm にすればよいか。

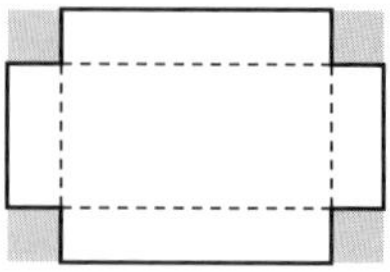

指針 **最大・最小の応用**　求める長さを $x$cm，箱の容積を $y$cm^3 として，x の関数 y の増減を調べる。
x のとる値の範囲にも注意する。

解答 切り取る正方形の 1 辺の長さを $x$cm，
このときの箱の容積を $y$cm^3 とする。

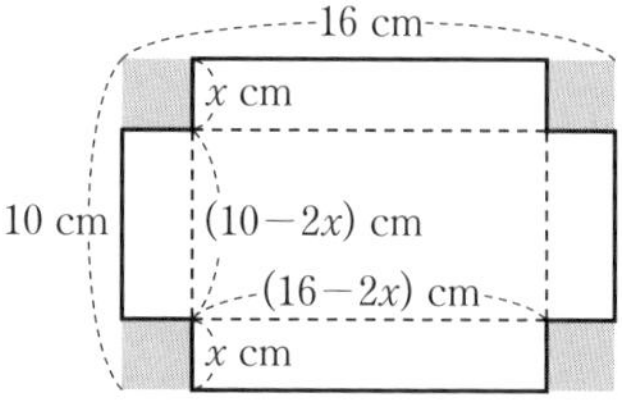

$x>0$，$10-2x>0$ であるから

$0<x<5$ …… ①

このとき

$$y=x(10-2x)(16-2x)$$
$$=4(x^3-13x^2+40x)$$
$$y'=4(3x^2-26x+40)$$
$$=4(x-2)(3x-20)$$

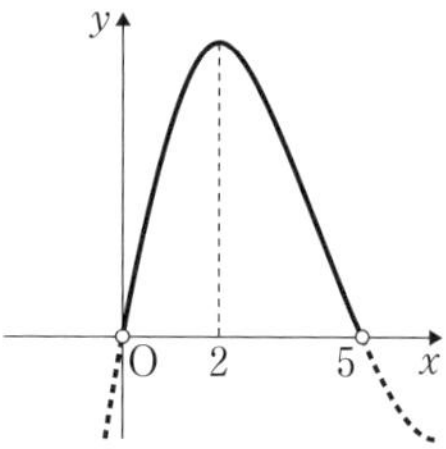

① の範囲において，y の増減表は次のようになる。

x	0	……	2	……	5
y'		＋	0	－	
y		↗	極大	↘	

よって，y は $x=2$ で最大になる。　答　**2 cm**

注意 $16-2x>10-2x$ から，$10-2x>0$ であれば，$16-2x>0$ は明らかである。

B 方程式への応用

練習 22 　教 p.204

次の方程式の異なる実数解の個数を求めよ。

(1) $2x^3-6x+3=0$　　(2) $x^3+3x^2+2=0$

(3) $-x^3+3x^2-4=0$　　(4) $x^4-8x^2+1=0$

指針 **方程式 $f(x)=0$ の実数解の個数**　関数 $y=f(x)$ のグラフをかき，x 軸との共有点の個数を調べるとよい。

解答 (1) 関数 $y=2x^3-6x+3$ について

$$y'=6x^2-6=6(x+1)(x-1)$$

$y'=0$ とすると　　$x=-1,\ 1$

y の増減表は次のようになる。

x	……	-1	……	1	……
y'	$+$	0	$-$	0	$+$
y	↗	極大 7	↘	極小 -1	↗

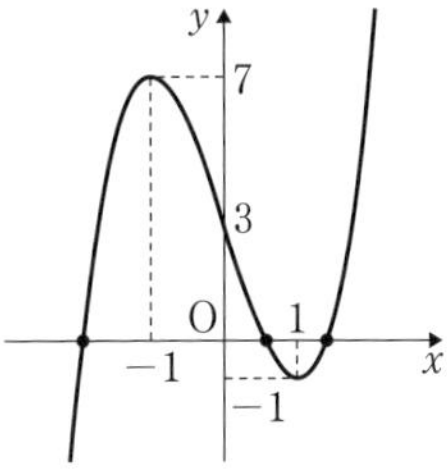

よって，関数 $y=2x^3-6x+3$ のグラフは図のようになり，グラフと x 軸は異なる 3 点で交わる。

したがって，与えられた方程式の異なる実数解の個数は　　**3 個**　答

(2)　関数 $y=x^3+3x^2+2$ について

$$y'=3x^2+6x=3x(x+2)$$

$y'=0$ とすると　　$x=-2,\ 0$

y の増減表は次のようになる。

x	……	-2	……	0	……
y'	$+$	0	$-$	0	$+$
y	↗	極大 6	↘	極小 2	↗

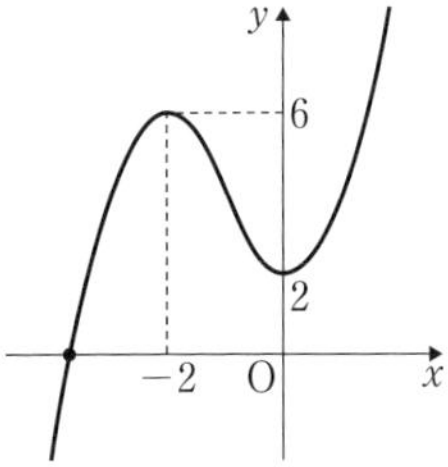

よって，関数 $y=x^3+3x^2+2$ のグラフは図のようになり，グラフと x 軸は 1 点で交わる。

したがって，与えられた方程式の異なる実数解の個数は　　**1 個**　答

(3)　関数 $y=-x^3+3x^2-4$ について

$$y'=-3x^2+6x=-3x(x-2)$$

$y'=0$ とすると　　$x=0,\ 2$

y の増減表は次のようになる。

x	……	0	……	2	……
y'	$-$	0	$+$	0	$-$
y	↘	極小 -4	↗	極大 0	↘

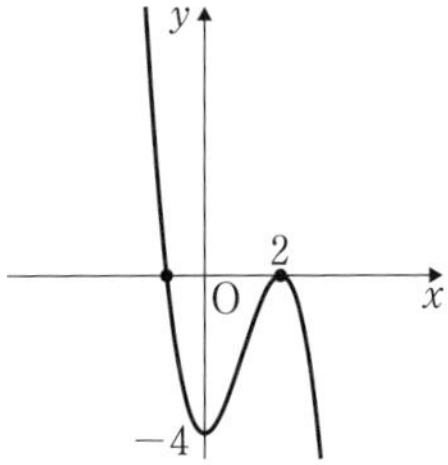

よって，関数 $y=-x^3+3x^2-4$ のグラフは図のようになり，グラフと x 軸は 1 点で交わり 1 点で接する。

したがって，与えられた方程式の異なる実数解の個数は　　**2 個**　答

(4) 関数 $y=x^4-8x^2+1$ について

$$y'=4x^3-16x=4x(x^2-4)=4x(x+2)(x-2)$$

$y'=0$ とすると　$x=-2,\ 0,\ 2$

y の増減表は次のようになる。

x	……	-2	……	0	……	2	……
y'	$-$	0	$+$	0	$-$	0	$+$
y	↘	極小 -15	↗	極大 1	↘	極小 -15	↗

よって，関数 $y=x^4-8x^2+1$ のグラフは図のようになり，グラフと x 軸は異なる 4 点で交わる。

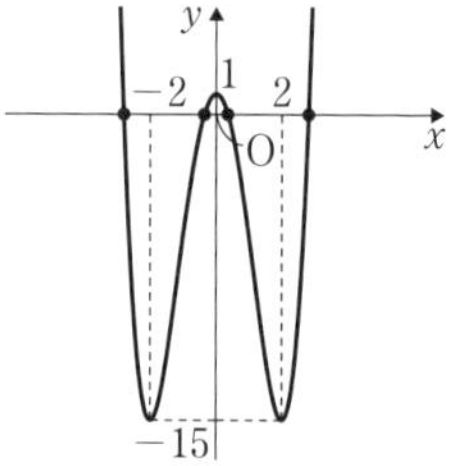

したがって，与えられた方程式の異なる実数解の個数は　**4 個**　答

教 p.205

練習 23 方程式 $2x^3-3x^2-a=0$ がただ 1 個の実数解をもつように，定数 a の値の範囲を定めよ。

指針 **3 次方程式が 1 個の実数解をもつ条件**　与えられた 3 次方程式は文字 a を含んでいるから，解を直接求めるのは大変である。方程式を $2x^3-3x^2=a$ と変形して，3 次関数のグラフと直線の共有点の個数の関係に帰着させる。すなわち，3 次方程式 $2x^3-3x^2=a$ の実数解の個数は，曲線 $y=2x^3-3x^2$ と直線 $y=a$ の共有点の個数に等しいことを利用する。

解答 与えられた方程式を変形すると　$2x^3-3x^2=a$

関数 $y=2x^3-3x^2$ について　$y'=6x^2-6x=6x(x-1)$

$y'=0$ とすると　$x=0,\ 1$

y の増減表は次のようになる。

x	……	0	……	1	……
y'	$+$	0	$-$	0	$+$
y	↗	極大 0	↘	極小 -1	↗

よって，$y=2x^3-3x^2$ のグラフは，図のようになる。

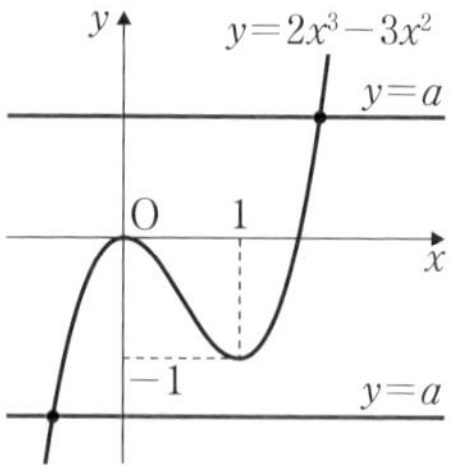

求める a の値の範囲は，このグラフと直線 $y=a$ が 1 個の共有点をもつ範囲であるから

$a<-1,\ 0<a$　答

C 不等式への応用

教 p.206

練習 24 $x \geqq 0$ のとき，次の不等式が成り立つことを証明せよ。

$$x^3+3x^2+5 \geqq 9x$$

指針 **不等式の証明** $x \geqq 0$ のとき，関数 $f(x)=(x^3+3x^2+5)-9x$ の最小値が 0 であることを示せばよい。

解答 $f(x)=(x^3+3x^2+5)-9x$ とすると

$$f'(x)=3x^2+6x-9$$
$$=3(x-1)(x+3)$$

$x \geqq 0$ において，$f(x)$ の増減表は次のようになる。

x	0	……	1	……
$f'(x)$		$-$	0	$+$
$f(x)$	5	↘	極小 0	↗

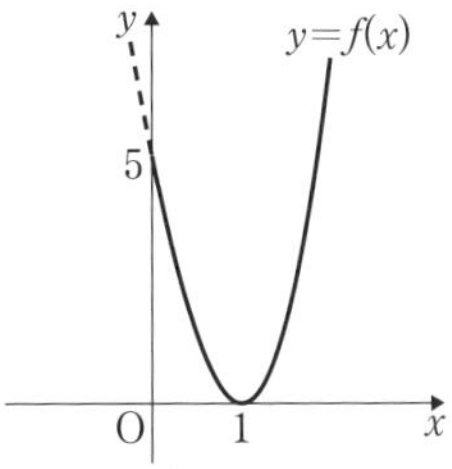

よって，$x \geqq 0$ において，$f(x)$ は $x=1$ で最小値 0 をとる。

したがって，$x \geqq 0$ のとき，$f(x) \geqq 0$ であるから

$$(x^3+3x^2+5)-9x \geqq 0$$

すなわち　$x^3+3x^2+5 \geqq 9x$

等号が成り立つのは，$x=1$ のときである。 終

第6章 第2節　問　題

教 p.207

8　次の関数の増減を調べ，極値があればその極値を求めよ。

(1)　$y=x^3-6x+2$　　(2)　$y=(1-x)^3$

(3)　$y=x^4+2x^3+1$

指針 **関数の増減と極値**　$y'=0$ となる x の値をもとにして増減表を作る。

(1) はその値が無理数であるが，考え方はこれまでと変わりはない。

(2), (3) では，$y'=0$ であってもそこで極値をとるとは限らないことに注意する。

解答 (1)　$y'=3x^2-6$

$y'=0$ とすると　　$x=-\sqrt{2}$, $\sqrt{2}$

y の増減表は次のようになる。

x	……	$-\sqrt{2}$	……	$\sqrt{2}$	……
y'	$+$	0	$-$	0	$+$
y	↗	極大 $2+4\sqrt{2}$	↘	極小 $2-4\sqrt{2}$	↗

$x=-\sqrt{2}$ のとき　$y=(-\sqrt{2})^3-6\cdot(-\sqrt{2})+2=2+4\sqrt{2}$

$x=\sqrt{2}$ のとき　$y=(\sqrt{2})^3-6\sqrt{2}+2=2-4\sqrt{2}$

であるから，y は

$x=-\sqrt{2}$ で極大値 $2+4\sqrt{2}$，

$x=\sqrt{2}$ で極小値 $2-4\sqrt{2}$ をとる。 答

(2) $(1-x)^3=1-3x+3x^2-x^3$

よって　$y=1-3x+3x^2-x^3$

したがって　$y'=-3+6x-3x^2$

$=-3(x-1)^2\leqq 0$

y の増減表は次のようになる。

x	……	1	……
y'	$-$	0	$-$
y	↘	0	↘

答　**極値なし**

(3) $y'=4x^3+6x^2=2x^2(2x+3)$

$y'=0$ とすると　$x=-\frac{3}{2}$，0

y の増減表は次のようになる。

x	……	$-\frac{3}{2}$	……	0	……
y'	$-$	0	$+$	0	$+$
y	↘	極小 $-\frac{11}{16}$	↗	1	↗

$x=-\frac{3}{2}$ のとき　$y=\left(-\frac{3}{2}\right)^4+2\cdot\left(-\frac{3}{2}\right)^3+1=-\frac{11}{16}$

であるから，y は

$x=-\frac{3}{2}$ で極小値 $-\frac{11}{16}$

をとる。 答

教 p.207

9　関数 $f(x)=x^3+ax^2+bx+c$ が，$x=-3$ で極大値をとり，$x=1$ で極小値 -12 をとるように，定数 a，b，c の値を定めよ。

教科書 $p.207$

指針　**極値から関数の決定**　「関数 $f(x)$ が $x=a$ で極値をとる $\Longrightarrow f'(a)=0$」を使う。

$f(x)$ が $x=-3$ で極大値をとるとき　$f'(-3)=0$

また，$x=1$ で極小値 -12 をとるとき　$f'(1)=0$　かつ　$f(1)=-12$

これらを a，b，c の等式で表す。

解答　$f(x)=x^3+ax^2+bx+c$ を微分すると

$$f'(x)=3x^2+2ax+b$$

$f(x)$ が $x=-3$ で極大値をとるとき

$$f'(-3)=0$$

また，$x=1$ で極小値 -12 をとるとき

$$f'(1)=0,\quad f(1)=-12$$

よって　$27-6a+b=0$，　$3+2a+b=0$，　$1+a+b+c=-12$

これを解くと　$a=3$，$b=-9$，$c=-7$

このとき

$$f(x)=x^3+3x^2-9x-7$$

$$f'(x)=3x^2+6x-9=3(x+3)(x-1)$$

したがって，次の増減表が得られ，問題に適する。

x	……	-3	……	1	……
$f'(x)$	$+$	0	$-$	0	$+$
$f(x)$	↗	極大 20	↘	極小 -12	↗

答　$\boldsymbol{a=3,\ b=-9,\ c=-7}$

注意　$f'(-3)=0$，$f'(1)=0$ は $f(x)$ が極値をとるための必要条件である。したがって，これらをもとにして得た a，b，c の値については，問題に適していることを確かめておく。

教 p.207

10 底面の直径と高さの和が 18cm である直円柱の体積を $V\text{cm}^3$ とする。

(1)　底面の半径を x cm とするとき，V を x の式で表せ。

(2)　V が最大となるのは，円柱の高さが何 cm のときか。

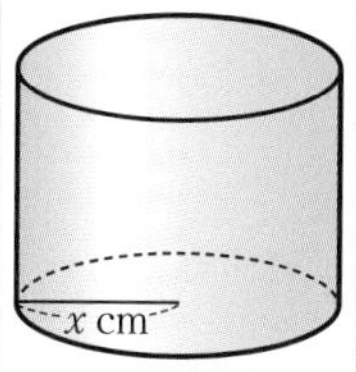

指針　**最大・最小の応用**

(1)　直径は $2x$cm であるから，高さは $(18-2x)$cm と表される。

(2)　x のとる値の範囲にも注意して増減表を作る。

解答　(1)　底面の半径を $x$cm とすると，高さは $(18-2x)$cm と表される。

$x>0$, $18-2x>0$ であるから

$0<x<9$ …… ①

体積は **$V=\pi x^2(18-2x)$ $(0<x<9)$** 答　　←底面積×高さ

(2) $\pi x^2(18-2x)=-2\pi x^3+18\pi x^2$

よって $V=-2\pi x^3+18\pi x^2$

$V'=-6\pi x^2+36\pi x=-6\pi x(x-6)$

① の範囲において，V の増減表は次のようになる。

x	0	……	6	……	9
V'		$+$	0	$-$	
V		↗	極大	↘	

したがって，V は $x=6$ で最大となる。

このとき，円柱の高さは

$18-2\cdot 6=6$ (cm) 答 **6 cm**

教 p.207

11 方程式 $x^3-6x^2+a=0$ が異なる 2 個の正の解と 1 個の負の解をもつように，定数 a の値の範囲を定めよ。

指針 **3 次方程式の解の判別とグラフ** 方程式 $x^3-6x^2+a=0$ の解の個数は，$y=x^3-6x^2+a$ のグラフと x 軸の共有点の個数と一致する。ここでは，方程式を $-x^3+6x^2=a$ と変形し，$y=-x^3+6x^2$ のグラフと直線 $y=a$ が x 軸の正の部分で 2 個，負の部分で 1 個の共有点をもつ条件を求める。

解答 与えられた方程式を変形すると $-x^3+6x^2=a$

この方程式が異なる 2 個の正の解と 1 個の負の解をもつのは，3 次関数

$y=-x^3+6x^2$ …… ①

のグラフと直線 $y=a$ とが，$x>0$ で 2 個，$x<0$ で 1 個の共有点をもつときである。

関数 ① を微分すると

$y'=-3x^2+12x=-3x(x-4)$

$y'=0$ とすると $x=0$, 4

y の増減表は次のようになる。

x	……	0	……	4	……
y'	$-$	0	$+$	0	$-$
y	↘	極小 0	↗	極大 32	↘

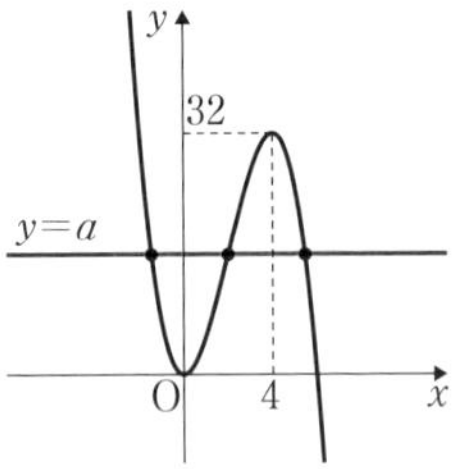

よって，関数 ① のグラフは右の図のようになる。

したがって，求める a の範囲は，図から

$0<a<32$ 答

別解 関数 $y=x^3-6x^2+a$ について

$y'=3x^2-12x=3x(x-4)$

y の増減表は次のようになる。

x	……	0	……	4	……
y'	$+$	0	$-$	0	$+$
y	↗	極大 a	↘	極小 $a-32$	↗

極大値は　$0^3-6\cdot0^2+a=a$

極小値は　$4^3-6\cdot4^2+a=a-32$

よって，$y=x^3-6x^2+a$ のグラフは図のようになる。

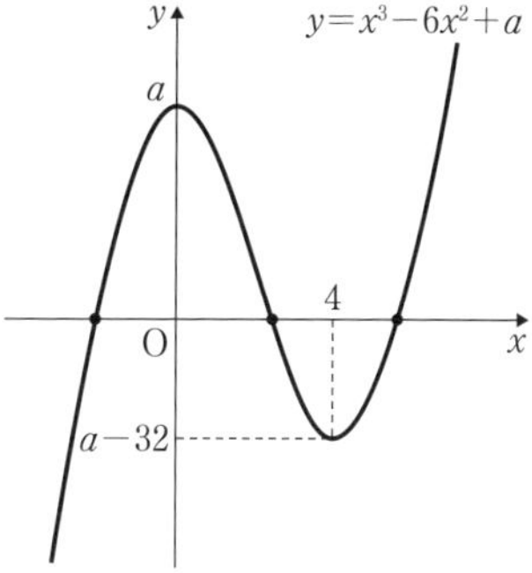

求める条件は，このグラフが x 軸の正の部分で 2 個，負の部分で 1 個の共有点をもつ条件であるから

$a>0$　かつ　$a-32<0$

したがって　**$0<a<32$** 答

教 p.207

12 関数 $f(x)=x^3-ax^2+(1-2a)x+4$ が極大値と極小値をもつような定数 a の値の範囲を求めよ。

指針 **関数が極大値と極小値をもつ条件**　関数 $f(x)$ が $x=a$ で極値をとるならば，$f'(a)=0$ であるが，逆は成り立たない。すなわち，$f'(a)=0$ であっても，$f(x)$ は $x=a$ で極値をとるとは限らない。

$f'(c)=0$ となる $x=c$ の前後で $f'(x)$ の値の符号が変われば，$f(x)$ は $x=c$ で極値をとる。

$f'(x)=0$ は 2 次方程式であるから，判別式を利用して考える。

解答 $f(x)=x^3-ax^2+(1-2a)x+4$ を微分すると

$f'(x)=3x^2-2ax+(1-2a)$

$f'(x)$ の符号が変わるのは，$f'(x)=0$ となる異なる 2 つの実数 x の値があるときであるから，2 次方程式 $3x^2-2ax+(1-2a)=0$ の判別式 D について，$D>0$ となればよい。

$$\frac{D}{4}=(-a)^2-3(1-2a)=a^2+6a-3$$

$a^2+6a-3>0$ を解くと

$a<-3-2\sqrt{3}$，$-3+2\sqrt{3}<a$ 答

教 p.207

13 3次関数 $y=ax^3+bx^2+cx+d$ のグラフが右の図のようになるとき，a，b，c，d の値の符号をそれぞれ求めよ。ただし，図中の黒丸は極値をとる点を表している。

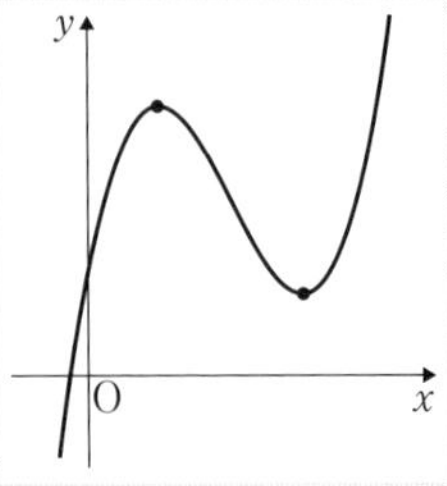

指針 **3次関数のグラフと係数の符号**　グラフと y 軸の交点に着目する。また，グラフより極値は2つあり，極値をとる x の値の符号は2つとも正であるから，2次方程式 $y'=0$ は異なる2つの正の実数解をもつ。

解答 $f(x)=ax^3+bx^2+cx+d$ とする。

このとき　$f'(x)=3ax^2+2bx+c$

$$=3a\left(x+\frac{b}{3a}\right)^2-\frac{b^2}{3a}+c$$

グラフと y 軸の交点の y 座標が正であるから

$f(0)>0$　すなわち　$d>0$

また，グラフより $y=f(x)$ の $x=0$ における接線の傾きは正であるから

$f'(0)>0$　すなわち　$c>0$

さらに，グラフより $f(x)$ は極値を2つもち，極値をとる x の値の符号はどちらも正である。

よって，方程式 $f'(x)=0$ を満たす実数 x は2つあり，それらを α, β $(0<\alpha<\beta)$ とすると，グラフより $f(x)$ の増減表は次のようになる。

x	……	α	……	β	……
$f'(x)$	$+$	0	$-$	0	$+$
$f(x)$	↗		↘		↗

増減表と $\alpha>0$，$\beta>0$ より，$y=f'(x)$ のグラフは右の図のような，下に凸の放物線となるから　$a>0$

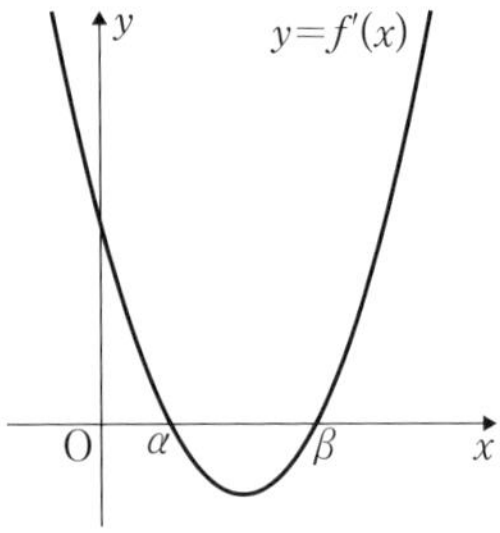

放物線 $y=f'(x)$ の軸は直線 $x=-\dfrac{b}{3a}$ で，y 軸の右側にあるから　$-\dfrac{b}{3a}>0$

ここで $a>0$ であるから　$b<0$

以上より，それぞれの符号は

a：正，b：負，c：正，d：正 答

教科書 p.208

第3節　積分法

6　不定積分

まとめ

1　原始関数

x で微分すると $f(x)$ になる関数を，$f(x)$ の **原始関数** という。
すなわち，$F'(x)=f(x)$ のとき，$F(x)$ は $f(x)$ の原始関数である。

2　不定積分

関数 $f(x)$ の原始関数の1つを $F(x)$ とすると，$f(x)$ の任意の原始関数は，「$F(x)+$ 定数」の形に表される。
この定数を **積分定数** といい，記号 C で表して，$f(x)$ の任意の原始関数を $F(x)+C$（ただし C は定数）と表示する。
この表示を $f(x)$ の **不定積分** といい，$\int f(x)dx$ で表す。

注意　不定積分と原始関数を区別せずに同じ意味で用いることもある。
$\int$ は「積分」または「インテグラル」と読む。

3　関数 $f(x)$ の不定積分

$F'(x)=f(x)$ のとき

$$\int f(x)dx=F(x)+C \qquad C\text{ は積分定数}$$

注意　今後，教科書と同様に，本書でも「C は積分定数」の断りを省略する。

4　積分する

関数 $f(x)$ の不定積分を求めることを，$f(x)$ を **積分する** という。積分することと微分することとは，互いに逆の計算であるといえる。

5　関数 x^n の不定積分

$$\int x^n dx=\frac{1}{n+1}x^{n+1}+C$$

ただし，n は0または正の整数とする。

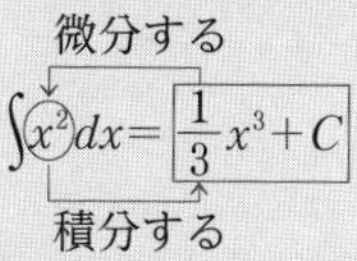

例　$\int 1\,dx=x+C$，　$\int x\,dx=\frac{1}{2}x^2+C$

微分する
$$\int x^2 dx=\frac{1}{3}x^3+C$$
積分する

6　関数の定数倍および和，差の不定積分

$F'(x)=f(x)$，$G'(x)=g(x)$ のとき

1　$\int kf(x)dx=kF(x)+C$　　k は定数

2　$\int \{f(x)+g(x)\}dx=F(x)+G(x)+C$

3　$\int \{f(x)-g(x)\}dx=F(x)-G(x)+C$

7　いろいろな関数の不定積分

変数が x でない関数についても，同様に不定積分を考える。

例　t の関数については，次のようになる。

$$\int 1\,dt=t+C,\quad \int t\,dt=\frac{1}{2}t^2+C,\quad \int t^2\,dt=\frac{1}{3}t^3+C$$

A 導関数と不定積分

教 p.208

練習 25

次の中から，$3x^2$ の原始関数であるものを選べ。

①　$6x$　　②　x^3　　③　x^3+2x　　④　x^3-4

指針　**原始関数**　微分すると $3x^2$ になる関数を選ぶ。

解答　①　$(6x)'=6$　　②　$(x^3)'=3x^2$

③　$(x^3+2x)'=3x^2+2$　　④　$(x^3-4)'=3x^2$

よって，$3x^2$ の原始関数は　②，④　答

注意　$3x^2$ の原始関数はいくつもあるが，それらの違いは，定数部分だけである。

c が定数のとき　$(x^3+c)'=3x^2$

教 p.209

練習 26

教科書 209 ページの公式が成り立つことを，右辺の関数を x で微分して確かめよ。また，この公式を用いて，不定積分 $\int x^3\,dx$ を求めよ。

指針　**x^n の不定積分**　微分と積分は互いに逆演算である。すなわち，$F(x)$ を微分すると $f(x)$ になるとき，$f(x)$ の 1 つの不定積分は $F(x)$ である。このことを利用して考える。

解答　n が 0 または正の整数のとき，$F(x)=\dfrac{1}{n+1}x^{n+1}$ とおくと

$$F'(x)=\frac{1}{n+1}\cdot(n+1)x^n=x^n$$

よって，x^n の不定積分の 1 つは $F(x)$ である。

したがって　$\displaystyle\int x^n\,dx=\frac{1}{n+1}x^{n+1}+C$（$C$ は積分定数）　終

また　$\displaystyle\int x^3\,dx=\frac{1}{3+1}x^{3+1}+C=\boldsymbol{\frac{1}{4}x^4+C}$（$C$ は積分定数）　答

B 不定積分の性質

教 p.210

練習 27

次の不定積分を求めよ。

(1) $\int 5x^2dx$　　(2) $\int (x^2+x-1)dx$

(3) $\int (x^3-6x^2-2x+5)dx$　　(4) $\int (-2x^2-x+7)dx$

指針 **不定積分を求める**　多項式は各項ごとに不定積分を考えればよい。また，各項は係数はそのまま残し，x^n の不定積分との積にする。
答えは，微分してもとの関数に戻るかを確かめておく。

解答 C は積分定数とする。

(1) $\int 5x^2dx=5\cdot\frac{1}{3}x^3+C=\boldsymbol{\frac{5}{3}x^3+C}$ 答

← $\int x^2dx=\frac{1}{3}x^3+C$

(2) $\int (x^2+x-1)dx=\boldsymbol{\frac{1}{3}x^3+\frac{1}{2}x^2-x+C}$ 答

← $\int xdx=\frac{1}{2}x^2+C$
$\int 1dx=x+C$

(3) $\int (x^3-6x^2-2x+5)dx$

$=\frac{1}{4}x^4-6\cdot\frac{1}{3}x^3-2\cdot\frac{1}{2}x^2+5x+C$

$=\boldsymbol{\frac{1}{4}x^4-2x^3-x^2+5x+C}$ 答

(4) $\int (-2x^2-x+7)dx=-2\cdot\frac{1}{3}x^3-\frac{1}{2}x^2+7x+C$

$=\boldsymbol{-\frac{2}{3}x^3-\frac{1}{2}x^2+7x+C}$ 答

教 p.211

練習 28

次の不定積分を求めよ。

(1) $\int (t+2)(3t-1)dt$　　(2) $\int 3(t-1)^2dt$

指針 **いろいろな関数の不定積分を求める**　不定積分は，変数が x 以外でも同様に考える。まず，積分する関数の式を展開して t の多項式の形にし，各項ごとに不定積分を計算すればよい。

解答 C は積分定数とする。

(1) $\int (t+2)(3t-1)dt=\int (3t^2+5t-2)dt$

$=3\cdot\frac{t^3}{3}+5\cdot\frac{t^2}{2}-2t+C$

$=\boldsymbol{t^3+\frac{5}{2}t^2-2t+C}$ 答

(2) $\int 3(t-1)^2 dt = \int 3(t^2-2t+1)dt = \int (3t^2-6t+3)dt$

$= 3\cdot\frac{t^3}{3} - 6\cdot\frac{t^2}{2} + 3t + C$

$= \boldsymbol{t^3 - 3t^2 + 3t + C}$ 答

教 p.211

練習 29

次の 2 つの条件をともに満たす関数 $F(x)$ を求めよ。

[1] $F'(x) = 3x^2 - 4$　　　[2] $F(-1) = 5$

指針 **原始関数を求める** [1] から $3x^2-4$ の不定積分として $F(x)$ を求める。さらに, [2] から積分定数 C の値を決める。

解答 [1] から　$F(x) = \int (3x^2-4)dx = 3\cdot\frac{x^3}{3} - 4x + C = x^3 - 4x + C$ (C は積分定数)

よって　$F(-1) = (-1)^3 - 4\cdot(-1) + C = 3 + C$

[2] より $3 + C = 5$ であるから　$C = 2$

したがって　$\boldsymbol{F(x) = x^3 - 4x + 2}$ 答

7 定積分

まとめ

1 定積分

関数 $f(x)$ の原始関数の 1 つを $F(x)$ とし, a, b を $f(x)$ の定義域内の任意の値とするとき, $F(b)-F(a)$ の値は $F(x)$ の選び方とは関係なく, a, b の値だけで定まる。この $F(b)-F(a)$ を, 関数 $f(x)$ の a から b までの **定積分** といい, $\int_a^b f(x)dx$ と書く。このとき, a を **下端**(かたん), b を **上端**(じょうたん) という。また, この定積分を求めることを, 関数 $f(x)$ を a から b まで **積分する** という。a と b の大小関係は, $a<b$, $a=b$, $a>b$ のいずれでもよい。また, $F(b)-F(a)$ を $\Big[F(x)\Big]_a^b$ とも書く。

$F'(x) = f(x)$ のとき　$\int_a^b f(x)dx = \Big[F(x)\Big]_a^b = F(b) - F(a)$

2 関数の定数倍および和, 差の定積分

1 $\int_a^b kf(x)dx = k\int_a^b f(x)dx$　　k は定数

2 $\int_a^b \{f(x)+g(x)\}dx = \int_a^b f(x)dx + \int_a^b g(x)dx$

3 $\int_a^b \{f(x)-g(x)\}dx = \int_a^b f(x)dx - \int_a^b g(x)dx$

教科書 $p.213$

3　定積分の性質

定積分の上端，下端に関する性質として，次のことが成り立つ。

1　$\int_a^a f(x)dx=0$　　　**2**　$\int_b^a f(x)dx=-\int_a^b f(x)dx$

3　$\int_a^b f(x)dx=\int_a^c f(x)dx+\int_c^b f(x)dx$

注意　性質**3**は，a，b，c の大小に関係なく成り立つ。

4　定積分と導関数

a を定数とするとき

x の関数 $\int_a^x f(t)dt$ の導関数は $f(x)$ である。

すなわち　　$\frac{d}{dx}\int_a^x f(t)dt=f(x)$

注意　x の関数 $\int_a^x f(t)dt$ の導関数を $\frac{d}{dx}\int_a^x f(t)dt$ で表す。

A 定積分

教 p.213

練習 30　次の定積分を求めよ。

(1) $\int_1^3 x\,dx$　　(2) $\int_{-1}^2 x^2\,dx$　　(3) $\int_{-2}^1 x^3\,dx$　　(4) $\int_3^0 2\,dx$

指針　**定積分の計算**　手順は

①　与えられた関数 $f(x)$ の不定積分 $F(x)$ を求める。ただし，積分定数 C は省いてよい。

②　代入計算をする。

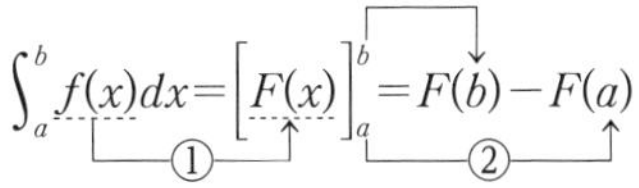

解答　(1) $\left(\frac{x^2}{2}\right)'=x$ であるから

$$\int_1^3 x\,dx=\left[\frac{x^2}{2}\right]_1^3=\frac{3^2}{2}-\frac{1^2}{2}=\frac{9}{2}-\frac{1}{2}=4$$ 答

(2) $\left(\frac{x^3}{3}\right)'=x^2$ であるから

$$\int_{-1}^2 x^2\,dx=\left[\frac{x^3}{3}\right]_{-1}^2=\frac{2^3}{3}-\frac{(-1)^3}{3}=3$$ 答

(3) $\left(\frac{x^4}{4}\right)'=x^3$ であるから

$$\int_{-2}^1 x^3\,dx=\left[\frac{x^4}{4}\right]_{-2}^1=\frac{1^4}{4}-\frac{(-2)^4}{4}=-\frac{15}{4}$$ 答

(4) $(2x)'=2$ であるから

$$\int_3^0 2\,dx=\Big[2x\Big]_3^0=2(0-3)=-6$$ 答

注意 たとえば(1) $\displaystyle\int_1^3 x\,dx=\left[\frac{x^2}{2}+C\right]_1^3=\left(\frac{3^2}{2}+C\right)-\left(\frac{1^2}{2}+C\right)=\frac{3^2}{2}-\frac{1^2}{2}=4$ のように，
積分定数 C とは無関係に定積分の値が定まる。

教 p.213

練習 31

次の定積分を求めよ。

(1) $\displaystyle\int_0^2 (x^2+4x-5)dx$ (2) $\displaystyle\int_2^3 (x-2)(x-3)dx$

(3) $\displaystyle\int_{-1}^2 (-t^3+2t)dt$ (4) $\displaystyle\int_{-2}^2 t(t+2)^2 dt$

指針 **定積分の計算** (2), (4) まず関数の式を展開する。
(3), (4) 変数を表す文字が違うだけの定積分の値は等しい。たとえば，
(3) の $\displaystyle\int_{-1}^2 (-t^3+2t)dt$ は $\displaystyle\int_{-1}^2 (-x^3+2x)dx$ と同じ。

解答 (1) $\displaystyle\int_0^2 (x^2+4x-5)dx=\left[\frac{x^3}{3}+2x^2-5x\right]_0^2$

$$=\left(\frac{2^3}{3}+2\cdot 2^2-5\cdot 2\right)-0=\frac{8}{3}-2=\boldsymbol{\frac{2}{3}}$$ 答

(2) $\displaystyle\int_2^3 (x-2)(x-3)dx=\int_2^3 (x^2-5x+6)dx=\left[\frac{x^3}{3}-\frac{5}{2}x^2+6x\right]_2^3$

$$=\left(\frac{3^3}{3}-\frac{5}{2}\cdot 3^2+6\cdot 3\right)-\left(\frac{2^3}{3}-\frac{5}{2}\cdot 2^2+6\cdot 2\right)$$

$$=\left(9-\frac{45}{2}+18\right)-\left(\frac{8}{3}-10+12\right)=\frac{9}{2}-\frac{14}{3}=\boldsymbol{-\frac{1}{6}}$$ 答

(3) $\displaystyle\int_{-1}^2 (-t^3+2t)dt=\left[-\frac{t^4}{4}+t^2\right]_{-1}^2$

$$=\left(-\frac{2^4}{4}+2^2\right)-\left\{-\frac{(-1)^4}{4}+(-1)^2\right\}$$

$$=(-4+4)-\left(-\frac{1}{4}+1\right)=\boldsymbol{-\frac{3}{4}}$$ 答

(4) $\displaystyle\int_{-2}^2 t(t+2)^2 dt=\int_{-2}^2 (t^3+4t^2+4t)dt=\left[\frac{t^4}{4}+\frac{4}{3}t^3+2t^2\right]_{-2}^2$

$$=\left(\frac{2^4}{4}+\frac{4}{3}\cdot 2^3+2\cdot 2^2\right)-\left\{\frac{(-2)^4}{4}+\frac{4}{3}\cdot(-2)^3+2\cdot(-2)^2\right\}$$

$$=\left(4+\frac{32}{3}+8\right)-\left(4-\frac{32}{3}+8\right)=\boldsymbol{\frac{64}{3}}$$ 答

B 定積分の性質

教 p.214

練習 32 次の定積分を求めよ。

$$\int_1^3 (x^3-3x+2)dx$$

指針 **関数の定数倍および和，差の定積分**　多項式の定積分は，各項ごとに定積分を考えてもよい。定数倍された関数では，その定数を $\int$ の前に出すことができる。

解答 $\int_1^3 (x^3-3x+2)dx=\int_1^3 x^3dx-3\int_1^3 xdx+2\int_1^3 dx$　← 公式 **2**，**1**

$=\left[\frac{x^4}{4}\right]_1^3-3\left[\frac{x^2}{2}\right]_1^3+2\Big[x\Big]_1^3$

$=\frac{3^4-1^4}{4}-\frac{3(3^2-1^2)}{2}+2(3-1)$

$=20-12+4=\mathbf{12}$　答

教 p.215

練習 33 次の定積分を求めよ。

$$\int_{-1}^1 (x+2)^2dx-\int_{-1}^1 (x-2)^2dx$$

指針 **関数の定数倍および和，差の定積分の応用**　教科書 p.214 の公式 **3** を右辺から左辺を導く形で使う。この利用法では，いくつかの定積分の上端，下端がそれぞれ等しいことが前提となる。

解答 $\int_{-1}^1 (x+2)^2dx-\int_{-1}^1 (x-2)^2dx$

$=\int_{-1}^1 \{(x+2)^2-(x-2)^2\}dx=\int_{-1}^1 8xdx$　← 公式 **3**

$=\Big[4x^2\Big]_{-1}^1=4\{1^2-(-1)^2\}=\mathbf{0}$　答

教 p.215

練習 34 教科書 215 ページの定積分の性質 **1**，**2** を証明せよ。

指針 **定積分の性質の証明**　性質 **1** は，$f(x)$ の原始関数の 1 つを $F(x)$ として証明する。性質 **2** は性質 **3**（教科書で証明済み）を利用する。

解答 **【性質 1 の証明】**

$F'(x)=f(x)$ とすると

$\int_a^a f(x)dx=\Big[F(x)\Big]_a^a=F(a)-F(a)=0$　終

【性質 **2** の証明】

性質 **3** より　$\int_a^b f(x)dx+\int_b^a f(x)dx=\int_a^a f(x)dx$

性質 **1** より右辺は 0 であるから　$\int_a^b f(x)dx+\int_b^a f(x)dx=0$

よって　$\int_b^a f(x)dx=-\int_a^b f(x)dx$　終

教 p.216

練習 35

次の定積分を求めよ。

(1) $\int_1^2(3x^2-4x)dx+\int_2^3(3x^2-4x)dx$

(2) $\int_0^3(x^2+2x)dx-\int_1^3(x^2+2x)dx$

指針　**定積分の計算**　上端，下端に注目し，教科書 $p.215$ の定積分の性質 **3** を利用する。

解答 (1) $\int_1^2(3x^2-4x)dx+\int_2^3(3x^2-4x)dx=\int_1^3(3x^2-4x)dx$

$=\left[x^3-2x^2\right]_1^3=(3^3-2\cdot3^2)-(1^3-2\cdot1^2)=\mathbf{10}$　答

(2) $\int_0^3(x^2+2x)dx-\int_1^3(x^2+2x)dx=\int_0^3(x^2+2x)dx+\int_3^1(x^2+2x)dx$

$=\int_0^1(x^2+2x)dx=\left[\frac{x^3}{3}+x^2\right]_0^1=\mathbf{\frac{4}{3}}$　答

教 p.216

練習 36

次の等式を満たす関数 $f(x)$ を求めよ。

(1) $f(x)=4x+2\int_0^2 f(t)dt$　　(2) $f(x)=3x^2+\int_{-1}^1 f(t)dt$

指針　**定積分を含む関数の決定**　$\int_0^2 f(t)dt$, $\int_{-1}^1 f(t)dt$ は定数である。たとえば(1)では a を定数として $\int_0^2 f(t)dt=a$ とおくと $f(x)=4x+2a$ となり，さらに x を t でおき換えると $f(t)=4t+2a$ が得られる。

解答 (1) $\int_0^2 f(t)dt=a$ とおくと　$f(x)=4x+2a$

よって　$\int_0^2 f(t)dt=\int_0^2(4t+2a)dt=\left[2t^2+2at\right]_0^2=8+4a$

$8+4a=a$ であるから　$a=-\frac{8}{3}$　すなわち　$\mathbf{f(x)=4x-\frac{16}{3}}$　答

(2) $\int_{-1}^{1} f(t)dt=a$ とおくと　$f(x)=3x^2+a$

よって　$\int_{-1}^{1} f(t)dt=\int_{-1}^{1}(3t^2+a)dt=\left[t^3+at\right]_{-1}^{1}=2+2a$

$2+2a=a$ であるから　$a=-2$　すなわち　$\boldsymbol{f(x)=3x^2-2}$　答

教 p.217

練習 37

x の関数 $\int_0^x (3t^2-2t-1)dt$ の導関数を求めよ。

指針　**定積分で表された関数の微分**　定積分を計算しなくても，教科書 $p.217$ の公式により求めることができる。

解答　$\dfrac{d}{dx}\int_0^x (3t^2-2t-1)dt=\boldsymbol{3x^2-2x-1}$　答

教 p.217

練習 38

次の等式を満たす関数 $f(x)$ と定数 a の値を求めよ。

$$\int_a^x f(t)dt=x^2-x-2$$

指針　**定積分と導関数（関数の決定）**　等式の両辺の関数を x で微分すると，左辺は $f(x)$ となる。また，与えられた等式で $x=a$ とおくと，$p.289$ のまとめの性質 **1** が利用できる。

解答　等式の両辺の関数を x で微分すると　$f(x)=2x-1$

また，与えられた等式で $x=a$ とおくと，左辺は 0 になるから

$0=a^2-a-2$　これを解くと　$a=-1,\ 2$

答　$\boldsymbol{f(x)=2x-1,\ a=-1,\ 2}$

8 定積分と面積

まとめ

1 定積分と面積(1)

区間 $a \leqq x \leqq b$ で $f(x) \geqq 0$ のとき，$y=f(x)$ のグラフと x 軸および 2 直線 $x=a$，$x=b$ で囲まれた部分の面積 S は

$$S=\int_a^b f(x)dx$$

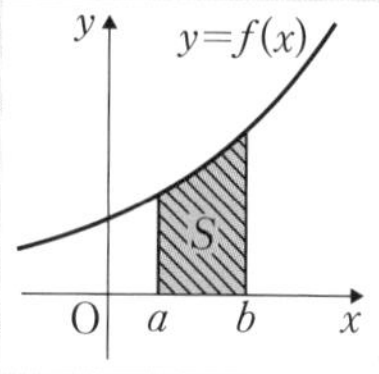

2 定積分と面積(2)

区間 $a \leqq x \leqq b$ で $f(x) \leqq 0$ のとき，$y=f(x)$ のグラフと x 軸および 2 直線 $x=a$，$x=b$ で囲まれた部分の面積 S は

$$S=\int_a^b \{-f(x)\}dx$$

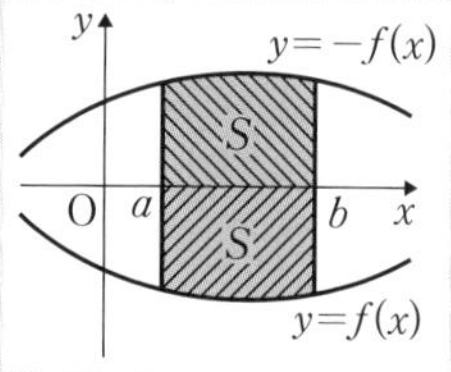

解説 x 軸に関して対称な図形を考えると，その面積は S と等しい。

$y=-f(x) \geqq 0$ であるから，「定積分と面積(1)」と同様に考えられる。

3 定積分と面積(3)

区間 $a \leqq x \leqq b$ で $f(x) \geqq g(x)$ のとき，$y=f(x)$ と $y=g(x)$ のグラフおよび 2 直線 $x=a$，$x=b$ で囲まれた部分の面積 S は

$$S=\int_a^b \{f(x)-g(x)\}dx$$

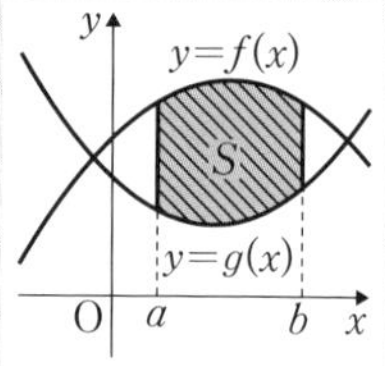

4 曲線と x 軸で囲まれた部分の面積の和

曲線 $y=f(x)$ と x 軸で囲まれた部分がいくつかの部分に分かれるときは，次の手順にしたがって面積の和を求める。

[1] $y=f(x)$ のグラフの概形をかき，x 軸との交点の x 座標を求める。

[2] $f(x) \geqq 0$ の部分と $f(x) \leqq 0$ の部分に分けて，面積の和を求める。

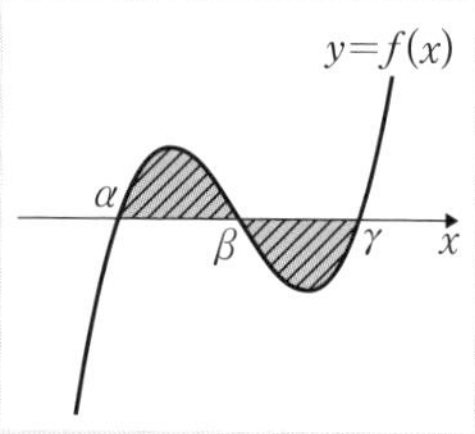

たとえば，$y=f(x)$ のグラフが右上の図のようになるとき，

$\alpha \leqq x \leqq \beta$ で $f(x) \geqq 0$，$\beta \leqq x \leqq \gamma$ で $f(x) \leqq 0$

求める面積の和 S は　$S=\int_\alpha^\beta f(x)dx+\int_\beta^\gamma \{-f(x)\}dx$

5　絶対値を含む関数のグラフと面積の和

曲線 $y=|f(x)|$ と x 軸で囲まれた部分などの面積の和 S は，次の手順で求めるとよい。

[1]　$y=f(x)$ のグラフの概形をかき，x 軸との交点の x 座標を求める。

[2]　$y=|f(x)|$ のグラフは，$y=f(x)$ のグラフの x 軸より下側の部分（$f(x)\leqq 0$ の部分）を折り返したものであるから，$f(x)\geqq 0$ の部分と $f(x)\leqq 0$ の部分に分けて，面積の和 S を求める。

たとえば，右上の図のときは

$$S=\int_a^b|f(x)|dx=\int_a^\alpha f(x)dx+\int_\alpha^\beta\{-f(x)\}dx+\int_\beta^b f(x)dx$$

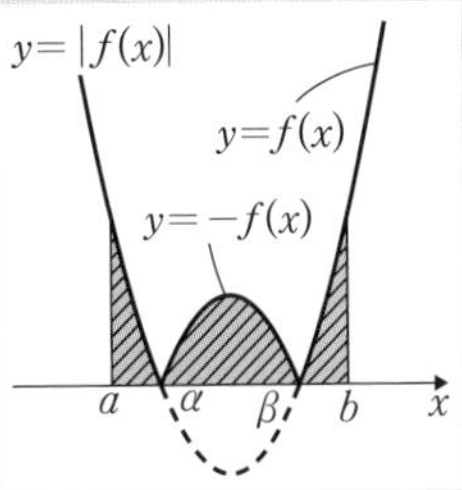

A 定積分の図形的な意味

B 曲線と x 軸の間の面積

教 p.220

練習 39　次の放物線と 2 直線および x 軸で囲まれた部分の面積 S を求めよ。

(1)　放物線 $y=x^2$，2 直線 $x=1$，$x=3$

(2)　放物線 $y=x^2+2$，2 直線 $x=-1$，$x=2$

指針　**定積分と図形の面積(1)**　$y=x^2\geqq 0$，$y=x^2+2>0$ であるから，まとめの公式を使う。面積はそれぞれ 1 から 3 までの定積分，-1 から 2 までの定積分で求めることができる。

解答　(1)　$S=\int_1^3 x^2dx=\left[\dfrac{x^3}{3}\right]_1^3$

$=\dfrac{3^3}{3}-\dfrac{1^3}{3}=\dfrac{26}{3}$　答

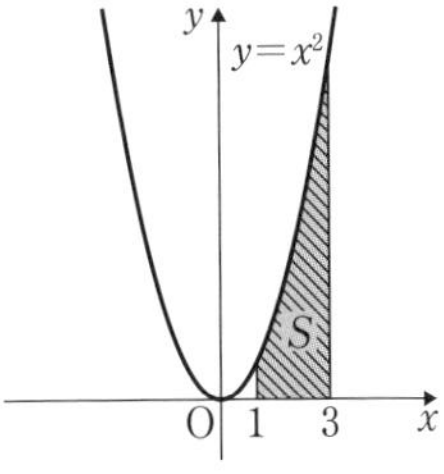

(2)　$S=\int_{-1}^2(x^2+2)dx=\left[\dfrac{x^3}{3}+2x\right]_{-1}^2$

$=\left(\dfrac{2^3}{3}+2\cdot 2\right)-\left\{\dfrac{(-1)^3}{3}+2\cdot(-1)\right\}$

$=\left(\dfrac{8}{3}+4\right)-\left(-\dfrac{1}{3}-2\right)=9$　答

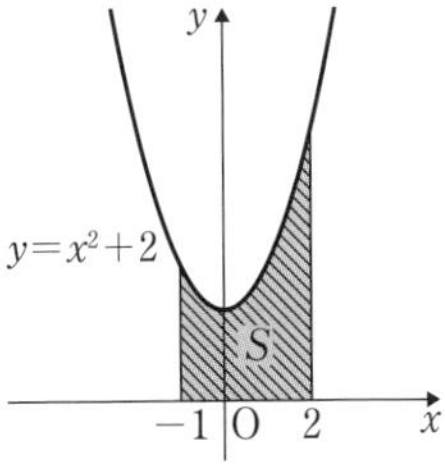

深める 教 p.220

教科書 215 ページにおいて，$\int_a^b f(x)dx=\int_a^c f(x)dx+\int_c^b f(x)dx$ …… ① が成り立つことを確かめている。ここでは，$a<c<b$ とし，区間 $a\leqq x\leqq b$ で $f(x)\geqq 0$ とした場合に ① が成り立つことを，教科書 220 ページの定積分と面積(1)を利用して確かめてみよう。

指針 **定積分と図形の面積(1)**

$\int_a^b f(x)dx$，$\int_a^c f(x)dx$，$\int_c^b f(x)dx$ のそれぞれが表す面積に着目する。

解答 区間 $a\leqq x\leqq b$ で $f(x)\geqq 0$ のとき，$y=f(x)$ のグラフと x 軸および 2 直線 $x=a$，$x=b$ で囲まれた部分の面積 S は　$S=\int_a^b f(x)dx$

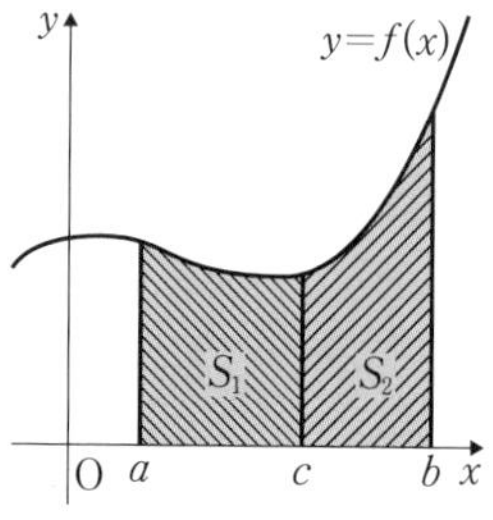

また，区間 $a\leqq x\leqq c$ で $f(x)\geqq 0$ のとき，$y=f(x)$ のグラフと x 軸および 2 直線 $x=a$，$x=c$ で囲まれた部分の面積 S_1 は　$S_1=\int_a^c f(x)dx$

さらに，区間 $c\leqq x\leqq b$ で $f(x)\geqq 0$ のとき，$y=f(x)$ のグラフと x 軸および 2 直線 $x=c$，$x=b$ で囲まれた部分の面積 S_2 は

$$S_2=\int_c^b f(x)dx$$

$S=S_1+S_2$ であるから

$$\int_a^b f(x)dx=\int_a^c f(x)dx+\int_c^b f(x)dx$$ 終

練習 40 教 p.221

次の放物線と x 軸で囲まれた部分の面積 S を求めよ。

(1)　$y=\frac{1}{4}x^2-1$　　　　(2)　$y=x^2-2x$

指針 **定積分と図形の面積(2)**　グラフをかいてどの部分の面積か確認してから公式を使う。

放物線と x 軸の交点の x 座標が，定積分の下端と上端となり，その範囲では $y\leqq 0$ である。

解答 (1)　この放物線と x 軸の交点の x 座標は，方程式 $\frac{1}{4}x^2-1=0$ を解いて

$x=-2,\ 2$

$-2\leqq x\leqq 2$ では $y\leqq 0$ であるから，求める面

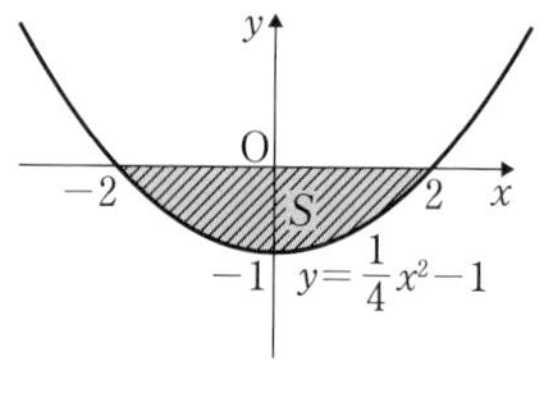

積 S は

$$S=\int_{-2}^{2}\left\{-\left(\frac{1}{4}x^2-1\right)\right\}dx$$

$$=\left[-\frac{x^3}{12}+x\right]_{-2}^{2}=\left(-\frac{2^3}{12}+2\right)-\left\{-\frac{(-2)^3}{12}-2\right\}$$

$$=\frac{8}{3}$$ 答

(2) この放物線と x 軸の交点の x 座標は，方程式 $x^2-2x=0$ を解いて

$x=0,\ 2$

$0\leqq x\leqq 2$ では $y\leqq 0$ であるから，求める面積 S は

$$S=\int_{0}^{2}\{-(x^2-2x)\}dx=\left[-\frac{x^3}{3}+x^2\right]_{0}^{2}$$

$$=\left(-\frac{2^3}{3}+2^2\right)-0=\frac{4}{3}$$ 答

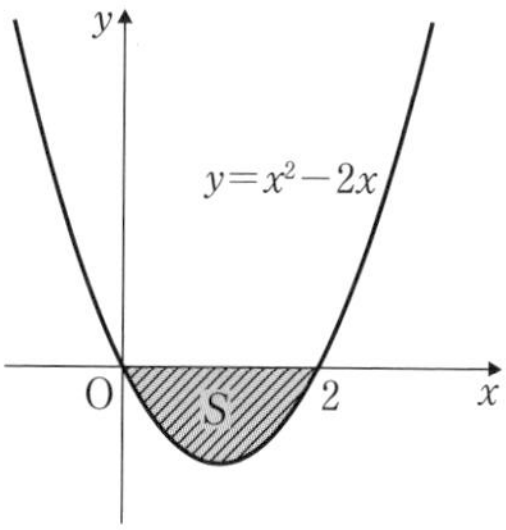

C 2つの曲線の間の面積

教 p.223

練習 41

次の曲線や直線で囲まれた部分の面積 S を求めよ。

(1) $y=x^2$，$y=-x+2$

(2) $y=-x^2+3$，$y=2x$

(3) $y=-x^2+3x$，$y=x^2-x-6$

指針 **放物線と直線で囲まれた部分の面積** 放物線と直線の上下関係を調べ，公式を使う。なお，その交点の x 座標は，放物線の式と直線の式から y を消去して得られる2次方程式の解であり，それが定積分の下端と上端になる。

解答 (1) 方程式 $x^2=-x+2$ を解くと，

$x^2+x-2=0$ から　$x=-2,\ 1$

よって，求める面積 S は，図から

$$S=\int_{-2}^{1}\{(-x+2)-x^2\}dx$$

$$=\int_{-2}^{1}(-x^2-x+2)dx$$

$$=\left[-\frac{x^3}{3}-\frac{x^2}{2}+2x\right]_{-2}^{1}$$

$$=\left(-\frac{1}{3}-\frac{1}{2}+2\right)-\left(\frac{8}{3}-2-4\right)=\frac{9}{2}$$ 答

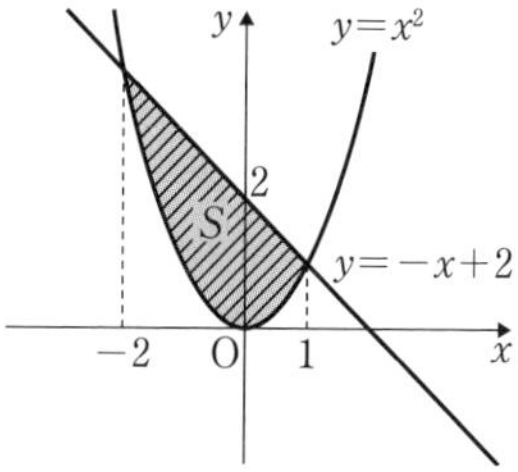

(2) 方程式 $-x^2+3=2x$ を解くと，

$x^2+2x-3=0$ から　$x=-3,\ 1$

よって，求める面積 S は，図から

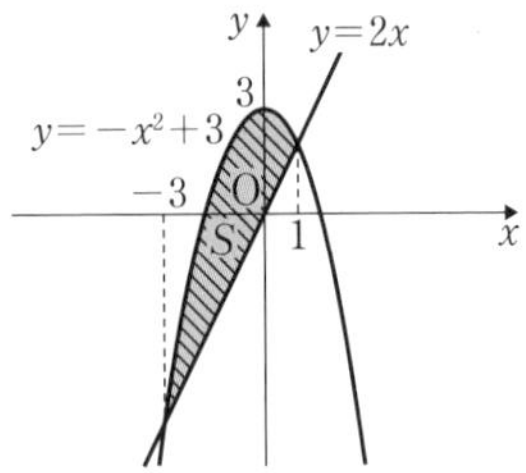

$$S=\int_{-3}^{1}\{(-x^2+3)-2x\}dx$$
$$=\int_{-3}^{1}(-x^2-2x+3)dx$$
$$=\left[-\frac{x^3}{3}-x^2+3x\right]_{-3}^{1}$$
$$=\left(-\frac{1}{3}-1+3\right)-(9-9-9)=\frac{32}{3}$$ 答

(3) 方程式 $-x^2+3x=x^2-x-6$ を解くと，

$x^2-2x-3=0$ から　$x=-1,\ 3$

よって，求める面積 S は，図から

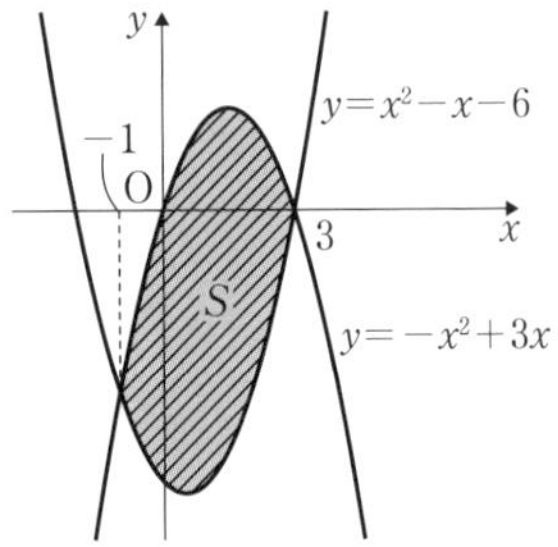

$$S=\int_{-1}^{3}\{(-x^2+3x)-(x^2-x-6)\}dx$$
$$=\int_{-1}^{3}(-2x^2+4x+6)dx$$
$$=\left[-\frac{2}{3}x^3+2x^2+6x\right]_{-1}^{3}$$
$$=\left(-\frac{2}{3}\cdot3^3+2\cdot3^2+6\cdot3\right)-\left\{-\frac{2}{3}(-1)^3+2\cdot(-1)^2+6\cdot(-1)\right\}$$
$$=\frac{64}{3}$$ 答

D いろいろなグラフと面積の和

教 p.224

練習 42　次の曲線と x 軸で囲まれた 2 つの部分の面積の和 S を求めよ。

$$y=x^3-x^2-2x$$

指針　**曲線と x 軸で囲まれた部分の面積の和**　曲線の概形を調べ，曲線と x 軸との交点の x 座標を求める。次に，$f(x)\geqq0$ の部分と $f(x)\leqq0$ の部分に分けて，面積を計算する。曲線の概形を調べるとき，本問は 3 次関数のグラフであり，x 軸と交わる 3 点の座標がすぐわかるから，微分を利用して増減を調べるほど正確なものでなくてもよい。

解答　曲線 $y=x^3-x^2-2x$ と x 軸の交点の x 座標は，方程式 $x^3-x^2-2x=0$ の解である。

$x(x^2-x-2)=0$

$x(x+1)(x-2)=0$

から　$x=-1,\ 0,\ 2$

よって，グラフは図のようになり

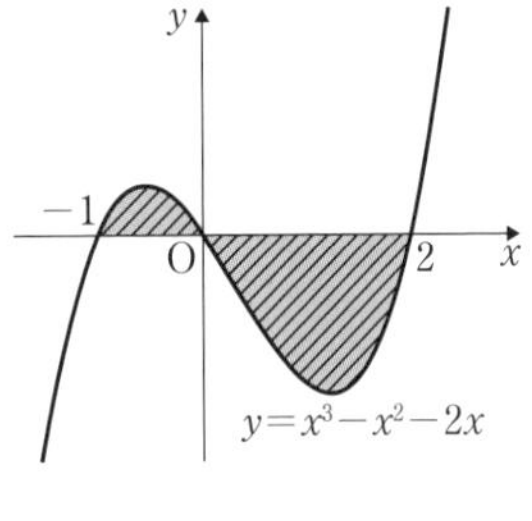

$-1\leqq x\leqq 0$ で　$y\geqq 0$

$0\leqq x\leqq 2$ で　$y\leqq 0$

したがって，求める面積の和 S は

$$S=\int_{-1}^{0}(x^3-x^2-2x)dx+\int_{0}^{2}\{-(x^3-x^2-2x)\}dx$$

$$=\left[\frac{x^4}{4}-\frac{x^3}{3}-x^2\right]_{-1}^{0}+\left[-\frac{x^4}{4}+\frac{x^3}{3}+x^2\right]_{0}^{2}$$

$$=0-\left\{\frac{(-1)^4}{4}-\frac{(-1)^3}{3}-(-1)^2\right\}+\left(-\frac{2^4}{4}+\frac{2^3}{3}+2^2\right)-0$$

$$=-\left(\frac{1}{4}+\frac{1}{3}-1\right)+\left(-4+\frac{8}{3}+4\right)$$

$$=\boldsymbol{\frac{37}{12}}$$ 答

教 p.225

練習 43　次の定積分を求めよ。

(1) $\displaystyle\int_{-3}^{1}|x^2-4|dx$　　(2) $\displaystyle\int_{-1}^{5}|x(x-3)|dx$

指針　**絶対値を含む関数と定積分**　$|f(x)|$ の形の式で，$f(x)\geqq 0$ と $f(x)\leqq 0$ の部分に分けて定積分の計算をする。$y=|f(x)|$ のグラフをかいて，グラフと x 軸の交点の x 座標を調べて求めるとよい。

解答　(1)　$x\leqq -2,\ 2\leqq x$ のとき　$x^2-4\geqq 0$

$-2\leqq x\leqq 2$　のとき　$x^2-4\leqq 0$

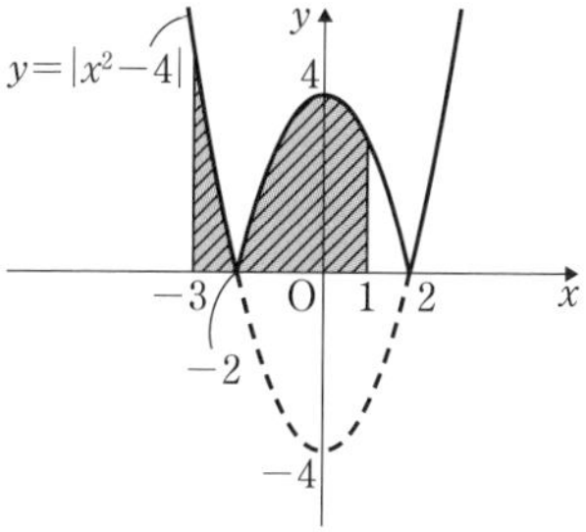

よって

$$\int_{-3}^{1}|x^2-4|dx$$

$$=\int_{-3}^{-2}|x^2-4|dx+\int_{-2}^{1}|x^2-4|dx$$

$$=\int_{-3}^{-2}(x^2-4)dx+\int_{-2}^{1}(-x^2+4)dx$$

$$=\left[\frac{x^3}{3}-4x\right]_{-3}^{-2}+\left[-\frac{x^3}{3}+4x\right]_{-2}^{1}$$

$$=\boldsymbol{\frac{34}{3}}$$ 答

(2)　$x\leqq 0,\ 3\leqq x$ のとき　$x(x-3)\geqq 0$

$0\leqq x\leqq 3$　のとき　$x(x-3)\leqq 0$

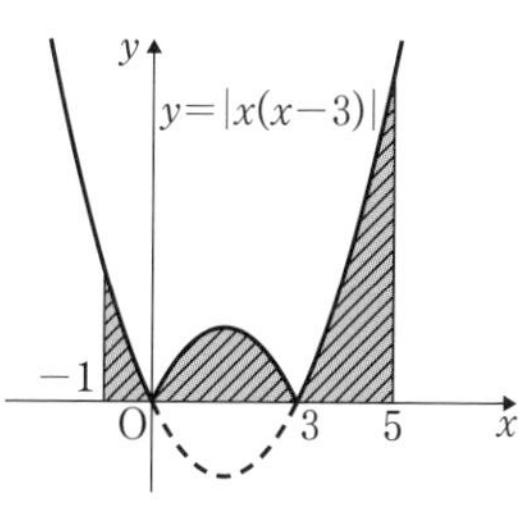

よって

$$\int_{-1}^{5}|x(x-3)|dx$$

$$=\int_{-1}^{5}|x^2-3x|dx$$

$$=\int_{-1}^{0}(x^2-3x)dx+\int_{0}^{3}(-x^2+3x)dx+\int_{3}^{5}(x^2-3x)dx$$

$$=\left[\frac{x^3}{3}-\frac{3}{2}x^2\right]_{-1}^{0}+\left[-\frac{x^3}{3}+\frac{3}{2}x^2\right]_{0}^{3}+\left[\frac{x^3}{3}-\frac{3}{2}x^2\right]_{3}^{5}$$

$$=0-\left(\frac{-1}{3}-\frac{3}{2}\right)+\left(-9+\frac{27}{2}\right)-0+\left(\frac{125}{3}-\frac{75}{2}\right)-\left(9-\frac{27}{2}\right)$$

$=15$ 答

絶対値つきの関数のグラフは x 軸の下側の部分を折り返すといいよ。

研究 曲線と接線で囲まれた部分の面積

教 p.226

練習 1 曲線 $y=x^3+x^2-2x$ と，その曲線上の点 $(1,\ 0)$ における接線で囲まれた部分の面積 S を求めよ。

指針 **曲線と接線で囲まれた部分の面積**　まず接線の方程式を求める。次に曲線と接線の位置関係を図示してとらえる。

解答 $f(x)=x^3+x^2-2x$ とすると，点 $(1,\ 0)$ における接線の傾きは $f'(1)$ である。

$f'(x)=3x^2+2x-2$ であるから　　$f'(1)=3\cdot1^2+2\cdot1-2=3$

よって，接線の方程式は　　$y=3(x-1)$　すなわち　　$y=3x-3$

曲線 $y=f(x)$ と接線 $y=3x-3$ の共有点の x 座標を求める。

方程式 $x^3+x^2-2x=3x-3$ を整理すると

$x^3+x^2-5x+3=0$

左辺を因数分解すると　　$(x-1)^2(x+3)=0$

これを解くと　　$x=1,\ -3$

点 $(1,\ 0)$ における接線が曲線 $y=f(x)$ と交わる点の x 座標は -3 であり，グラフは図のようになる。

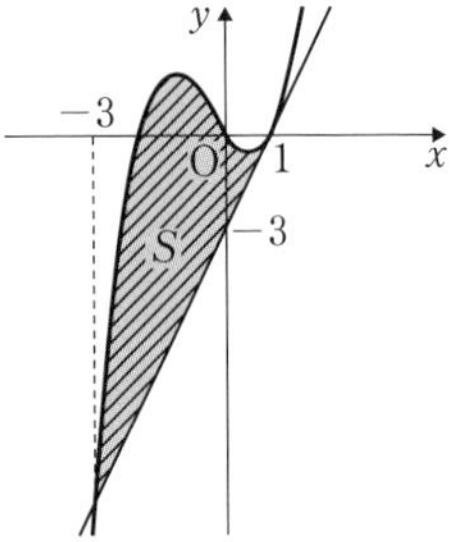

したがって，求める面積 S は

$$S=\int_{-3}^{1}\{(x^3+x^2-2x)-(3x-3)\}dx$$

$$=\int_{-3}^{1}(x^3+x^2-5x+3)dx=\left[\frac{x^4}{4}+\frac{x^3}{3}-\frac{5}{2}x^2+3x\right]_{-3}^{1}=\frac{64}{3}$$ 答

教科書 p.227

研究 放物線と x 軸で囲まれた部分の面積

まとめ

放物線と面積

放物線 $y=a(x-\alpha)(x-\beta)$ $(a>0,\ \alpha<\beta)$ と x 軸で囲まれた部分の面積 S は

$$S=\int_{\alpha}^{\beta}\{-a(x-\alpha)(x-\beta)\}dx=\frac{a(\beta-\alpha)^3}{6}$$

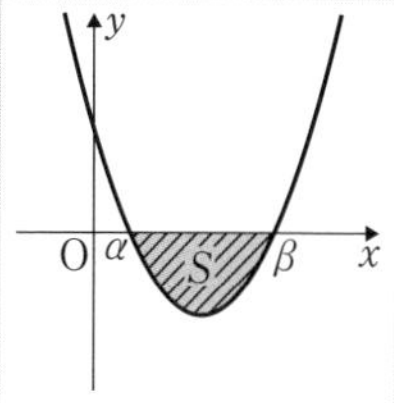

教 p.227

練習 1 放物線 $y=-x^2+6x-7$ と x 軸で囲まれた部分の面積 S を求めよ。

指針 **放物線と x 軸で囲まれた部分の面積** x 軸との交点の x 座標を求める。

解答 放物線と x 軸の交点の x 座標は，$-x^2+6x-7=0$ を解いて

$$x=3\pm\sqrt{2}$$

$\alpha=3-\sqrt{2}$，$\beta=3+\sqrt{2}$ とすると

$$S=\int_{\alpha}^{\beta}(-x^2+6x-7)dx=-\int_{\alpha}^{\beta}(x-\alpha)(x-\beta)dx=\frac{1}{6}(\beta-\alpha)^3$$

$(\beta-\alpha)^3=(2\sqrt{2})^3=16\sqrt{2}$ であるから　$S=\dfrac{16\sqrt{2}}{6}=\dfrac{8\sqrt{2}}{3}$ 答

第6章 第3節　問　題

教 p.228

14 曲線 $y=f(x)$ は点 $(1,\ 2)$ を通り，その曲線上の各点 $(x,\ y)$ における接線の傾きは $2x+1$ で表される。この曲線の方程式を求めよ。

指針 **不定積分の利用と関数の決定**　曲線 $y=f(x)$ 上の点 $(x,\ y)$ における接線の傾きは $f'(x)$ で表される。問題より，関数 $y=f(x)$ が満たす2つの条件を求め，その条件を満たす $f(x)$ を決定する。

解答 曲線 $y=f(x)$ は点 $(1,\ 2)$ を通るから

$2=f(1)$　　すなわち　　$f(1)=2$　…… ①

曲線 $y=f(x)$ の点 $(x,\ y)$ における接線の傾きは $2x+1$ で表されるから

$f'(x)=2x+1$　…… ②

② から　　$f(x)=\int(2x+1)dx=x^2+x+C$ （C は積分定数）

これに $x=1$ を代入すると

$f(1)=1^2+1+C=C+2$

① より，$C+2=2$ から　　$C=0$

よって，この曲線の方程式は　　$\boldsymbol{y=x^2+x}$　答

教 p.228

15 次の定積分を求めよ。

(1) $\int_{-1}^{1}(3x-1)^2dx$　　(2) $\int_{-2}^{1}(t+2)(t-1)dt$　　(3) $\int_{0}^{2}|x^2+x-2|dx$

指針 **定積分の計算**

(1) 関数の式を展開してから積分する。

(2) t を変数とする関数の定積分。x の場合と同様に行う。

または $\int_{\alpha}^{\beta}a(x-\alpha)(x-\beta)dx=-\frac{a(\beta-\alpha)^3}{6}$ にあてはめて求めることもできる。

(3) $|f(x)|$ の形の式で，$f(x)\geqq 0$ と $f(x)\leqq 0$ の部分に分けて，絶対値のない式にして定積分の計算をする。グラフで積分区間を確認する。

解答 (1) $\int_{-1}^{1}(3x-1)^2dx=\int_{-1}^{1}(9x^2-6x+1)dx=\Big[3x^3-3x^2+x\Big]_{-1}^{1}$

$=(3\cdot1^3-3\cdot1^2+1)-\{3\cdot(-1)^3-3\cdot(-1)^2+(-1)\}$

$=(3-3+1)-(-3-3-1)=8$　答

(2) $\int_{-2}^{1}(t+2)(t-1)dt=\int_{-2}^{1}(t^2+t-2)dt$

$$=\left[\frac{t^3}{3}+\frac{t^2}{2}-2t\right]_{-2}^{1}$$

$$=\left(\frac{1^3}{3}+\frac{1^2}{2}-2\cdot1\right)-\left\{\frac{(-2)^3}{3}+\frac{(-2)^2}{2}-2\cdot(-2)\right\}=-\frac{\mathbf{9}}{\mathbf{2}}$$ 答

(3) $\int_0^2|x^2+x-2|dx$

$$=\int_0^1(-x^2-x+2)dx+\int_1^2(x^2+x-2)dx$$

$$=\left[-\frac{x^3}{3}-\frac{x^2}{2}+2x\right]_0^1+\left[\frac{x^3}{3}+\frac{x^2}{2}-2x\right]_1^2$$

$$=\frac{7}{6}+\frac{11}{6}=\mathbf{3}$$ 答

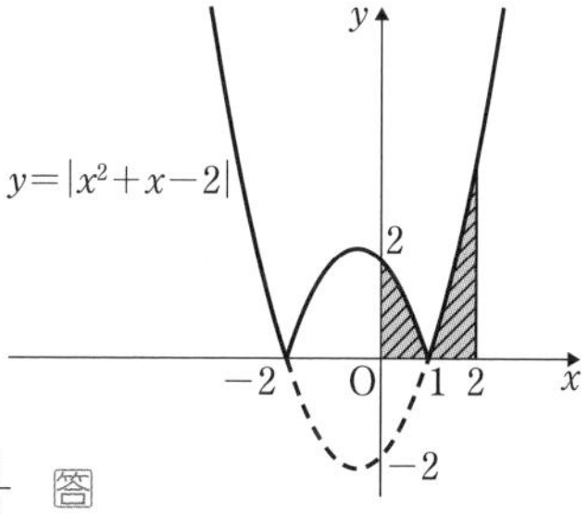

別解 (2) $\int_{-2}^{1}(t+2)(t-1)dt=-\frac{1\cdot\{1-(-2)\}^3}{6}=-\frac{\mathbf{9}}{\mathbf{2}}$ 答

教 p.228

16 次の曲線や直線によって囲まれた部分の面積 S を求めよ。

(1) $y=x^2$, $y=\frac{1}{2}x^2+2$

(2) $y=x(x+2)^2$, x 軸

指針 **2つのグラフで囲まれた部分の面積** 2つのグラフが交わる2点と，その2点間でのグラフの上下関係が，教科書 $p.222$ の公式の適用のポイントとなる。グラフをかいて視覚的にとらえるとよい。

解答 (1) 2つの放物線の交点の x 座標は，

$x^2=\frac{1}{2}x^2+2$ を解いて

$x=-2,\ 2$

よって，求める面積 S は，図から

$$S=\int_{-2}^{2}\left\{\left(\frac{1}{2}x^2+2\right)-x^2\right\}dx$$

$$=\int_{-2}^{2}\left(-\frac{1}{2}x^2+2\right)dx=\left[-\frac{x^3}{6}+2x\right]_{-2}^{2}$$

$$=\left(-\frac{2^3}{6}+2\cdot2\right)-\left\{-\frac{(-2)^3}{6}+2\cdot(-2)\right\}=\frac{\mathbf{16}}{\mathbf{3}}$$ 答

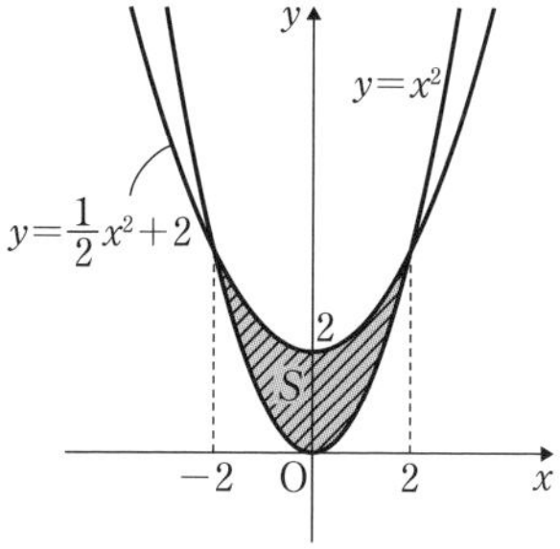

(2) 曲線 $y=x(x+2)^2$ と x 軸との共有点の x 座標は，

$x(x+2)^2=0$ を解いて

$x=0,\ -2$(重解)

よって，求める面積 S は，図から

$$S=\int_{-2}^{0}\{-x(x+2)^2\}dx$$

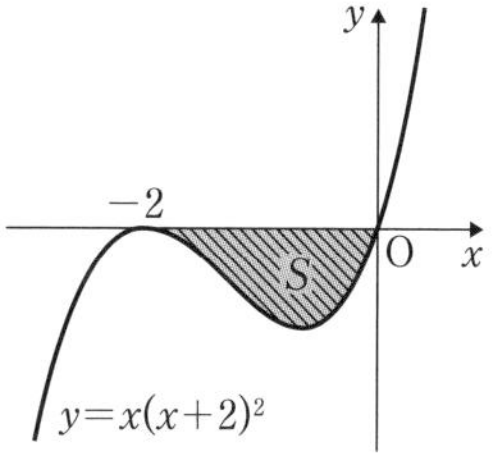

$=\int_{-2}^{0}(-x^3-4x^2-4x)dx$

$=\left[-\frac{x^4}{4}-4\cdot\frac{x^3}{3}-2x^2\right]_{-2}^{0}$

$=0-\left\{-\frac{(-2)^4}{4}-4\cdot\frac{(-2)^3}{3}-2\cdot(-2)^2\right\}$

$=0-\left(-4+\frac{32}{3}-8\right)=\frac{4}{3}$ 答

コラム　グラフの対称性を利用した定積分

教 p.228

練習

$y=x^3+x^2+x+3$ のグラフは原点や y 軸に関して対称ではないが，$\int_{-2}^{2}(x^3+x^2+x+3)dx$ の計算において下の ① の公式を利用して，計算を簡単にできる。どのように利用すればよいか考えてみよう。

指針　**グラフの対称性と定積分**　n を 0 または正の整数として

$$\int_{-a}^{a}x^{2n}dx=2\int_{0}^{a}x^{2n}dx,\quad \int_{-a}^{a}x^{2n+1}dx=0 \quad \cdots\cdots ①$$

が成り立つ。

解答　$\int_{-2}^{2}(x^3+x^2+x+3)dx$

$=\int_{-2}^{2}x^3dx+\int_{-2}^{2}x^2dx+\int_{-2}^{2}xdx+\int_{-2}^{2}3dx$

$=2\int_{0}^{2}(x^2+3)dx$

$=2\left[\frac{x^3}{3}+3x\right]_{0}^{2}$

$=\frac{52}{3}$ 終

第6章　章末問題A

教 p.229

1. 次の関数を微分せよ。

(1)　$y=(2x+1)(1-x^2)$　　(2)　$y=(x-2)(x^2+2x+4)$

指針　**関数の微分**　右辺を展開してから微分する。

解答　(1)　$(2x+1)(1-x^2)=-2x^3-x^2+2x+1$

よって　　$y=-2x^3-x^2+2x+1$

したがって　　$\boldsymbol{y'=-6x^2-2x+2}$　答

(2)　$(x-2)(x^2+2x+4)=x^3-8$

よって　　$y=x^3-8$

したがって　　$\boldsymbol{y'=3x^2}$　答

教 p.229

2. 曲線 $y=x^3-4x^2$ 上の点 A$(3,\ -9)$ における接線を ℓ とする。

(1)　ℓ の方程式を求めよ。

(2)　この曲線の接線には，ℓ に平行なもう1本の接線がある。その接点Bの x 座標を求めよ。

指針　**接線の方程式**　(1)　$f(x)=x^3-4x^2$ とすると，ℓ の傾きは　$f'(3)$

(2)　ℓ に平行な接線の傾きも $f'(3)$ である。したがって，接点Bの x 座標は，$f'(x)=f'(3)$ を満たす。

解答　(1)　$f(x)=x^3-4x^2$ とすると，接線 ℓ の傾きは $f'(3)$ である。

$f'(x)=3x^2-8x$ から　　$f'(3)=3\cdot3^2-8\cdot3=3$

よって，ℓ は点 A$(3,\ -9)$ を通り傾きが3の直線である。

したがって，その方程式は

$$y-(-9)=3(x-3)$$

すなわち　$\boldsymbol{y=3x-18}$　答

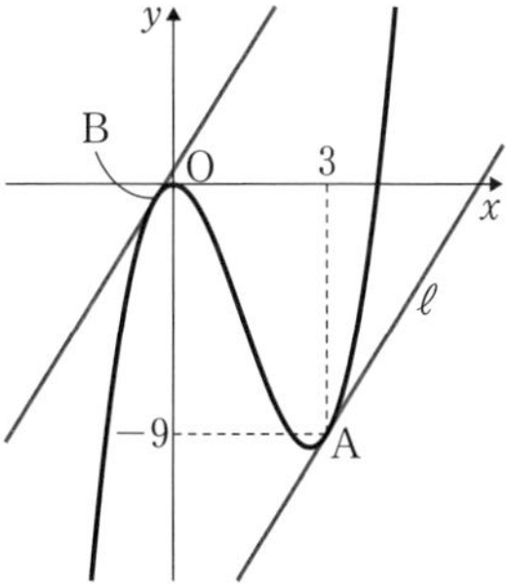

(2)　ℓ に平行な接線の傾きは3に等しいから，接点Bの x 座標は

$$3x^2-8x=3$$

を満たす。これを解くと

$(x-3)(3x+1)=0$ から　　$x=3,\ -\dfrac{1}{3}$

3は点Aの x 座標であるから，点Bの x 座標は　　$\boldsymbol{-\dfrac{1}{3}}$　答

教 p.229

3. 関数 $y=x^2(x-a)$ の増減を次の各場合について調べ，極大値があればその極大値を求めよ。ただし，a は定数とする。

(1) $a>0$　　(2) $a=0$　　(3) $a<0$

指針 **関数の極大値**　$a\neq 0$ のとき，$y'=0$ を解くと一方の解は定数 a を含む。a の正負により，それぞれ増減表を作り，極大値を求める。

解答 $y=x^3-ax^2$ であるから

$$y'=3x^2-2ax=3x\left(x-\frac{2}{3}a\right)$$

$y'=0$ を解くと　$x=0,\ \frac{2}{3}a$

(1) $a>0$ のとき，y の増減表は次のようになる。

x	……	0	……	$\frac{2}{3}a$	……
y'	$+$	0	$-$	0	$+$
y	↗	極大	↘	極小	↗

よって，この関数は，**$x=0$ で極大値 0** をとる。 答

(2) $a=0$ のとき　$y'=3x^2$

y の増減表は次のようになる。

x	……	0	……
y'	$+$	0	$+$
y	↗	0	↗

よって，y は常に増加し，**極大値はない。** 答

(3) $a<0$ のとき，y の増減表は次のようになる。

x	……	$\frac{2}{3}a$	……	0	……
y'	$+$	0	$-$	0	$+$
y	↗	極大	↘	極小	↗

$x=\frac{2}{3}a$ のとき　$y=\left(\frac{2}{3}a\right)^2\left(\frac{2}{3}a-a\right)=-\frac{4}{27}a^3$

よって，この関数は，**$x=\frac{2}{3}a$ で極大値 $-\frac{4}{27}a^3$** をとる。 答

教 p.229

4. 関数 $f(x)=ax^3+bx^2+cx+d$ が，$x=1$ で極大値 5 をとり，$x=3$ で極小値 1 をとるように，定数 a，b，c，d の値を定めよ。

教科書 p.229

指針 **極値から関数の決定**　$x=1$ で極大値 5 をとるとき　$f'(1)=0$，$f(1)=5$
また，$x=3$ で極小値 1 をとるとき　$f'(3)=0$，$f(3)=1$
それぞれ a，b，c，d の式で表し，連立方程式を作る。
これを解いて得られる a，b，c，d の値は，必要条件から求めたものであるから，最後に増減表を作り，問題に適することを確認する。

解答 $f(x)=ax^3+bx^2+cx+d$ を微分すると　　$f'(x)=3ax^2+2bx+c$
$f(x)$ が $x=1$ で極大値 5 をとるとき　　$f'(1)=0$，$f(1)=5$
よって　　$3a+2b+c=0$　…… ①
　　　　　$a+b+c+d=5$　…… ②
$f(x)$ が $x=3$ で極小値 1 をとるとき　　$f'(3)=0$，$f(3)=1$
よって　　$27a+6b+c=0$　…… ③
　　　　　$27a+9b+3c+d=1$　…… ④
④－② から　　$26a+8b+2c=-4$
すなわち　　$13a+4b+c=-2$　…… ⑤
①，③，⑤ を解くと　　$a=1$，$b=-6$，$c=9$
よって，② から　　$d=1$
このとき　　$f(x)=x^3-6x^2+9x+1$
　　　　　　$f'(x)=3x^2-12x+9=3(x-1)(x-3)$
であるから，次の増減表が得られ，問題に適している。

← (③－①)÷4 から $6a+b=0$，(⑤－①)÷2 から $5a+b=-1$

x	……	1	……	3	……
$f'(x)$	+	0	−	0	+
$f(x)$	↗	極大 5	↘	極小 1	↗

したがって　　**$a=1$，$b=-6$，$c=9$，$d=1$**　答

教 p.229

5．関数 $y=x^3-x+1$ のグラフと直線 $y=2x+a$ が異なる 3 点で交わるように，定数 a の値の範囲を定めよ。

指針 **微分法の方程式への応用**　2 つのグラフが異なる 3 点で交わるのは，方程式 $x^3-x+1=2x+a$ が異なる 3 個の実数解をもつときである。このとき，この方程式を $x^3-3x+1=a$ と変形し，左辺を $f(x)$ とすると，関数 $y=f(x)$ のグラフと直線 $y=a$ が異なる 3 点で交わればよい。

解答 $y=x^3-x+1$ のグラフと直線 $y=2x+a$ が異なる 3 点で交わるのは方程式
$$x^3-x+1=2x+a \quad \cdots\cdots ①$$
が異なる 3 個の実数解をもつときである。
① を変形すると　　$x^3-3x+1=a$　…… ②
$f(x)=x^3-3x+1$ とおくと，② が異なる 3 個の実数解をもつことより，$y=f(x)$

のグラフと直線 $y=a$ が異なる 3 点で交わる。
ここで，$y=f(x)$ のグラフを調べる。

$y'=3x^2-3=3(x+1)(x-1)$

であるから，$y'=0$ とすると　$x=-1,\ 1$
y の増減表は次のようになる。

x	……	-1	……	1	……
y'	$+$	0	$-$	0	$+$
y	↗	極大 3	↘	極小 -1	↗

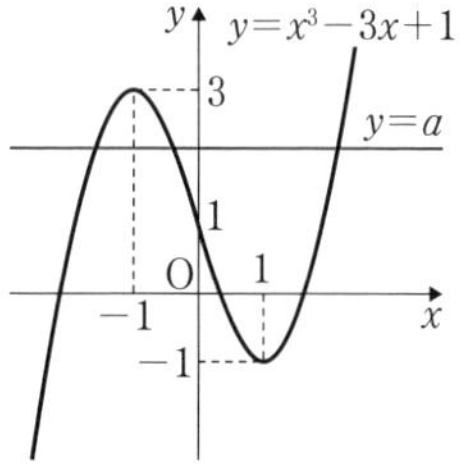

よって，$y=x^3-3x+1$ のグラフは図のようになる。
求める a の値の範囲は，このグラフと直線 $y=a$ が異なる 3 点で交わる範囲であるから

$-1<a<3$ 答

教 p.229

6．次の定積分を求めよ。

(1) $\displaystyle\int_{-2}^{2}(2x-3)^2dx$　　(2) $\displaystyle\int_{-\sqrt{2}}^{\sqrt{2}}(t^2-2)dt$

指針　定積分の計算

(1) 関数を展開してから積分する。
(2) t を変数とする関数でも計算は x のときと同じ。

解答 (1) $\displaystyle\int_{-2}^{2}(2x-3)^2dx=\int_{-2}^{2}(4x^2-12x+9)dx=\left[\frac{4}{3}x^3-6x^2+9x\right]_{-2}^{2}$

$\displaystyle=\left(\frac{32}{3}-24+18\right)-\left(-\frac{32}{3}-24-18\right)=\mathbf{\frac{172}{3}}$ 答

(2) $\displaystyle\int_{-\sqrt{2}}^{\sqrt{2}}(t^2-2)dt=\left[\frac{t^3}{3}-2t\right]_{-\sqrt{2}}^{\sqrt{2}}$

$\displaystyle=\left(\frac{2\sqrt{2}}{3}-2\sqrt{2}\right)-\left(-\frac{2\sqrt{2}}{3}+2\sqrt{2}\right)=\mathbf{-\frac{8\sqrt{2}}{3}}$ 答

教 p.229

7．等式 $f(x)=x^2+2\displaystyle\int_{0}^{1}f(t)dt$ を満たす関数 $f(x)$ を求めよ。

指針　定積分と関数の決定　$\displaystyle\int_{0}^{1}f(t)dt$ は x に無関係な定数である。これを a とすると，

$f(x)=x^2+2a$ と表され，$\displaystyle\int_{0}^{1}(t^2+2a)dt=a$ が成り立つ。

解答 $\displaystyle\int_{0}^{1}f(t)dt=a$ (定数) とすると　$f(x)=x^2+2a$　…… ①

ゆえに　$f(t)=t^2+2a$　　よって　$\int_0^1(t^2+2a)dt=a$　…… ②

ここで　$\int_0^1(t^2+2a)dt=\left[\frac{t^3}{3}+2at\right]_0^1=\frac{1}{3}+2a$

② から　　$\frac{1}{3}+2a=a$　すなわち　　$a=-\frac{1}{3}$

したがって，① から　　$\boldsymbol{f(x)=x^2-\frac{2}{3}}$　答

教 p.229

8. 関数 $f(x)=\int_1^x(t-1)(t-2)dt$ の極大値を求めよ。

指針　**定積分と導関数（極値）**　次のことを使って，導関数 $f'(x)$ を求める。

a を定数とするとき，x の関数 $\int_a^x f(t)dt$ の導関数は $f(x)$ である。

解答　$f(x)=\int_1^x(t-1)(t-2)dt$ を微分すると　$f'(x)=(x-1)(x-2)$

よって，$f(x)$ の増減表は次のようになる。

x	……	1	……	2	……
$f'(x)$	+	0	−	0	+
$f(x)$	↗	極大	↘	極小	↗

極大値は

$f(1)=\int_1^1(t-1)(t-2)dt=0$　　　←$\int_a^a f(x)dx=0$

したがって，$f(x)$ は　$\boldsymbol{x=1}$ **で極大値 0** をとる。　答

教 p.229

9. 放物線 $y=x^2-3x$ と次の 2 直線で囲まれた部分の面積 S を求めよ。

(1)　$y=0$，$y=4$　　　　(2)　$y=2x$，$y=-x$

指針　**放物線と直線で囲まれた部分の面積**　グラフをかいてどの部分の面積か確認する。求める部分は，1 つの図形ではあるが，その面積を求めるには 2 つの部分の面積の差や和を考える必要がある。

解答　(1)　この放物線と直線 $y=0$，$y=4$ の交点の x 座標は，それぞれ

$x^2-3x=0$ を解いて　　$x=0,\ 3$

$x^2-3x=4$ を解いて　　$x=-1,\ 4$

よって，求める面積 S は，図から

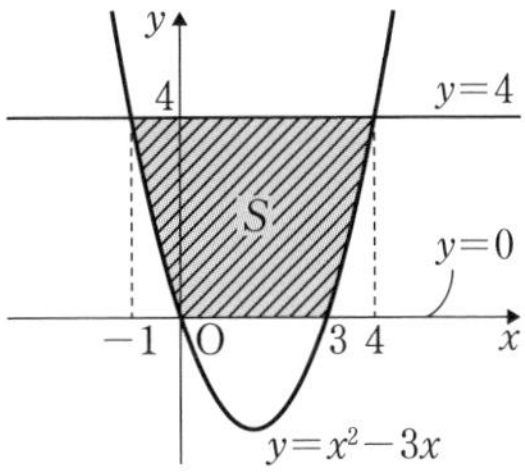

6章 微分法と積分法

$$S=\int_{-1}^{4}\{4-(x^2-3x)\}dx-\int_{0}^{3}\{-(x^2-3x)\}dx$$

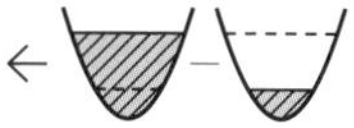

$$=\left[-\frac{x^3}{3}+\frac{3}{2}x^2+4x\right]_{-1}^{4}-\left[-\frac{x^3}{3}+\frac{3}{2}x^2\right]_{0}^{3}$$

$$=\left(-\frac{64}{3}+24+16\right)-\left(\frac{1}{3}+\frac{3}{2}-4\right)-\left(-9+\frac{27}{2}\right)+0=\mathbf{\frac{49}{3}}$$ 答

(2) この放物線と直線 $y=2x$, $y=-x$ の交点の x 座標は, それぞれ

$x^2-3x=2x$ を解いて　　$x=0$, 5

$x^2-3x=-x$ を解いて　　$x=0$, 2

よって, 求める面積 S は, 図から

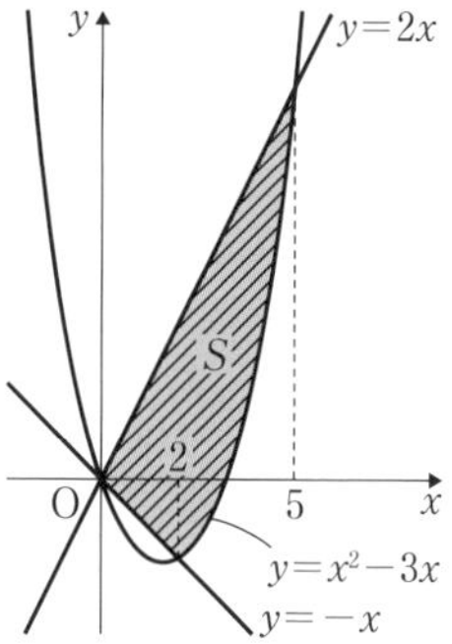

$$S=\int_{0}^{2}\{2x-(-x)\}dx+\int_{2}^{5}\{2x-(x^2-3x)\}dx$$

$$=\left[\frac{3}{2}x^2\right]_{0}^{2}+\left[-\frac{x^3}{3}+\frac{5}{2}x^2\right]_{2}^{5}$$

$$=6-0+\left(-\frac{125}{3}+\frac{125}{2}\right)-\left(-\frac{8}{3}+10\right)=\mathbf{\frac{39}{2}}$$ 答

別解 (2) $S=\int_{0}^{5}\{2x-(x^2-3x)\}dx-\int_{0}^{2}\{-x-(x^2-3x)\}dx$

$$=\mathbf{\frac{39}{2}}$$ 答

第6章　章末問題B

教 p.230

10. 関数 $f(x)=x^3+3x^2+kx$ が常に増加するように，定数 k の値の範囲を定めよ。

指針 **関数が常に増加する条件**　関数 $f(x)$ が常に増加するための条件は，すべての実数 x について $f'(x)\geqq 0$ となることである。

解答 関数 $f(x)$ について，常に $f'(x)\geqq 0$ であれば，$f(x)$ は常に増加する。

$$f'(x)=3x^2+6x+k$$

$3x^2+6x+k\geqq 0$ が常に成り立つのは，2 次方程式

$$3x^2+6x+k=0$$

の判別式 D について $D\leqq 0$ のときである。

$\dfrac{D}{4}=3^2-3\cdot k$ から　　$9-3k\leqq 0$

これを解いて　　$\boldsymbol{k\geqq 3}$　答

別解 関数 $f(x)$ について，常に $f'(x)\geqq 0$ であれば，$f(x)$ は常に増加する。

$$f'(x)=3x^2+6x+k=3(x+1)^2+k-3$$

よって，$3x^2+6x+k\geqq 0$ が常に成り立つには

$k-3\geqq 0$　すなわち　$\boldsymbol{k\geqq 3}$　答

教 p.230

11. k は定数とする。$x\geqq 0$ のとき，不等式 $x^3-6x^2+k\geqq 0$ が成り立つような k の値の最小値を求めよ。

指針 **最小値の利用**　$y=x^3-6x^2+k$ として，$x\geqq 0$ のとき，y の最小値が 0 以上となるような k の値の範囲を調べる。

解答 $y=x^3-6x^2+k$ とすると

$$y'=3x^2-12x=3x(x-4)$$

$x\geqq 0$ において，y の増減表は次のようになる。

x	0	……	4	……
y'		$-$	0	$+$
y	k	↘	極小 $k-32$	↗

y は $x=4$ で最小値 $k-32$ をとる。　←$4^3-6\cdot 4^2+k$

よって，$x\geqq 0$ のとき $y\geqq 0$ が成り立つような k の値の範囲は

$k-32\geqq 0$　すなわち　$k\geqq 32$

したがって，k の最小値は　$\boldsymbol{k=32}$　答

6章 微分法と積分法

教 p.230

12. 右の図のように，半径 10 の球に内接する直円錐（すい）がある。このような直円錐の体積 V の最大値 V_1 と球の体積 V_2 の比を求めよ。

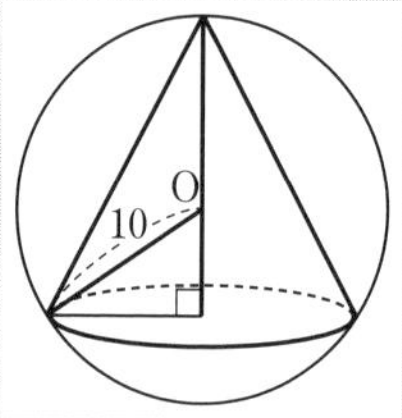

指針 **最大・最小の応用**　直円錐の高さを x とし，まず底面の円について $(半径)^2$ を x で表す。V を x の式で表し，x の値の範囲に注意して増減表を作る。

解答 直円錐の高さを x とする。

直円錐の底面の半径を r とし，図のような直円錐の頂点 A と球の中心 O を通る平面を考えると，△OBH において三平方の定理により

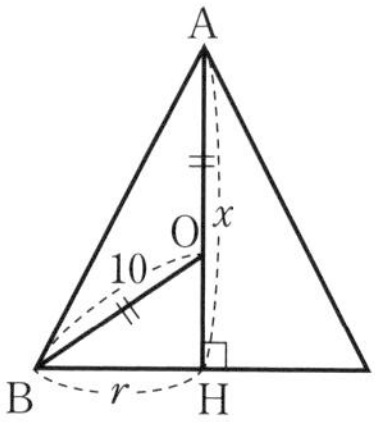

$$r^2=BH^2=OB^2-OH^2$$
$$=10^2-(x-10)^2=-x^2+20x$$

よって，直円錐の体積 V は

$$V=\frac{1}{3}\pi(-x^2+20x)x$$

すなわち　$V=\frac{1}{3}\pi x^2(20-x)$　…… ①

ただし，$r^2>0$ より　$-x^2+20x>0$

これを解くと，$x(x-20)<0$ から　$0<x<20$　…… ②

① より　$V'=\frac{\pi}{3}(40x-3x^2)=-\pi x\left(x-\frac{40}{3}\right)$

よって，② の範囲において，V の増減表は次のようになる。

x	0	……	$\frac{40}{3}$	……	20
V'		+	0	−	
V		↗	極大	↘	

したがって，V は $x=\frac{40}{3}$ で最大となり，最大値 V_1 は

$$V_1=\frac{1}{3}\pi\left(\frac{40}{3}\right)^2\left(20-\frac{40}{3}\right)=\frac{32000}{81}\pi$$

一方，球の体積 V_2 は　$V_2=\frac{4}{3}\pi\cdot 10^3=\frac{4000}{3}\pi$

したがって　$V_1:V_2=\frac{32000}{81}\pi:\frac{4000}{3}\pi=8:27$　答

教 p.230

13. どのような1次関数$f(x)$に対しても，次の不等式が成り立つことを証明せよ。

$$\left\{\int_0^1 f(x)dx\right\}^2<\int_0^1\{f(x)\}^2dx$$

指針 **定積分と不等式の証明**　$f(x)=ax+b$とおく。ただし，$a\neq0$とする。不等式の両辺をそれぞれa，bの式で表し，左辺−右辺<0を導く。

解答 $f(x)=ax+b$とおく。ただし，$a\neq0$とする。

このとき　$\displaystyle\int_0^1 f(x)dx=\int_0^1(ax+b)dx=\left[\frac{a}{2}x^2+bx\right]_0^1=\frac{a}{2}+b$

また　$\displaystyle\int_0^1\{f(x)\}^2dx=\int_0^1(a^2x^2+2abx+b^2)dx$

$$=\left[\frac{a^2}{3}x^3+abx^2+b^2x\right]_0^1=\frac{a^2}{3}+ab+b^2$$

よって　$\displaystyle\left\{\int_0^1 f(x)dx\right\}^2-\int_0^1\{f(x)\}^2dx=\left(\frac{a}{2}+b\right)^2-\left(\frac{a^2}{3}+ab+b^2\right)$

$$=\frac{a^2}{4}+ab+b^2-\left(\frac{a^2}{3}+ab+b^2\right)$$

$$=-\frac{a^2}{12}<0$$　←$a\neq0$

したがって　$\displaystyle\left\{\int_0^1 f(x)dx\right\}^2<\int_0^1\{f(x)\}^2dx$　終

教 p.230

14. 放物線$y=x^2-ax$とx軸で囲まれた部分の面積が$\dfrac{4}{3}$になるような定数aの値を求めよ。

指針 **放物線とx軸で囲まれた部分の面積**　この放物線は，原点(0, 0)と点$(a, 0)$でx軸と交わる($a=0$は問題の条件を満たさない)。
0とaの大小関係によって，面積を求める定積分の下端と上端が入れかわるから注意する。$a>0$と$a<0$に分けて考える。

解答 この放物線とx軸の交点のx座標は
$x^2-ax=0$を解いて
　$x=0$, a
放物線とx軸で囲まれた部分の面積が$\dfrac{4}{3}$になるから　$a\neq0$

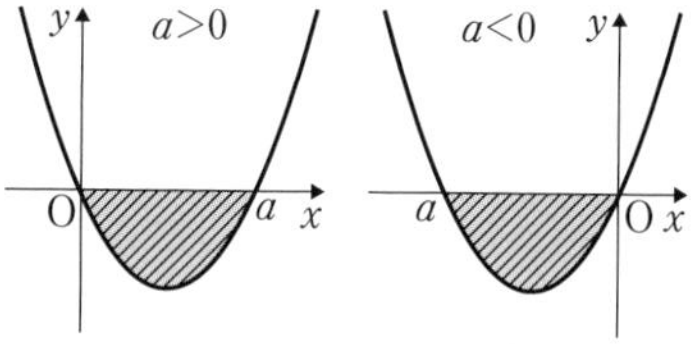

$a>0$のとき

図から，$\displaystyle\int_0^a(-x^2+ax)dx=\frac{4}{3}$が成り立つ。

6章 微分法と積分法

ここで　$\int_0^a(-x^2+ax)dx=\left[-\frac{x^3}{3}+\frac{a}{2}x^2\right]_0^a=-\frac{a^3}{3}+\frac{a^3}{2}=\frac{a^3}{6}$

よって　$\frac{a^3}{6}=\frac{4}{3}$　これを解くと　$a^3=8$

したがって　$a=2$

$a<0$ のとき

図から，$\int_a^0(-x^2+ax)dx=\frac{4}{3}$ が成り立つ。

ここで　$\int_a^0(-x^2+ax)dx=-\int_0^a(-x^2+ax)dx=-\frac{a^3}{6}$

よって　$-\frac{a^3}{6}=\frac{4}{3}$　これを解くと　$a^3=-8$

したがって　$a=-2$

以上から　**$a=2,\ -2$** 答

教 p.230

15. 放物線 $y=x^2-2x+4$ に原点 O から 2 本の接線を引くとき，放物線と 2 本の接線で囲まれた部分の面積 S を求めよ。

指針　**放物線と接線で囲まれた部分の面積**　放物線の接線については，練習 14 を参照。それをもとにグラフをかき，放物線と接線の上下関係を調べる。$x=0$ を境目として接線が変わることにも注意する。

解答　$y=x^2-2x+4$ を微分して　$y'=2x-2$

接点の x 座標を a とすると，接線の傾きは $2a-2$ となるから，その方程式は

$y-(a^2-2a+4)=(2a-2)(x-a)$

整理すると　$y=2(a-1)x-a^2+4$　…… ①

この直線が原点 O(0, 0) を通るから

$0=-a^2+4$

よって　$a^2-4=0$

これを解いて　$a=-2,\ 2$

したがって，接線の方程式は，① から

$a=-2$ のとき　$y=-6x$

$a=2$ のとき　$y=2x$

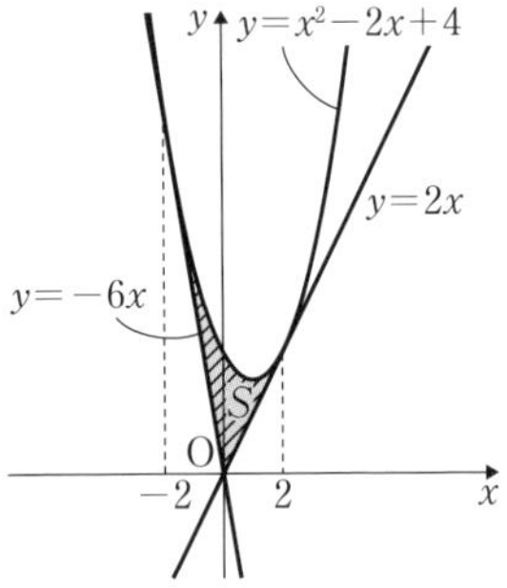

よって，求める面積 S は，図から

$$S=\int_{-2}^0\{(x^2-2x+4)-(-6x)\}dx+\int_0^2\{(x^2-2x+4)-2x\}dx$$

$$=\int_{-2}^0(x^2+4x+4)dx+\int_0^2(x^2-4x+4)dx$$

$$=\left[\frac{x^3}{3}+2x^2+4x\right]_{-2}^0+\left[\frac{x^3}{3}-2x^2+4x\right]_0^2$$

$$=0-\left(-\frac{8}{3}+8-8\right)+\left(\frac{8}{3}-8+8\right)-0=\mathbf{\frac{16}{3}}$$ 答

研究 教 p.230

16. 曲線 $y=x^3+2x^2-3x$ と，その曲線上の点 $(-2,\ 6)$ における接線で囲まれた部分の面積 S を求めよ。

指針 **曲線と接線で囲まれた部分の面積** まず，点 $(-2,\ 6)$ におけるこの曲線の接線の方程式を求め，その接線と曲線が再び交わる点の x 座標を求める。図をかいて，面積を求める部分を確認してから，面積を計算する。

解答 $f(x)=x^3+2x^2-3x$ とおき，点 $(-2,\ 6)$ における接線を ℓ とする。

接線 ℓ の傾きは $f'(-2)$ で，$f'(x)=3x^2+4x-3$ から

$$f'(-2)=3\cdot(-2)^2+4\cdot(-2)-3=1$$

よって，接線 ℓ の方程式は

$$y-6=x+2 \qquad \text{すなわち} \qquad y=x+8$$

曲線と接線 ℓ が交わる点の x 座標を求める。

方程式 $x^3+2x^2-3x=x+8$ を整理すると

$$x^3+2x^2-4x-8=0$$

左辺は $x+2$ を因数にもつことに着目して左辺を因数分解して

$$(x+2)^2(x-2)=0$$

これを解くと　$x=-2$(重解)，2

よって，曲線と接線が交わる点の x 座標は $x=2$ であり，グラフは図のようになる。

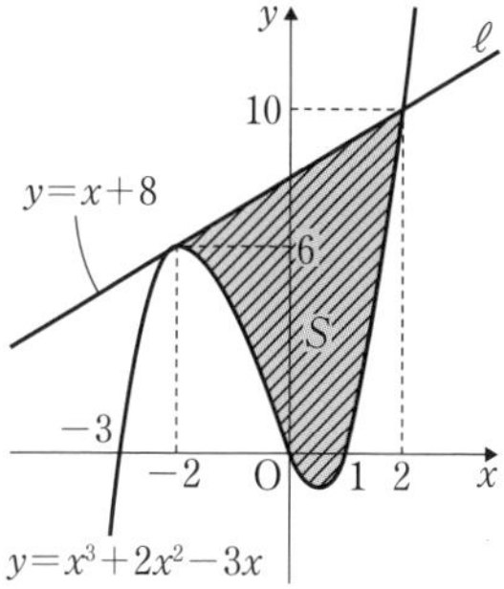

したがって，求める面積 S は

$$S=\int_{-2}^{2}\{(x+8)-(x^3+2x^2-3x)\}dx$$

$$=\int_{-2}^{2}(-x^3-2x^2+4x+8)dx$$

$$=\left[-\frac{x^4}{4}-2\cdot\frac{x^3}{3}+2x^2+8x\right]_{-2}^{2}$$

$$=\left(-\frac{2^4}{4}-2\cdot\frac{2^3}{3}+2\cdot2^2+8\cdot2\right)$$

$$-\left\{-\frac{(-2)^4}{4}-2\cdot\frac{(-2)^3}{3}+2\cdot(-2)^2+8\cdot(-2)\right\}$$

$$=\left(-4-\frac{16}{3}+8+16\right)-\left(-4+\frac{16}{3}+8-16\right)=\mathbf{\frac{64}{3}}$$ 答

総合問題

1 ※問題文は，教科書 231 ページを参照。

指針 **不等式の証明のくふう**

(1) 判別式を利用する。

(2) 与えられた不等式の左辺を展開して x について整理し，(1) の結果を利用する。

(3) (2) で示した不等式において，$a_1=x$，$a_2=y$，$a_3=z$，$b_1=\dfrac{1}{x}$，$b_2=\dfrac{1}{y}$，$b_3=\dfrac{1}{z}$ とする。

(4) (2) で示した不等式において，$a_1=\dfrac{p}{\sqrt{s}}$，$a_2=\dfrac{q}{\sqrt{t}}$，$a_3=\dfrac{r}{\sqrt{u}}$，$b_1=\sqrt{s}$，$b_2=\sqrt{t}$，$b_3=\sqrt{u}$ とする。

(5) $a^2+b^2+c^2 \geqq ab+bc+ca$ が成り立つことを利用する。

解答 (1) 2 次方程式 $ax^2+bx+c=0$ の判別式を D とすると

$$D=b^2-4ac$$

2 次不等式の x^2 の係数が正であるから，すべての実数 x で不等式が成り立つのは，$D \leqq 0$ のときである。

よって　　$\boldsymbol{b^2-4ac \leqq 0}$ 答

(2) すべての実数 x に対して

$$(a_1x+b_1)^2+(a_2x+b_2)^2+(a_3x+b_3)^2 \geqq 0$$

が成り立つことから，2 次不等式

$$(a_1{}^2+a_2{}^2+a_3{}^2)x^2+2(a_1b_1+a_2b_2+a_3b_3)x+(b_1{}^2+b_2{}^2+b_3{}^2) \geqq 0$$

がすべての実数 x で成り立つ。

$a_1{}^2+a_2{}^2+a_3{}^2$，$2(a_1b_1+a_2b_2+a_3b_3)$，$b_1{}^2+b_2{}^2+b_3{}^2$ は正の実数であるから，(1)において，

$a=a_1{}^2+a_2{}^2+a_3{}^2$，$b=2(a_1b_1+a_2b_2+a_3b_3)$，$c=b_1{}^2+b_2{}^2+b_3{}^2$ とすると

$$\{2(a_1b_1+a_2b_2+a_3b_3)\}^2-4(a_1{}^2+a_2{}^2+a_3{}^2)(b_1{}^2+b_2{}^2+b_3{}^2) \leqq 0$$

すなわち

$$(a_1{}^2+a_2{}^2+a_3{}^2)(b_1{}^2+b_2{}^2+b_3{}^2) \geqq (a_1b_1+a_2b_2+a_3b_3)^2$$ 終

(3) x，y，z，$\dfrac{1}{x}$，$\dfrac{1}{y}$，$\dfrac{1}{z}$ は正の実数であるから，(2) で示した不等式において，

$a_1=x$，$a_2=y$，$a_3=z$，$b_1=\dfrac{1}{x}$，$b_2=\dfrac{1}{y}$，$b_3=\dfrac{1}{z}$ とすると

$$(x^2+y^2+z^2)\left\{\left(\frac{1}{x}\right)^2+\left(\frac{1}{y}\right)^2+\left(\frac{1}{z}\right)^2\right\} \geqq \left(x\cdot\frac{1}{x}+y\cdot\frac{1}{y}+z\cdot\frac{1}{z}\right)^2$$

すなわち　　$(x^2+y^2+z^2)\left(\dfrac{1}{x^2}+\dfrac{1}{y^2}+\dfrac{1}{z^2}\right) \geqq 9$ 終

(4) $\dfrac{p}{\sqrt{s}}$, $\dfrac{q}{\sqrt{t}}$, $\dfrac{r}{\sqrt{u}}$, $\sqrt{s}$, $\sqrt{t}$, $\sqrt{u}$ は正の実数であるから，(2) で示した不等式において，$a_1=\dfrac{p}{\sqrt{s}}$, $a_2=\dfrac{q}{\sqrt{t}}$, $a_3=\dfrac{r}{\sqrt{u}}$, $b_1=\sqrt{s}$, $b_2=\sqrt{t}$, $b_3=\sqrt{u}$ とすると

$$\left\{\left(\frac{p}{\sqrt{s}}\right)^2+\left(\frac{q}{\sqrt{t}}\right)^2+\left(\frac{r}{\sqrt{u}}\right)^2\right\}\{(\sqrt{s})^2+(\sqrt{t})^2+(\sqrt{u})^2\}$$
$$\geqq\left(\frac{p}{\sqrt{s}}\cdot\sqrt{s}+\frac{q}{\sqrt{t}}\cdot\sqrt{t}+\frac{r}{\sqrt{u}}\cdot\sqrt{u}\right)^2$$

すなわち　$\dfrac{p^2}{s}+\dfrac{q^2}{t}+\dfrac{r^2}{u}\geqq\dfrac{(p+q+r)^2}{s+t+u}$　終

(5) $\dfrac{a^2}{ab+ac}+\dfrac{b^2}{bc+ba}+\dfrac{c^2}{ca+cb}\geqq\dfrac{(a+b+c)^2}{2(ab+bc+ca)}$

から　$\dfrac{a}{b+c}+\dfrac{b}{c+a}+\dfrac{c}{a+b}\geqq\dfrac{a^2+b^2+c^2+2(ab+bc+ca)}{2(ab+bc+ca)}$

ここで

$$(a^2+b^2+c^2)-(ab+bc+ca)=\frac{1}{2}\{(a-b)^2+(b-c)^2+(c-a)^2\}\geqq 0$$

より，$a^2+b^2+c^2\geqq ab+bc+ca$ であるから

$$\frac{a}{b+c}+\frac{b}{c+a}+\frac{c}{a+b}\geqq\frac{3(ab+bc+ca)}{2(ab+bc+ca)}$$

すなわち　$\dfrac{a}{b+c}+\dfrac{b}{c+a}+\dfrac{c}{a+b}\geqq\dfrac{3}{2}$　終

2 ※問題文は，教科書 232 ページを参照。

指針 **3 次式で割った余り**　$P(x)$ を 3 次式 $(x+1)^2(x-1)$ で割った余りは 2 次以下の多項式か 0 であるから，余りは ax^2+bx+c とおける。
余りの条件と剰余の定理から $P(-1)$，$P(1)$ について考えると，$b=5$, $c=2-a$ が得られるが，a の値を定めることができないから，$(x+1)^2$ で割った余りに着目して a の値を求める。

解答 (1) 多項式 $P(x)$ を $(x+1)^2$ で割った余りが $x-2$ であるから，商を $Q_1(x)$ とすると，次の等式が成り立つ。

$$P(x)=(x+1)^2Q_1(x)+x-2$$

この等式から　$P(-1)=-1-2=-3$

答 (ア) -3

(2) (*) から　$P(-1)=a-b+c$, $P(1)=a+b+c$

また，$P(-1)=-3$, $P(1)=7$ であるから

$$a-b+c=-3,\ a+b+c=7$$

これを解くと　$b=5$, $c=2-a$

よって，求める余り ax^2+bx+c を，a と x だけを用いて $ax^2+5x+2-a$ と

表すことができる。

$P(x)=(x+1)^2(x-1)Q(x)+ax^2+5x+2-a$ …… $(*)'$

ここで，$(*)'$ から $P(x)$ を $x-1$ で割った余りと $x+1$ で割った余りは求められるが，$(x+1)^2$ で割った余りは求められないことに着目する。

$$\begin{array}{r|l} & a \\ x^2+2x+1 & ax^2+\ \ 5x+2-a \\ & ax^2+2ax+a \\ \hline & (5-2a)x+(2-2a) \end{array}$$

上の計算により，$(*)'$ は次のように変形できる。

$P(x)=(x+1)^2(x-1)Q(x)+a(x+1)^2+(5-2a)x+(2-2a)$

$=(x+1)^2\{(x-1)Q(x)+a\}+(5-2a)x+(2-2a)$

$P(x)$ を $(x+1)^2$ で割った余りは $x-2$ であることから

$5-2a=1,\ 2-2a=-2$ 　よって　$a=2$

したがって，$P(x)$ を $(x+1)^2(x-1)$ で割った余りは

$2x^2+5x$

答 (イ) $\boldsymbol{ax^2+5x+2-a}$

(ウ), (エ) $\boldsymbol{x-1,\ x+1}$ (順不同)

(オ) $\boldsymbol{(x+1)^2}$ 　(カ) $\boldsymbol{2x^2+5x}$

3 ※問題文は，教科書 233 ページを参照。

指針 **領域と最大・最小の応用**

(3) (1), (2) の条件を領域として図示し，商品 A，B の合計の個数である $x+y$ の値の最小値を考える。

(4) 商品 A，B の値段は同じであるから，$x+y$ が最小値をとるとき合計購入金額が最も少なくなる。

解答 (1) $\boldsymbol{2x+5y\geqq200}$ 答

(2) $\boldsymbol{7x+3y\geqq420}$ 答

(3) 与えられた条件から

$x\geqq0,\ y\geqq0,\ 2x+5y\geqq200,\ 7x+3y\geqq420$

が成り立つ。

直線 $2x+5y=200$ と

直線 $7x+3y=420$ の交点の座標は

$\left(\dfrac{1500}{29},\ \dfrac{560}{29}\right)$

よって，この連立不等式が満たす領域 A は右の図のようになる。

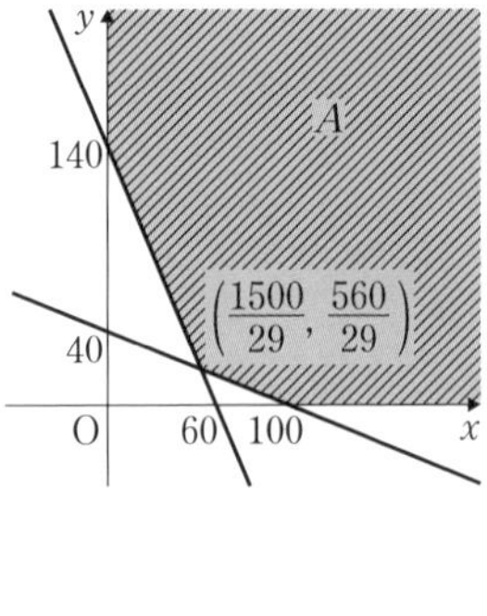

2 つの商品 A，B の合計購入個数を k 個とすると

$x+y=k$ …… ①

である。これは傾きが -1, y 切片が k である直線を表す。領域 A においては，直線 ① が点 $\left(\frac{1500}{29}, \frac{560}{29}\right)$ を通るとき k は最小で，そのとき

$$k=\frac{1500}{29}+\frac{560}{29}=\frac{2060}{29}=71.03\cdots\cdots$$

k は整数であるから，2 つの商品 A，B を最低でも合計で **72 個以上** 購入する必要がある。 答

(4) $x+y=72$ のとき

$y=72-x$

(1) から

$2x+5(72-x)\geqq 200$

すなわち　$x\leqq 53.3\cdots\cdots$

(2) から

$7x+3(72-x)\geqq 420$

すなわち　$x\geqq 51$

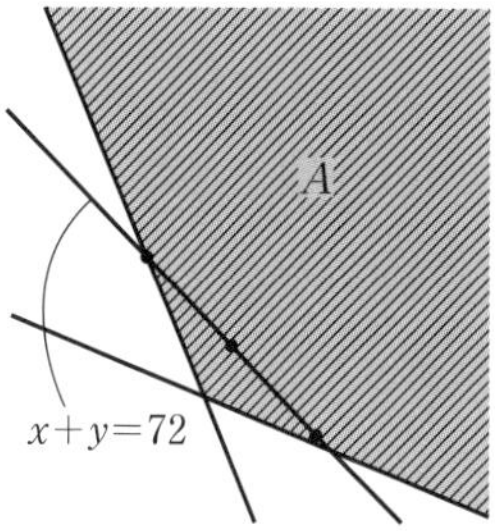

$51\leqq x\leqq 53.3\cdots\cdots$ で，x は整数であることから，

2 つの商品 A，B の合計購入金額が最も少なくなるような (x, y) の組は

$(\boldsymbol{x}, \boldsymbol{y})=(\mathbf{51}, \mathbf{21}), (\mathbf{52}, \mathbf{20}), (\mathbf{53}, \mathbf{19})$ 答

4 ※問題文は，教科書 233 ページを参照。

指針 **正五角形の 1 辺の長さ**

(1) $\theta=\frac{2}{5}\pi$ より，$5\theta=2\pi$ であるから　　$2\theta=2\pi-3\theta$

(3) (1)，(2) より，t についての 3 次方程式を作る。

(4) 余弦定理を利用する。

解答 (1) $\theta=\frac{2}{5}\pi$ であるから　　$5\theta=2\pi$

$2\theta+3\theta=2\pi$ から　　$2\theta=2\pi-3\theta$

よって　　$\cos 2\theta=\cos(2\pi-3\theta)=\cos 3\theta$ 終

(2) $\cos 2\theta=2\cos^2\theta-1$

$$\begin{aligned}\cos 3\theta&=\cos(2\theta+\theta)\\&=\cos 2\theta\cos\theta-\sin 2\theta\sin\theta\\&=(2\cos^2\theta-1)\cos\theta-2\sin^2\theta\cos\theta\\&=2\cos^3\theta-\cos\theta-2(1-\cos^2\theta)\cos\theta\\&=4\cos^3\theta-3\cos\theta\end{aligned}$$

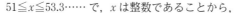

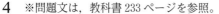

よって，$t=\cos\theta$ とすると

$\boldsymbol{\cos 2\theta=2t^2-1}$，　$\boldsymbol{\cos 3\theta=4t^3-3t}$ 答

また，$0<\frac{2}{5}\pi<\frac{\pi}{2}$ から

$$\cos\frac{\pi}{2}<\cos\frac{2}{5}\pi<\cos 0 \quad \text{すなわち} \quad 0<t<1$$ 終

(3) (1), (2) から　$2t^2-1=4t^3-3t$

すなわち　$4t^3-2t^2-3t+1=0$

左辺を因数分解すると　$(t-1)(4t^2+2t-1)=0$

よって　$t=1,\ \frac{-1\pm\sqrt{5}}{4}$

$0<t<1$ であるから　$\boldsymbol{t=\frac{-1+\sqrt{5}}{4}}$ 答

(4) (3) から

$$\cos\theta=\frac{-1+\sqrt{5}}{4}$$

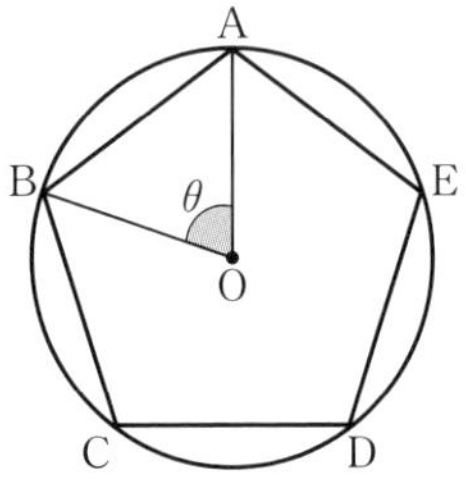

△OAB において，余弦定理により

$$\begin{aligned}AB^2&=OA^2+OB^2-2\cdot OA\cdot OB\cos\theta\\&=1^2+1^2-2\cdot1\cdot1\cdot\frac{-1+\sqrt{5}}{4}\\&=\frac{5-\sqrt{5}}{2}\end{aligned}$$

$AB>0$ から　$AB=\sqrt{\frac{5-\sqrt{5}}{2}}=\frac{\sqrt{10-2\sqrt{5}}}{2}$

よって，正五角形 ABCDE の 1 辺の長さは

$\boldsymbol{\frac{\sqrt{10-2\sqrt{5}}}{2}}$ 答

別解 (1)　$\theta=\frac{2}{5}\pi$ であるから

$$\cos 2\theta=\cos\frac{4}{5}\pi=\cos\left(\pi-\frac{\pi}{5}\right)=-\cos\frac{\pi}{5}$$

$$\cos 3\theta=\cos\frac{6}{5}\pi=\cos\left(\pi+\frac{\pi}{5}\right)=-\cos\frac{\pi}{5}$$

よって　$\cos 2\theta=\cos 3\theta$ 終

5 ※問題文は，教科書 234 ページを参照。

指針 **常用対数の利用**

(2) 不等式 ① の両辺の常用対数をとる。

(3) $p=7.2$ のとき，$x=1+\frac{7.2}{100}=1.072$ であるから，$1.072^{10}\geqq 2$ が成り立つことを示す。

解答 (1) $p=10$ のとき，計画通りに利益が増えたとすると，3 年後の利益は

$$1000\times\left(1+\frac{10}{100}\right)^3=1000\times1.1^3$$
$$=1000\times1.331$$
$$=1331$$

よって，**1331 万円** である。 答

(2) 計画通りに利益が増えたとすると，1 年後の利益は $\left(1+\frac{p}{100}\right)$ 倍になる。

$x=1+\frac{p}{100}$ とすると，10 年間で利益が 2 倍以上になるとき，不等式

$$x^{10}\geqq2 \quad \cdots\cdots ①$$

が成り立つ。① の両辺の常用対数をとると

$$\log_{10}x^{10}\geqq\log_{10}2$$

すなわち $10\log_{10}x\geqq\log_{10}2$

ここで，$\log_{10}2=0.3010$ とすると

$$\log_{10}x\geqq\frac{1}{10}\log_{10}2=0.03010$$

すなわち $\log_{10}\left(1+\frac{p}{100}\right)\geqq0.03010 \quad \cdots\cdots ②$

常用対数表から

$\log_{10}1.07=0.0294$，$\log_{10}1.08=0.0334$

であるから，② を満たす最小の自然数 p は

$1+\frac{p}{100}=1.08$ すなわち $p=8$

答 (ア) $\boldsymbol{1+\frac{p}{100}}$ (イ) **10** (ウ) **0.03010** (エ) **8**

(3) $\log_{10}1.072^{10}=10\log_{10}\frac{5.36}{5}$

$$=10(\log_{10}5.36-\log_{10}5)$$
$$=10(0.7292-0.6990)$$
$$=0.302$$

$\log_{10}2=0.3010$ であるから $\log_{10}1.072^{10}>\log_{10}2$

底 10 は 1 より大きいから $1.072^{10}>2$

よって，目標を達成するためには $p=7.2$ で十分である。 終

6 ※問題文は，教科書 235 ページを参照。

指針 **極大値と極小値をもつ 3 次関数のグラフの性質**

(2) 方程式 $x^3-3a^2x=k$ が異なる 2 つの実数解をもつのは，関数 $y=x^3-3a^2x$ のグラフと直線 $y=k$ が異なる 2 つの共有点をもつときである。

総合問題

(5) 傾きが正である接線の方程式を $y=mx+n$ とおき，関数 $y=x^3-3b^2x$ のグラフと異なる 2 つの点を共有することから，(3) で示した式を利用する。

解答 (1) $y'=3x^2-3a^2=3(x+a)(x-a)$

$y'=0$ とすると　　$x=-a,\ a$

y の増減表は次のようになる。

x	$\cdots$	$-a$	$\cdots$	a	$\cdots$
y'	$+$	0	$-$	0	$+$
y	↗	極大 $2a^3$	↘	極小 $-2a^3$	↗

よって，この関数は $\boldsymbol{x=-a}$ で極大値 $\boldsymbol{2a^3}$，$\boldsymbol{x=a}$ で極小値 $\boldsymbol{-2a^3}$ をとる。

答

(2) この方程式の異なる実数解の個数は，関数 $y=x^3-3a^2x$ のグラフと直線 $y=k$ の共有点の個数に等しい。

(1) から，関数 $y=x^3-3a^2x$ のグラフは，右の図のようになる。

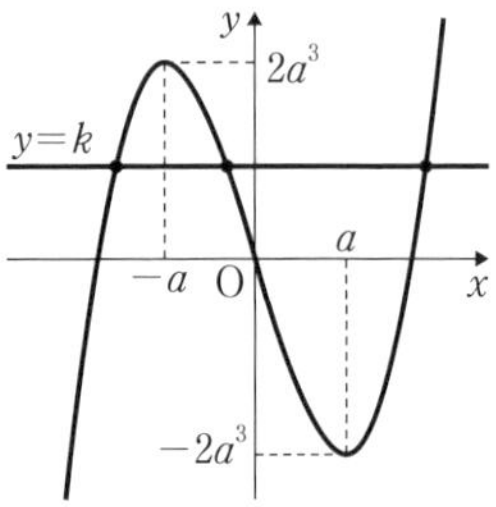

求める k の値は，このグラフと直線 $y=k$ が異なる 2 つの共有点をもつときの値であるから

$\boldsymbol{k=-2a^3,\ 2a^3}$　答

(3) まず，方程式 $x^3-3a^2x=k_1$ の実数解を求める。

(2) より $k_1=-2a^3$ であるから

$x^3-3a^2x=-2a^3$　すなわち　　$x^3-3a^2x+2a^3=0$

左辺を因数分解すると　　$(x-a)^2(x+2a)=0$

よって　　$\alpha_1=-2a,\ \beta_1=a$　…… ①

次に，方程式 $x^3-3a^2x=k_2$ の実数解を求める。

(2) より $k_2=2a^3$ であるから

$x^3-3a^2x=2a^3$　すなわち　　$x^3-3a^2x-2a^3=0$

左辺を因数分解すると　　$(x+a)^2(x-2a)=0$

よって　　$\alpha_2=-a,\ \beta_2=2a$　…… ②

①，② から　　$\alpha_1=2\alpha_2,\ 2\beta_1=\beta_2$　　終

(4) $y=x^3-3b^2x$ を微分すると　　$y'=3x^2-3b^2$

接線の傾きが m となる接点の座標を $(t,\ t^3-3b^2t)$ とすると

$3t^2-3b^2=m$　すなわち　　$t^2=\dfrac{m+3b^2}{3}$

ここで，$\dfrac{m+3b^2}{3}$ は正の実数であるから

$$t=\pm\sqrt{\frac{m+3b^2}{3}}$$

よって，接線の傾きが m となる接点が 2 つ存在することから，

関数 $y=x^3-3b^2x$ のグラフには，傾き m の接線が 2 本引ける。 終

(5) 傾きが正である接線の方程式を $y=mx+n$ とおく。

この接線と関数 $y=x^3-3b^2x$ のグラフの共有点の x 座標は方程式

$x^3-3b^2x=mx+n$ すなわち $x^3-(3b^2+m)x=n$ の 2 つの実数解である。

ここで，$3b^2+m$ は正の実数であることから，a を $3b^2+m=3a^2$ を満たす正の実数とすると，(2)より　$n=-2a^3,\ 2a^3$

$x^3-3a^2x=-2a^3$ の実数解を $\alpha_1,\ \beta_1\ (\alpha_1<\beta_1)$,

$x^3-3a^2x=2a^3$ 　の実数解を $\alpha_2,\ \beta_2\ (\alpha_2<\beta_2)$

とすると，①，② から

$$\mathrm{SP}=\alpha_2-\alpha_1=-a-(-2a)=a$$
$$\mathrm{PO}=0-\alpha_2=-(-a)=a$$
$$\mathrm{OQ}=\beta_1-0=a$$
$$\mathrm{QR}=\beta_2-\beta_1=2a-a=a$$

したがって，SP＝PO＝OQ＝QR が成り立つから，3 点 P，O，Q は線分 SR を 4 等分する点である。 終

総合問題

第1章　式と証明

1　3次式の展開と因数分解

1　次の式を展開せよ。

(1)　$(a+4)^3$　(2)　$(x-2)^3$　(3)　$(x-3y)^3$

(4)　$(x+5)(x^2-5x+25)$　(5)　$(x-4)(x^2+4x+16)$

(6)　$(3a-2b)(9a^2+6ab+4b^2)$

教 p.9 練習 1, 3

2　次の式を因数分解せよ。

(1)　a^3-125b^3　(2)　$8x^3+27$　(3)　$64a^3-27b^3$

(4)　$x^3-y^3z^3$　(5)　$64x^6-y^6$　(6)　x^6+1

教 p.10 練習 4, 5

2　二項定理

3　次の式の展開式を，二項定理を使って求めよ。

(1)　$(x+1)^7$　(2)　$(x-3)^5$

教 p.13 練習 8

4　次の式の展開式において，[　]内に指定された項の係数を求めよ。

(1)　$(3x+2)^6$　$[x^5]$　(2)　$(x-2y)^5$　$[x^3y^2]$

教 p.13 練習 9

5　(1)　$(1+x)^n$ の展開式を用いて，次の等式を導け。

$${}_nC_0-3{}_nC_1+9{}_nC_2-\cdots\cdots+(-3)^n{}_nC_n=(-2)^n$$

(2)　$(a-b+c)^7$ の展開式における，次の項の係数を求めよ。

[1]　$a^2b^3c^2$　[2]　$a^2b^2c^3$　[3]　b^5c^2

教 p.14, 15 練習10, 11, 研究 練習 1

3 多項式の割り算

6 次の多項式 A, B について，A を B で割った商と余りを求めよ。

(1) $A=x^2+5x+6$, $B=x+1$

(2) $A=4x^3-6x^2-5$, $B=2x^2+1$

(3) $A=2a^3+12-3a$, $B=5+2a^2+4a$

教 p.17 練習12

7 多項式 x^3+2x^2-x-1 を多項式 B で割ると，商が $x-1$，余りが $4x-3$ であるという。B を求めよ。

教 p.18 練習13

8 $A=2x^2+5xy+2y^2-2x+6y-4$, $B=x+y-3$ を y の多項式とみて，A を B で割った商と余りを求めよ。

教 p.18 練習14

4 分数式とその計算

9 次の(1)~(3)の式を約分して，既約分数で表せ。また，(4)，(5)を計算せよ。

(1) $\dfrac{6ay^4}{3axy^3}$　(2) $\dfrac{x^2-3x-4}{2x^2+3x+1}$　(3) $\dfrac{2x^2-3x-2}{x^2-5x+6}$

(4) $\dfrac{x^2-9}{x^2-6x}\times\dfrac{x}{x+3}$　(5) $\dfrac{x-1}{x^2-5x+6}\div\dfrac{x^2-x}{x^2+5x-14}$

教 p.19, 20 練習15, 16

10 次の計算をせよ。

(1) $\dfrac{x}{x-4}+\dfrac{x-8}{x-4}$　(2) $\dfrac{x}{x-a}+\dfrac{a}{a-x}$　(3) $\dfrac{x}{x+1}-\dfrac{1}{x+2}$

(4) $\dfrac{1}{(x-1)(x-5)}-\dfrac{1}{(x-5)(x+3)}$　(5) $\dfrac{x+8}{x^2+x-2}+\dfrac{x-4}{x^2-x}$

(6) $\dfrac{5x+1}{x^2-4x+3}+\dfrac{x+2}{x^2-x}$

教 p.20, 21 練習17, 18

11 $A=x-\dfrac{1}{x}$, $B=1-\dfrac{1}{x}$ のとき，$\dfrac{A}{B}$ を簡単にせよ。

教 p.21 練習19

5 恒等式

12 次の等式が x についての恒等式となるように，定数 a，b，c の値を定めよ。

(1) $3x^2+5x+3=(x+2)(ax+b)+c$

(2) $\dfrac{3x-5}{(2x-1)(x+3)}=\dfrac{a}{2x-1}+\dfrac{b}{x+3}$

» 教 p.23, 24 練習21, 22

13 等式 $x^2-10x+3=a(x-2)(x-3)+b(x-3)(x-1)+c(x-1)(x-2)$ が x についての恒等式となるように，定数 a，b，c の値を求めよ。

» 教 p.24 研究 練習1

6 等式の証明

14 次の等式を証明せよ。

(1) $(a+b)^2-(a-b)^2=4ab$

(2) $(x^2-1)(y^2-1)=(xy+1)^2-(x+y)^2$

(3) $a^3+8=(a+2)^3-6a(a+2)$

» 教 p.27 練習23

15 $a+b+c=0$ のとき，次の等式を証明せよ。

(1) $a^2-2bc=b^2+c^2$

(2) $ab(a+b)^2+bc(b+c)^2+ca(c+a)^2=0$

» 教 p.27 練習24, 25

16 $\dfrac{a}{b}=\dfrac{c}{d}$ のとき，次の等式を証明せよ。

(1) $\dfrac{a+c}{b+d}=\dfrac{a+2c}{b+2d}$

(2) $\dfrac{ab}{a^2+b^2}=\dfrac{cd}{c^2+d^2}$

» 教 p.28 練習26

7 不等式の証明

17 (1) $x>y$ のとき，$\dfrac{x+2y}{3}>\dfrac{x+3y}{4}$ であることを証明せよ。

(2) $x<\dfrac{1}{2}$，$y<1$ のとき，$2xy+1>2x+y$ であることを証明せよ。

≫教 p.30 練習27, 28

18 次の不等式を証明せよ。また，等号が成り立つときを調べよ。

(1) $4(x+1)\geqq -x^2$ (2) $a^2+ab+b^2\geqq 3ab$

(3) $4x^2\geqq 3y(4x-3y)$ (4) $a^2+2ab+2b^2\geqq 0$

≫教 p.31 練習29

19 $a>0$ のとき，次の不等式を証明せよ。

$3\sqrt{a}+2>\sqrt{9a+4}$

≫教 p.32 練習30

20 次の不等式を証明せよ。また，等号が成り立つときを調べよ。

$|a+b|+|a-b|\geqq 2|a|$

≫教 p.33 練習31

21 $a>0$，$b>0$ のとき，次の不等式を証明せよ。また，等号が成り立つときを調べよ。

(1) $a+\dfrac{9}{a}\geqq 6$ (2) $\dfrac{3b}{2a}+\dfrac{2a}{3b}\geqq 2$

≫教 p.35 練習32

定期考査対策問題　第1章

1 (1) (ア) $(5x+3y)^3$　(イ) $(2x+y)(4x^2-2xy+y^2)$　を展開せよ。

(2) (ウ) $64-\dfrac{a^3}{8}$　(エ) $x^6+26x^3y^3-27y^6$　を因数分解せよ。

2 次の式の展開式において，[　]内に指定された項の係数を求めよ。

(1) $(x+3)^6$　$[x^4]$　(2) $(2x+y)^8$　$[x^6y^2]$

(3) $(2x+3y)^5$　$[xy^4]$　(4) $(x-3y+2z)^9$　$[x^4y^2z^3]$

3 n を自然数とするとき，次の等式を証明せよ。

(1) ${}_nC_0+6{}_nC_1+6^2{}_nC_2+\cdots\cdots+6^n{}_nC_n=7^n$

(2) n が奇数なら　${}_nC_0+{}_nC_2+\cdots\cdots+{}_nC_{n-1}={}_nC_1+{}_nC_3+\cdots\cdots+{}_nC_n$

4 次の条件を満たす多項式 A，B を求めよ。

(1) A を x^2-3x+5 で割ると，商が x^2+1，余りが $3x-4$

(2) x^4+1 を B で割ると，商が x^2-x，余りが $x+1$

5 $\dfrac{1}{x-1}+\dfrac{1}{x+1}+\dfrac{2x}{x^2+1}+\dfrac{4x^3}{x^4+1}$ を計算せよ。

6 x についての多項式 $2x^3+ax^2-3x-2$ を x^2+3x-5 で割ると，余りが $4x+3$ になるとする。その商は1次式であるから，商を $bx+c$ とおくと

$$2x^3+ax^2-3x-2=(x^2+3x-5)(bx+c)+4x+3$$

と表される。このとき，定数 a，b，c の値を求めよ。

7 $\dfrac{y+z}{b-c}=\dfrac{z+x}{c-a}=\dfrac{x+y}{a-b}$ のとき，$x+y+z=0$ を証明せよ。

8 不等式 $\sqrt{x^2+y^2}\leqq|x|+|y|\leqq\sqrt{2}\sqrt{x^2+y^2}$ を証明せよ。

9 $a>0$，$b>0$ のとき，次の不等式を証明し，等号が成り立つときを調べよ。

(1) $9ab+\dfrac{1}{ab}\geqq 6$　(2) $a+b+\dfrac{1}{a+b}\geqq 2$

第2章 複素数と方程式

1 複素数とその計算

22 (1) 次の複素数の実部と虚部をいえ。

(ア) $-4+2i$　(イ) $\dfrac{3-\sqrt{5}i}{2}$　(ウ) $-\sqrt{2}$　(エ) $3i$

(2) 次の等式を満たす実数 x, y の値を求めよ。

(オ) $(x+3y)+(2x-y)i=9+4i$

(カ) $(x-y-2)+(x-2y+1)i=0$

教 p.41 練習 1, 2

23 次の式を計算せよ。

(1) $(3-2i)+(2-i)$　(2) $(3-i)-(1-i)$　(3) $(3+i)+4i$

(4) $(1+3i)(2+i)$　(5) $(1-2i)(5+2i)$　(6) $(3-2i)^2$

(7) $(1+i)^2$　(8) $(1+\sqrt{3}i)(1-\sqrt{3}i)$

教 p.42 練習 3, 4

24 次の複素数と共役な複素数をいえ。

(1) $5+4i$　(2) $3-2i$　(3) $\sqrt{3}$　(4) $-5i$　(5) $\dfrac{-1+\sqrt{5}i}{2}$

教 p.42 練習 5

25 次の式を計算せよ。

(1) $\dfrac{3+i}{1+2i}$　(2) $\dfrac{2-i}{2+i}$　(3) $\dfrac{2i}{3-i}$

教 p.43 練習 6

26 (1) 次の数を i を用いて表せ。

(ア) $\sqrt{-3}$　(イ) $\sqrt{-4}$　(ウ) -8 の平方根

(2) 次の式を計算せよ。

(エ) $\sqrt{-2}\sqrt{-8}$　(オ) $\dfrac{\sqrt{-24}}{\sqrt{-6}}$

(カ) $\dfrac{\sqrt{-25}}{\sqrt{5}}$　(キ) $\dfrac{\sqrt{6}}{\sqrt{-2}}$

教 p.44 練習 7, 8

2　2次方程式の解

27 次の2次方程式を解け。

(1) $x^2=-3$　(2) $x^2=-12$　(3) $x^2+5x+8=0$

(4) $3x^2-2x+1=0$　(5) $x^2+\sqrt{2}x-4=0$

(6) $2x^2+4\sqrt{3}x+7=0$

» 教 p.45 練習 9, 10

28 次の2次方程式の解の種類を判別せよ。

(1) $x^2-7x+5=0$　(2) $3x^2-2\sqrt{6}x+2=0$

(3) $2x^2+3x+4=0$　(4) $5x^2-2\sqrt{3}x-1=0$

» 教 p.47 練習11

29 m は定数とする。次の2次方程式の解の種類を判別せよ。

$$4x^2+(m-1)x+1=0$$

» 教 p.47 練習12

3　解と係数の関係

30 次の2次方程式について，2つの解の和と積を求めよ。

(1) $x^2+5x+4=0$　(2) $2x^2-3x-7=0$

» 教 p.48 練習13

31 2次方程式 $3x^2-2x-4=0$ の2つの解を α，β とするとき，次の式の値を求めよ。

(1) $\alpha^2+\beta^2$　(2) $(\alpha-\beta)^2$　(3) $\alpha^3+\beta^3$

» 教 p.49 練習14

32 2次方程式 $x^2-6x+m=0$ の2つの解が次の条件を満たすとき，定数 m の値と2つの解を，それぞれ求めよ。

(1) 1つの解が他の解の2倍である。

(2) 2つの解の差が4である。

» 教 p.49 練習15

33 次の2次式を，複素数の範囲で因数分解せよ。

(1) x^2-6x+4　(2) x^2+5x-1　(3) $3x^2+4x+2$

» 教 p.50 練習16

34 次の2数を解にもつ2次方程式を1つ作れ。

(1) -1, -2　(2) $1+\sqrt{3}$, $1-\sqrt{3}$　(3) $2+3i$, $2-3i$

》教 p.51 練習17

35 和と積が次のようになる2つの数を求めよ。

(1) 和が4, 積が -1　(2) 和と積がともに2

》教 p.51 練習18

36 2次方程式 $x^2+2x+4=0$ の2つの解が α, β のとき, 次の2数を解とする2次方程式を1つ作れ。

(1) α^2, β^2　(2) $\alpha+3$, $\beta+3$

》教 p.52 練習19

37 2次方程式 $x^2-2(m-2)x-m+14=0$ が, 次のような解をもつとき, 定数 m の値の範囲を求めよ。

(1) 異なる2つの正の解　(2) 異なる2つの負の解

(3) 正の解と負の解

》教 p.53 練習20

4 剰余の定理と因数定理

38 多項式 $P(x)=x^3+x^2+3x-7$ を, 次の1次式で割った余りを求めよ。

(1) $x-2$　(2) $x+2$　(3) $x+3$　(4) $2x-1$

》教 p.56 練習21, 22

39 多項式 $P(x)=3x^3+ax^2-8x-6a$ を $x+2$ で割った余りが6であるとき, 定数 a の値を求めよ。

》教 p.57 練習23

40 多項式 $P(x)$ を $x-2$ で割った余りが -1, $x+3$ で割った余りが9であるとき, $P(x)$ を $(x-2)(x+3)$ で割った余りを求めよ。

》教 p.57 練習24

41 (1) 多項式 x^3-2x^2-5x+6 の因数であるものを下からすべて選べ。

① $x+3$　② $x-3$　③ $x+2$　④ $x-2$

(2) 次の式を因数分解せよ。

(ア) x^3-2x^2-x+2　(イ) $x^3-x^2-8x+12$

(ウ) $3x^3-8x^2-15x-4$

教 p.58 練習25, 26

42 組立除法を用いて，$3x^4+5x^3-2x-12$ を $x+2$ で割った商と余りを求めよ。

教 p.59 研究 練習 1

5 高次方程式

43 次の 3 次，4 次方程式を解け。

(1) $x^3+8=0$　(2) $x^3=27$　(3) $x^4-25=0$

(4) $x^4+7x^2-8=0$

教 p.60, 61 練習27, 28

44 次の 3 次方程式を解け。

(1) $x^3-6x^2+11x-6=0$　(2) $x^3+7x^2-6=0$

(3) $x^3+x^2-5x-2=0$　(4) $3x^3+x^2-8x+4=0$

教 p.61 練習29

45 a，b は実数とする。3 次方程式 $x^3-5x^2+ax+b=0$ が $3+2i$ を解にもつとき，定数 a，b の値を求めよ。また，他の解を求めよ。

教 p.62 練習30

46 3 次方程式 $x^3-3x^2+2x+4=0$ の 3 つの解を α，β，γ とするとき，次の式の値を求めよ。

(1) $\alpha^2+\beta^2+\gamma^2$　(2) $(1-\alpha)(1-\beta)(1-\gamma)$

教 p.63 発展 練習 1

定期考査対策問題　第2章

1 $x=\dfrac{-1+\sqrt{5}\,i}{2}$，$y=\dfrac{-1-\sqrt{5}\,i}{2}$ のとき，次の式の値を求めよ。

(1) x^2+y^2　(2) $\dfrac{y}{x}+\dfrac{x}{y}$　(3) x^3+y^3

2 $\alpha=\dfrac{3+i}{1+i}+\dfrac{x-i}{1-i}$ が次のようになるとき，実数 x の値を求めよ。

(1) α が実数　(2) α が純虚数

3 p，q は定数とする。2 次方程式 $x^2-px+q=0$ の 2 つの解を α，β とするとき，次の式を p，q で表せ。

(1) $(1-\alpha)(1-\beta)$　(2) $(2-\alpha)(2-\beta)$　(3) $(p-\alpha)(p-\beta)$

4 2 次方程式 $x^2-px+2=0$ の 2 つの解の和と積を 2 つの解にもつ 2 次方程式の 1 つが $x^2-5x+q=0$ であるとき，定数 p，q の値を求めよ。

5 a，b，c は実数の定数とする。2 次方程式 $ax^2+bx+c=0$ が次の各場合において，虚数解をもたないことを示せ。

(1) $b=a+c$　(2) $a+c=0$　(3) a と c が異符号

6 $3x^3+px^2+qx-6$ が x^2+x-2 で割り切れるとき，定数 p，q の値を求めよ。

7 多項式 $P(x)$ を x^2-3x+2 で割ると 3 余り，x^2-4x+3 で割ると $3x$ 余る。$P(x)$ を x^2-5x+6 で割った余りを求めよ。

8 1 の 3 乗根のうち虚数の解の 1 つを ω とするとき，次の値を求めよ。

(1) $\omega^3+\omega^2+\omega$　(2) $\omega^6+\omega^3+1$　(3) $\omega^8+\omega^4$

9 3 次方程式 $x^3+x^2+(m-2)x-m=0$ が 2 重解をもつとき，定数 m の値を求めよ。

10 2 乗すると $8+6i$ となる複素数を求めよ。

第3章　図形と方程式

1　直線上の点

47　2点 A(-9)，B(7) について，次のものを求めよ。

(1)　A，B 間の距離　　(2)　線分 AB の中点の座標

(3)　線分 AB を $2:1$ に内分する点と，$2:1$ に外分する点の座標

(4)　線分 AB を $3:5$ に内分する点と，$3:5$ に外分する点の座標

》教 p.68～70 練習1～3

2　平面上の点

48　次の2点間の距離を求めよ。

(1)　A$(1,\ 1)$，B$(5,\ 4)$　　(2)　A$(-2,\ 3)$，B$(5,\ 7)$

(3)　A$(-1,\ -3)$，B$(-3,\ -4)$　　(4)　原点 O，A$(5,\ -12)$

》教 p.71 練習4

49　点 P は y 軸上にあり，2点 A$(2,\ 1)$，B$(-3,\ 2)$ から等距離にある。点 P の座標を求めよ。

》教 p.72 練習5

50　四角形 ABCD の辺 AB，BC，CD，DA の中点を順に P，Q，R，S とするとき，等式 $AC^2+BD^2=2(PR^2+QS^2)$ が成り立つ。このことを証明せよ。

》教 p.72 練習6

51　2点 A$(2,\ -3)$，B$(-8,\ 4)$ を結ぶ線分 AB について，次の点の座標を求めよ。

(1)　$2:3$ に内分する点　　(2)　$3:1$ に外分する点

(3)　$2:3$ に外分する点　　(4)　中点

》教 p.74 練習7

52　点 A$(1,\ -2)$ に関して，点 P$(3,\ -5)$ と対称な点 Q の座標を求めよ。

》教 p.74 練習8

53 次の点の座標を求めよ。

(1) 3 点 A$(x_1,\ y_1)$, B$(x_2,\ y_2)$, C$(x_3,\ y_3)$ を頂点とする△ABC の辺 AC の中点を D とするとき，線分 BD を 2：1 に内分する点

(2) 次の 3 点 A，B，C を頂点とする△ABC の重心

(ア) A(3, 2), B(−2, −1), C(5, 2)

(イ) A(−2, −1), B(3, 1), C(1, 3)

》教 p.75 練習 9, 10

3 直線の方程式

54 次のような直線の方程式を求めよ。また，方程式の表す直線を座標平面上にかけ。

(1) 点 (−1, 1) を通り，傾きが 2 の直線

(2) 点 $\left(2,\ \dfrac{8}{3}\right)$ を通り，傾きが $-\dfrac{3}{2}$ の直線

(3) 点 (1, −3) を通り，傾きが 0 の直線

》教 p.76, 77 練習11, 12

55 次の 2 点を通る直線の方程式を求めよ。

(1) (1, 1), (3, 5)　　(2) (−4, 3), (6, −3)

(3) (3, −4), (−1, −4)　　(4) (4, 0), (4, 3)

》教 p.78 練習13

56 (1) 直線 $\dfrac{x}{a}+\dfrac{y}{b}=1$ は 2 点 A$(a,\ 0)$, B$(0,\ b)$ を通ることを示せ。

(2) 2 点 (3, 0), (0, 5) を通る直線の方程式を求めよ。

》教 p.78 練習14

4 2直線の関係

57 (1) 次の直線のうち，直線 $y=3x$ と平行であるものはどれか。

① $y=3x+1$　② $y=-3x+2$　③ $3x-y-3=0$

(2) 次の 2 直線は，それぞれ平行，垂直のいずれであるか。

(ア) $y=2x+3$, $y=2x-4$　　(イ) $y=3x+4$, $y=-\dfrac{1}{3}x+5$

(ウ) $x-y+2=0$, $x+y-6=0$　　(エ) $6x-4y+3=0$, $6y=9x+4$

》教 p.79, 80 練習15, 16

58 点 A(3, -2) を通り，直線 $4x-3y+2=0$ に垂直な直線，平行な直線の方程式をそれぞれ求めよ。

》教 p.80 練習17

59 直線 $x+y+1=0$ を ℓ とする。直線 ℓ に関して点 A(3, 2) と対称な点 B の座標を求めよ。

》教 p.81 練習18

60 次の点と直線の距離を求めよ。

(1) 原点，$3x-4y-5=0$　　(2) 原点，$y=-2x+1$

(3) 点 (2, 8)，直線 $4x+3y-12=0$

(4) 点 (-1, 2)，直線 $y=3x+1$

(5) 点 (3, 2)，直線 $5x-12y=1$

》教 p.82, 83 練習19, 20

61 2 直線 $3x+2y-1=0$，$-x+4y-5=0$ の交点と，点 (-2, 3) を通る直線の方程式を求めよ。

》教 p.84 研究 練習 1

5 円の方程式

62 (1) 次のような円の方程式を求めよ。

(ア) 中心が点 (1, 1)，半径が 2　　(イ) 中心が原点，半径が 5

(ウ) 中心が点 (-1, 2)，半径が $\sqrt{5}$

(2) 円 $(x+5)^2+(y-2)^2=20$ の中心の座標と半径を求めよ。

》教 p.86 練習21, 22

63 2 点 A(2, 3)，B(4, -5) を直径の両端とする円について，中心 C の座標と半径 r を求めよ。また，その方程式を求めよ。

》教 p.87 練習23

64 次の方程式はどのような図形を表すか。

(1) $x^2+y^2-6x+10y+16=0$

(2) $x^2+y^2-4x+y+2=0$

》教 p.87 練習24

65 次の 3 点を通る円の方程式を求めよ。

(1) A(2, -1)，B(-1, 3)，C(-4, -3)

(2) A(1, 1)，B(5, -1)，C(-3, -7)

》教 p.88 練習25

6 円と直線

66 次の円と直線の共有点の座標を求めよ。

(1) 円 $x^2+y^2=1$，直線 $y=x-1$

(2) 円 $x^2+y^2=5$，直線 $y=-x+1$ ≫教 p.89 練習26

67 円 $x^2+y^2=4$ と直線 $y=-2x+m$ について，次の問いに答えよ。

(1) 円と直線が共有点をもつとき，定数 m の値の範囲を求めよ。

(2) 円と直線が接するとき，定数 m の値と接点の座標を求めよ。

≫教 p.90 練習27

68 半径 r の円 $x^2+y^2=r^2$ と直線 $3x-4y-15=0$ が接するとき，r の値を求めよ。 ≫教 p.91 練習28

69 次の円上の点 P における接線の方程式を求めよ。

(1) 円 $x^2+y^2=25$，点 P(4, 3)

(2) 円 $x^2+y^2=5$，点 P(−2, 1)

(3) 円 $x^2+y^2=13$，点 P(3, −2)

(4) 円 $x^2+y^2=4$，点 P(2, 0) ≫教 p.93 練習29

70 点 (−2, 4) から円 $x^2+y^2=10$ に引いた接線の方程式と接点の座標を求めよ。 ≫教 p.93 練習30

7 2つの円

71 (1) 2つの円 $x^2+y^2=1$，$(x-3)^2+(y-2)^2=1$ の位置関係を調べよ。

(2) 中心が点 (4, −3) である円 C と，円 $x^2+y^2=9$ が内接するとき，円 C の方程式を求めよ。 ≫教 p.95 練習31, 32

72 次の2つの円の共有点の座標を求めよ。

$x^2+y^2=16$，$x^2+y^2-2x-y-20=0$ ≫教 p.96 練習33

73 2つの円 $x^2+y^2-5=0$, $x^2+y^2+4x-4y+7=0$ の2つの交点と点 $(4,\ 3)$ を通る円の方程式を求めよ。

≫教 p.97 研究 練習1

8 軌跡と方程式

74 2点 $A(-1,\ 0)$, $B(1,\ 0)$ に対して, $AP^2-BP^2=1$ を満たす点 P の軌跡を求めよ。

≫教 p.99 練習34

75 2点 $A(-2,\ 0)$, $B(2,\ 0)$ からの距離の比が $3:1$ である点 P の軌跡を求めよ。

≫教 p.100 練習35

76 点 Q が直線 $y=x+3$ 上を動くとき, 点 $A(4,\ 1)$ と Q を結ぶ線分 AQ を $1:2$ に内分する点 P の軌跡を求めよ。

≫教 p.101 練習36

9 不等式の表す領域

77 次の不等式の表す領域を図示せよ。

(1) $y>3$　(2) $4x+3y+9<0$

(3) $3x-5y+2\geqq 0$　(4) $x\geqq 2$

≫教 p.103 練習37

78 次の不等式の表す領域を図示せよ。

(1) $x^2+y^2>4$　(2) $x^2+y^2\leqq 9$　(3) $(x+1)^2+y^2\geqq 1$

(4) $(x+2)^2+(y-1)^2\leqq 1$

≫教 p.104 練習38

79 次の連立不等式の表す領域を図示せよ。

(1) $\begin{cases} y-x-2\geqq 0 \\ y-3x-4\leqq 0 \end{cases}$　(2) $\begin{cases} x-2y-4<0 \\ 4x+3y-12<0 \end{cases}$

(3) $\begin{cases} x^2+y^2<9 \\ 2y-3x>6 \end{cases}$　(4) $\begin{cases} (x-1)^2+y^2\geqq 1 \\ 2x+y\geqq 1 \end{cases}$

≫教 p.106 練習39

80 次の不等式の表す領域を図示せよ。

(1) $(x+y)(3x-y-1)>0$

(2) $(2x+y-5)(x-y+1)\leqq 0$

≫教 p.106 練習40

81 x, y が 4 つの不等式 $2x+y\leqq 6$, $x+2y\leqq 6$, $x\geqq 0$, $y\geqq 0$ を同時に満たすとき, $2x+3y$ の最大値, 最小値を求めよ。

≫教 p.107 練習41

82 x, y は実数とする。次のことを証明せよ。

$x^2+y^2<25$ ならば $3x+4y<25$

≫教 p.108 練習42

83 次の不等式の表す領域を図示せよ。

(1) $y>x^2+2x$　　(2) $y\leqq 2x^2-4x+3$

≫教 p.109 研究 練習 1

定期考査対策問題　第3章

1 3点 O(0, 0), A(4, 2), B を頂点とする三角形が正三角形になるとき，点 B の座標を求めよ。

2 △ABC の重心を G とするとき，$AB^2+AC^2=BG^2+CG^2+4AG^2$ が成り立つことを証明せよ。

3 3点 A(−2, 3), B(2, −1), C(4, 1) を頂点とする平行四辺形の第4の頂点 D の座標をすべて求めよ。

4 2直線 $2x+y-3=0$, $x-4y+3=0$ の交点を通り，次の条件を満たす直線の方程式を求めよ。

(1) 直線 $x+3y-2=0$ に平行　　(2) 直線 $2x-3y+4=0$ に垂直

5 3つの直線 $x+3y=0$, $-x+3y=1$, $ax+2y=-1$ が三角形を作らないとき，定数 a の値を求めよ。

6 k は定数とする。直線 $(1+k)x-(1-3k)y=-5k-1$ は，k の値に関係なく定点を通る。その定点の座標を求めよ。

7 (1) 中心が点 (3, 0) で，直線 $4x-3y-2=0$ に接する円の方程式を求めよ。

(2) 点 (1, 2) を通り，x 軸，y 軸に接するような円の方程式を求めよ。

8 方程式 $x^2+y^2+2mx+m=0$ が円を表すとき，定数 m の値の範囲を求めよ。

9 直線 $x+y=1$ …… ① が円 $x^2+y^2=4$ …… ② によって切り取られてできる線分の長さと，線分の中点の座標を求めよ。

10 円 $x^2+y^2=9$ に点 (5, 2) から2本の接線を引くとき，2つの接点を通る直線の方程式が $5x+2y=9$ であることを示せ。

11 次のような円 C の方程式を求めよ。

(1) 中心が点 $(4,\ -3)$ で，円 $x^2+y^2=4$ と外接する円 C

(2) 中心が点 $(10,\ 1)$ で，円 $x^2+y^2-8x+14y+56=0$ と内接する円 C

12 2 つの円 $x^2+y^2-8x-4y+4=0$，$x^2+y^2=4$ の 2 つの交点と点 $(1,\ 1)$ を通る円の方程式を求めよ。

13 次の条件を満たす点 P の軌跡を求めよ。

(1) 2 点 A$(-3,\ 1)$，B$(1,\ -1)$ から等距離にある点 P

(2) 2 点 A$(-1,\ 0)$，B$(3,\ 0)$ からの距離の比が 1：3 である点 P

14 放物線 $y=2x^2+4ax+4a$ について，次の問いに答えよ。

(1) 頂点 P の座標を $(x,\ y)$ とするとき，x，y をそれぞれ a で表せ。

(2) a がすべての実数値をとって変化するとき，点 P の軌跡を求めよ。

15 右の図の斜線部分の領域を表す不等式を求めよ。
ただし，境界線を含むものとする。

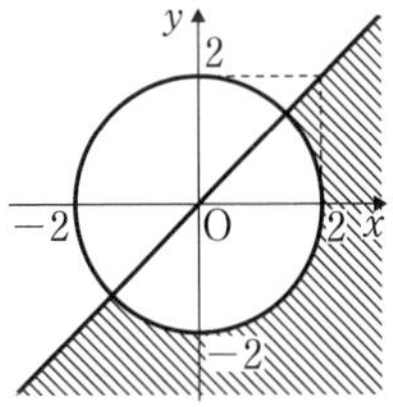

16 3 直線 $x+2y-2=0$，$2x+y-2=0$，$x-y-3=0$ で作られる三角形の内部および周上を表す連立不等式を求めよ。

17 2 種類の薬品 P，Q がある。
その 1 g について，A 成分，B 成分の量と価格は，それぞれ右の表の通りである。A を 12mg 以上，B を 15mg 以上とる必要があるとき，その総価格を最小にするには，P，Q をそれぞれ何 g ずつとればよいかを考える。
このとき

	A 成分	B 成分	価格
P	2 mg	1 mg	4 円
Q	1 mg	2 mg	6 円

(1) P，Q をそれぞれ x g，y g とるとして，x，y の間に成り立つ関係式を求め，点 $(x,\ y)$ の存在範囲を図示せよ。

(2) 総価格を最小にする P，Q それぞれの量を求めよ。

第4章　三角関数

1　角の拡張

84 (1)　次の角の動径を図示せよ。

(ア)　230°　　(イ)　-150°　　(ウ)　780°　　(エ)　-410°　　(オ)　1020°

(2)　次の角の動径のうち，30° の動径と同じ位置にあるものはどれか。

210°，300°，390°，1020°，-150°，-330°，-750°

≫教 p.115 練習1, 2

85 次の(1)～(3)の角を弧度法で，(4)，(5)の角を度数法で表せ。

(1)　135°　　(2)　300°　　(3)　-90°　　(4)　$\dfrac{7}{6}\pi$　　(5)　$-\dfrac{4}{3}\pi$

≫教 p.116 練習4

86 次のような扇形の弧の長さ l と面積 S を求めよ。

(1)　半径 4，中心角 $\dfrac{2}{5}\pi$　　(2)　半径 3，中心角 $\dfrac{3}{4}\pi$

≫教 p.117 練習5

2　三角関数

87 (1)　(ア)　$\theta=\dfrac{7}{6}\pi$　　(イ)　$\theta=\dfrac{5}{3}\pi$　　(ウ)　$\theta=-\dfrac{3}{4}\pi$　の各 θ について，

$\sin\theta$，$\cos\theta$，$\tan\theta$ の値をそれぞれ求めよ。

(2)　(エ)　$\sin\theta<0$ かつ $\cos\theta<0$　　(オ)　$\sin\theta>0$ かつ $\tan\theta<0$

を満たす θ の動径はそれぞれ第何象限にあるか。

≫教 p.119 練習6, 7

88 $\sin\theta$，$\cos\theta$，$\tan\theta$ のうち，1つが次の値をとるとき，他の2つの値を求めよ。ただし，[　] 内は θ の動径が含まれる象限を表す。

(1)　$\sin\theta=\dfrac{3}{4}$　[第2象限]　　(2)　$\tan\theta=-\sqrt{7}$　[第4象限]

≫教 p.120 練習8, 9

89 $\sin\theta-\cos\theta=\dfrac{\sqrt{3}}{2}$ のとき，次の式の値を求めよ。

(1) $\sin\theta\cos\theta$　(2) $\sin^3\theta-\cos^3\theta$

教 p.121 練習10

90 等式 $(1-\tan^2\theta)\cos^2\theta+2\sin^2\theta=1$ を証明せよ

教 p.121 練習11

3 三角関数のグラフ

91 次の関数のグラフをかけ。また，その周期を求めよ。

(1) $y=3\sin\theta$　(2) $y=\dfrac{1}{3}\cos\theta$　(3) $y=2\tan\theta$

(4) $y=\sin\left(\theta-\dfrac{\pi}{6}\right)$　(5) $y=\cos\left(\theta+\dfrac{\pi}{3}\right)$　(6) $y=\tan\left(\theta+\dfrac{\pi}{6}\right)$

教 p.125 練習12, 13

92 次の関数のグラフをかけ。また，その周期を求めよ。

(1) $y=\cos 4\theta$　(2) $y=\sin\dfrac{1}{3}\theta$　(3) $y=\tan 3\theta$

(4) $y=\sin 2\left(\theta+\dfrac{\pi}{6}\right)$　(5) $y=\cos\left(3\theta-\dfrac{\pi}{2}\right)$

教 p.126, 127 練習14, 15

4 三角関数の性質

93 次の値を求めよ。

(1) $\sin\left(-\dfrac{21}{4}\pi\right)$　(2) $\cos\left(-\dfrac{11}{3}\pi\right)$　(3) $\tan\left(-\dfrac{19}{6}\pi\right)$

教 p.129 練習16

5 三角関数の応用

94 $0\leqq\theta<2\pi$ のとき，次の方程式を解け。

(1) $\sin\theta=-\dfrac{1}{\sqrt{2}}$　(2) $2\cos\theta=1$　(3) $\tan\theta+1=0$

教 p.130, 131 練習17, 19

95 次の方程式を解け。

(1) $2\sin\theta=\sqrt{3}$　(2) $2\cos\theta=-\sqrt{3}$　(3) $\sqrt{3}\tan\theta=-1$

教 p.130, 131 練習18, 19

96 $0 \leqq \theta < 2\pi$ のとき，次の方程式を解け。

(1) $\sin\left(\theta - \frac{\pi}{3}\right) = \frac{1}{2}$　　(2) $\cos\left(\theta + \frac{\pi}{6}\right) = \frac{1}{\sqrt{2}}$

》教 p.131 練習20

97 $0 \leqq \theta < 2\pi$ のとき，次の不等式を解け。

(1) $\sin\theta > \frac{\sqrt{3}}{2}$　　(2) $\cos\theta \leqq -\frac{1}{\sqrt{2}}$　　(3) $\tan\theta < -\frac{1}{\sqrt{3}}$

(4) $2\sin\theta + \sqrt{3} \leqq 0$

》教 p.132, 133 練習21, 22

98 $0 \leqq \theta < 2\pi$ のとき，関数 $y = 2\cos^2\theta - 2\sin\theta + 1$ の最大値と最小値を求めよ。また，そのときの θ の値を求めよ。

》教 p.134 練習23

6 加法定理

99 (1) 加法定理を用いて $\cos 195^\circ$ の値を求めよ。

(2) $\frac{11}{12}\pi = \frac{2}{3}\pi + \frac{\pi}{4}$ であることを用いて $\sin\frac{11}{12}\pi$，$\cos\frac{11}{12}\pi$ の値を求めよ。

》教 p.138 練習24, 25

100 α の動径が第 1 象限，β の動径が第 2 象限にあり，$\sin\alpha = \frac{3}{5}$，$\cos\beta = -\frac{5}{13}$ のとき，$\sin(\alpha+\beta)$ と $\cos(\alpha-\beta)$ の値を求めよ。

》教 p.138 練習26

101 (1) 加法定理を用いて，$\tan 165^\circ$ の値を求めよ。

(2) $\frac{7}{12}\pi = \frac{\pi}{3} + \frac{\pi}{4}$ であることを用いて，$\tan\frac{7}{12}\pi$ の値を求めよ。

》教 p.139 練習27, 28

102 2 直線 $y = \frac{1}{2}x + 2$，$y = 3x - 3$ のなす角 θ を求めよ。ただし，$0 < \theta < \frac{\pi}{2}$ とする。

》教 p.140 練習29

103 点 $P(3,\ 4)$ を，原点 O を中心として $\frac{2}{3}\pi$ だけ回転させた点 Q の座標を求めよ。

≫教 p.141 研究 練習 1

7 加法定理の応用

104 (1) $\pi<\alpha<\frac{3}{2}\pi$ で，$\cos\alpha=-\frac{3}{5}$ のとき，$\sin 2\alpha$，$\cos 2\alpha$，$\tan 2\alpha$ の値をそれぞれ求めよ。

(2) $3\alpha=2\alpha+\alpha$ であることを用いて，次の等式を証明せよ。

$$\tan 3\alpha=\frac{3\tan\alpha-\tan^3\alpha}{1-3\tan^2\alpha}$$

≫教 p.142 練習30, 31

105 (1) 半角の公式を用いて，$\sin\frac{\pi}{12}$，$\cos\frac{5}{8}\pi$，$\tan\frac{3}{8}\pi$ の値を求めよ。ただし，値は 2 重根号のまま答えてよい。

(2) $\pi<\alpha<\frac{3}{2}\pi$ で，$\cos\alpha=-\frac{5}{13}$ のとき，$\sin\frac{\alpha}{2}$，$\cos\frac{\alpha}{2}$，$\tan\frac{\alpha}{2}$ の値を求めよ。

≫教 p.143 練習32, 33

106 $0\leqq\theta<2\pi$ のとき，次の方程式，不等式を解け。

(1) $\cos 2\theta-5\cos\theta=-3$　　(2) $\cos 2\theta+9\sin\theta<-4$

≫教 p.144 練習34

107 $r>0$，$-\pi<\alpha<\pi$ とする。次の式を $r\sin(\theta+\alpha)$ の形に表せ。

(1) $-\sin\theta+\cos\theta$　　(2) $\sqrt{3}\sin\theta+3\cos\theta$

≫教 p.145 練習35

108 $0\leqq x<2\pi$ のとき，方程式 $\sin x-\sqrt{3}\cos x=\sqrt{3}$ を解け。

≫教 p.146 練習36

109 次の関数の最大値，最小値，およびそのときの x の値を求めよ。

$y=\sin x+\sqrt{3}\cos x$　$(0\leqq x\leqq\pi)$

≫教 p.147 練習37

定期考査対策問題　第4章

1 半径 4 cm，弧の長さ 7 cm の扇形の中心角 (ラジアン) と面積を求めよ。

2 角 θ の動径が第 2 象限にあるとき，次の角の動径は第何象限にあるか。

(1) 2θ　(2) $\dfrac{\theta}{2}$　(3) $\dfrac{\theta}{3}$

3 $\sin\theta+\cos\theta=\dfrac{\sqrt{2}}{2}$ のとき，次の式の値を求めよ。

(1) $\sin\theta\cos\theta$　(2) $\sin\theta-\cos\theta$　(3) $\sin^3\theta-\cos^3\theta$

4 $\sin\theta\cos\theta=-\dfrac{1}{4}$ のとき，$\sin\theta$，$\cos\theta$ の値を求めよ。ただし，θ の動径は第 2 象限にあるとする。

5 $0\leqq\theta<2\pi$ のとき，次の方程式，不等式を解け。

(1) $\sin\left(2\theta-\dfrac{\pi}{3}\right)=\dfrac{\sqrt{3}}{2}$　(2) $\tan\left(\theta-\dfrac{2}{3}\pi\right)\leqq-1$

(3) $2\cos^2\theta-\sqrt{3}\sin\theta+1=0$　(4) $2\sin^2\theta=5\cos\theta-5$

6 $-\dfrac{\pi}{2}<\theta<\dfrac{\pi}{2}$ のとき，関数 $y=2\tan^2\theta-4\tan\theta+3$ に最大値，最小値があれば，それを求めよ。また，そのときの θ の値を求めよ。

7 $0\leqq\alpha<\pi$ とする。$\cos 2\alpha=-\dfrac{1}{8}$ のとき，$\sin\alpha$，$\cos\alpha$，$\tan\alpha$ の値を求めよ。

8 次の等式，不等式を証明せよ。

(1) $\dfrac{\cos 2\alpha}{\cos^2\alpha}=\dfrac{2\tan\alpha}{\tan 2\alpha}$　(2) $\sin^2\alpha+\cos^2\beta\geqq\cos 2\beta-\cos 2\alpha$

9 点 $(1,\ 0)$ を通り，直線 $y=x-1$ と $\dfrac{\pi}{6}$ の角をなす直線の方程式を求めよ。

10 関数 $y=a\sin x+b\cos x$ は $x=\dfrac{\pi}{6}$ で最大値をとり，また，最小値は -5 である。定数 a，b の値を求めよ。

第5章 指数関数と対数関数

1 指数の拡張

110 (1) 次の値を求めよ。

(ア) 6^0　(イ) 2^{-3}　(ウ) 7^{-1}　(エ) 10^{-2}　(オ) 5^{-4}

(2) $a \fallingdotseq 0$, $b \fallingdotseq 0$ とする。次の式を計算せよ。

(カ) a^4a^{-3}　(キ) $(a^{-4})^{-2}$　(ク) $a^8(a^{-3}b)^2$　(ケ) $a^{-6} \div a^{-3}$

教 p.155 練習 1, 2

111 (1) 次の値を求めよ。

(ア) $\sqrt[4]{16}$　(イ) $\sqrt[3]{216}$　(ウ) $\sqrt[3]{\dfrac{1}{27}}$

(2) 次の式を計算せよ。

(エ) $\sqrt[4]{3}\sqrt[4]{27}$　(オ) $\dfrac{\sqrt[4]{48}}{\sqrt[4]{3}}$　(カ) $\sqrt[5]{\sqrt{1024}}$　(キ) $\sqrt[10]{32}$

教 p.156, 157 練習 3, 4

112 (1) 次の式を計算せよ。

(ア) $49^{\frac{1}{2}}$　(イ) $8^{\frac{4}{3}}$　(ウ) $100^{-\frac{3}{2}}$

(2) 次の式を計算せよ。

(エ) $2^{\frac{5}{6}} \times 2^{-\frac{1}{2}} \div 2^{\frac{1}{3}}$　(オ) $8^{\frac{1}{3}} \div 8^{\frac{1}{2}} \times 8^{-\frac{1}{6}}$　(カ) $\sqrt[3]{24}+\sqrt[3]{81}-\sqrt[3]{3}$

(キ) $\sqrt[3]{162} \times \sqrt[3]{12} \div \sqrt[3]{9}$

教 p.158, 159 練習 5, 6

2 指数関数

113 次の関数のグラフをかけ。

(1) $y=4^x$　(2) $y=\left(\dfrac{1}{4}\right)^x$

教 p.161 練習 8

114 次の数の大小を不等号を用いて表せ。

(1) $\sqrt[3]{3}$, $\sqrt[4]{9}$, $\sqrt[7]{27}$

(2) $2^{0.5}$, 2^{-2}, 2^5, 1

教 p.162 練習 9

115 次の方程式，不等式を解け。

(1) $4^x=32$　(2) $5^{2x}=\dfrac{1}{125}$　(3) $27^{x+1}=9^{2x+1}$

(4) $2^x<16$　(5) $\left(\dfrac{1}{9}\right)^x<27$　(6) $\left(\dfrac{1}{8}\right)^x\leqq\left(\dfrac{1}{2}\right)^{x+1}$

≫教 p.163 練習10, 11

116 次の方程式，不等式を解け。

(1) $(3^x)^2+3^x-12=0$　(2) $2^x+16\cdot\left(\dfrac{1}{2}\right)^x-10=0$

(3) $16^x-3\cdot4^x-4\geqq0$　(4) $\left(\dfrac{1}{9}\right)^x-\dfrac{1}{3^x}-6>0$

≫教 p.164 練習12, 13

3 対数とその性質

117 次の関係を，(1)～(3) は $\log_a M=p$ の形に，(4)～(6) は $M=a^p$ の形に書け。

(1) $64=2^6$　(2) $\dfrac{1}{2}=4^{-\frac{1}{2}}$　(3) $3=27^{\frac{1}{3}}$

(4) $\log_{10}100=2$　(5) $\log_{\sqrt{2}}8=6$　(6) $\log_9\dfrac{1}{3}=-\dfrac{1}{2}$

≫教 p.167 練習14, 15

118 次の値を求めよ。

(1) $\log_3 3^3$　(2) $\log_2 64$　(3) $\log_5 5$　(4) $\log_2\dfrac{1}{4}$

(5) $\log_{0.2}0.008$　(6) $\log_{\frac{1}{2}}8$　(7) $\log_5\sqrt[6]{5}$　(8) $\log_{\sqrt{3}}3$

≫教 p.167 練習16

119 次の式を計算せよ。

(1) $\log_6 2+\log_6 3$　(2) $\log_3 135-\log_3 5$

(3) $\log_2 36+\log_2 6-3\log_2 3$　(4) $\log_2\sqrt[5]{72}-\dfrac{2}{5}\log_2 3$

≫教 p.169 練習18

120 次の式を簡単にせよ。

(1) $\log_4 32$　(2) $\log_9 \dfrac{1}{3}$　(3) $\log_3 5 \cdot \log_5 27$

教 p.169 練習19

4 対数関数

121 次の関数のグラフをかけ。

(1) $y=\log_5 x$　(2) $y=\log_{\frac{1}{5}} x$

教 p.171 練習20

122 次の 2 つの数の大小を不等号を用いて表せ。

(1) $2\log_2 3$，1　(2) $\log_{0.3} 0.5$，$\log_{0.3} 5$

(3) $-\log_{\frac{1}{5}} \dfrac{1}{2}$，$\log_{\frac{1}{5}} \dfrac{3}{2}$

教 p.172 練習21

123 次の方程式，不等式を解け。

(1) $\log_3 x=2$　(2) $\log_5 x=-1$　(3) $\log_{\frac{1}{3}} x=4$

(4) $\log_{10}(x-1)+\log_{10}(x+2)=1$　(5) $\log_{\frac{1}{3}}(x+1)=\log_{\frac{1}{3}}(x^2-1)$

(6) $\log_{10} x<3$　(7) $\log_3 x \leqq -2$　(8) $\log_{\frac{1}{3}} x<-1$

(9) $\log_4(x+2)+\log_4(x-4) \leqq 2$　(10) $2\log_{0.3}(8-3x) \geqq \log_{0.3} 12x$

教 p.172, 173 練習22〜24

124 $1 \leqq x \leqq 32$ のとき，関数 $y=-(\log_2 x)^2+\log_2 x^4$ の最大値と最小値を求めよ。

教 p.174 練習25

5 常用対数

125 常用対数表を用いて，次の値を小数第 4 位まで求めよ。

(1) $\log_{10} 4.23$　(2) $\log_{10} 37200$　(3) $\log_{10} 0.0158$

教 p.175 練習26

126 2^{50} は何桁の数か。ただし，$\log_{10}2=0.3010$ とする。

≫教 p.176 練習27

127 3^n が 10 桁の数となるような自然数 n をすべて求めよ。ただし，$\log_{10}3=0.4771$ とする。 ≫教 p.177 練習28

128 $\left(\dfrac{1}{3}\right)^{20}$ を小数で表したとき，小数第何位に初めて 0 でない数字が現れるか。ただし，$\log_{10}3=0.4771$ とする。 ≫教 p.177 練習29

定期考査対策問題　第5章

1 次の計算をせよ。ただし，$a>0$，$b>0$ とする。

(1) $\left(a^{\frac{1}{3}}-b^{\frac{1}{3}}\right)\left(a^{\frac{2}{3}}+a^{\frac{1}{3}}b^{\frac{1}{3}}+b^{\frac{2}{3}}\right)$　(2) $\left(a^{\frac{1}{2}}+a^{\frac{1}{4}}b^{\frac{1}{4}}+b^{\frac{1}{2}}\right)\left(a^{\frac{1}{2}}-a^{\frac{1}{4}}b^{\frac{1}{4}}+b^{\frac{1}{2}}\right)$

2 $x^{\frac{1}{4}}+x^{-\frac{1}{4}}=4$ のとき，次の式の値を求めよ。

(1) $x^{\frac{3}{4}}+x^{-\frac{3}{4}}$　(2) $x+x^{-1}$

3 次の方程式，不等式を解け。

(1) $4^{2x}+4^{x+1}-12=0$　(2) $25^x-4\cdot5^x=5$

(3) $9^x+2\cdot3^x-15>0$　(4) $\dfrac{1}{4^x}-3\left(\dfrac{1}{2}\right)^x\leqq4$

4 次の関数の最大値と最小値，およびそのときの x の値を求めよ。

$y=4^x-2^{x+2}+1\quad(-1\leqq x\leqq2)$

5 $\log_2 3=a$，$\log_2 5=b$ とするとき，次の式を a，b で表せ。

(1) $\log_2 15$　(2) $\log_2 30$　(3) $\log_2 75$

(4) $\log_2 0.3$　(5) $\log_{16} 15$　(6) $\log_3 45$

6 0でない実数 x，y，z が $3^x=5^y=15^z$ を満たすとき，x，y を z で表せ。
また，等式 $\dfrac{1}{x}+\dfrac{1}{y}=\dfrac{1}{z}$ が成り立つことを証明せよ。

7 次の方程式，不等式を解け。

(1) $\left(\log_{\frac{1}{2}}x\right)^2-\log_{\frac{1}{4}}x=0$　(2) $(\log_3 x)^2-\log_9 x^2-2\leqq0$

8 $1\leqq x\leqq64$ のとき，関数 $y=\left(\log_{\frac{1}{4}}x\right)^2+\log_{\frac{1}{4}}4x$ の最大値と最小値を求めよ。

9 $0<M<1$ である小数 M の小数第4位に初めて0でない数字が現れるとき，$\log_{10}M$ の値の範囲を求めよ。

10 ある細菌は，1時間ごとに1回分裂して3倍の個数に増える。この細菌100個が1000億個以上に増えるには約何時間かかるか。ただし，$\log_{10}3=0.4771$ とする。

第6章 微分法と積分法

1 微分係数

129 次の平均変化率を求めよ。

(1) 関数 $y=4x-1$ の，$x=a$ から $x=b$ までの平均変化率

(2) 関数 $y=x^2-2x+2$ の $x=1$ から $x=1+h$ までの平均変化率

教 p.182 練習 1

130 次の極限値を求めよ。

(1) $\lim_{x\to -1}(x^2+x)$　(2) $\lim_{h\to 0}(3+h)$　(3) $\lim_{h\to 0}(7-3h+h^2)$

教 p.183 練習 2

131 関数 $f(x)=4x^3-3x^2+2$ について，次の微分係数を求めよ。

(1) $f'(0)$　(2) $f'(2)$　(3) $f'(-a)$

教 p.184 練習 3

132 関数 $y=-2x^2$ のグラフ上の次の点における接線の傾きを求めよ。

(1) 点 $(2,\ -8)$　(2) 点 $(-3,\ -18)$

教 p.185 練習 4

2 導関数とその計算

133 (1) 導関数の定義にしたがって，次の関数の導関数を求めよ。

(ア) $f(x)=2x^2$　(イ) $f(x)=-5x$

(2) 導関数の公式 $(x^n)'=nx^{n-1}$ (n は自然数) を使って，次の関数の導関数を求めよ。

(ウ) $f(x)=x^9$　(エ) $f(x)=x^{11}$

教 p.187 練習 5, 6

134 次の関数を微分せよ。

(1) $y=x^2-2x+2$　　(2) $y=-\frac{x^2}{2}+2x+3$

(3) $y=x^3-5x^2-6$　　(4) $y=-\frac{4}{3}x^3+\frac{2}{3}x^2+\frac{1}{5}$

(5) $y=x^4+2x^3-3x^2$　　(6) $y=-\frac{1}{2}x^4+\frac{5}{3}x^3+\frac{3}{4}x^2+x$

(7) $y=(x-1)(x+2)$　　(8) $y=(x^2+1)(x-4)$

(9) $y=x(x-2)(x+3)$　　(10) $y=(3x^2+5)^2$

≫教 p.189 練習 7, 8

135 関数 $f(x)=-x^3+4x^2-2$ について，次の x の値における微分係数を求めよ。

(1) $x=-1$　　(2) $x=1$　　(3) $x=2$

≫教 p.190 練習 9

136 次の条件をすべて満たす 2 次関数 $f(x)$ を求めよ。

$f(1)=2,\ f'(1)=1,\ f'(0)=-5$

≫教 p.190 練習10

137 次の関数を，(　) 内の変数で微分せよ。ただし，右辺では，変数以外の文字は定数とする。

(1) $y=3t^3$　(t)　　(2) $S=\pi r^2$　(r)　　(3) $V=V_0(1+0.02t)$　(t)

(4) $t=k(1+2x)(2-3x)$　(x)

≫教 p.191 練習11, 12

3 接線の方程式

138 関数 $y=-\frac{1}{2}x^2+3x-1$ のグラフ上に x 座標が 2 である点 A をとる。点 A における接線の方程式を求めよ。

≫教 p.192 練習13

139 次の接線の方程式を求めよ。

(1) 関数 $y=x^2+1$ のグラフに点 C(2, 1) から引いた接線

(2) 関数 $y=x^2-3x+6$ のグラフに原点から引いた接線

≫教 p.193 練習14

4 関数の増減と極大・極小

140 次の関数の増減を調べよ。

(1) $y=2x^3-3x^2+1$　　(2) $y=-x^3+3x+1$

(3) $y=x^3+x$

》教 p.196, 198 練習15, 17

141 次の関数の極値を求めよ。また，そのグラフをかけ。

(1) $y=-2x^3+12x^2-18x$　　(2) $y=x^3-3x^2-9x+11$

》教 p.198 練習16

142 次の関数の極値を求めよ。また，そのグラフをかけ。

(1) $y=x^4-5x^2+4$　　(2) $y=x^4+4x$

(3) $y=-3x^4+16x^3-18x^2$　　(4) $y=x^4-6x^2-8x-3$

》教 p.199 練習18

143 関数 $f(x)=x^3-3x^2+ax+b$ が $x=3$ で極小値 -26 をとるように，定数 a，b の値を定めよ。また，極大値を求めよ。

》教 p.200 練習19

5 関数の増減・グラフの応用

144 次の関数の最大値と最小値を求めよ。

(1) $y=x^3+3x^2-9x$　$(-4 \leqq x \leqq 3)$

(2) $y=-2x^3+3x^2+12x-3$　$(-2 \leqq x \leqq 1)$

(3) $y=-3x^4-2x^3+3x^2$　$(-2 \leqq x \leqq 2)$

》教 p.202 練習20

145 1 辺が 18 cm の正方形の紙の四隅から，同じ大きさの正方形を切り取り，ふたのない直方体の箱を作る。箱の容積を最大にするには，切り取る正方形の 1 辺の長さを，何 cm にすればよいか求めよ。

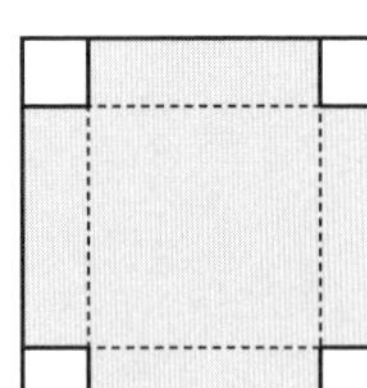

》教 p.203 練習21

146 次の方程式の異なる実数解の個数を求めよ。

(1) $2x^3-6x-1=0$　　(2) $x^3+3x^2-9x+5=0$

(3) $x^3-3x^2+7x-1=0$　　(4) $-3x^4+4x^3+12x^2-2=0$

教 p.204 練習22

147 方程式 $2x^3-3x^2-36x-a=0$ がただ1個の実数解をもつように，定数 a の値の範囲を定めよ。

教 p.205 練習23

148 $x \geqq 0$ のとき $x^3+6x^2+8 \geqq 15x$ が成り立つことを証明せよ。

教 p.206 練習24

6 不定積分

149 次の不定積分を求めよ。

(1) $\int 7x^2\,dx$　　(2) $\int (3x^2-1)\,dx$

(3) $\int (4x^3-3x^2-2x+1)\,dx$　　(4) $\int (3-6x-2x^2-5x^3)\,dx$

(5) $\int (2t+1)(3t-2)\,dt$　　(6) $\int (3u+2)^2\,du$

教 p.210, 211 練習27, 28

150 次の2つの条件をともに満たす関数 $F(x)$ を求めよ。

[1] $F'(x)=4x^2-x+1$　　[2] $F(0)=3$

教 p.211 練習29

7 定積分

151 次の定積分を求めよ。

(1) $\int_{-1}^{0} (-2x)\,dx$　　(2) $\int_{0}^{2} x^2\,dx$　　(3) $\int_{-2}^{1} 4x^3\,dx$　　(4) $\int_{3}^{1} 4\,dx$

(5) $\int_{-2}^{1} (x^2-3x-4)\,dx$　　(6) $\int_{1}^{2} (t+2)(2t-3)\,dt$

(7) $\int_{-2}^{1} (4y^3-2y+5)\,dy$　　(8) $\int_{-3}^{3} (x+2)^2(x-3)\,dx$

教 p.213 練習30, 31

152 次の定積分を求めよ。

(1) $\displaystyle\int_{-1}^{2}(x^3+9x^2-6x-4)dx$

(2) $\displaystyle\int_{0}^{2}(x+1)^2dx+\int_{0}^{2}(x-1)^2dx$

≫教 p.214, 215 練習32, 33

153 次の定積分を求めよ。

(1) $\displaystyle\int_{-3}^{-1}(2x^2+3)dx+\int_{-1}^{1}(2x^2+3)dx$

(2) $\displaystyle\int_{-3}^{3}(3x^2-2x)dx-\int_{4}^{3}(3x^2-2x)dx$

≫教 p.216 練習35

154 次の等式を満たす関数 $f(x)$ を求めよ。

(1) $\displaystyle f(x)=x+\int_{0}^{3}f(t)dt$

(2) $\displaystyle f(x)=x^3-3x+\frac{8}{3}\int_{0}^{1}f(t)dt$

≫教 p.216 練習36

155 (1) x の関数 $\displaystyle\int_{1}^{x}(2t^2-5t+4)dt$ の導関数を求めよ。

(2) 次の等式を満たす関数 $f(x)$ と定数 a の値を求めよ。

$$\int_{a}^{x}f(t)dt=x^2+2x-3$$

≫教 p.217 練習37, 38

8 定積分と面積

156 次の放物線と 2 直線および x 軸で囲まれた部分の面積 S を求めよ。

(1) 放物線 $y=x^2+1$，2 直線 $x=-2$，$x=1$

(2) 放物線 $y=x^2-2x+3$，2 直線 $x=0$，$x=2$

≫教 p.220 練習39

157 次の放物線と x 軸で囲まれた部分の面積を求めよ。

(1) $y=x^2+2x-3$

(2) $y=x^2-6x+8$

≫教 p.221 練習40

158 次の曲線や直線で囲まれた部分の面積 S を求めよ。

(1) $y=x^2$, $y=4x$

(2) $y=x^2-3x+5$, $y=2x-1$

(3) $y=x^2-4x+2$, $y=-x^2+2x-2$

≫教 p.223 練習41

159 次の曲線と x 軸で囲まれた 2 つの部分の面積の和を求めよ。

$y=x^3-6x^2+8x$

≫教 p.224 練習42

160 次の定積分を求めよ。

(1) $\int_0^5 |x^2-16|dx$

(2) $\int_{-1}^2 |x(x-4)|dx$

≫教 p.225 練習43

161 曲線 $y=x^3-x^2-12x$ と，その曲線上の点 $(-1,\ 10)$ における接線で囲まれた部分の面積を求めよ。

≫教 p.226 研究 練習 1

162 放物線 $y=x^2-4x-2$ と x 軸で囲まれた部分の面積を求めよ。

≫教 p.227 研究 練習 1

定期考査対策問題　第6章

1 半径 r の球の，表面積を S，体積を V とするとき，これらをそれぞれ r の関数と考えて r で微分せよ。

2 次の極限値を求めよ。

(1) $\displaystyle\lim_{x\to-1}\frac{x^2-3x}{x+2}$　(2) $\displaystyle\lim_{x\to1}\frac{x^3-1}{x-1}$　(3) $\displaystyle\lim_{x\to-2}\frac{x+2}{x^2-4}$　(4) $\displaystyle\lim_{x\to3}\frac{x^2+x-12}{x^2-x-6}$

3 $f(x)=ax^2+bx+c$ において $f'(0)=2$，$f'(1)=4$，$f(2)=6$ であるとき，定数 a，b，c の値を求めよ。

4 曲線 $y=x^3+ax+1$ と直線 $y=2x-1$ が接するように，a の値を定めよ。

5 (1) 関数 $y=x^2$ のグラフに点 C$(1,\ -3)$ から引いた2本の接線の方程式を求めよ。

(2) (1)の2つの接点を通る直線の方程式を求めよ。

6 3次関数 $y=ax^3+bx^2+cx+d$ のグラフが右の図で与えられるとき，定数 a，b，c，d のそれぞれの符号を調べよ。

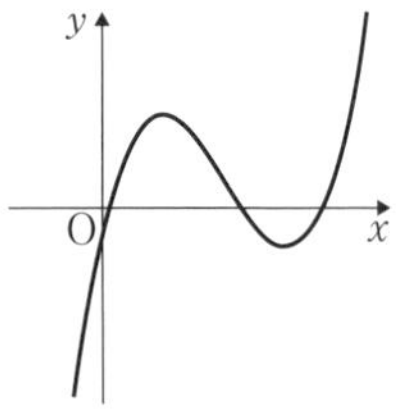

7 関数 $f(x)=x^3+ax^2+2x+3$ が次の条件を満たすように，定数 a の値の範囲をそれぞれ定めよ。

(1) 極値をもつ。　(2) 常に単調に増加する。

8 実数 x，y が $x+y=3$，$x\geqq0$，$y\geqq0$ を満たしている。

(1) x のとりうる値の範囲を求めよ。

(2) xy^2 の最大値と，そのときの x，y の値を求めよ。

9 半径 r の球に内接する直円柱のうちで体積の最も大きいものの底面の半径，高さ，およびそのときの体積を求めよ。

10 $x>0$ のとき，不等式 $x^3-5x^2+3x+k>0$ が成り立つように，定数 k の値の範囲を定めよ。

11 方程式 $x^3-3x^2-9x+a=0$ が異なる 2 個の正の解と 1 個の負の解をもつように，定数 a の値の範囲を定めよ。

12 次の条件を満たす関数 $F(x)$ をそれぞれ求めよ。

(1) $\begin{cases} F'(x)=6x+5 \\ F(0)=2 \end{cases}$　　(2) $\begin{cases} F'(x)=3(x-2)(x-3) \\ F(2)=-3 \end{cases}$

13 曲線 $y=f(x)$ は点 $(1,\ -1)$ を通り，曲線上の各点 $(x,\ y)$ における接線の傾きは $3(x^2-1)$ である。この曲線の方程式を求めよ。

14 次の等式を満たす 2 次関数 $f(x)$ を求めよ。

$$\int_{-1}^{1} f(x)dx=0,\quad \int_{0}^{2} f(x)dx=10,\quad \int_{-1}^{1} xf(x)dx=\frac{4}{3}$$

15 $f(x)=ax^2+bx+c$ とする。$f(0)=1$ で，任意の 1 次関数 $g(x)$ に対して，常に $\int_0^1 f(x)g(x)dx=0$ が成り立つとき，定数 a，b，c の値を求めよ。

16 次の等式を満たす関数 $f(x)$ を求めよ。

(1) $f(x)=x^3-2x+\dfrac{1}{2}\displaystyle\int_0^1 f(t)dt$

(2) $f(x)=x^2-x\displaystyle\int_0^2 f(t)dt+2\int_0^1 f(t)dt$

17 関数 $f(x)=\displaystyle\int_{-2}^{x}(3t^2-2t-1)dt$ の極値を求めよ。

18 放物線 $y=x^2-2ax$ $(a>0)$ と x 軸で囲まれた部分の面積が $\dfrac{9}{16}$ になるような定数 a の値を求めよ。

19 曲線 $y=|x^2-x-2|$ と直線 $y=x+1$ で囲まれた 2 つの部分の面積の和 S を求めよ。

20 放物線 $y=x^2+x-1$ と原点を通る傾き m の直線で囲まれた図形の面積が最小となるような定数 m の値と，そのときの面積を求めよ。

演習編の答と略解

注意 演習編の答の数値，図を示し，適宜略解と証明問題には略証を［　］に入れて示した。

1 (1) $a^3+12a^2+48a+64$
(2) $x^3-6x^2+12x-8$
(3) $x^3-9x^2y+27xy^2-27y^3$
(4) x^3+125　(5) x^3-64　(6) $27a^3-8b^3$

2 (1) $(a-5b)(a^2+5ab+25b^2)$
(2) $(2x+3)(4x^2-6x+9)$
(3) $(4a-3b)(16a^2+12ab+9b^2)$
(4) $(x-yz)(x^2+xyz+y^2z^2)$
(5) $(2x+y)(2x-y)(4x^2-2xy+y^2)$
$\times(4x^2+2xy+y^2)$
(6) $(x^2+1)(x^4-x^2+1)$

3 (1) $x^7+7x^6+21x^5+35x^4+35x^3+21x^2$
$+7x+1$
(2) $x^5-15x^4+90x^3-270x^2+405x-243$

4 (1) 2916　(2) 40

5 (2) [1] -210　[2] 210　[3] -21
[(1) ${}_nC_0+{}_nC_1x+{}_nC_2x^2+\cdots\cdots+{}_nC_nx^n=(1+x)^n$ の式で，$x=-3$ とおく]

6 (1) 商 $x+4$，余り 2
(2) 商 $2x-3$，余り $-2x-2$
(3) 商 $a-2$，余り 22

7 $B=x^2+3x-2$

8 商 $2y+3x+12$，余り $-x^2-5x+32$

9 (1) $\dfrac{2y}{x}$　(2) $\dfrac{x-4}{2x+1}$　(3) $\dfrac{2x+1}{x-3}$
(4) $\dfrac{x-3}{x-6}$　(5) $\dfrac{x+7}{x(x-3)}$

10 (1) 2　(2) 1　(3) $\dfrac{x^2+x-1}{(x+1)(x+2)}$
(4) $\dfrac{4}{(x-1)(x-5)(x+3)}$
(5) $\dfrac{2(x+4)}{x(x+2)}$　(6) $\dfrac{6(x+1)}{x(x-3)}$

11 $x+1$

12 (1) $a=3$，$b=-1$，$c=5$
(2) $a=-1$，$b=2$

13 $a=-3$，$b=13$，$c=-9$

14 [(1) (左辺)$=a^2+2ab+b^2-a^2+2ab-b^2$
(2) 両辺とも $x^2y^2-x^2-y^2+1$
(3) (右辺)$=a^3+6a^2+12a+8-6a^2-12a$]

15 [(1) $c=-(a+b)$ から　(左辺)$-$(右辺)
$=a^2+2ab+2b^2-b^2-a^2-2ab-b^2=0$
(2) $a+b=-c$，$b+c=-a$，$c+a=-b$
から　(左辺)$=abc^2+a^2bc+ab^2c$
$=abc(a+b+c)=0$]

16 $\left[\dfrac{a}{b}=\dfrac{c}{d}=k\right.$ とおく。
(1) (左辺)$=\dfrac{k(b+d)}{b+d}=k$,
(右辺)$=\dfrac{k(b+2d)}{b+2d}=k$
(2) (左辺)$=\dfrac{b^2k}{b^2(k^2+1)}=\dfrac{k}{k^2+1}$
(右辺)$=\left.\dfrac{d^2k}{d^2(k^2+1)}=\dfrac{k}{k^2+1}\right]$

17 [(1) (左辺)$-$(右辺)$=\dfrac{x-y}{12}>0$
(2) (左辺)$-$(右辺)$=(2x-1)(y-1)>0$]

18 等号成立は (1) $x=-2$　(2) $a=b$
(3) $x=\dfrac{3}{2}y$　(4) $a=b=0$　のとき
[(1) (左辺)$-$(右辺)$=(x+2)^2\geqq0$
(2) (左辺)$-$(右辺)$=(a-b)^2\geqq0$
(3) (左辺)$-$(右辺)$=(2x-3y)^2\geqq0$
(4) (左辺)$=(a+b)^2+b^2\geqq0$　等号は
$a+b=0$ かつ $b=0$ のとき成立]

19 [$(3\sqrt{a}+2)^2-(\sqrt{9a+4})^2=12\sqrt{a}>0$,
$3\sqrt{a}+2>0$，$\sqrt{9a+4}>0$ から]

20 等号成立は $|a|\geqq|b|$ のとき
[$a+b=x$，$a-b=y$ とおくと，$x+y=2a$ であるから不等式は $|x|+|y|\geqq2|x+y|$ と同値。
$(|x|+|y|)^2-(2|x+y|)^2=2(|xy|-xy)\geqq0$
等号は $xy=a^2-b^2\geqq0$ のとき，すなわち
$a^2\geqq b^2$ から $|a|\geqq|b|$ のときに成り立つ]

21 等号成立は (1) $a=3$ のとき
(2) $2a=3b$ のとき
[相加平均と相乗平均の大小関係を利用
(1) $a+\dfrac{9}{a}\geqq2\sqrt{a\cdot\dfrac{9}{a}}=6$
(2) $\dfrac{3b}{2a}+\dfrac{2a}{3b}\geqq2\sqrt{\dfrac{3b}{2a}\cdot\dfrac{2a}{3b}}=2$]

22 (1) (ア) 実部 -4，虚部 2

(イ) 実部 $\frac{3}{2}$，虚部 $-\frac{\sqrt{5}}{2}$

(ウ) 実部 $-\sqrt{2}$，虚部 0

(エ) 実部 0，虚部 3

(2) (オ) $x=3$，$y=2$ (カ) $x=5$，$y=3$

23 (1) $5-3i$ (2) 2 (3) $3+5i$

(4) $-1+7i$ (5) $9-8i$ (6) $5-12i$

(7) $2i$ (8) 4

24 (1) $5-4i$ (2) $3+2i$ (3) $\sqrt{3}$ (4) $5i$

(5) $\frac{-1-\sqrt{5}i}{2}$

25 (1) $1-i$ (2) $\frac{3}{5}-\frac{4}{5}i$ (3) $-\frac{1}{5}+\frac{3}{5}i$

26 (1) (ア) $\sqrt{3}i$ (イ) $2i$ (ウ) $\pm 2\sqrt{2}i$

(2) (エ) -4 (オ) 2 (カ) $\sqrt{5}i$

(キ) $-\sqrt{3}i$

27 (1) $x=\pm\sqrt{3}i$ (2) $x=\pm 2\sqrt{3}i$

(3) $x=\frac{-5\pm\sqrt{7}i}{2}$ (4) $x=\frac{1\pm\sqrt{2}i}{3}$

(5) $x=-2\sqrt{2}$，$\sqrt{2}$

(6) $x=-\sqrt{3}\pm\frac{\sqrt{2}}{2}i$

28 (1) 異なる 2 つの実数解 (2) 重解

(3) 異なる 2 つの虚数解

(4) 異なる 2 つの実数解

29 $m<-3$, $5<m$ のとき 異なる 2 つの実数解；$m=-3$, 5 のとき 重解；$-3<m<5$ のとき 異なる 2 つの虚数解

30 (1) 和 -5，積 4 (2) 和 $\frac{3}{2}$，積 $-\frac{7}{2}$

31 (1) $\frac{28}{9}$ (2) $\frac{52}{9}$ (3) $\frac{80}{27}$

32 (1) $m=8$，2 つの解は $x=2$，4

(2) $m=5$，2 つの解は $x=1$，5

33 (1) $(x-3+\sqrt{5})(x-3-\sqrt{5})$

(2) $\left(x+\frac{5+\sqrt{29}}{2}\right)\left(x+\frac{5-\sqrt{29}}{2}\right)$

(3) $3\left(x+\frac{2+\sqrt{2}i}{3}\right)\left(x+\frac{2-\sqrt{2}i}{3}\right)$

34 (1) $x^2+3x+2=0$ (2) $x^2-2x-2=0$

(3) $x^2-4x+13=0$

35 (1) $2\pm\sqrt{5}$ (2) $1\pm i$

36 (1) $x^2+4x+16=0$ (2) $x^2-4x+7=0$

37 (1) $5<m<14$ (2) $m<-2$ (3) $m>14$

38 (1) 11 (2) -17 (3) -34 (4) $-\frac{41}{8}$

39 $a=-7$

40 $-2x+3$

41 (1) ②，③

(2) (ア) $(x+1)(x-1)(x-2)$

(イ) $(x-2)^2(x+3)$ (ウ) $(x+1)(x-4)(3x+1)$

42 商 $3x^3-x^2+2x-6$，余り 0

43 (1) $x=-2$，$1\pm\sqrt{3}i$

(2) $x=3$，$\frac{-3\pm 3\sqrt{3}i}{2}$

(3) $x=\pm\sqrt{5}$，$\pm\sqrt{5}i$

(4) $x=\pm 1$，$\pm 2\sqrt{2}i$

44 (1) $x=1$，2，3

(2) $x=-1$，$-3\pm\sqrt{15}$

(3) $x=2$，$\frac{-3\pm\sqrt{5}}{2}$

(4) $x=1$，-2，$\frac{2}{3}$

45 $a=7$，$b=13$；他の解は $x=-1$，$3-2i$
[$x=3+2i$ として $(3a+b-34)+(2a-14)i=0$
よって $3a+b-34=0$，$2a-14=0$]

46 (1) 5 (2) 4
[(2) $x^3-3x^2+2x+4=(x-\alpha)(x-\beta)(x-\gamma)$
と表され，両辺に $x=1$ を代入して求める]

47 (1) 16 (2) -1 (3) 順に $\frac{5}{3}$，23

(4) 順に -3，-33

48 (1) 5 (2) $\sqrt{65}$ (3) $\sqrt{5}$ (4) 13

49 (0，4)

50 [直線 BC を x 軸に，点 Q を通り BC に垂直な直線を y 軸にとって，四角形 ABCD の各頂点の座標を $\mathrm{A}(a,\ b)$，$\mathrm{B}(-c,\ 0)$，$\mathrm{C}(c,\ 0)$，$\mathrm{D}(d,\ e)$ とおくと，$\mathrm{P}\left(\frac{a-c}{2},\ \frac{b}{2}\right)$，$\mathrm{Q}(0,\ 0)$，$\mathrm{R}\left(\frac{c+d}{2},\ \frac{e}{2}\right)$，$\mathrm{S}\left(\frac{a+d}{2},\ \frac{b+e}{2}\right)$ であり，
$\mathrm{AC}^2+\mathrm{BD}^2$，$2(\mathrm{PR}^2+\mathrm{QS}^2)$ はともに
$a^2+b^2+2c^2+d^2+e^2-2ac+2cd$ となる]

51 (1) $\left(-2,\ -\frac{1}{5}\right)$ (2) $\left(-13,\ \frac{15}{2}\right)$

(3) $(22,\ -17)$ (4) $\left(-3,\ \frac{1}{2}\right)$

52 $(-1,\ 1)$

53 (1) $\left(\frac{x_1+x_2+x_3}{3},\ \frac{y_1+y_2+y_3}{3}\right)$

(2) (ア) $(2,\ 1)$ (イ) $\left(\frac{2}{3},\ 1\right)$

54 (1) $y=2x+3$
$(2x-y+3=0)$,
図は(1)

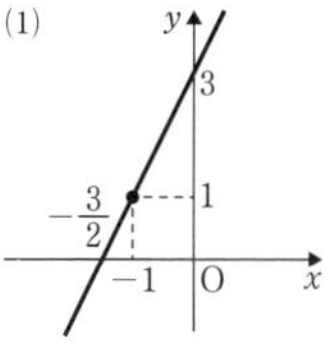

(2) $y=-\frac{2}{3}x+4$
$(2x+3y-12=0)$
図は(2)
(3) $y=-3$
$(y+3=0)$, 図は(3)

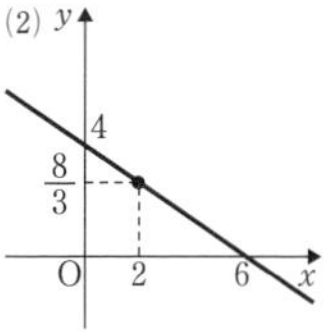

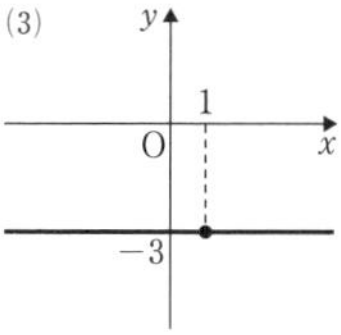

55 (1) $y=2x-1$　(2) $y=-\frac{3}{5}x+\frac{3}{5}$
(3) $y=-4$　(4) $x=4$

56 (2) $\frac{x}{3}+\frac{y}{5}=1$
[(1) $\frac{a}{a}+\frac{0}{b}=1$, $\frac{0}{a}+\frac{b}{b}=1$ から，直線 $\frac{x}{a}+\frac{y}{b}=1$ は 2 点 $A(a,\ 0)$, $B(0,\ b)$ を通る]

57 (1) ①, ③　(2) (ア) 平行 (イ) 垂直
(ウ) 垂直 (エ) 平行

58 垂直な直線，平行な直線の順に
$3x+4y-1=0$, $4x-3y-18=0$

59 B$(-3,\ -4)$ [AB$\perp\ell$ から $p-q=1$，線分 AB の中点が ℓ 上にあることから $p+q=-7$]

60 (1) 1　(2) $\frac{\sqrt{5}}{5}$　(3) 4　(4) $\frac{2\sqrt{10}}{5}$
(5) $\frac{10}{13}$

61 $13x+11y-7=0$

62 (1) (ア) $(x-1)^2+(y-1)^2=4$
(イ) $x^2+y^2=25$　(ウ) $(x+1)^2+(y-2)^2=5$
(2) 中心 $(-5,\ 2)$，半径 $2\sqrt{5}$

63 C$(3,\ -1)$, $r=\sqrt{17}$, $(x-3)^2+(y+1)^2=17$

64 (1) 中心 $(3,\ -5)$，半径 $3\sqrt{2}$ の円
(2) 中心 $\left(2,\ -\frac{1}{2}\right)$，半径 $\frac{3}{2}$ の円

65 (1) $x^2+y^2+3x+y-10=0$
(2) $x^2+y^2-2x+8y-8=0$
[(1) 方程式を $x^2+y^2+lx+my+n=0$ とすると
$2l-m+n+5=0$, $-l+3m+n+10=0$,
$-4l-3m+n+25=0$ (2)も同様に求める]

66 (1) $(0,\ -1)$, $(1,\ 0)$
(2) $(-1,\ 2)$, $(2,\ -1)$

67 (1) $-2\sqrt{5}\leqq m\leqq 2\sqrt{5}$
(2) $m=2\sqrt{5}$, $\left(\frac{4\sqrt{5}}{5},\ \frac{2\sqrt{5}}{5}\right)$;
$m=-2\sqrt{5}$, $\left(-\frac{4\sqrt{5}}{5},\ -\frac{2\sqrt{5}}{5}\right)$

68 $r=3$

69 (1) $4x+3y=25$
(2) $-2x+y=5$
(3) $3x-2y=13$
(4) $x=2$

70 接線 $-3x+y=10$，接点 $(-3,\ 1)$;
接線 $x+3y=10$，接点 $(1,\ 3)$

71 (1) 互いに外部にある
(2) $(x-4)^2+(y+3)^2=4$

72 $(0,\ -4)$, $\left(-\frac{16}{5},\ \frac{12}{5}\right)$

73 $x^2+y^2-5x+5y-20=0$

74 直線 $x=\frac{1}{4}$

75 点 $\left(\frac{5}{2},\ 0\right)$ を中心とする半径 $\frac{3}{2}$ の円

76 直線 $x-y-1=0$

77 (1) [図] 境界線を含まない
(2) [図] 境界線を含まない
(3) [図] 境界線を含む
(4) [図] 境界線を含む

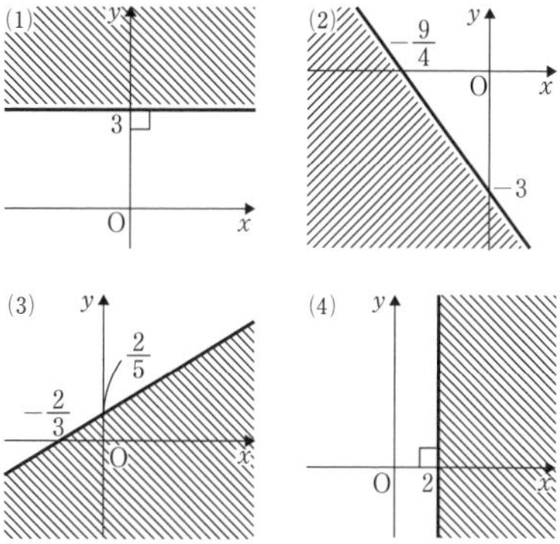

78 (1) [図] 境界線を含まない
(2) [図] 境界線を含む
(3) [図] 境界線を含む
(4) [図] 境界線を含む

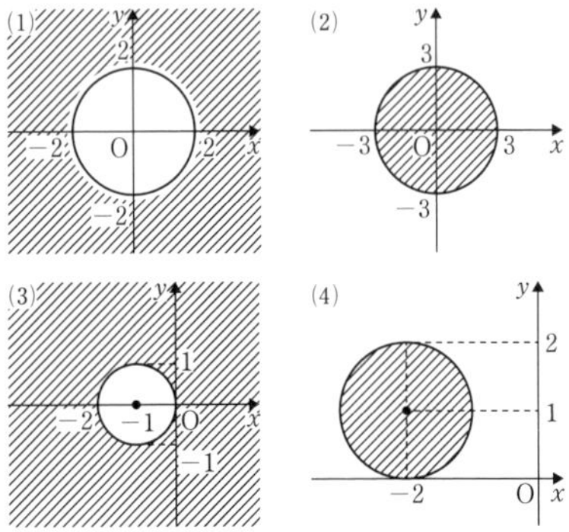

79 (1) ［図］境界線を含む

(2) ［図］境界線を含まない

(3) ［図］境界線を含まない

(4) ［図］境界線を含む

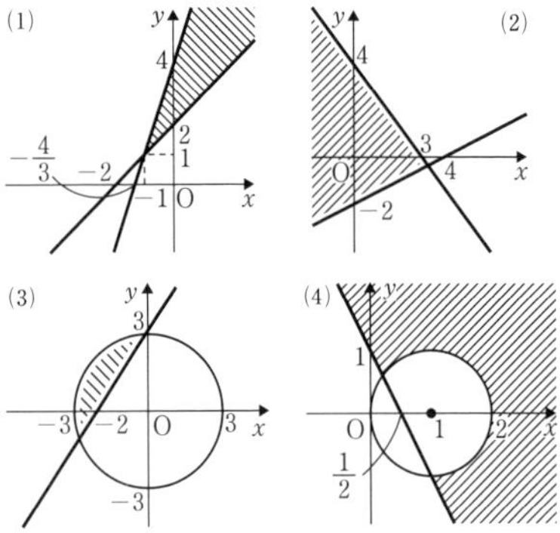

80 (1) ［図］境界線を含まない

(2) ［図］境界線を含む

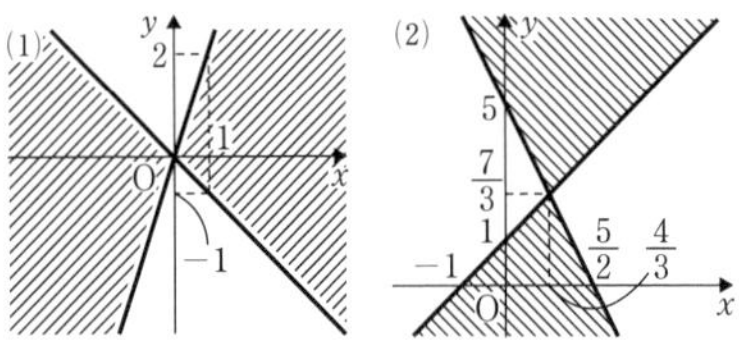

81 $x=2$, $y=2$ で最大値 10；

$x=0$, $y=0$ で最小値 0

82 ［不等式 $x^2+y^2<25$, $3x+4y<25$ の表す領域をそれぞれ P, Q とすると，P は円 $x^2+y^2=25$ の内部であり，Q は 円 $x^2+y^2=25$ の接線 $3x+4y=25$ の下側の部分であるから，P, Q を図示すると $P\subset Q$］

83 (1) ［図］境界線を含まない

(2) ［図］境界線を含む

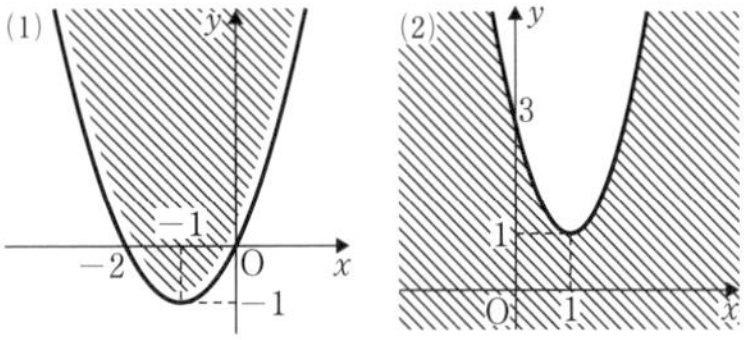

84 (1) ［図］(ア)～(オ)　(2) 390°, −330°

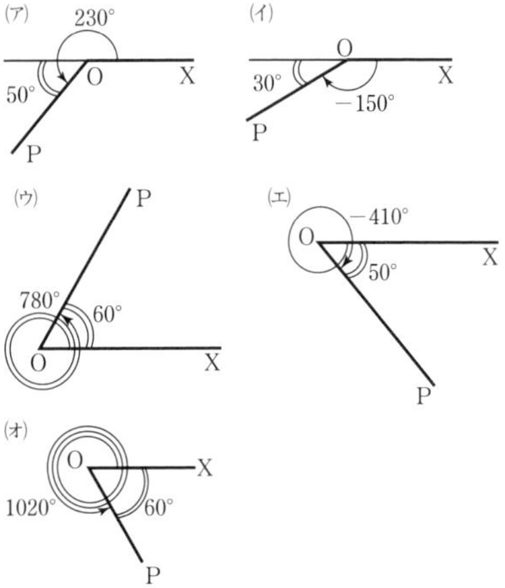

85 (1) $\frac{3}{4}\pi$　(2) $\frac{5}{3}\pi$

(3) $-\frac{\pi}{2}$　(4) 210°

(5) −240°

86 (1) $l=\frac{8}{5}\pi$, $S=\frac{16}{5}\pi$

(2) $l=\frac{9}{4}\pi$, $S=\frac{27}{8}\pi$

87 (1) $\sin\theta$, $\cos\theta$, $\tan\theta$ の順に

(ア) $-\frac{1}{2}$, $-\frac{\sqrt{3}}{2}$, $\frac{1}{\sqrt{3}}$

(イ) $-\frac{\sqrt{3}}{2}$, $\frac{1}{2}$, $-\sqrt{3}$

(ウ) $-\frac{1}{\sqrt{2}}$, $-\frac{1}{\sqrt{2}}$, 1

(2) (エ) 第 3 象限　(オ) 第 2 象限

88 (1) $\cos\theta=-\frac{\sqrt{7}}{4}$, $\tan\theta=-\frac{3}{\sqrt{7}}$

(2) $\sin\theta=-\frac{\sqrt{14}}{4}$, $\cos\theta=\frac{\sqrt{2}}{4}$

89 (1) $\frac{1}{8}$　(2) $\frac{9\sqrt{3}}{16}$

［(2) (与式)$=(\sin\theta-\cos\theta)(1+\sin\theta\cos\theta)$］

90 $\left[(\text{左辺})=\left(1-\dfrac{\sin^2\theta}{\cos^2\theta}\right)\cos^2\theta+2\sin^2\theta\right.$
$\left.=\cos^2\theta+\sin^2\theta=1\right]$

91 (1) 〔図〕，周期 2π　(2) 〔図〕，周期 2π
(3) 〔図〕，周期 π　(4) 〔図〕，周期 2π
(5) 〔図〕，周期 2π　(6) 〔図〕，周期 π

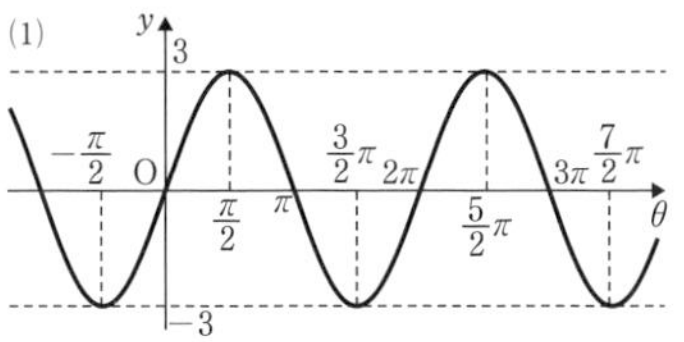

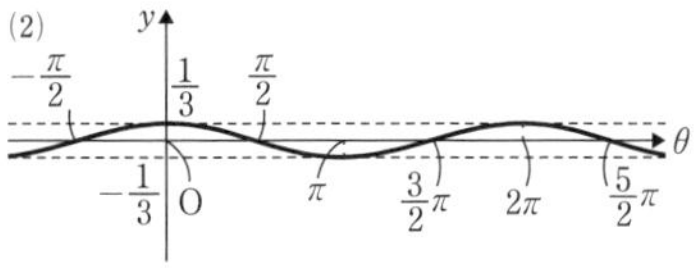

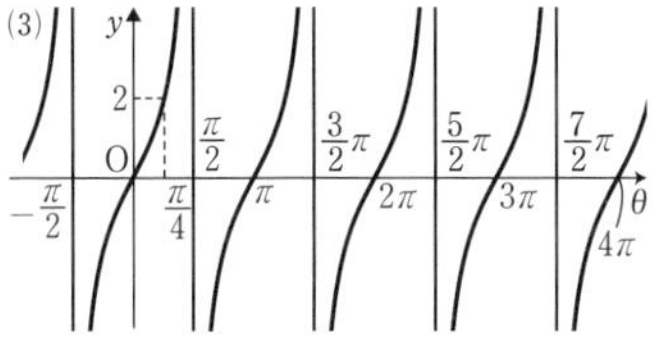

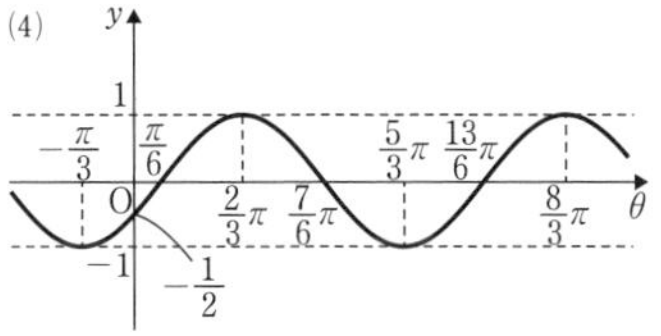

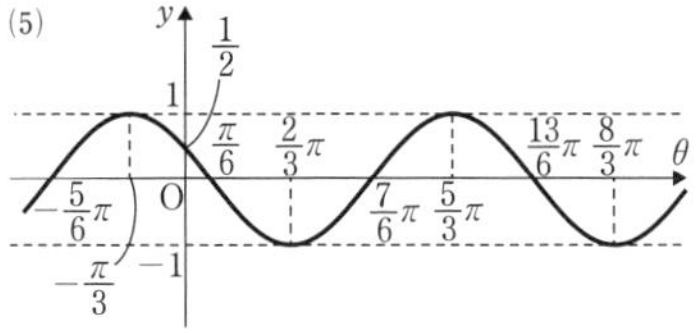

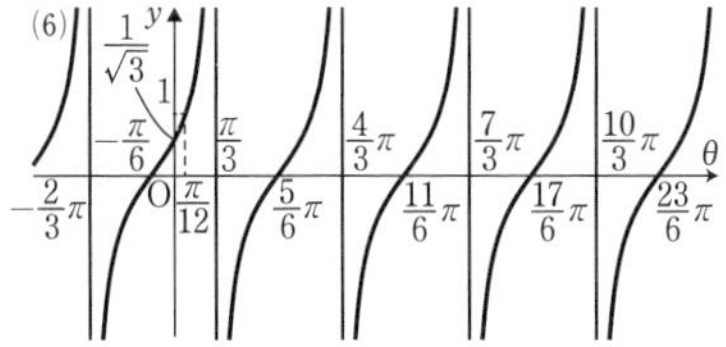

92 (1) 〔図〕，周期 $\dfrac{\pi}{2}$　(2) 〔図〕，周期 6π

(3) 〔図〕，周期 $\dfrac{\pi}{3}$　(4) 〔図〕，周期 π

(5) 〔図〕，周期 $\dfrac{2}{3}\pi$

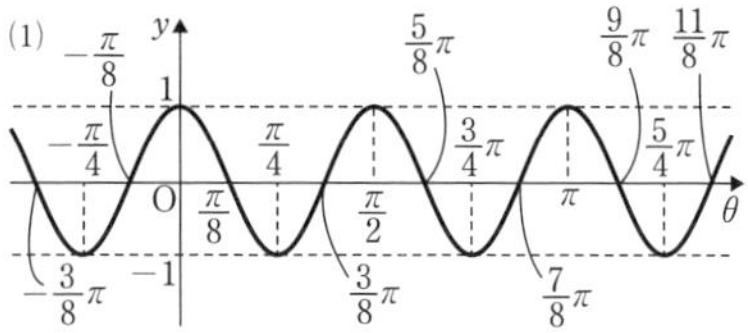

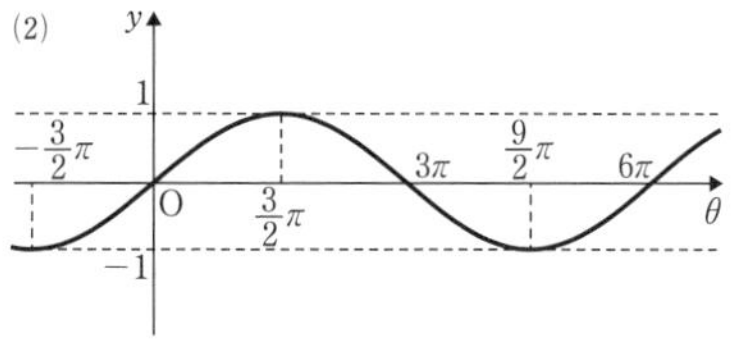

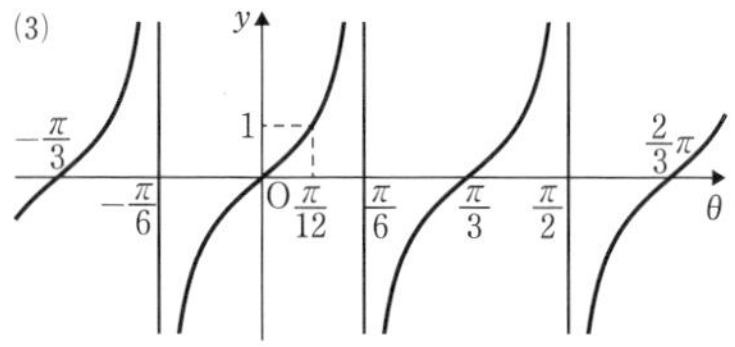

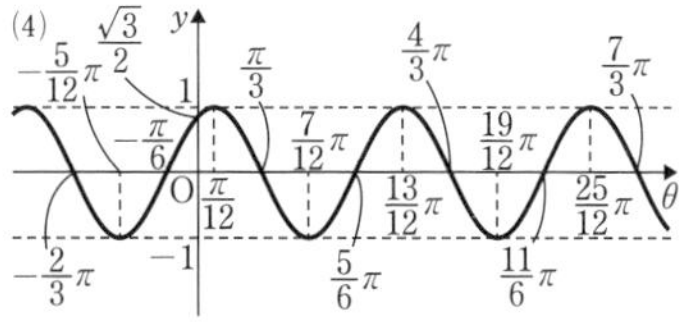

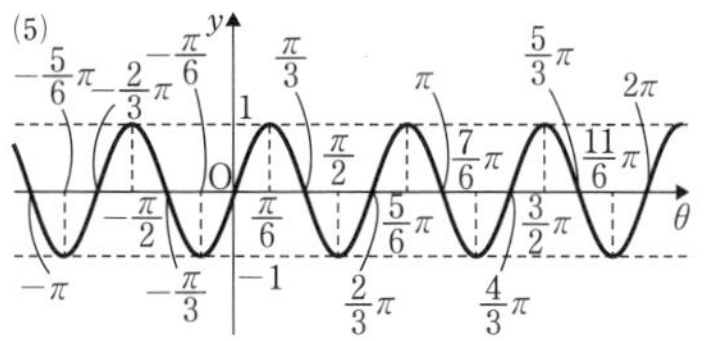

93 (1) $\dfrac{1}{\sqrt{2}}$　(2) $\dfrac{1}{2}$　(3) $-\dfrac{1}{\sqrt{3}}$

94 (1) $\theta=\dfrac{5}{4}\pi,\ \dfrac{7}{4}\pi$　(2) $\theta=\dfrac{\pi}{3},\ \dfrac{5}{3}\pi$

(3) $\theta=\dfrac{3}{4}\pi,\ \dfrac{7}{4}\pi$

95 (1) $\theta=\dfrac{\pi}{3}+2n\pi,\ \dfrac{2}{3}\pi+2n\pi$　(n は整数)

(2) $\theta=\dfrac{5}{6}\pi+2n\pi,\ \dfrac{7}{6}\pi+2n\pi$　(n は整数)

(3) $\theta=\dfrac{5}{6}\pi+n\pi$　(n は整数)

96 (1) $\theta=\dfrac{\pi}{2},\ \dfrac{7}{6}\pi$　(2) $\theta=\dfrac{\pi}{12},\ \dfrac{19}{12}\pi$

97 (1) $\frac{\pi}{3}<\theta<\frac{2}{3}\pi$ (2) $\frac{3}{4}\pi\leqq\theta\leqq\frac{5}{4}\pi$

(3) $\frac{\pi}{2}<\theta<\frac{5}{6}\pi$, $\frac{3}{2}\pi<\theta<\frac{11}{6}\pi$

(4) $\frac{4}{3}\pi\leqq\theta\leqq\frac{5}{3}\pi$

98 $\theta=\frac{7}{6}\pi$, $\frac{11}{6}\pi$ で最大値 $\frac{7}{2}$;

$\theta=\frac{\pi}{2}$ で最小値 -1

[$\sin\theta=t$ とおくと, $-1\leqq t\leqq 1$ で

$y=-2\left(t+\frac{1}{2}\right)^2+\frac{7}{2}$ よって, y は $t=-\frac{1}{2}$ で

最大, $t=1$ で最小になる]

99 (1) $-\frac{\sqrt{6}+\sqrt{2}}{4}$

(2) 順に $\frac{\sqrt{6}-\sqrt{2}}{4}$, $-\frac{\sqrt{6}+\sqrt{2}}{4}$

100 順に $\frac{33}{65}$, $\frac{16}{65}$

101 (1) $\sqrt{3}-2$ (2) $-2-\sqrt{3}$

102 $\theta=\frac{\pi}{4}$ $\left[\tan\theta=\left(3-\frac{1}{2}\right)\div\left(1+3\cdot\frac{1}{2}\right)=1\right]$

103 $\mathrm{Q}\left(-\frac{3+4\sqrt{3}}{2}, \frac{-4+3\sqrt{3}}{2}\right)$ [$\mathrm{Q}(x, y)$ と

すると $x=5\left\{\frac{3}{5}\cdot\left(-\frac{1}{2}\right)-\frac{4}{5}\cdot\frac{\sqrt{3}}{2}\right\}$,

$y=5\left\{\frac{4}{5}\cdot\left(-\frac{1}{2}\right)+\frac{3}{5}\cdot\frac{\sqrt{3}}{2}\right\}$]

104 (1) 順に $\frac{24}{25}$, $-\frac{7}{25}$, $-\frac{24}{7}$

[(2) $\tan(2\alpha+\alpha)=\frac{\tan 2\alpha+\tan\alpha}{1-\tan 2\alpha\tan\alpha}$

$=\frac{2\tan\alpha+(1-\tan^2\alpha)\tan\alpha}{(1-\tan^2\alpha)-2\tan^2\alpha}$]

105 (1) 順に

$\frac{\sqrt{2-\sqrt{3}}}{2}$ $\left(=\frac{\sqrt{6}-\sqrt{2}}{4}\right)$,

$-\frac{\sqrt{2-\sqrt{2}}}{2}$, $\sqrt{2}+1$

(2) 順に $\frac{3}{\sqrt{13}}$, $-\frac{2}{\sqrt{13}}$, $-\frac{3}{2}$

106 (1) $\theta=\frac{\pi}{3}$, $\frac{5}{3}\pi$

(2) $\frac{7}{6}\pi<\theta<\frac{11}{6}\pi$

107 (1) $\sqrt{2}\sin\left(\theta+\frac{3}{4}\pi\right)$

(2) $2\sqrt{3}\sin\left(\theta+\frac{\pi}{3}\right)$

108 $x=\frac{2}{3}\pi$, π $\left[\sin\left(x-\frac{\pi}{3}\right)=\frac{\sqrt{3}}{2}\right]$

109 $x=\frac{\pi}{6}$ で最大値 2, $x=\pi$ で最小価 $-\sqrt{3}$

$\left[y=2\sin\left(x+\frac{\pi}{3}\right), -\frac{\sqrt{3}}{2}\leqq\sin\left(x+\frac{\pi}{3}\right)\leqq 1\right]$

110 (1) (ア) 1 (イ) $\frac{1}{8}$ (ウ) $\frac{1}{7}$ (エ) $\frac{1}{100}$

(オ) $\frac{1}{625}$

(2) (カ) a (キ) a^8 (ク) a^2b^2 (ケ) a^{-3}

111 (1) (ア) 2 (イ) 6 (ウ) $\frac{1}{3}$

(2) (エ) 3 (オ) 2 (カ) 2 (キ) $\sqrt{2}$

112 (1) (ア) 7 (イ) 16 (ウ) $\frac{1}{1000}$

(2) (エ) 1 (オ) $\frac{1}{2}$ (カ) $4\sqrt[3]{3}$ (キ) 6

113 (1) 〔図〕 (2) 〔図〕

(1)

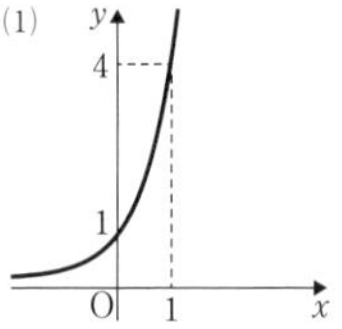

(2)

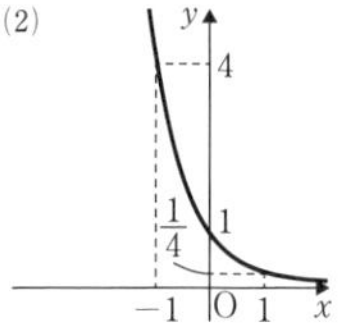

114 (1) $\sqrt[3]{3}<\sqrt[7]{27}<\sqrt[4]{9}$

(2) $2^{-2}<1<2^{0.5}<2^5$

115 (1) $x=\frac{5}{2}$ (2) $x=-\frac{3}{2}$ (3) $x=1$

(4) $x<4$ (5) $x>-\frac{3}{2}$ (6) $x\geqq\frac{1}{2}$

116 (1) $x=1$ (2) $x=1$, 3 (3) $x\geqq 1$

(4) $x<-1$

117 (1) $\log_2 64=6$ (2) $\log_4\frac{1}{2}=-\frac{1}{2}$

(3) $\log_{27}3=\frac{1}{3}$ (4) $100=10^2$

(5) $8=(\sqrt{2})^6$ (6) $\frac{1}{3}=9^{-\frac{1}{2}}$

118 (1) 3 (2) 6 (3) 1 (4) -2

(5) 3 (6) -3 (7) $\frac{1}{6}$ (8) 2

119 (1) 1 (2) 3 (3) 3 (4) $\frac{3}{5}$

120 (1) $\frac{5}{2}$ (2) $-\frac{1}{2}$ (3) 3

121 (1) 〔図〕

(2) 〔図〕

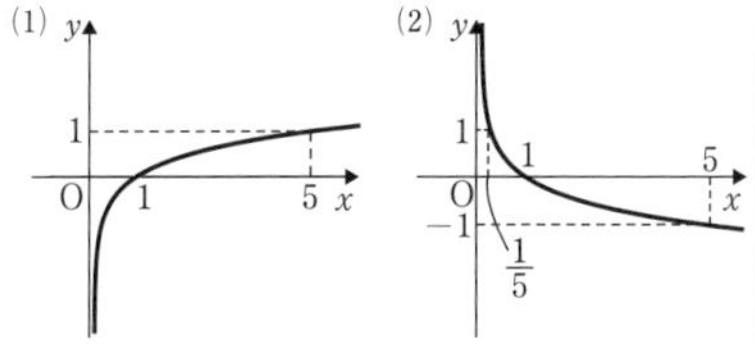

122 (1) $2\log_2 3>1$ (2) $\log_{0.3}0.5>\log_{0.3}5$

(3) $-\log_{\frac{1}{5}}\frac{1}{2}<\log_{\frac{1}{5}}\frac{3}{2}$

123 (1) $x=9$ (2) $x=\frac{1}{5}$ (3) $x=\frac{1}{81}$

(4) $x=3$ (5) $x=2$ (6) $0<x<1000$

(7) $0<x\leqq\frac{1}{9}$ (8) $x>3$ (9) $4<x\leqq 6$

(10) $\frac{4}{3}\leqq x<\frac{8}{3}$

124 $x=4$ で最大値 4，$x=32$ で最小値 -5

[$\log_2 x=t$ とおくと　$0\leqq t\leqq 5$,

$y=-(t-2)^2+4$　よって，$t=2$ で最大,

$t=5$ で最小]

125 (1) 0.6263 (2) 4.5705 (3) -1.8013

126 16 桁 [$15<\log_{10}2^{50}=15.05<16$]

127 $n=19,\ 20$ $\left[\frac{9}{\log_{10}3}\leqq n<\frac{10}{\log_{10}3}\right]$

128 小数第 10 位 $\left[-10<\log_{10}\left(\frac{1}{3}\right)^{20}<-9\right.$

から　$\left.10^{-10}<\left(\frac{1}{3}\right)^{20}<10^{-9}\right]$

129 (1) 4 (2) h

130 (1) 0 (2) 3 (3) 7

131 (1) 0 (2) 36 (3) $12a^2+6a$

132 (1) -8 (2) 12

133 (1) (ア) $4x$ (イ) -5

(2) (ウ) $9x^8$ (エ) $11x^{10}$

134 (1) $y'=2x-2$ (2) $y'=-x+2$

(3) $y'=3x^2-10x$ (4) $y'=-4x^2+\frac{4}{3}x$

(5) $y'=4x^3+6x^2-6x$

(6) $y'=-2x^3+5x^2+\frac{3}{2}x+1$

(7) $y'=2x+1$ (8) $y'=3x^2-8x+1$

(9) $y'=3x^2+2x-6$ (10) $y'=36x^3+60x$

135 (1) -11 (2) 5 (3) 4

136 $f(x)=3x^2-5x+4$

137 (1) $\frac{dy}{dt}=9t^2$ (2) $\frac{dS}{dr}=2\pi r$

(3) $\frac{dV}{dt}=0.02V_0$ (4) $\frac{dt}{dx}=k(1-12x)$

138 $y=x+1$

139 (1) $y=1,\ y=8x-15$

(2) $y=-(2\sqrt{6}+3)x,\ y=(2\sqrt{6}-3)x$

[(2) 接点の座標を $(a,\ a^2-3a+6)$ とすると，接線の方程式は $y=(2a-3)x-a^2+6$　これが原点を通るから　$0=0\cdot(2a-3)-a^2+6$]

140 (1) $x\leqq 0,\ 1\leqq x$ で単調に増加；

$0\leqq x\leqq 1$ で単調に減少

(2) $-1\leqq x\leqq 1$ で単調に増加；

$x\leqq -1,\ 1\leqq x$ で単調に減少

(3) 常に単調に増加

141 (1) $x=1$ で極小値 -8,

$x=3$ で極大値 0,〔図〕

(2) $x=-1$ で極大値 16,

$x=3$ で極小値 -16,〔図〕

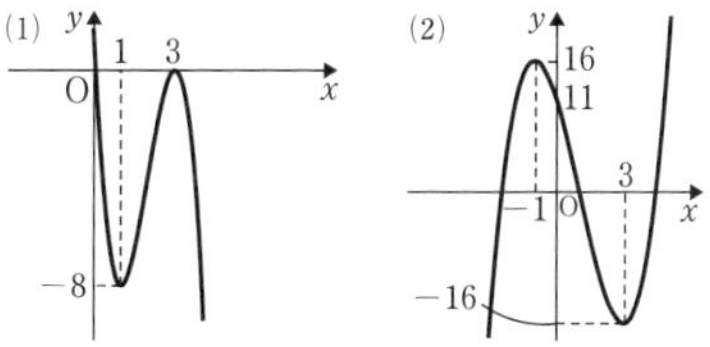

142 (1) $x=0$ で極大値 4,

$x=\pm\frac{\sqrt{10}}{2}$ で極小値 $-\frac{9}{4}$；〔図〕

(2) $x=-1$ で極小値 -3；〔図〕

(3) $x=0$ で極大値 0,

$x=1$ で極小値 -5,

$x=3$ で極大値 27；〔図〕

(4) $x=2$ で極小値 -27；〔図〕

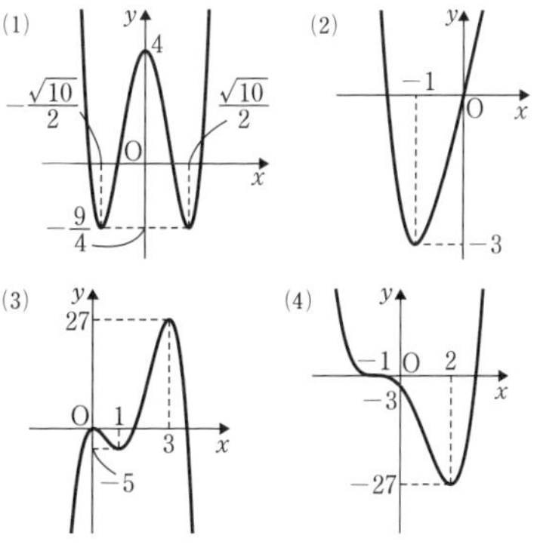

143　$a=-9,\ b=1$；$x=-1$ で極大値 6
[$f(3)=3a+b=-26,\ f'(3)=9+a=0$]

144　(1)　$x=\pm3$ で最大値 27,
$x=1$ で最小値 -5
(2)　$x=1$ で最大値 10,
$x=-1$ で最小値 -10
(3)　$x=-1$ で最大値 2,
$x=2$ で最小値 -52

145　3cm　[切り取る正方形の 1 辺の長さを $x$cm，容積を $y\text{cm}^3$ とすると $0<x<9$ であり $y=4(x^3-18x^2+81x),\ y'=12(x-3)(x-9)$]

146　(1)　3 個　(2)　2 個　(3)　1 個　(4)　4 個

147　$a<-81,\ a>44$

148　[$f(x)=(x^3+6x^2+8)-15x$ とすると $f'(x)=3(x+5)(x-1)$　$x\geqq0$ のとき，$f(x)$ は $x=1$ で最小値 0 をとるから $x\geqq0$ で $f(x)\geqq0$]

149　C は積分定数とする。
(1)　$\dfrac{7}{3}x^3+C$
(2)　x^3-x+C
(3)　$x^4-x^3-x^2+x+C$
(4)　$-\dfrac{5}{4}x^4-\dfrac{2}{3}x^3-3x^2+3x+C$
(5)　$2t^3-\dfrac{t^2}{2}-2t+C$
(6)　$3u^3+6u^2+4u+C$

150　$F(x)=\dfrac{4}{3}x^3-\dfrac{x^2}{2}+x+3$

151　(1)　1　(2)　$\dfrac{8}{3}$　(3)　-15　(4)　-8
(5)　$-\dfrac{9}{2}$　(6)　$\dfrac{1}{6}$　(7)　3　(8)　-54

152　(1)　$\dfrac{39}{4}$　(2)　$\dfrac{28}{3}$

153　(1)　$\dfrac{92}{3}$　(2)　84

154　(1)　$f(x)=x-\dfrac{9}{4}$
(2)　$f(x)=x^3-3x+2$

155　(1)　$2x^2-5x+4$
(2)　$f(x)=2x+2$；$a=1,\ -3$
[(2)　等式で $x=a$ とすると，左辺は 0]

156　(1)　6　(2)　$\dfrac{14}{3}$

157　(1)　$\dfrac{32}{3}$　(2)　$\dfrac{4}{3}$

158　(1)　$\dfrac{32}{3}$　(2)　$\dfrac{1}{6}$　(3)　$\dfrac{1}{3}$

159　8
$\left[\int_0^2(x^3-6x^2+8x)dx-\int_2^4(x^3-6x^2+8x)dx\right]$

160　(1)　47　(2)　$\dfrac{23}{3}$

161　$\dfrac{64}{3}$　$\left[\int_{-1}^3\{(-7x+3)-(x^3-x^2-12x)\}dx\right]$

162　$8\sqrt{6}$　$\left[\dfrac{1}{6}\{(2+\sqrt{6})-(2-\sqrt{6})\}^3\right]$

定期考査対策問題の答と略解

第1章

1 (1) (ア) $125x^3+225x^2y+135xy^2+27y^3$

(イ) $8x^3+y^3$

(2) (ウ) $\left(4-\dfrac{a}{2}\right)\left(16+2a+\dfrac{a^2}{4}\right)$

(エ) $(x+3y)(x-y)(x^2-3xy+9y^2)$
$\times(x^2+xy+y^2)$]

2 (1) 135　(2) 1792　(3) 810
(4) 90720

3 [${}_nC_0a^n+{}_nC_1a^{n-1}b+{}_nC_2a^{n-2}b^2+\cdots\cdots$
$+{}_nC_nb^n=(a+b)^n$ において
(1) $a=1$, $b=6$ とする
(2) $a=1$, $b=-1$ とすると
${}_nC_0-{}_nC_1+{}_nC_2-{}_nC_3+\cdots\cdots-{}_nC_n=0$
左辺のマイナスの係数の項を右辺に移項]

4 (1) $A=x^4-3x^3+6x^2+1$
(2) $B=x^2+x+1$

5 $\dfrac{8x^7}{x^8-1}$

6 $a=7$, $b=2$, $c=1$ [右辺を展開して両辺の項の係数を比較して
$2=b$, $a=3b+c$, $-3=-5b+3c+4$
$-2=-5c+3$ これを解く]

7 [比例式 $=k$ とおくと
$(y+z)+(z+x)+(x+y)$
$=k(b-c)+k(c-a)+k(a-b)$
から $2(x+y+z)=0$]

8 [$(|x|+|y|)^2-(\sqrt{x^2+y^2})^2=2|xy|\geqq0$,
$(\sqrt{2}\sqrt{x^2+y^2})^2-(|x|+|y|)^2=(|x|-|y|)^2\geqq0$
であり $|x|+|y|\geqq0$, $\sqrt{x^2+y^2}\geqq0$ から]

9 等号成立は (1) $ab=\dfrac{1}{3}$ のとき
(2) $a+b=1$ のとき
[相加平均と相乗平均の大小関係により
(1) $9ab+\dfrac{1}{ab}\geqq2\sqrt{9ab\cdot\dfrac{1}{ab}}=6$
等号成立は, $9ab=\dfrac{1}{ab}=\dfrac{6}{2}$ のとき
(2) $a+b+\dfrac{1}{a+b}\geqq2\sqrt{(a+b)\cdot\dfrac{1}{a+b}}=2$
等号成立は, $a+b=\dfrac{1}{a+b}=\dfrac{2}{2}$ のとき]

第2章

1 (1) -2　(2) $-\dfrac{4}{3}$　(3) $\dfrac{7}{2}$

2 (1) $x=3$　(2) $x=-5$

3 (1) $1-p+q$　(2) $4-2p+q$　(3) q
[$x^2-px+q=(x-\alpha)(x-\beta)$ の両辺に
(1) $x=1$ (2) $x=2$ (3) $x=p$ を代入]

4 $p=3$, $q=6$

5 [$D=b^2-4ac$ として, $D\geqq0$ を示す。
(1) $D=(a-c)^2\geqq0$ (2) $D=b^2+4a^2>0$
(3) $-4ac>0$ から $D=b^2-4ac>0$]

6 $p=6$, $q=-3$
[与式を $P(x)$ とすると, $P(-2)=0$ から
$2p-q=15$, $P(1)=0$ から $p+q=3$]

7 $6x-9$ [$P(x)$ を x^2-5x+6 で割った余りを $ax+b$ とすると, $P(2)=3$, $P(3)=9$ から
$2a+b=3$, $3a+b=9$]

8 (1) 0　(2) 3　(3) -1
[$\omega^3=1$, $\omega^2+\omega+1=0$ を利用する]

9 $m=1$, -3
[方程式は $(x-1)(x^2+2x+m)=0$ と表され,
$x^2+2x+m=0$ …… ① とすると
[1] ① が 1 以外の重解をもつ ⟶ $m=1$
[2] ① が 1 と 1 以外の解をもつ ⟶ $m=-3$]

10 $3+i$, $-3-i$ [$a+bi$ (a, b は実数) とすると
$a^2-b^2=8$, $ab=3$]

第3章

1 $(2+\sqrt{3},\ 1-2\sqrt{3})$, $(2-\sqrt{3},\ 1+2\sqrt{3})$

2 [直線 BC を x 軸にとり, 辺 BC の垂直二等分線を y 軸にとる。三角形の頂点は A$(a,\ b)$, B$(-c,\ 0)$, C$(c,\ 0)$ と表すことができて, G の座標は $\left(\dfrac{a}{3},\ \dfrac{b}{3}\right)$ このとき, AB^2+AC^2, $BG^2+CG^2+4AG^2$ はともに $2(a^2+b^2+c^2)$]

3 D$(-4,\ 1)$, D$(0,\ 5)$, D$(8,\ -3)$
[対角線が, AB と CD のとき D$(-4,\ 1)$;
AC と BD のとき D$(0,\ 5)$; AD と BC のとき
D$(8,\ -3)$]

4 (1) $x+3y-4=0$　(2) $3x+2y-5=0$

5 $a=-\dfrac{2}{3}$, $\dfrac{2}{3}$, $\dfrac{8}{3}$ [直線を順に①, ②, ③とおくと, ①∥③のとき $a=\dfrac{2}{3}$, ②∥③のとき $a=-\dfrac{2}{3}$, 3 直線が 1 点で交わるとき $a=\dfrac{8}{3}$]

6 $(-2,\ -1)$
$[x+3y+5=0,\ x-y+1=0]$

7 (1) $(x-3)^2+y^2=4$
(2) $(x-1)^2+(y-1)^2=1$,
$(x-5)^2+(y-5)^2=25$

8 $m<0$，$1<m$

9 線分の長さは $\sqrt{14}$，中点の座標は $\left(\dfrac{1}{2},\ \dfrac{1}{2}\right)$

10 [2 つの接点を $(x_1,\ y_1)$，$(x_2,\ y_2)$ とすると，接線の方程式は $x_1x+y_1y=9$，$x_2x+y_2y=9$
2 接線が点 $(5,\ 2)$ を通るから $5x_1+2y_1=9$，$5x_2+2y_2=9$　これは，直線 $5x+2y=9$ が，2 つの接点 $(x_1,\ y_1)$，$(x_2,\ y_2)$ を通ることを表す]

11 (1) $(x-4)^2+(y+3)^2=9$
(2) $(x-10)^2+(y-1)^2=169$

12 $x^2+y^2+4x+2y-8=0$

13 (1) 直線 $y=2x+2$
(2) 点 $\left(-\dfrac{3}{2},\ 0\right)$ を中心とする半径 $\dfrac{3}{2}$ の円

14 (1) $x=-a$，$y=-2a^2+4a$
(2) 放物線 $y=-2x^2-4x$

15 $\begin{cases} x^2+y^2 \geqq 4 \\ y \leqq x \end{cases}$

16 $\begin{cases} x+2y-2 \leqq 0 \\ 2x+y-2 \geqq 0 \\ x-y-3 \leqq 0 \end{cases}$

17 (1) $x \geqq 0$，$y \geqq 0$，
$2x+y \geqq 12$，
$x+2y \geqq 15$
〔図〕の斜線部分。境界線を含む
(2) P は 3 g，Q は 6 g

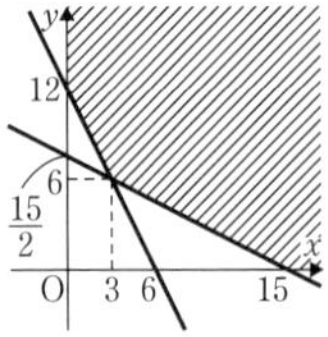

第4章

1 中心角 $\dfrac{7}{4}$ ラジアン，面積 $14\,\text{cm}^2$

2 (1) 第 3 象限または第 4 象限
(2) 第 1 象限または第 3 象限
(3) 第 1 象限または第 2 象限または第 4 象限
$\left[\dfrac{\pi}{2}+2n\pi<\theta<\pi+2n\pi\right.$ (n は整数) とおける。
k を整数として，(2) $n=2k$，$n=2k+1$，
(3) $n=3k$，$n=3k+1$，$n=3k+2$　でそれぞれ場合を分ける]

3 (1) $-\dfrac{1}{4}$　(2) $\pm\dfrac{\sqrt{6}}{2}$　(3) $\pm\dfrac{3\sqrt{6}}{8}$

4 $\sin\theta=\dfrac{\sqrt{6}+\sqrt{2}}{4}$，$\cos\theta=\dfrac{-\sqrt{6}+\sqrt{2}}{4}$；
$\sin\theta=\dfrac{\sqrt{6}-\sqrt{2}}{4}$，$\cos\theta=\dfrac{-\sqrt{6}-\sqrt{2}}{4}$

5 (1) $\theta=\dfrac{\pi}{3}$，$\dfrac{\pi}{2}$，$\dfrac{4}{3}\pi$，$\dfrac{3}{2}\pi$
(2) $\dfrac{\pi}{6}<\theta \leqq \dfrac{5}{12}\pi$，$\dfrac{7}{6}\pi<\theta \leqq \dfrac{17}{12}\pi$
(3) $\theta=\dfrac{\pi}{3}$，$\dfrac{2}{3}\pi$
(4) $0 \leqq \theta \leqq \dfrac{2}{3}\pi$，$\dfrac{4}{3}\pi \leqq \theta<2\pi$

6 $\theta=\dfrac{\pi}{4}$ で最小値 1，最大値はない

7 $\sin\alpha=\dfrac{3}{4}$，$\cos\alpha=\dfrac{\sqrt{7}}{4}$，$\tan\alpha=\dfrac{3}{\sqrt{7}}$；
$\sin\alpha=\dfrac{3}{4}$，$\cos\alpha=-\dfrac{\sqrt{7}}{4}$，$\tan\alpha=-\dfrac{3}{\sqrt{7}}$

8 [(1) $\cos 2\alpha=\cos^2\alpha-\sin^2\alpha$，$\tan 2\alpha$
$=\dfrac{2\tan\alpha}{1-\tan^2\alpha}$ から，両辺とも $1-\tan^2\alpha$
(2) (左辺)−(右辺)
$=(1-\sin^2\alpha)+(1-\cos^2\beta) \geqq 0$]

9 $y=(2+\sqrt{3})x-2-\sqrt{3}$，
$y=(2-\sqrt{3})x-2+\sqrt{3}$
[求める直線の傾きは
$\tan\left(\dfrac{\pi}{4}+\dfrac{\pi}{6}\right)$　または　$\tan\left(\dfrac{\pi}{4}-\dfrac{\pi}{6}\right)$]

10 $a=\dfrac{5}{2}$，$b=\dfrac{5\sqrt{3}}{2}$
$\left[a^2+b^2=25,\ a\sin\dfrac{\pi}{6}+b\cos\dfrac{\pi}{6}=5\right]$

第5章

1 (1) $a-b$　(2) $a+a^{\frac{1}{2}}b^{\frac{1}{2}}+b$

2 (1) 52　(2) 194
$\left[(2)\ x+x^{-1}=\left(x^{\frac{1}{2}}+x^{-\frac{1}{2}}\right)^2-2x^{\frac{1}{2}}x^{-\frac{1}{2}}\right.$ であり
$\left.x^{\frac{1}{2}}+x^{-\frac{1}{2}}=\left(x^{\frac{1}{4}}+x^{-\frac{1}{4}}\right)^2-2x^{\frac{1}{4}}x^{-\frac{1}{4}}\right]$

3 (1) $x=\dfrac{1}{2}$　(2) $x=1$　(3) $x>1$
(4) $x \geqq -2$

4 $x=2$ で最大値 1，$x=1$ で最小値 -3
$\left[2^x=t\right.$ とおくと　$\left.\dfrac{1}{2} \leqq t \leqq 4,\ y=(t-2)^2-3\right]$

5 (1) $a+b$　(2) $a+b+1$　(3) $a+2b$
(4) $a-b-1$　(5) $\dfrac{a+b}{4}$　(6) $2+\dfrac{b}{a}$